杜威晚期著作

1925—1953

国家出版基金项目
NATIONAL PUBLICATION FOUNDATION

复旦大学杜威与美国哲学研究中心　组译

杜威全集

《公众及其问题》
1925至1927年间的论文、书评和杂记

第二卷

1925—1927

[美] 约翰·杜威　著

张奇峰　王巧贞　译

华东师范大学出版社

The Later Works of John Dewey，1925－1953

Volume Two：1925－1927，Essays，Reviews，Miscellany，and *The Public and Its Problems* By John Dewey

Edited by Jo Ann Boydston

Copyright © 1984 by Southern Illinois University Press

Published by agreement with Southern Illinois University Press，1915 University Press Drive，SIUC Mail Code 6806，Carbondale，IL 62901，USA

Simplified Chinese translation copyright © 2015 by East China Normal University Press

All rights reserved.

上海市版权局著作权合同登记　图字:09－2004－377 号

《杜威全集·晚期著作》(1925—1953)

第二卷(1925—1927)

主　　编　乔·安·博伊兹顿(Jo Ann Boydston)

文本编辑　布里奇特·A·沃尔什(Bridget A. Walsh)

目　录

中文版序

　　《杜威全集》中文版终于由华东师范大学出版社出版了。作为这一项目的发起人,我当然为此高兴,但更关心它能否得到我国学界和广大读者的认可,并在相关的学术研究中起到预期作用。后者直接关涉到对杜威思想及其重要性的合理认识,这有赖专家们的研究。我愿借此机会,对杜威其人、其思想的基本倾向和影响,以及研究杜威哲学的意义等问题谈些看法,以期抛砖引玉。考虑到中国学界以往对杜威思想的消极方面谈论得很多,大家已非常熟悉,我在此就主要谈其积极方面,但这并非认为可以忽视其消极方面。

一、杜威其人

　　约翰·杜威(John Dewey,1859—1952)是美国哲学发展中最有代表性的人物。他不仅进一步阐释并发展了由皮尔士创立、由詹姆斯系统化的实用主义哲学的基本理论,而且将其运用于社会、政治、文化、教育、伦理、心理、逻辑、科学技术、艺术、宗教等众多人文和社会科学领域的研究,并在这些领域提出了重要创见。他在这些领域的不少论著,被西方上述各领域的专家视为经典之作。这些论著不仅对促进这些领域的理论研究起到过重要的作用,在这些领域的实践中也产生过深刻的影响。杜威由此被认为是美国思想史上最具影响的学者,甚至被认为是美国的精神象征;在整个西方世界,他也被公认是20世纪少数几个最伟大的思想家之一。

　　杜威出生于佛蒙特州伯灵顿市一个杂货店商人家庭。他于1875年进佛蒙特大学,开始受到进化论的影响。1879年,他毕业后先后在一所中学和一所乡村学校教书。在这期间,他阅读了大量的哲学著作,深受当时美国圣路易黑格尔学派刊物《思辨哲学杂志》的影响。1882 年,他在该刊发表了《唯物主义的形而上学假定》和《斯宾诺莎的泛神论》两文,很受鼓舞,从此决定以哲学为业。同年,他成了约翰·霍普金斯大学的哲学研究生,在此听了皮尔士的逻辑讲座,不过当时对他影响最大的是黑格尔派哲学家莫里斯(George Sylvester Morris)和实验心理学家霍尔(G. Stanley Hall)。两年后,他以《康德的心理学》论文取得哲学博士学位。

1884 年,杜威到密歇根大学教哲学,在该校任职 10 年(其间,1888 年在明尼苏达大学)。初期,他的哲学观点大体上接近黑格尔主义。他对心理学研究很感兴趣,并使之融化于其哲学研究中。这种研究,促使他由黑格尔主义转向实用主义。在这方面,当时已出版并享有盛誉的詹姆斯的《心理学原理》对他产生了强烈的影响。杜威对心理学的研究,又促使他进一步去研究教育学。他主张用心理学观点去进行教学,并认为应当把教育实验当作哲学在实际生活中的运用的重要内容。

1894 年,杜威应聘到芝加哥大学,后曾任该校哲学系主任。他在此任教也是 10 年。1896 年,他在此创办了有名的实验学校。这个学校抛弃传统的教学法,不片面注重书本,而更为强调接触实际生活;不片面注重理论知识的传授,而更为强调实际技能的训练。杜威后来所一再倡导的"教育就是生活,而不是生活的准备"、"从做中学"等口号,就是对这种教学法的概括。杜威在芝加哥时期,已是美国思想界一位引人注目的人物。他团聚了一批志同道合者(包括在密歇根大学就与他共事的塔夫茨、米德),形成了美国实用主义运动中著名的芝加哥学派。杜威称他们共同撰写的《逻辑理论研究》(1903 年)一书是工具主义学派的"第一个宣言"。此书标志着杜威已从整体上由黑格尔主义转向了实用主义。

从 1905 年起,杜威转到纽约哥伦比亚大学任教,直到 1930 年以荣誉教授退休。他以后的活动也仍以该校为中心。这一时期不仅是他的学术活动的鼎盛期(他的大部分有代表性的论著都是在这一时期问世的),也是他参与各种社会和政治活动最频繁且声望最卓著的时期。他把两者有机地结合在一起。他对各种社会现实问题的评论和讲演,往往成为他的学术活动的重要组成部分。从 1919 年起,杜威开始了一系列国外讲学旅行,到过日本、墨西哥、俄罗斯、土耳其等国。"五四"前夕,他到了中国,在北京、南京、上海、广州等十多个城市作过系列讲演,于 1921 年 7 月返美。

杜威一生出版了40种著作,发表了700多篇论文,内容涉及哲学、社会、政治、教育、伦理、心理、逻辑、文化、艺术、宗教等多个方面。其主要论著有:《学校与社会》(1899年)、《伦理学》(1908年与塔夫茨合著,1932年修订)、《达尔文主义对哲学的影响》(1910年)、《我们如何思维》(1910年)、《实验逻辑论文集》(1910年)、《哲学的改造》(1920年)、《人性与行为》(1922年)、《经验与自然》(1925年)、《公众及其问题》(1927年)、《确定性的寻求》(1929年)、《新旧个人主义》(1930年)、《作为经验的艺术》(1934年)、《共同的信仰》(1934年)、《逻辑:探究的理论》(1938年)、《经验与教育》(1938年)、《自由与文化》(1939年)、《评价理论》(1939年)、《人的问题》(1946年)、《认知与所知》(1949年与本特雷合著)等等。

二、杜威哲学的基本倾向

杜威在各个领域的思想都与他的哲学密切相关,这不只是他的哲学的具体运用,有时甚至就是他的哲学的直接体现。我们在此不拟具体介绍他的思想的各个方面和他的哲学的各个部分,仅概略地揭示他的哲学的基本倾向。杜威哲学的各个部分,以及他的思想的各个方面,大体上都可从他的哲学的基本倾向中得到解释。这种基本倾向从其积极意义上说,主要表现为如下三点。

第一,杜威把对现实生活和实践的关注当作哲学的根本意义所在。

在现代西方各派哲学中,杜威哲学最为反对以抽象、独断、脱离实际等为特征的传统形而上学,最为肯定哲学应当面向人的现实生活和实践。如何通过人本身的行为、行动、实践(即他所谓的以生活和历史为双重内容的经验)来妥善处理人与其所面对的现实世界(自然和社会环境),以及人与人之间的关系,是杜威哲学最为关注的根本问题。杜威哲学从不同的角度来说有着不同的名称,例如,当他强调实验和探究的方法在其哲学中的重要意义时,称其哲学为实验主义(experimentalism);当他谈到思想、观念的真理性在于它们能充当引起人们的行动的工具时,称其哲学为工具主义(Instrumentalism);当他谈到经验的存在论意义,而经验就是作为有机体的人与其自然环境的相互作用时,称其哲学为经验自然主义(empirical naturalism)。贯彻于所有这些称呼的概念是行动、行为、实践。杜威哲学的各个方面,都在于从实践出发并引向实践。这并不意味着实践就是一切。实践的目的是改善经验,即改善人与其自然和社会环境的关系,一句话,改善人的生活和生存条件。

杜威对实践的解释当然有片面性。例如,他没有看到人类的物质生产活动在人的实践中的基础作用,更没有科学地说明实践的社会性;但他把实践看作是全部哲学研究的核心,认为存在论、认识论、方法论等问题的研究都不能脱离实践,都具有实践的意义,且在一定意义上是合理的。

值得一提的是:与胡塞尔、海德格尔等人通过曲折的道路返回生活世界不同,与只关注逻辑和语言意义分析的分析哲学家也不同,杜威的哲学直接面向现实生活和实践。杜威一生在哲学上所关注的,不是去建构庞大的体系,而是满腔热情地从哲学上探究人在现实生活和实践各个领域所面临的各种问题及其解决办法。在杜威的全部论著中,关于政治、社会、文化、教育、心理、道德、价值、科学技术、审美和宗教等多个领域的具体问题的论述占了绝大部分。他的哲学的精粹和生命力,大多是在这些论述中表现出来的。

第二,杜威的哲学改造适应和引领了西方哲学由近代到现代转向的潮流。

19世纪中期以来,西方哲学发展出现了根本性的变更,以建构无所不包的体系为特征的近代哲学受到了广泛的批判,以超越传统的实体性形而上学和二元论为特征的现代哲学开始出现,并越来越占主导地位。多数哲学流派各以特有的方式,力图使哲学研究在不同程度上从抽象化的自在的自然界或绝对化的观念世界返回到人的现实生活世界,企图以此摆脱近代哲学所陷入的种种困境,为哲学的发展开辟新道路。西方哲学由近代到现代的这种转折,不能简单归结为由唯物主义转向唯心主义、由进步转向反动,而是包含了哲学思维方式上一次具有划时代意义的转型。它标志着西方哲学发展到了一个新的、更高的阶段。杜威在哲学上的改造,不仅适应了而且在一定意义上引领了这一转型的潮流。

杜威曾像康德那样,把他在哲学上的改造称为“哥白尼革命”(Copernican revolution)。但他认为康德对人的理智的能动性过分强调,以致使它脱离了作为其存在背景的自然。而在他看来,人只有在其与自然的相互作用中才有能动作用,甚至才能存在。哲学上的真正的哥白尼革命,正在于肯定这种交互作用。如果说康德的中心是心灵,那么杜威的新的中心是自然进程中所发生的人与自然的交互作用。正如地球或太阳并不是绝对的中心一样,自我或世界、心灵或自然都不是这样的中心。一切中心都存在于交互作用之中,都只具有相对的意义。可见,杜威所谓哲学中的哥白尼革命,就是以他所主张的心物、主客、经验自然等的交互作用,或者说人的现实生活和实践来既取代客体中心论,也取代主体中心论。他也是在这种意义上,既反对忽视主体的能动性的旧的唯物主义,又反对忽视自然作为存在的根据和作用的旧的唯心主义。

不是把先验的主体或自在的客体,而是把主客的相互作用当作哲学的出发点;不是局限于建构实体性的、无所不包的体系,而是通过行动、实践来超越这样的体系;不是转向纯粹的意识世界或脱离了人的纯粹的自然界,而是转向与人和自然界、精神和物质、理性和非理性等等都有着无限牵涉的生活世界,这大体上就是杜威哲学改造的主要意义;而这在一定程度上,也正是多数西方哲学由近代到现代转向的主要意义。杜威由此体现和引领了这种转向。

第三,杜威的哲学改造与马克思在哲学上的革命变更存在某些相通之处。

西方哲学从近代到现代的转向与马克思在哲学上的革命变更的政治背景大不相同,二者必然存在原则性区别;但二者发生于大致相同的历史时代,具有共同的历史和文化背景,因而又必然存在相通之处。如果我们能够肯定杜威的哲学改造适应并引领了西方哲学从近代到现代转向的潮流,那就必须肯定杜威的哲学改造与马克思在哲学上的革命变更必然同样既有原则区别,又有相通之处。后者突出地表现在,二者都把实践当作哲学的根本意义而加以强调。马克思正是通过这种强调而得以超越旧唯物主义和唯心主义辩证法的界限,把唯物主义和辩证法有机地统一起来,建立了唯物辩证法。杜威在这些方面与马克思相距甚远。但是,他毕竟用实践来解释经验而使他的经验自然主义超越了纯粹自然主义和思辨唯心主义的界限,并由此提出了一系列超越近代哲学范围的思想。

杜威的经验自然主义并不否定自然界在人类经验以外自在地存在,不否定在人类出现以前地球和宇宙早已存在,而只是认为人的对象世界只能是人所遭遇到(经验到)的世界,这在一定程度上类似于马克思所指的与纯粹自然主义的自在世界不同的人化世界,即现实生活世界。杜威否定唯物主义,但他只是在把唯物主义归结为纯粹自然主义的唯物主义的意义上去否定唯物主义。杜威强调经验的能动性,但他不把经验看作可以离开自然(环境)而独立存在的精神实体或精神力量,而强调经验总是处于与自然、环境的统一之中,并与自然、环境发生相互作用。这与传统的唯心主义经验论也是不同的,倒是与马克思关于主客观的统一和相互作用的观点虽有原则区别,却又有相通之处。

杜威是在黑格尔影响下开始哲学活动的。他在转向实用主义以后,虽然抛弃了黑格尔的绝对唯心主义,甚至也拒绝了黑格尔的辩证法,但是在他的理论中又保留着某些辩证法的要素。例如,他把经验、自然和社会等都看作是统一整体,其间都存在着多种多样的联系;他在达尔文进化论的影响下,明确肯定世界(人类社会和自然界)处于不断进化和发展的过程之中。他所强调的连续性(如经验与自然的连续、人与世界的连续、身心的连续、个人与社会的连续等等)概念,在一定程度上就是统一整体的概念、进化和发展的概念。这种概念虽与马克思的辩证法不能相提并论,但毕竟也有相通之处。

三、杜威哲学的积极影响

杜威实用主义哲学对现实生活和实践的强调,对西方哲学从近代到现代转向的潮流的适应和引领,特别是它在一些重要方面与马克思哲学的相通,说明它在一定程度上体现了时代精神发展的要求。正因为如此,它必然是一种在一定范围内能发生积极影响的哲学。

实用主义在美国的积极影响,可以用美国人民在不长的历史时期里几乎从空地上把美国建设成为世界的超级大国来说明。实用主义当然不是美国唯一的哲学,但它却是美国最有代表性的哲学。实用主义产生以前的许多美国思想家(特别是富兰克林、杰斐逊等启蒙思想家),大多已具有实用主义的某些特征,这在一定意义上为实用主义的正式形成作了思想准备。实用主义产生以后,传入美国的欧洲各国哲学虽然能在美国哲学中占有一席之地,其中分析哲学在较长时期甚至能在哲学讲坛上占有支配地位;但是,它们几乎都毫无例外地迟早被实用主义同化,成为整个实用主义运动的组成部分。当代美国实用主义者莫利斯说:逻辑经验主义、英国语言分析哲学、现象学、存在主义同实用主义"在性质上是协同一致的",它们"每一种所强调的,实际上是实用主义运动作为一个整体范围之内的中心问题之一"。① 就实际影响来说,实用主义在美国哲学中始终占有优势地位。桑塔亚那等一些美国思想家也承认,美国人不管其口头上拥护的是什么样的哲学,但是从他们的内心和生活来说都是实用主义者。只有实用主义,才是美国建国以来长期形成的一种民族精神的象征。而实用主义的最大特色,就是把哲学从玄虚的抽象王国转向人所面对的现实生活世界。实用主义的主旨

---

① Morris, Charles W. *The Pragmatic Movement in American Philosophy*. New York: George Braziller, 1970, p. 148.

就在指引人们如何去面对现实生活世界,解决他们所面临的各种疑虑和困扰。实用主义当然具有各种局限性,人们也可以而且应当从各种角度去批判它,马克思主义者更应当划清与实用主义的界限;但从思想理论根源上说,正是实用主义促使美国能够在许多方面取得成功,这大概是一个不争的事实。

在美国以外,实用主义同样能发生重要的影响。与杜威等人的哲学同时代的欧洲哲学尽管不称为实用主义,但正如莫利斯说的那样,它们同实用主义"在性质上是协同一致的"。如果说它们各自在某些特定方面、在一定程度上体现了现代西方社会的时代特征,实用主义则较为综合地体现了这些特征。换言之,就体现时代特征来说,被欧洲各个哲学流派特殊地体现的,为实用主义所一般地体现了。正因为如此,实用主义能较其他现代西方哲学流派发生更为广泛的影响。

杜威的实用主义在中国也发生过重要的影响。早在"五四"时期,杜威就成了在中国最具影响的西方思想家。从外在原因上说,这是由于胡适、蒋梦麟、陶行知等他在中国的著名弟子对他作了广泛的宣扬;杜威本人在"五四"时期也来华讲学,遍访了中国东西南北十多个城市。这使他的思想为中国广大知识界所熟知。然而,更重要的原因是:他在理论中所包含的科学和民主精神,正好与"五四"时期中国先进知识分子倡导科学和民主的潮流相一致。另外,他的讲演不局限于纯哲学的思辨而尤其关注现实问题,这也与中国先进分子的社会改革的现实要求相一致。正是这种一致,使杜威的理论受到了投入"五四"新文化运动和社会改革的各阶层人士的普遍欢迎,从而使他在中国各地的讲演往往引起某种程度的轰动效应。杜威本人也由此受到很大鼓舞,原本只是一次短期的顺道访华也因此被延长到两年多。胡适在杜威起程回国时写的《杜威先生与中国》一文中曾谈到:"我们可以说,自从中国与西方文化接触以来,没有一个外国学者在中国思想界的影响有杜威先生这样大的。我们还可以说,在最近的将来几十年中,也未必有别个西洋学者在中国的影响可以比杜威先生还大的。"[1]作为杜威的信徒,胡适所作的评价可能偏高。但就其对中国社会的现实层面的影响来说,除了马克思主义者以外,也许的确没有其他现代西方思想家可以与杜威相比。

尽管杜威的实用主义与马克思主义有原则区别,但"五四"时期中国马克思主义者对杜威及其实用主义并未简单否定。陈独秀那时就肯定了实用主义的某

---

[1] 引自《胡适哲学思想资料选》(上),上海:华东师范大学出版社,1981年,第181页。

些观点,甚至还成为杜威在广州讲学活动的主持人。1919 年,李大钊和胡适关于"问题与主义"的著名论战,固然表现了马克思主义与实用主义的原则分歧,但李大钊既批评了胡适的片面性,又指出自己的观点有的和胡适"完全相同",有的"稍有差异"。他们当时的争论并未越出新文化运动统一战线这个总的范围,在倡导科学和民主精神上毋宁说大体一致。毛泽东在其青年时代也推崇胡适和杜威。

"五四"以后,随着国内形势的重大变化,上述统一战线趋向分裂。20 世纪30 年代后期,由于受到苏联对杜威态度骤变的影响,中国马克思主义者对杜威也近乎于全盘否定了。20 世纪 50 年代中期,为了确立马克思主义在思想文化领域的主导地位,从上而下发动了一场对实用主义全盘否定的大规模批判运动。它在一定程度上达到了预期的政治目的,但在理论上却存在着很大的片面性。当时多数批判论著脱离了杜威等人的理论实际,形成了一种对西方思潮"左"的批判模式,并在中国学术界起着支配作用。从此以后,人们在对杜威等现代西方思想家、对实用主义等现代西方思潮的评判中,往往是政治标准取代了学术标准,简单否定取代了具体分析。杜威等西方学者及其理论的真实面貌就因此而被扭曲了。

对杜威等西方思想家及其理论的简单否定,势必造成多方面的消极后果。其中最突出的有两点:一是使马克思主义及其指导下的思想理论领域在一定程度上与当代世界及其思想文化的发展脱节,使前者处于封闭状态,从而妨碍其得到更大的丰富和发展;二是由于扭曲了马克思主义哲学和现代西方哲学的关系,忽视了二者在某些方面存在的共通之处,在批判杜威哲学等现代西方哲学的名义下扭曲了马克思主义哲学一些最重要的学说,例如关于真理的实践检验、关于主客观统一、关于个人与社会的关系等学说都存在这种情况。这种理论上的混乱导致实践方向上的混乱,甚至在一定程度上导致实践上的挫折。

需要说明的是:肯定杜威实用主义的积极作用并不意味着否定其消极作用,也不意味着简单否定中国学界以往对实用主义的批判。以往被作为市侩哲学、庸人哲学、极端个人主义哲学的实用主义不仅是存在的,而且在一些人群中一直发生着重要的影响。资产阶级庸人、投机商、政客以及各种形式的机会主义者所奉行的哲学,正是这样的实用主义。对这样的实用主义进行坚定的批判,是完全正当的。但是,如果对杜威的哲学作具体研究,就会发觉他的理论与这样的实用主义毕竟有着重大的区别。杜威自己就一再批判了这类庸俗习气和极端个人主义。如果简单地把杜威哲学归结为这样的实用主义,那在很大程度上就是把杜威所批判的哲学当作是他自己的哲学。

四、杜威哲学研究在当代中国的积极意义

改革开放以来,中国政治和思想文化上的"左"的路线得到纠正,哲学研究出现了求真务实的新气象,包括杜威实用主义在内的现代西方哲学研究得到了恢复和发展。以1988年全国实用主义学术讨论会为转折点,对杜威等人的实用主义的全盘否定倾向得到了克服,如何重新评价其在中国思想文化建设中的作用的问题也越来越受到学界的关注,对杜威等人的实用主义的研究由此进入了一个新阶段。"五四"时期,由于杜威的学说正好与当时中国的新文化运动相契合,起过重要的积极作用;今天的中国学界,由于对马克思主义哲学和现代西方哲学都已有了更为全面和深刻的理解,对杜威的思想的研究也会更加深入和具体,更能区别其中的精华和糟粕,这对促进中国的思想文化建设会产生更为积极的作用。

对杜威哲学的重新研究在当代中国的积极意义,至少包括如下三个方面:

第一,有利于对马克思主义哲学有更为全面和深刻的理解。

这是因为,杜威哲学和马克思的哲学虽有原则性区别,但二者在一些重要方面有相通之处。这主要表现在二者都批判和超越了以抽象、思辨、脱离实际等为特征的传统形而上学;都强调对现实生活和实践的关注在哲学中的决定性作用;都肯定任何观念和理论的真理性的标准是它们是否经得起实践的检验;都认为科学真理的获得是一个不断提出假设、又不断进行实验的发展过程;都认为社会历史同样是一个不断发展的过程,社会应当不断地进行改造,使之越来越能符合满足人的需要和人的全面发展的目标;都认为每一个人的自由是一切人取得自由的条件,同时个人又应当对社会负责,私利应当服从公益;都提出了使所有人共同幸福的社会理想,等等。在这些方面将马克思主义与杜威的实用主义作比较研究,既能更好地揭示它们作为不同阶级的哲学的差异,又能更好地发现二者作为同时代的哲学的共性,从而使人们既能更好地划清马克思主义和实用主义的界限,又能通过批判地借鉴后者可能包含的积极成果来丰富和发展马克思主义。

第二，有利于对中国传统文化的批判继承。

杜威哲学和中国传统文化有着两种不同的联系。以儒家为代表的中国传统文化是一种前资本主义文化，没有西方资本主义文化的理性主义特质，不会具有因把理性绝对化而导致的绝对理性主义和思辨形而上学等弊端；但未充分经理性思维的熏陶又是中国传统文化的缺陷，不利于自然科学的发展，更不利于人的个性的发展和自由民主等意识的形成。正因为如此，以儒家为代表的中国传统文化往往被历代封建统治阶级神圣化和神秘化，成为他们的意识形态，后者阻碍了中国科学技术的发展、人民的觉醒和社会历史的进步。"五四"新文化运动的主要矛头就是针对儒家文化作为封建意识形态的方面，以此来为以民主和科学精神为特征的新文化开辟道路。杜威哲学正是以倡导民主和科学为重要特征的。杜威来到中国时，正好碰上"五四"新文化运动，他成了这一运动的支持者。他的学说对于批判作为封建意识形态的儒学，自然也起了促进作用。

但是，儒家文化并不等于封建文化；孔子提出的以"仁"为核心的儒学本身并不是统治阶级的意识形态。直到汉武帝实行"罢黜百家，独尊儒术"的政策以后，儒学才取得了独特的官方地位，由此被历代封建帝王当作维护其统治的精神工具。即使如此，也不能否定儒学在学理上的意义。它既可以被封建统治阶级所利用，又能为广大民众所接受，成为他们的生活信念和道德准则。历代学者对儒学的发挥，也都具有这种二重性。正因为如此，儒学除了被封建统治阶级利用外，还能不断发扬光大，成为中华民族宝贵的思想文化遗产。儒学所强调的"以人为本"、"经世致用"、"公而忘私"、"以和为贵"、"己所不欲，勿施于人"等观念，具有超越时代和阶级的普世意义。新文化运动的代表人物并不反对这些观念，而这些观念与杜威哲学的某些观念在一定程度上是相通的。杜威哲学在"五四"时期之所以能为中国广大知识分子接受，在一定程度上正是因为中国文化传统中已有与杜威哲学相通的成分。正因为如此，研究杜威的实用主义思想，对于更清晰地理解儒家思想，特别是分清其中具有普世价值的成分与被神圣化和神秘化的成分，发扬前者，拒斥后者，能起到促进作用。

第三，有利于促进对各门社会人文学科的研究。

杜威的哲学活动的一个突出特点，是他非常自觉地超越纯粹哲学思辨的范围而扩及各门社会人文学科。我们上面曾谈到，在杜威的全部论著中，关于政治、社会、文化、教育、道德、心理、逻辑、科学技术、审美和宗教等各个领域的具体问题的论述占了绝大部分。他不只是把他的哲学观点运用于这些学科的研究，而且是通过对这些学科的研究更明确和更透彻地把他的哲学观点阐释出来。反过来说，他对这些学科的研究都不是孤立地进行的，而是通过其基本哲学观点的具体运用而与其他相关学科联系起来，从而把对这些学科的研究形成为一个有机整体，并由此使他对这些学科的研究可能具有某些独创意义。

例如，杜威极其关注教育问题并在这方面作了大量论述，除了贯彻他对现实生活和实践的重视这个基本哲学倾向、由此强调在实践中学习在整个教学过程中的决定作用以外，他还把教育与心理、道德、社会、政治等因素紧密地结合在一起，从而使教育的内容更加丰富、全面。他的教育思想也由此得到了更为广泛的认同，被公认为是当代西方最具影响的教育学家。值得一提的是：无论在中国还是在苏联，杜威在教育上的影响几乎经久不衰。即使是在政治和意识形态影响极为深刻的年代，杜威提出的许多教育思想依然能不同程度地被人肯定。陶行知的教育思想在中国就一直得到肯定，而陶行知的教育思想被公认为主要来源于杜威。

我们这样说，并不是全盘肯定杜威。无论是在哲学和教育或其他方面，杜威都有很大的局限性，需要我们通过具体研究加以识别。但与其他现代西方哲学家相比，杜威是最善于把哲学的一般理论与其他人文社会学科密切结合起来、使之相互渗透和相互促进的哲学家，这大概是不可否认的事实。在这方面，很是值得我们借鉴。

五、关于《杜威全集》中文版的翻译和出版

要在中国开展对杜威思想的研究，一个重要的条件是有完备的和翻译准确的杜威论著。中国学者早在"五四"时期就开始从事这方面的工作。当时杜威在华的讲演，为许多报刊广泛译载并汇集成册出版。"五四"以后，杜威的新著的翻译出版仍在继续。即使是杜威在中国受到严厉批判的年代，他的一些主要论著也作为供批判的材料公开或内部出版。杜威部分重要著作的英文原版，在中国一些大的图书馆里也可以找到。从对杜威哲学的一般性研究来说，材料问题不是主要障碍。但是，如果想要对杜威作全面研究或某些专题研究，特别是对他所涉及的人文和社会广泛领域的研究，这些材料就显得不足了。加上杜威论著的原有中译本出现于不同的历史年代，标准不一，有的译本存在不准确或疏漏之

处,难以为据。更为重要的是,在杜威的论著中,论文(包括书评、杂录、教学大纲等)占大部分,它们极少译成中文,原文也很难找到。为了进一步开展对杜威的研究,就需要进一步解决材料问题。

2003 年,在复旦大学举行的一次大型实用主义国际学术讨论会上,我建议在复旦大学建立杜威研究中心并由该中心来主持翻译《杜威全集》,得到与会专家的赞许,复旦大学的有关领导也明确表示支持。2004 年初,复旦大学正式批准以哲学学院外国哲学学科为基础,建立杜威与美国哲学研究中心,挂靠哲学学院。研究中心立即策划《杜威全集》的翻译。华东师范大学出版社朱杰人社长对出版《杜威全集》中文版表示了极大的兴趣,希望由该社出版。经过多次协商,我们与华东师范大学出版社达成了翻译出版协议,由此开始了我们后来的合作。

《杜威全集》(Collected works of John Dewey)由美国杜威研究中心(设在南伊利诺伊大学)组织全美研究杜威最著名的专家,经 30 年(1961—1991)的努力,集体编辑而成,乔·安·博伊兹顿(Jo Ann Boydston)任主编。全集分早、中、晚三期,共 37 卷。早期 5 卷,为 1882—1898 年的论著;中期 15 卷,为 1899—1924年的论著;晚期 17 卷,为 1925—1953 年的论著。各卷前面都有一篇导言,分别由在这方面最有声望的美国学者撰写。另外,还出了一卷索引。这样共为 38卷。尽管杜威的思想清晰明确,但文字表达相当晦涩古奥,又涉及人文、社会等众多学科;要将其准确流畅地翻译出来,是一项极其庞大和困难的任务,必须争取国内同行专家来共同完成。我们旋即与中国社会科学院哲学研究所、北京大学、清华大学、中国人民大学、北京师范大学、南京大学、浙江大学、武汉大学、北京外国语大学,以及华东师范大学和上海社会科学院哲学研究所等兄弟单位的专家联系,得到了他们参与翻译的承诺,这给了我们很大的鼓舞。

《杜威全集》英文版分精装和平装两种版本,两者的正文(包括页码)完全相同。平装本略去了精装本中的"文本的校勘原则和程序"等部分编辑技术性内容。为了力求全面,我们按照精装本翻译。由于《杜威全集》篇幅浩繁,有一千多万字,参加翻译的专家有几十人。尽管我们向大家提出在译名等各方面尽可能统一,但各人见解不一,很难做到完全统一。为了便于读者查阅,我们在索引卷中把同一词不同的译名都列出,读者通过查阅边码即原文页码不难找到原词。为了确保译文质量,特别是不出明显的差错,我们一般要求每一卷都由两人以上参与,互校译文。译者译完以后,由复旦大学杜威与美国哲学研究中心初审。如无明显的差错,交由出版社聘请译校人员逐字逐句校对,并请较有经验的专家抽查,提出意见,退回译者复核。经出版社按照编辑流程加工处理后,再由研究中心终审定稿。尽管采取了一系列较为严密的措施,但很难完全避免缺点和错误,我们衷心地希望专家和读者提出意见。

复旦大学杜威与美国哲学研究中心的工作是在哲学学院和国外马克思主义与国外思潮创新基地的支持下进行的,学院和基地的不少成员参与了《杜威全集》的翻译。为了使研究中心更好地开展工作,校领导还确定研究中心与美国研究创新基地挂钩,由该基地给予必要的支持。《杜威全集》中文版编委会由参与翻译的复旦大学和各个兄弟单位的专家共同组成,他们都一直关心着研究中心的工作。俞吾金教授和童世骏教授作为编委会副主编,对《杜威全集》的翻译工作作出了重要的贡献。汪堂家教授作为常务副主编,更是为《杜威全集》的翻译工作尽心尽力,承担了大量具体的组织和审校工作。华东师范大学出版社与我们有着良好的合作,编辑们怀着高度的责任心,兢兢业业地在组织与审校等方面做了大量的工作,在此一并表示衷心的感谢。

刘放桐

2010 年 6 月 11 日

导　言

詹姆斯·古安洛克(James Gouinlock)

约翰·杜威不是那种把自己囿于专业和深奥主题的哲学家。比起绝大多数ix哲学家,杜威对广泛得多的论题著书立说。他的写作在根本上是为了教育——不是通过说教,而是尽可能地让生活经验的意义得以阐明。当他确实进行专业分析时(他的许多作品是这样),是为了提供在生活中最行之有效的思想和行动的假定。因此,即使他探讨专业的主题,也是异常严格的。他既满腹经纶,又富有见识和想象力,洋溢着人性的光辉。

本卷收录的作品多种多样,极具代表性。例如,在 1925—1927 年间,基于在那些国家的亲身经历,杜威对中国、土耳其和墨西哥的状况发表看法。他分析洛克的知识理论,参与关于价值理论的争议,评价美国实用主义的意义,并一如既往地坚持对教育的基本关切,对审美经验进行分析。他在《公众及其问题》(*The Public And Its Problems*,本卷唯一的一部著作)中,系统地探讨了现代工业社会的政治问题。他甚至提出了一种诠释柏拉图的"苏格拉底的对话"的方法。

在这种异质性中,我们发现了惊人的一致性。和杜威许多其他的作品一样,1925—1927 年的大部分作品围绕着思想观念在人的行为中的作用这一主题统一起来。在杜威看来,实现良善的生活依赖于运用智识(intelligence)。[①] 实际上,他的工具主义得到充分阐明时,正是关于智识行为的本质的理论。接下来的几页中,工具主义体现得淋漓尽致。在这种一致性中,我们见证了连贯的哲学观

[①] Intelligence 在杜威哲学中是一个重要的概念,中文翻译有智慧、智能、理智等,但译者认为,杜威使用这个词,意在表达生活中至关重要的智慧和洞见,因此译为"智识"。——译者

在分析各种不同形式的人类经验时的功效。这篇导言不可能提及本卷所有的细节,也不可能考察杜威关注的所有议题。然而,杜威这一时期的大部分著述能够参照他的智识行为的概念得到阐明。因此,这个概念是最适合提出来作进一步阐发的主题。在转向文本本身以前,简要地概述杜威工具主义的本质,是十分恰当的。

这种引人注目的实践哲学,始于对意义和真理的专业分析。当概念发挥作用时,其意义由相对于其他实体而言,概念所构想的实体假定会产生的效果决定的。例如,"玻璃"的意义是我们称作玻璃的物质的所有功能:扔下去会破碎,不会被水穿透但会被光穿透,作为某种操作的结果而存在,等等。类似的,一个命题的含义是该命题规定的条件假定会产生的结果。"这是一棵树"的意义,是这棵树的功能和其环境的总和:它有根,由种子生长而来,用锯可以切割,可以遮阳避雨,等等。因此,意义不是某种先行给予的和由直观得到的东西,而是由实验操作确定的。要发现"玻璃"或"树"的含义,就必须对这么称呼的物质施予各种各样的操作。

一个命题的真,是通过执行必要的操作并观察结果事实上是不是被这个命题的意义所蕴涵来确定的。"这是一棵树",通过检验——通常是非常简单的检验——得以证实。然而,或许所声称的树实际上是由塑料制成的。因此,某些预测的经验事实上不会发生。不同于其他人已经记录下来的知识,新知识总是通过与正在探究的事物有关的某种行为而获得的,简单的或复杂的,深思熟虑的或偶然为之的。

由是观之,知识和行为是不可分割的。在受控的探究中,行为受假设指导。例如,人们可以假设,某种种子当以规定的方式播种、施肥、栽培时,每英亩会有特定的谷物收成。假设规定了为产生某种结果所需要引入的条件。然后,探究者必须执行明确的操作——播种、施肥、栽培等,以便检验假设。当执行了规定的操作时,探究者能够发现假设事实上是否正确。因此,思想观念指导行为。需要强调的是:以这种方式设想的假设是创造性的;它们是为了产生一个未来的结果而重构当前条件的提议。为了确立更加有利的结果,自然的进程可以按照计划进行深思熟虑的重新组织。这些计划或假设可能极具创意,规定了史无前例的重构。

最后,必须指出的是:按照工具主义,探究总是对杜威所称的成问题的情境作出回应而发生的:正在进行的经验出错了,缺少点什么,受到阻碍了,或者变得失控了。为了弥补这些缺陷,探究发生了。探究旨在确立统一的确定的情境,以替代成问题的情境。研究者期待更多的谷物收成。迷失在树林中的游客寻找出路。当每英亩的收成提高了,或一条走出森林的路找到了,推动探究的情境将会变得统一。当指定的行为产生预期的结果时,相关的假设便得到了证实。通常,个人满足伴随着情境的成功而转变,但证实这里的假设的并不是这种满足。

在探究的过程中,情境中的事件获得了附加的意义。例如,迷失的游客认为,远处模糊的声音是斧头砍树干的声音。这些声音不再是单纯的声音,它们意义重大。它们暗示了其他事件的存在,这些事件意味着重返安全的状态。或者,一粒小麦中的特定成分的意义不再模糊不清;人们发现,它们有助于茎上谷粒的增殖。当我们知道各种条件联系起来如何发挥作用时,它们变得更有意义。与此同时,它们变得更有价值,因为我们知道如何对它们采取行动,才能有意地将带来沮丧的情境转变为产生满足的情境。

工具主义者的理论与理性主义和古典经验主义形成了鲜明的对照。理性主 *xii*义者假定,知识是对本质的直接直观;经验主义者假定,知识是先前给予的感官材料的总结。在两种情况下,认识是被动的;它不包含行为。此外,由于不包含行为,获得的"知识"就不会是关于自然当中、事件之间的功能性关系。在理性主义和经验主义的情形中,思想观念不是被设想为对未来的预测,而是对被给予的事物的镜现。相应地,理性主义者和经验主义者都没有得出如下观念,即思想观念可以创造性地运用于为行为提供具体的指导。它不是被动地被接受为在心智上对现状(*status quo*)的复制,而是可以积极地为丰富的经验服务。工具主义教导我们,思想、行为和经验价值是有机统一的。我们很快就会看到,这一教导渗透在杜威论述各种主题的著作中。

恰如其分,本卷的第一篇论文是《美国实用主义的发展》(The Development of American Pragmatism)。在这篇文章中,杜威详细地阐释了查尔斯·桑德尔·皮尔士(Charles Sanders Peirce)和威廉·詹姆斯(William James)实用主义的主要思想。杜威指出,皮尔士采纳了"实用主义"的术语,因为它指示了致力于解决具体的实践问题的思想和探究方法。这种探究是为着特定目的的探究,以便对不管是实验室还是日常生活中遇到的问题作出回应。换言之,探究发生在活动的背景中,那个背景赋予探究以目标。

杜威认为，皮尔士的实用主义首要的是聚焦意义理论；并引用皮尔士的表达（第4—5页①）：术语的意义在于它可能对实践产生的影响。然而，正如杜威表明的，皮尔士清楚地知道，实用主义并不因为行为本身而赞美它。行为不是目的，而是中介。只有通过采取行为，而且只有通过概念所指明的行为，人们才能确定概念的实际意义。对于皮尔士来说，概念给出了"行为规则"，那就是它的重要价值。杜威对此深表赞同。例如，通过认识"玻璃"的意义，我们知道如何发挥它的作用。杜威注意到，皮尔士的实在论在于后者主张概念提供了普遍的行为规则。

按照杜威的观点，皮尔士作为逻辑学家著书，而詹姆斯则作为人道主义者和教育家立言。杜威把他们各自的实用主义版本的差别，归因于这种意图上的不同。詹姆斯更感兴趣于独特之物和个体(the unique and the individual)，因此他更多地是一个唯名论者：概念的含义在人们实际拥有的经验中，而不是在概念可能会产生的经验中。在詹姆斯详细地阐明持有特定思想观念的重要性的方式中，杜威看到了他运用实用主义方法的特定效果。例如，不管是一元论者，还是多元论者，人们实际上致力于某种评价和行为。一元论(仿效绝对观念论)根据某种先行决定的必然性，将世界的本质和世界历史视为永恒不变的。那么，真正的一元论者不会把人的行为视作将真正的替代选择和新颖性引入事件进程中。一元论者把人(human agent)②视为只不过是一名演员，扮演从永恒出发为他所写的那个角色。另一方面，多元论者相信，人的努力的确引入了变化和新颖性。正如詹姆斯所指出的，未来并不是"注定的"。相应地，一元论者把自己交给了"必然性"，而多元论者则投身于充满活力和激情的生活，自信他为自身利益的努力将产生重要的影响。世界仍然是未完成的，而事件可以走向不同的方向，这取决于事件的变动中人的参与。③

杜威高度地称赞詹姆斯的《心理学原理》(*The Principles of Psychology*,

① 这里的页码均为本书边码。下同。——译者
② 此处根据原文可翻译为人类主体，但是，这里作者所讲的一元论者仅仅把人视作一个按照既成的剧本表演的演员，因此在一定程度上否定了行动者的能动性，所以不适合翻译为人类主体，故作此翻译。——译者
③ 在《事件和未来》(第62—68页)这篇文章中，杜威批评了布罗德(C. D. Broad)的主张，因为他把对象设想为"终极的和永恒的"。杜威认为，这样一种理解恰恰指示一元论的后果：未来相对于真正的替代选择是封闭的。

1890)中所谓的"生物心理学"。受达尔文的启发,詹姆斯发现了思想的真实本质,包括科学观念在内的思想观念在生活经验中发挥的作用,引领我们从当下经验走向未来经验。科学或推理不是强加给生物体的生活,而是生活中最有用的组成部分。在以这种方式理解智识时,我们看到,当人性最富含智识时,它也是最有用的。换言之,实用主义把智识和反思置于生命活动最显著的位置。

杜威相信,皮尔士和詹姆斯之间的不同是次要的,而他们的共识则是最重要的: xiv

> 实用主义……不是执守先前的现象,而是执守后继的现象;不是执守先例,而是执守行为的可能性。这一视角的转换从后果上看,几乎是革命性的。满足于重复已然过去的事实的经验主义,没有为可能性和自由留下地盘。它找不到一般概念或思想观念的地盘,至少只不过是把它们视作总结或记录。但当我们采纳实用主义的视角时,我们看到,一般的思想观念远远不是报告或记载过去的经验,它们发挥着截然不同的作用。它们是组织未来观察和经验的基石。①

杜威说,作为对实用主义的发展,工具主义在将皮尔士和詹姆斯的洞见更为详细地付诸实践时,有其独特的性质。一门完整的逻辑会在实际的实验探究过程中,按照它们各自的功能和相互关系,区分所有的命题形式[杜威系统地承担这一任务的著作,是稍后出版的《逻辑:探究理论》(*Logic: The Theory of Inquiry*,1938 年)]。在某些方面,杜威把实用主义视为在起源上是独特的美国哲学。然而,更宽泛地理解,实用主义居于英国和法国启蒙运动的伟大传统之中,因为它永恒化和发展了让智识掌控方方面面,让智识在生活行为中成为操作性的这一理想。

第二篇文章《法人人格》(Corporate Personality)是实用主义分析的典范。为了回应法律实体或公司实体如何被视为负责任的主体这一存在已久的法学的/哲学的问题,杜威坚持认为,我们永远放弃了试图在这样的实体中发现使它们有资格被当作人格的先前存在的本质。杜威通过探究这样的实体所做的事情,继

---

① 詹姆斯:《心理学原理》,第 12 页。

续地分析下去。它们是从功能上得以界定的。例如,当个人或群体被赋予权利和责任时,他们随之而来的行为会有所不同。有争议的是公司实体的权力和限制。我们希望它们的行为是什么?根据我们如何回答这一问题,这样的实体被允许和/或要求以某种方式行事。例如,成为权利的载体将仅仅而且只意味着某类行为会受到法律上的保护,以及被要求实施其他类型的行为。没必要诉诸神秘的本质来确定公司机构的含义。

下一篇文章《自然主义的感觉-知觉理论》(A Naturalistic Theory of Sense-Perception)在很大程度上,是反驳知识理论的某种研究方法的。杜威称这种研究方法为"认识论的",以区别于他所主张的"自然主义的"观点。这篇论文的主题不是实用主义或工具主义,但在深层的意义上,它的方法是工具主义的。相应地,它很适合展示杜威的讨论方式,以及这些讨论在何种意义上例示了工具主义。

感觉知觉的支配性理论——不管源自英国还是大陆传统——是所谓的"认识论的"观点。它通常认为,知觉的意象是主观的;它们发生在所谓的心智-实体内。这些意象被视为类似外部的物理对象。实际上,这些对象被视为是意象的原因。因此,正如这一理论所认为的那样,被经验的根本不是外部的对象,而是外部对象的意象。相应地,我们没有通达外部世界,它的存在最多只能被推断。这样,人的经验只存在于心智中,人类主体因其自身经验的本质而完全地被孤立。这种主观主义已经困扰哲学两个多世纪,杜威堪称对此作了最具毁灭性的分析。

他发现了认识论的立场中一些致命的困难。其中之一是,仅仅由于系统地混淆知觉的原因和知觉的组成部分,论证才看似合理。确实,知觉发生的原因之一是感觉器官;但杜威说,知觉本身不决定被感知的属性的性质。人仅仅感知属性,但不管属性的原因是什么,属性是它们被感知的样子。感觉器官当然影响被

感知的特性,但承认它在很大程度上并不是说,被感知的事物不具有这些属性。不管它们是如何产生的,对象都具有这些特性。

认识论者犯了得出"被感知的特性是知觉的特性"这一结论的错误。它们假定知觉本身构成了这些属性。按照这一主张,被感知的属性不是世界中真实事件的特征。它们被降格为心智中的存在物,在这里作为意象,它们(不难想象)代表外部世界。认识论者犯了如下错误:(1)假定被感知的特性的原因就是知觉本

身;和(2)将事物的特性合并进它们的原因中。为了表明这一论证不合逻辑,杜威把它比作对毛笔画的分析。在学习毛笔画时,我们学习了毛笔和画作以及毛笔如何影响画作,但是作为分析的结果,画作不会消失在毛笔中。因为没有能区分知觉和知觉的媒介,认识论者把画作置入毛笔之中了。

杜威注意到,认识论者乐意援引如下现象来支持主观主义的假设,即一根直的棍子一半浸入水中时,看起来是弯曲的;或者当用手指按压眼睛时,看起来是两根。当然,认识论者争辩道,这类现象证明知觉在心智中,因为棍子本身确实是直的,而我们感知到的却是弯的;外面只有一棵树,但我们却有两棵树的意象。作为回应,杜威说,我们感知的东西是一个包罗万象的场域(或如他在其他大部分讨论中所称的情境)的应变量。正是这一场域的组成部分,引起了知觉。在一种光被两种不同密度的介质(空气和水)折射的场域,直的棍子呈现出来是弯曲的。但被感知的是这根棍子,如此呈现出来的也是这根棍子。说知觉不是诚实的,不是说它就是主观的。在分析中,没有任何东西限制我们把表象置于心智中。我们也可以对认识论者提出的两棵树的例子,以及无数其他精巧的例子,作类似的分析。

杜威的自然主义分析不但包容所有这些现象,而且他观察到,认识论者进行论证时,首先把诸如眼睛、手指、树木、水、棍子(无论如何被确定是直的)等这些对象的真实存在视为当然的。归因于这些事物的存在,然后被用于证明我们实际上根本没有对它们的经验进行论证。

杜威的分析,阐明了他的工具主义的基本特征。尽管认识论者提出了使我们的日常经验成为本质上是神秘之物的思想观念,但杜威自然主义的方法重新将世界带回到我们的面前,也将我们带到世界的面前。和认识论的辩证法撇清关系,我们相信,我们在具有真实特性的真实世界里活动。我们相信,这一世界的事件展现了多种属性;我们积极地探寻我们尤为珍视的那些属性,并努力地消除或避免那些有害的属性。我们相信,我们能够获得关于世界的知识;而且能够发现,它的一系列特性是如何存在的。认识论者宣称,这一切都不像是看起来的那样。我们只是错误地把这些特征归因给世界了。他们说,存在的整个场景在心智中。另一方面,有了工具主义者的分析,我们的经验再一次是实在的见证。换言之,杜威的理论是照亮和澄清经验,帮助我们在世界活动的那一种;而不是让它变得对我们来说不透明,让哲学变得离奇古怪、毫不相干的那一种。

另一篇和认识论有关的杰作是《洛克哲学中的实体、力量和属性》(Substance, Power and Quality in Locke,第 141—157 页)。洛克的《人类理解论》(*Essay Concerning Human Understanding*)被当作刚才考察的那种认识论最有影响的来源之一。尽管承认洛克对这种观点负有一些责任，但杜威用翔实的文献分析指出，洛克事实上并没有向这些错误低头。分析洛克的文章，对于这个导言而言，太过离题；但这篇文章的读者会发现，洛克本人对杜威在自然主义理论中坚持的那种区分非常敏感。毕竟，如果洛克不是执守实体具有固有本质的原子主义的观点，那么，他在逻辑上就会被迫得出这样一种结论，即知识是与客观的经验事件之间的关系。

《个性和经验》(Individuality and Experience,第 55—61 页)，是杜威主张对思想观念的工具主义运用在教育中会有巨大价值的许多作品之一。教育理论和*xviii*实践摇摆于一方面呼吁表现个性，另一方面要施加严格的和一致的要求之间，前者导致不能获得学习必需的规训，而后者则忽视了将不同学生的兴趣和能力区分开来。重申他最为人熟知的主题之一，杜威坚称，学生的成长要求他们参与本质上令人满意的活动。教师必须识别适合每个学生的这类活动，并向学生展现它们是如何受思想观念和实践技能引导的。对学生而言，充分认识和理解这类活动，就是充分认识和理解有助于实现它的计划和方法，也就是充分认识和理解智性行为。这样，学生会认识到作为达到丰富的经验之手段的智识的价值，并且更加愿意掌握它的方法。而且，要获得智识的技能，就必须自愿地接受规训，而不是让它从外部强加给自己。这样，学生就会同时接受规训并获得成长。

杜威对价值理论终身怀有兴趣。为了推动辨别、批评、建构和拥有价值的实际过程，就必须理解价值的本质。在现代最伟大的哲学著作之一——《经验与自然》(*Experience and Nature*)①中，可以发现杜威在这方面最基本的思想。在当前这卷关于价值理论的两篇文章中，对价值的工具主义分析是核心关切。在每个案例中，杜威展示了价值如何被设想为对思想和行为是有机的。一些背景知识有助于充分理解这些文章的含义。

评价过程发生在实际的有问题的情境中。事情出错了，无论如何令人不满

---

① 《杜威晚期著作》，第 1 卷，乔·安·博伊兹顿(Jo Ann Boydston)编，卡本代尔：南伊利诺伊大学出版社，1981 年。

意,单个或多个主体试图补救这一情境,解决成问题的状况并恢复完整的活动。在这样的情境中,可能会提出几种行动的可能性;经过审视,这些可能性证明在某些方面是错误的。那么,在调查之前,所有这些可能性都必须被视为是有问题的。

考虑迷失在丛林中的人的例子。在这一困境中,他可能研究几个选择。他 *xix* 可能想爬到一棵高大的树上,以便看得更清楚;但考虑之后,他认为树太难攀爬,而且这么做会冒摔下来受重伤的风险。后来,他听到了好像是斧头砍伐树木的声音,他考虑径直走向传来声音的方向。让我们假设,这个方案没有明显的缺点,这个人就按这一方案行动了。当他事实上成功地找到樵夫时,就收获了杜威所谓的价值:一个被重新整合的情境。正如这一案例表明的,思想和行为对价值而言,都是不可或缺的。如果我们没有思想,失败的可能性就大得多;如果不采取行动,我们就不能产生一个完整的情境。

前面已经指出,当确定了与其他事件之间的联系时,情境中的事件就获得了附加的意义。因此,丛林中的声音在被人认为是斧头砍伐的声音时,就变得有意义了。爬树的前景在被思考为受伤的预兆时,变得更有意义。通常,为了把事件带出它的直接性并确定事件的含义,就需要某种探究。因此,价值比有问题的事物更有意义;而且作为价值,如果没有受思想引导的行为,就不能被实现。

在这一背景下要考察的两篇文章中的第一篇是《价值的含义》(The Meaning of Value)。这是为了回应戴维·怀特·普劳尔(David Wight Prall)的文章而写的。在普劳尔的那篇文章中,普劳尔批评了杜威的观点,并提出了自己的理论[普劳尔的文章《价值和思想过程》(Value and Thought-Process)重印于本卷的附录中]。杜威和普劳尔的争议,毫无疑问,在于价值是不是由思想构成的。普劳尔论证的要点是:价值仅仅是由喜好构成的;杜威对此当然不接受。更具体地说,杜威批评普劳尔宣称"价值"指示一个固定不变的本质,也就是由喜好构成。杜威问道:"在拥有价值-属性的情境中,从主体方面看,喜好是唯一的和排他的组成部分吗? 或者其中也包括思想? ……我尽可能明确地表明,我把喜好视为那些拥有价值属性的情境中一个不可或缺的组成部分或构成部分,但却不是充 *xx* 分的组成部分或构成部分。"[1]普劳尔和杜威之间的争议不是口头上的。智识引

---

[1] 参见本卷第73页。

导的行为的成就,必须与处于其直接性中的事件区别开来。毫无意义的事件和富含意义的事件之间的区别,是举足轻重的;然而,普劳尔却没能认识到这种区别。因此,他对价值的分析没有提供对为人处世而言至关重要的知识。

第二篇文章《价值、客观指称和批评》(Value, Objective Reference and Criticism)的主题相同,但较少提到普劳尔。杜威再次坚持价值构成中的观念部分,并且指出了建构价值中慎思行为的作用。在这篇文章中,他专注于作为价值的必要条件的情感状态。他发现,日常语言太过模糊和模棱两可,以致无助于辨别出这种状态。明确地追随拉尔夫·巴顿·佩里(Ralph Barton Perry),他强调,喜好、渴望或不管什么,是那类暗示了走向具体对象的东西。这样,"价值"就有了客观指称,并且暗示了因积极努力而实现或圆满。价值暗示了从一种状况到另一种状况的运动。因此,可以预见,杜威继续说,这一运动暗示了观念的作用。如果对象被深思熟虑地追寻,至少必须有某种关于那个对象在人的活动中如何发挥作用的观念。而且,至少必须有初步的关于手段的概念,有某种按照它走向对象的运动将进行下去的计划。这些初始的信念,可以通过进一步的反思和调查得以检验和修正。由此,探究者可以更可靠地确定他心中的对象是否会按照预期的那样发挥作用。这样,信念得以修正。对象的含义经历了变化,价值因而也变了。只有承认价值的这些观念的成分,才能拥有我们可以支配的有效行动的智力工具。①

接下来的两篇文章——《有情感地思考》(Affective Thought)和《教育中的艺术——以及艺术中的教育》(Art in Education — and Education in Art)再次奏响了工具主义的乐章。杜威在此指出了艺术和科学本质的连续性,两者都是实践的功能。在每一种当中,人类有机体和他的环境之间的关系中的问题导致了活动的开始。艺术家和科学探究者在他们各自的活动中都致力于重构他们的情境,在每一个案例中都要求富有想象力的计划。他们必须对情境中的元素选择、操控并重组;而且,他们旨在对构成要素进行新的整合。正如在其他地方经常做的,杜威想强调探究是一种活动。它不是对所谓的感官材料或理性本质的观照

---

① 在对确定价值的观念要素的坚持上,杜威远远地超出了佩里的立场,后者没能发现走向一个目的的运动中观念的操作性呈现。杜威尤其承认,在这些问题上,他的立场和桑塔亚那在《理性生活》(*The Life Of Reason*)中的立场相同。参见《理性生活》,第 5 卷,1906 年。

和被动沉思。同样,艺术也不是重新创造(creation de novo),而完完全全源自心智。它不是艺术家心灵中已完成的艺术直觉的外化。艺术是个体在他独特的环境中并和环境一起进行的活动。

艺术和科学共有的特征不仅仅是好奇心。两者分享的,还有它们都是智性行为的形式。承认这种基本的相似性,就是要理解思想和经验的连续性。艺术就是深思熟虑重组智性事件以产生美的结果。用杜威的术语说,艺术是一种实验探究形式。这是完全可以理解的(实际上,杜威更喜欢说探究是一种艺术)。然而,当知识被视为与直接经验的事件毫不相干时,我们无法设想,思想观念如何被工具性地运用于产生一个在性质上丰富的情境。探究和审美经验被视为彼此完全是不相干的。因此,科学被当作某种疏离于经验的东西;审美经验被视作只发生于高度专业化的环境中,例如在艺术画廊或音乐厅中。认知的和审美的分裂不仅困扰着理论,也困扰着实践。我们既没有这样的艺术观,也没有这样的智识观,以便智识可以被运用于丰富的经验。而且,我们在日常生活中已经感受到这种失败。在审美活动、实践活动和智力活动之间作截然的区分,这是我们文化的典型特征。审美特征系统性地与活动和经验的其他维度相隔绝——例如,*xxii*与教育和劳作相隔绝。在这些文章中,杜威呼吁我们养成艺术/智识行为的习惯,以便能够在所有的经验中发现美的事物。[①]

如果不提及从第 167—210 页的九篇短文,对本卷中呈现的工具主义的考察就不是完整的。这些文章探讨了诸如美国对外政策,中国、土耳其和墨西哥的国内问题(尤其是教育),战争的非法,以及国际贸易关系。其中最显而易见的是:杜威坚持认为,所有类型的历史变迁都是受与其相应的文化相适应的思想观念支配的。正如在任何有问题的境遇中那样,不应该先天地或从外部施加计划,也不应该仅仅遵从习俗和先例。相反,应该根据处境的特殊限制和资源提出计划。不管怎样,提出这样的计划必然要考虑置身于变迁之中的人们的传统、信仰、需要、能力和愿望。思想观念可以用这种方式,成功地发挥影响和引导变迁的作用。在杜威这一时期所作的报告中,经常看到以此种方式发生的变迁的痕迹。

---

① 在这里的第二篇文章中,杜威发现了盟友阿尔弗雷德·诺斯·怀特海(Alfred North Whitehead)。他对怀特海的《科学与现代世界》(*Science and the Modern World*,1925 年)一书给予了高度的称赞。杜威在巴恩斯基金会的开幕式上所作的热情洋溢的演讲中,探究了这些文章中的许多主题,本卷第 382—385 页。

他对于这些时刻,备感欢欣鼓舞。

1925—1927 年,杜威发表了四篇书评。杜威是一个杰出的评论家,读者会发现,他的评论相当启发人、鼓舞人。然而,被评论的三部作品与工具主义这一主题相距甚远。因此,我们这里不予讨论［其中之一,格雷厄姆·华莱士(Graham Wallas)的《思想的艺术》(*The Art of Thought*)非常适合展示出来作分析。杜威宣称,他抱着热切的期盼接触这部作品,但却以极度的失望而告终。因为如果华莱士哪怕懂得一点儿思想的艺术,也没有在书中表现出来］。第四篇评论的是沃尔特·李普曼(Walter Lippmann)的《幻影公众》(*The Phantom Public*,1925 年)。看看杜威如何评价李普曼的研究,是富有启发意义的。因为正是《幻影公众》,激发杜威撰写了《公众及其问题》(*The Public and Its Problems*),这部作品后来受到了持续的关注。

xxiii

李普曼主要指责公众没有,也不能胜任民主理论中对他们寄予厚望的任务。在李普曼看来,这一理论设定了一种“全能的公民”。他和其他公民一样,拥有普遍的道德准则、强烈的和不偏不倚的公共精神,掌握作出公共政策决策必需的所有事实。根据这一理论,民主实际上就是自我管理:公众通过他们的代表管理自己。① 李普曼批驳了这些假定。即使是李普曼,一名公共事务热心的学者,在大多数问题上也一知半解,遑论普通的公民。李普曼声称,他们遭受无知、冷漠和偏见之苦,而且对这些弊病无从补救。我们必须重建我们的民主观。管理要通过官员——如李普曼所称的“知情人”——除此之外,别无他途。公众的适当角色是辨别危机的发生,然后通过投票,代表某一组而不是另一组知情人去干预。不能期待公众基于自身的实力判断问题。他们最多只能评判一方正在寻求做此方断定是为了公共利益的事情,而另一方没有。

杜威的评论肯定了李普曼论证中的合理之处。他认为,拥有全权的选民的观念是一个神话。实际上,他怀疑是否有人确实相信这样的人存在;但无论如何,重建民主理论迫在眉睫。在这个评论中,杜威和李普曼看起来没有本质上的分歧,而且他把《幻影公众》视作重新思考民主的一个起点。杜威很快着手这项任务。他的评论于 1925 年 1 月发表。1926 年 1 月,他在凯尼恩学院(Kenyon

---

① 在李普曼的著作和杜威的评论中,有一个众所周知的省略,即对盛行的民主理论倡导者的详细说明。然而,除了其他人以外,李普曼和杜威提及的思想还可以追溯到洛克、卢梭等。

College)作了一系列关于这些议题的讲座。《公众及其问题》一书在 1927 年出版。

在一定意义上,《公众及其问题》而非《逻辑:探究的理论》是杜威工具主义的 *xxiv*顶峰。不可否认,后者系统地阐述了功能逻辑;但《公众及其问题》提议在实践生活中真正实现智性行为。事实上,它是对政治——尤其是民主——理论的重建。虽然杜威或许是启蒙运动的理性观最伟大的批评者,但只要智识的性质得到恰当的理解,他就没有对智性的政治生活失望。他绝不会屈服于对民主的绝望,也绝不会承认人类不可救药地是非理性的。正如我们看到的,他将发现,对民主社会的公民提出比李普曼认为可能的要多的要求,也是切实可行的。

杜威在《公众及其问题》中开篇即抱怨说,国家的性质这一问题尚未被科学地研究。而至今涌现的,是对国家的神秘解释。自亚里士多德时代起,它们采取了如下的形式,即设定内在的"国家形成力量"。当亚里士多德说,按其本性,人是在城邦中生活的动物时,杜威认为,这仅仅意味着人性中有某种东西,使得人生活在国家中。这一点并不深刻,它没有提供任何信息。我们当然知道人生活在国家中,但这样的知识对现实的国家如何形成等于什么也没说,也没有就为什么国家此时采取一种形式、彼时采取另一种形式给予我们初步的想法。同样,观念论者告诉我们:国家的存在体现了先行给定的意志和理性,那再一次设定了一种推动国家形成的内在动力;按照这种解释,国家任何的具体特征和变化形式都不能得到说明。或者——如在古典自由主义的契约理论中那样——设定了一个明确的和固定不变的先于社会的人性,从这一概念推演出国家和它的所有职能。杜威评论说,在所有这样的观点中,理论家们事实上仅仅观察到了一个给定的社会进程的结果,而且把结果设定成了原因。从逻辑上讲,这一程序无异于说,鸦片使人昏昏欲睡,是因为鸦片具有催人入睡的力量。

杜威致力于对国家作科学的分析。为了这一目标,他区分了私人的和公共的联合形式。私人联合中的行为对其成员产生的影响,被杜威称为直接影响。 *xxv*但这样的群体的活动,经常会对不在这一群体中的人们产生影响,杜威称它们为间接影响。有时候,间接影响是严重的、持久的和广泛的。杜威称受它们影响的人们为公众。公众的形成是私人联合行为的结果。只要它们产生这样的间接影响,私人联合的活动就必须被置于某种管理之下——其影响必须受到控制或规范。当构成公众的人们感受到这些间接影响,而且当它们彼此传达出一种采取行动规范它们的利益时,国家就形成了。官员被选出来,承担着以对公众负责的方式控制这些影响的职责。官员就是政府。政府和公众一起,构成了国家。国家是政治上有组织的公众。

迄今的分析值得作一些观察。从消极方面看,可以指出,私人和公共的区分并没有它看上去那么清晰或有用。为什么私人联合应该免于干预呢?家庭看上去显而易见是私人联合,然而,这一群体中的成员有时会被其他成员虐待,以至于我们认为,代表他们去干预是必要的。在这样做的时候,我们规范的是直接影响。劳动者和管理者之间的契约产生了一种私人联合吗?在某种意义上,它看起来会如此。然而,我们同样认为,有时利用政府权威限制一方或另一方或限制双方是合适的。我们必须提出问题:这种联合不是真正的私人联合吗?那么,我们究竟该如何区分私人的和公共的呢?或许,仅仅谈及规范源自如此这般的社会行为的那些负面影响(当这些影响是严重的、持久的和广泛的时)的问题,杜威会做得很好。此外,杜威对国家的起源和性质的阐述,强调了对那些不受欢迎的结果的规范。尽管喜欢古典自由主义所设想的国家的人会对这一解释拍手称快,但是事实上,它却不是杜威自己想要的。实际上,正如他在所有相关著作中所声称的那样,不应该完全把国家局限于防止伤害;必要时,它也应该积极地推进福利(在《公众及其问题》的其他段落中,杜威的暗示同样多)。为什么不能修正公众的概念,以包含忍受着不是由他人强加的显著剥夺的群体,这一点似乎没有内在的理由。在杜威的分析中,有一个吊诡的困难,即它不是科学的。杜威旨在描述这个国家;但确实如他自己所坚持的,我们所拥有的不是这个国家,而是各种国家,它们通过各不相同的方式——更不用说征服和剥削了——建构起来,而不是在政治上公开地宣示自身。杜威实际上做的,是给出了这个国家应该是什么的提议。事实上,它是民主国家的初步界定,并且暗示了这就是最值得拥有的国家。

欣然地接受规范的假定,杜威的分析是建设性的。他试图给出公众和国家的功能性定义——也就是工具主义的定义。杜威不是援引现成的、一成不变的社会分类,而是敦促我们去辨别作为真实行为的结果实际上出现的分类。这样,例如作为一个群体剥削另一群体的结果,或者在更小的规模上,作为污染空气和水的工业的结果,公众就产生了。公众作为大规模杀伤性武器存在的结果而形成。另一个公众的形成,是由于官僚政治的野心,等等。依据遭受的来自不同方面的负面影响的不同方式,同一个人会隶属于不同的公众。一些公众范围大,另外的则小些;有些公众会受限于地理环境,另一些则不受限制。没有两类公众拥有完全相同的成员(遭受官僚政治之痛的群体和受大规模杀伤性武器威胁的群体是不同的);任何特定的公众,都会有来自其他公众的成员。只要新的问题出现、发生变化、不再存在,公众也就会随之变化。当出现不同的历史情境时,就会产生不同的公众,另外一些则不再存在。

相应地,国家是为了满足在具体的时间和地点,有着具体问题的具体群体之需要的机构。管理制度的形式不会被设想为永恒的和一成不变的;相反,为了在特殊的情况下履行特殊的职责,它会顺势而变。这样,国家在某些情况下会有许多事情要做,而在其他情况下所做甚少。国家不是一个无所不包的实体(如根据黑格尔主义者),涵盖了共同体的所有生活,而仅仅是一个人加入的联合体之一。一个人是多种联合体的成员,而且在大多数情况下,这些联合没有需要规范的影响。因此,"国家不是无所不包的整体;相反,在某些情况下它是最空洞无物的社会安排"①。事实上,在许多情况下,"国家成了一种不合理的事物"。②

公众被建构起来,随之又不复存在。而且,应该规范什么行为,以及它们该如何被规范,往往是一个实验性的、在某种程度上有争议的问题。因此,国家总是处在形成和变化的过程中。杜威说,通常必须重新发现它。"就其本性而言,国家永远是某种需要被审视、研究和追索之物。"③严格地执守国家应该采纳什么形式以及国家应该做什么的确定观念,意味着不承认变化的事实,跟不上历史条件的变化。无论如何,按照杜威提议的国家,只有工具主义地运用思想观念,才能为调整制度以应对社会问题而引入各种各样的变化。政治行为像所有其他的行为一样,会受到实验的思想观念的引导。

在前面两章详细地阐述这些思想后,杜威转而简要地分析导致民主国家实际出现的事件和观念。他说,个体在理论上获得解放、在事实上的沉沦,标志着民主国家的出现。工业革命催生的巨大力量,已经使普通个人组织化了。人类的联合日益缺少人情味,联合的形式被工业生产对私人利益的要求所支配。也

---

① 《公众及其问题》,第 253 页。
② 同上书,第 261 页。
③ 同上书,第 255 页。

就是说,现代工业社会的生活已经对地方性的、面对面的共同体产生了深远的、破坏性影响。传统的共同体在很大程度上已经分崩离析,而人与人之间新的联合形式尚未取而代之。政府不是用来达成"包容的、友好的联合大众"①的媒介,它主要是为了维持资本主义生活方式而发挥作用。任何改进都必须等待具有民主精神的公众的形成。

在第四章"公众的衰落"中,像其他任何人一样,杜威逼真地刻画了实际的民主实践的失败。李普曼详细地列出选民的无知、冷漠,以及民主意图受到强大的私人利益的腐蚀;与之相匹敌,杜威没有听任这些缺陷。民主政治的问题是公众太过茫然,以至于不能辨别出自己就是公众。工业社会中的社会力量如此之多,如此错综复杂,以至于公众实际上并不知道正在发生什么,因此不能辨别自己即是公众。在它这么做之前,它不会采取有效的行动。

地方性面对面的共同体已经被入侵,那些力量如此巨大,起始如此遥远,范围如此广泛,操作如此复杂间接,以至于从地方性的社会单位成员的角度看,它们是未知的(unknown)。②

一旦公众——更准确地说,是许多公众——如此辨别出来和组织起来,我们至少可以期待政治制度和政治实践的改进。这一转变的第一要件是有效沟通。通过传播媒介,公众必定会获得那些产生它的条件,以及这些条件如何影响联合生活的价值观的知识。然而,杜威说,我们生活在嘈杂的交往中。在接下来的一章中,杜威专注于民主的共同体的创造。他称其为"追寻伟大的共同体"。

这章开篇即将民主的共同体刻画为人类联合的典范或对它的理想限制。在民主社会的生活中,每个人分享了组织和引导群体活动,每个人分享了联合生活中所创造的价值观。通过社会生活中的互动,每个人参与到成长的过程中。在与他所加入的群体利益的和谐共处中,他的力量得以释放和形成。理想地看,每

个群体都与其他群体互适和灵活地互动。有了群体间这些互补的和加强了的联系,个体的人格得以充分、和谐地发展。杜威在这个背景下,刻画了个性、自由、平等和兄弟情谊。例如,"自由是个人潜能的安全释放和充分地实现,这只能发生在一个人和其他人组成的丰富的、多样的联合体里,它是一种力量,既要实现

---

① 《公众及其问题》,第 303 页。
② 同上书,第 316 页。

个人化的自我,为联合体作出独特的贡献,又能以自己的方式享用联合的果实"。①他的要义在于把诸如自由和个性这样的传统价值观刻画为社会行为的模范,而不是像古典自由主义那样,把它们视作与社会截然有别的个体的特性。

杜威拒绝说明这样一个共同体可能创立的政治制度。对他来说,这么做就是要放弃他的语境主义,而且看起来规定了由民主的共同体自己来决定的事情。无论如何,制定政策和引导行为的方法将是完全民主的和实验的。这一方法当然是协商式的,提出来供考虑的思想观念将作为行动的工具得到检验。它们对整个共同体生活的影响,会得到研究;而且当思想观念作为政策被采纳时,它们会采用如下形式,即规定为了重建有问题的共同体的情境将要引入的条件。

就其本性而言,人有能力成为民主的,杜威对此信心十足。人在本质上不是反社会的和非理性的;相反,合作的和实验的行为可以学习,可以成为习惯。杜威相信,所有的习惯都是习得的。人们可以学会在参与的活动中既已确立的行为模式。如果个体生活在这样的环境中,行为作为当然之事体现了恰当的习惯,那么,智性的和民主的行为就很容易学得,并且大大地得到强化。在最后一章,杜威更加详细地追索了人性的潜能这一问题。在这里,他评论到,作为民主学习的媒介,我们的环境是相当有缺陷的。尽管承认在美国有很大程度的探究和传播的自由,但杜威认为,我们缺乏有效地利用这一自由的手段。社会科学发展水平仍然很低,很少有人拥有实验的思想习惯。因此,思想和传播的自由缺乏效率,因为它们掌握的信息和方法很不充分。做广告和简单的、插曲般的、感性的新闻材料是我们拥有的主要传播媒介。我们拥有前所未有的教育、探究和传播手段,但并没有充分地利用。作为本章的结论,他指出,传播科学地确定的知识不必是枯燥的和没有吸引力的。他说,如果不是因为艺术的效果,它很可能会如此;而且他提议,在传播社会知识时应发挥艺术家的力量。

《公众及其问题》的最后一章探讨了两个主要问题,即社会探究的性质和作用,以及公众可以利用这一探究结果的条件。作为第一个问题的引子,杜威指出了社会探究的一个主要障碍:持续假定要解决的问题是个体与社会的恰当关系,这里的"个体"和"社会"被视为彼此对立的。他声称,我们仍然设定了独立于社会而存在的"现成的和完整的"个体。这样,基本的社会问题就被设想为确定这样的规

① 《公众及其问题》,第 329 页。

则,它为这一原子主义的个体规定了应该被保护起来免受社会干预的活动范围。这种个人主义的完成,就是社会作为这些自足的人组成的单一的、无差别的总体的观念。

这一理论的麻烦,在于原子主义的个体纯属神话。与此相似,社会是单一的联合体也是神话。个体的人性不是一个固定不变的和初始的条件。它是有机体和环境互动的产物和结果。① 当环境(在所有社会环境之上)改变时,人性也发生变化了。就其本身而言,社会不是单一的实体。它是由多种多样的群体构成的。个体不是和作为整体的社会相联系。它们和各种各样的群体相联系,群体有着多样的相互联系。根据杜威的假定,不可能把个体视为本质上对立于一个社会而存在。冲突当然会有,但参与联合的生活是个体任何成长的必要条件。而且,个人主义的观点看起来忽略了共享经验的价值观。在本章中,杜威坚持认为,冲突的发生是由个人在一个群体和另一个群体中扮演的角色之间的对立造成的。根据这一深刻的分析,社会问题不是关于这个个体和整个社会的关系;当正确地辨别时,它们是关于个体和群体之间以及一个群体和另一个群体之间的关系。相互竞争的各方的调整不能由一个先天的公式来确定,调整总是依情境而定,总是实验的。

关于社会事务讨论相对缺乏成果的一个原因是:如此多的智力资源倾注在不加区分的个人主义和集体主义之关系这一想象的问题之上,而且这个对立的意象影响了如此多的具体问题。因此,思想偏离了唯一卓有成效的问题,即探究真实的题材的一些问题,从而变成了对概念的讨论。权威的概念和自由的概念的关系、个人权利和社会义务的关系的"问题",仅仅含沙射影说明性地参考了经验事实;已经被在给定条件下对具体自由和权威的某些具体分配的结果的探究,对改变了的分配会产生什么样更值得欲求的结果的探究取而代之了。②

杜威主张,一门功能性的社会科学会让自己专注于两件事:它会持续不断地提炼它的研究方法,并且将这种探究引向具体的社会问题。他强调,民主共同体中的社会科学家不会为这些问题开出解决的办法。科学家不会有任何这样的权

---

① 杜威对于社会心理学最完整的表述,参见《人性与行为》(*Human Nature and Conduct*),《杜威中期著作》,第 14 卷,乔·安·博伊兹顿编,卡本代尔:南伊利诺伊大学出版社,1983 年。

② 参见本卷第 355—356 页。

威。相反,他们会致力于确定社会中复杂的和强大的力量实际上如何发挥作用。xxxii不同类型的群体、制度、实践、法律、技术、行业、外交、传播等的相互联系和影响会得到研究。因此,在很大程度上,全能的公民将没有必要。选民不必是一个专业的探究者。

然而,公众可以学习运用这种知识,这看似合理吗?杜威坚称,公民有可能知道如何利用社会科学家提供的知识。他的主要论据是:有效的智识不是个体与生俱来的。启蒙运动思想的一个根本错误是:假定理性是一种与生俱来和一成不变的机能。有效的智识是一种习得的力量;实验的思想习惯可以学习。杜威承认天生的才能有很大的差别,但不管一个人天生的才能是什么,据以发挥才能的习惯是在社会实践中获得的。孤立的个体的智力上的能力不管可能是什么,都绝不会发挥出来;实际上,如果在一个其中智识在社会行为习惯中得以体现的共同体中得到发展,那么,任何人都能获得一定水平的理性。在适当的社会过程中,把个体智力上的力量统一起来,每个参与者都能比被智性的社会生活排除在外时,在更大的程度上学习和实现这一力量。杜威写道:

> 呈现出来的智力所决定的行为水平,一直是至关重要的……一个技师可以谈论欧姆定律和安培定律,而牛顿在他的时代却不能如此。许多摆弄过收音机的人能够判断的事情,而法拉第不曾梦想过这一点。抛开以下这点不谈,牛顿和法拉第如果生活在当今,那么,业余人士和技师与他们相比,不过是小儿科水平。这种反驳仅仅需要指出:这种不同,主要是因为对事物的思考方式不同和在传播中的不同意义而造成的。在一个处理社会事务更智慧的国家里,人们掌握的知识越多,智力受到的影响就越直接。这可能没xxxiii有提升一个人的天赋,但会提升所有人的智力运行水平。这个水平的高度,对于公共关注判断的重要性,要远远大于智力方面。①

相应地,一个人的先天智力可以很高,但却缺少智性思考的习惯。另一方面,一个人的先天禀赋平平,但仍然可以学习很多智性探究的艺术。注意启蒙运动的理性观和杜威富有生机的智识观之间的重要区别。如果我们接受启蒙运动

---

① 本卷第366—367页。

关于一成不变的、给定的理性学说,如果我们得出结论说大部分人拥有相当少的理性,那么,我们就必须接受人们无可救药地处于那种状况中的结论。杜威的观点,使我们免于承受这种不幸的重负。

只要杜威是对的,我们就可以假定个人能够学习运用专业科学家提供的信息。他们可以辨识社会力量的复杂多样,并且认识到它们的影响。更具体地说,他们可以理解这些力量如何影响各种不同形式的联合生活,如何重建当下的状况可能会引起令人满意的改变。很有可能,一旦拥有了这样的知识,群体就会拥护和支持社会行动的政策。作为假说,政策会被制定出来,它基于对当下情境的具体重建预计会产生可欲的结果。在这样的关键时刻,社会科学家会再次作出贡献,对这样的政策实际上如何发挥作用作出基于充分了解信息的评估。最后,就像检验所确保的那样,对这些政策进行试验—检验—调整。基于这个程序,民主过程会产生最能代表公众利益的政策。

即使选民接受了运用相关科学知识的训练,他实际上会这么做吗?他会克服迄今为止已经给他打上烙印的冷漠吗?杜威再一次相信,这是可能的。正如杜威已经评论的,传播此类信息的手段当然必须大大地改进。甚至更重要的是,这类信息被呈现给合适的受众,传递给利益攸关者。人们发现,最宝贵的经验在地方的、面对面的共同体中(参见第 368—369 页)。在现代生活中被抹煞的,正是这类经验。如杜威设想的那样,社会知识不是抽象的理论。它是关于什么正在侵蚀地方共同体以及这种侵蚀是如何发生的知识,也是关于这种生活如何修复、恢复生机,如何得以丰富的知识。因此,它具有最深远和最直接的实践意义。当它传递到而且渗入相邻的共同体时,当它对群体生活的影响在内部得以探讨和分享时,民主就会发挥其全部的潜能。杜威总结道:

> 个人的智力禀赋的自由扩展和巩固没有限制,它们可能源于在地方共同体的交往中,通过人与人之间的言谈传递的社会智识流。这样,而且只有这样,才能使公共意见成为现实。如同爱默生所说,我们浸淫于浩瀚的智识中,但那种智识是沉寂的,它的传播是时断时续、模糊不清和微弱的,直到它拥有地方共同体作为其媒介。①

---

① 本卷第 371—372 页。

《公众及其问题》内容丰富,而且像杜威的许多其他著作一样富含思想。人们可以对他分析的不同方面——历史的、社会的、概念的或规范的——提出争议(杜威经常说,科学几乎还没有生产任何社会知识。然而,很多时候,他却像掌握了很多社会知识那样著述)。人们还可以指出他的研究是不完整的:民主理论中的许多议题尚未被触及。伴随着杜威的理论还有进一步的困难,但问题不在理论本身:即使在今天,社会科学依然没有获得足够的能力来提供杜威向它们要求的知识。然而,这本书的冲击力引人瞩目。他呼吁重建政治生活,这比资本主义和社会主义的议题更加根本,也比任何公共政策议题更加根本。他激进地呼吁:民主既要作为社会问题的最后仲裁者,又要作为人类成长和共享的经验的圆满。我们必须记住,民主既意味着共同体,又意味着实验的智识的方法。因此,它远远不只是数人头,而且远远不只是表面上接受委身于权力和统治的群体或个人的胡言乱语。与此同时,它比各种各样有内在不可调和主张的绝对主义更加谦逊,更加行之有效。 xxxvi

　　如前面已经指出的,杜威的智识观并不受累于 18 世纪的假定。就杜威把实验习惯的发展和积极运用视为对共享经验的价值观而言,是根本的和至关重要的。因此,我们看到了使智识成为宝贵财富的方式。如果可以恰当地把科学运用于地方共同体,那么,伴随社会知识和行为的冷漠将会消减。而且,他对思想观念的理解,比实用主义之前的任何哲学提供了更多的关于智性行为性质的洞见。

　　杜威关于国家的理念,尤其富有创意。它致力于以推动制度和问题相契合的方式界定国家。就其概念来看,国家意指持续的和实验性的调整以应对变化。这是比漠视历史的自由主义有用得多的方法,而且避免了黑格尔设想的那种单调贫乏、无所不包的国家观。与此同时,杜威关于社会的理念既避免了古典自由主义的原子主义,又避免了卢梭和观念论者令人窒息的一元论。我们还可以认为,杜威对于公众、国家和智识的理解,要比马克思的相应分析精致复杂得多;马克思从来没有很好地掌握实验的观点。

　　《公众及其问题》恰好在 20 世纪 30 年代席卷美国的意识形态的理论化潮流之前出版。知识分子受马克思的鼓舞,沉迷于一成不变的政治教条,显然比杜威对实验主义的呼吁更强烈。杜威当然是所有形式的理性主义和绝对主义的哲学活动不共戴天的敌人。在沉寂了一段时间后,正是这些特征重又出现在当代的道德思想中,非常引人瞩目。最明显的例子是约翰·罗尔斯(John Rawls)的《正义论》(*A Theory Of Justice*)。① 这本书渴望理性地演绎出永恒有效的正义原则。这本书唤起他的同事罗伯特·诺奇克(Robert Nozick)的另一本著作《无政府、国家和乌托邦》(*Anarchy，State，and Utopia*)，②诺奇克在其中提出了自己的演绎。罗尔斯从一个没有变化的世界中，从不知姓名的、毫不相识的居民的决定中，引出了他的原则。诺奇克则从一个充满绝对权利的、设定的自然状态引出他的原则。除了他们共同的理性主义方法，两个人的共同之处还在于都对居住在现实世界的人们实际的道德信条视而不见。他们引出各自原则的条件与实际的人类境况，毫无相似之处；而且不管什么时候，他们任何一部著作中所阐明的原则与实际的历史存在发生冲突，后者毫无疑问会被牺牲掉(没有保存绝对主义道德理论之逻辑的任何其他方式)。民主的智识在这两种体系中什么都不是。它们洋溢着独创性，但却缺乏智慧。这两本书尤其引人注意的地方，是他们各自的正义原则彼此完全不可调和——对如此"理性的"建构来说，是莫大的尴尬。鉴于绝对主义哲学不断遭受的窘境(其中，罗尔斯和诺奇克的哲学只是最近的例子)，到目前为止，我们应该特别警惕非实验的思想和行为。我们可以期待，杜威的影响将再次回响起来。

按杜威设想的方式，民主的公众看起来是应对社会问题的非常有希望的媒介。然而，正如杜威自己坚持的那样，绝不可以把它视为不可能产生冲突和不确定性、不会导致有争议的决策和希望幻灭的方法。一个完美的体系(不管那意味着什么)超出了人的能力，正如不应该指责人性一样，我们也不应该指责哲学没有能力解决所有的问题。但按照杜威的理解，民主是独创的和实验的；它比其他的人类安排有更大的潜力，能够自我纠错和成长。而且，民主的实践会以绝对主义体系所不能的方式，汲取公民的智识。同时，它还是有关民主的天才般和英雄般的理念，然而，它的实现或许是人类的能力所不及的。像任何理论一样，它的有效性只有将其置于实践的检验中，才能得以确定。在历史的这个时刻，如果我们不那么雄心勃勃，那么会为时过早。

---

① 约翰·罗尔斯：《正义论》，剑桥：哈佛大学出版社，1971年。
② 罗伯特·诺奇克：《无政府、国家和乌托邦》，纽约：基础书籍出版公司，1974年。

论　文

美国实用主义的发展^①

这篇文章旨在阐释以实用主义、工具主义或实验主义之名而为人所知的哲
学运动的主要理论。要这样做,我们必须追溯它们的历史发展;因为这种方法看
似提供了最便捷的方式来理解这些运动,与此同时避免了当下对其学说和宗旨
的某些误解。

实用主义发轫于查尔斯·桑德斯·皮尔士。皮尔士的父亲是美国最杰出的
数学家之一,受其影响,他也十分精通数学;他是现代关系符号逻辑(symbolic
logic of relations)的奠基人之一。不幸的是,皮尔士完全不是一个系统的著作
家,他从来没有在一个体系中详细地阐发自己的思想。他发展的实用主义方法,
仅仅应用在一个非常狭窄的和有限的话语领域。在威廉·詹姆斯扩展了这一方
法的范围后,皮尔士如他最初设想的那样,著书阐释了实用主义的起源;以下的
一些段落,正是源自这一阐释。

与那些把实用主义视为专属于美国的观念相反,"实用的"(pragmatic)这个术
语受到对康德研究的启发。康德在《道德形而上学》(*Metaphysic of Morals*)中区
分了"实用的"和"实践的",后者适用被康德视为先天的道德法则;而前者适用基
于经验并可以应用于经验的艺术和技术的规则。如他的一些朋友暗示的,如他所
指出的,作为一名经验主义者,皮尔士有着实验室的思维习惯,因此拒绝把他的体
系称为如他的朋友建议的"实际主义"(practicalism)。作为一名逻辑学家,他感兴

---

① 首次发表于《观念史研究》(*Studies in the History of Ideas*),哥伦比亚大学哲学系,纽约:哥伦比
亚大学出版社,1925 年,第 353—377 页。

趣于真正思考的艺术和技艺，而且就实用的方法而言，他尤其感兴趣于使概念变得清晰的艺术，或者说，按照科学方法的精神诠释恰如其分和有效定义的艺术。

用他自己的话说，对于一个"仍然习惯于用康德的术语思考问题的人来说，实践的（*praktisch*）和实用的（*pragmatisch*）就如同两极那样相距甚远，前者属于在那里没有哪种实验型精神在其脚下能确保稳固基础的思想领地；后者则表现了与一些明确的人类目的的关系。目前，这一新理论最引人瞩目的特征是：它承认理性认知和理性目的之间不可分割的联系"。①

在引出实验型的精神时，我们被引向了皮尔士赋予"实用的"一词的准确含义。在谈到实验主义者是一个其智识在实验室中形成的人时，他说："不管你对他作出什么主张，他或者会理解为：这是指如果一个实验的给定的命令能够成立，并且在行动中被付诸实施，那么对一个给定的描述的经验就会产生。否则，他根本不会看到你的话有任何意义。"因此，皮尔士发展出下面的理论："语词或其他表达的合理意图（rational purport），完全在于它对生活行为可以设想的影响；以至于显然没有什么可能不是源自实验的东西，能够对行为产生任何直接的影响。如果人们能够准确地定义肯定或否定一个概念暗含的所有可设想的实验现象，那么在此，他将拥有关于那个概念的完整定义。"②

皮尔士把他的理论文章冠名为"如何使我们的观念清晰"。③ 这里和康德的学说有着惊人的相似。皮尔士努力地以康德在先验领域确立实践理性的法则相同的方式，在经验的领域里阐释概念的普遍性。"每一个命题的合理含义都在未来……但是，在命题可以被转换成的多种形式中，要被称作它的准确含义的那个是什么？根据实用主义者的理解，它是那个采用它命题可以适用于人类行为的形式——不是在这些或那些特殊的情况下，也不是当一个人喜欢这个或那个特殊的设计时，而是那个在每一种情境中最直接地适用于自我控制和最直接适用每一种目的的形式。"④同样，"实用主义者不是把至善理解为存在于行为中，而是把它理解为存在于那个演化过程中，在其中，存在之物越来越接近于表现一

---

① 《一元论者》（*Monist*），第 15 卷，第 163 页。
② 同上书，第 15 卷，第 162 页。
③ 《通俗科学月刊》（*Popular Science Monthly*），1878 年。
④ 《一元论者》，第 15 卷，第 173—174 页。

般……"①——换言之——在其中,存在之物在行为的帮助下,变成了一组尽可能多地一般化的合理趋势或习惯。就实用主义奠基人的思想共同犯下的两个错误而言,皮尔士的这些陈述毋容置疑。经常有人说,实用主义把行为当成了生活的目的。还有人说,实用主义让思想和理性活动从属于特定的利益和利润目的。确实,按照皮尔士的理解,这一理论根本上暗示了与行动和人的行为的某种联系。但行动的作用是中介的。为了能赋予概念以含义,人们必须把它应用到存在上。现在,正是借助行动,这一应用才成为可能。源自这一应用对存在的修正,构成了概念的真实含义。因此,实用主义远远不是被视为美国生活典型特征的、为了行动本身而赞美行动。

还要指出的是:概念应用存在许多可能,因此概念具有各种含义。概念的外延越大,越不会受到将其局限于特殊例子的限制,也就越有可能把具有最大普遍性的含义赋予这个术语。这样,皮尔士的理论就与任何把概念的含义局限于实现一个特定目的背道而驰,更与将含义局限于实现个人目标相距甚远了。它更加尖锐地对立于理性或思想应该沦为任何金钱的或更褊狭的利益之奴仆的观念。就其坚持为澄清人的行为和实现某种目标是必要的而言,这一理论在起源上是美国式的。但与此同时,它却不赞同美国式生活中把行动本身视为目的,以及过于褊狭和"实际地"设想目的的那些方面。在就其与国家因素的关系而考虑一个哲学体系时,不但有必要记住生活中被纳入这一体系的方方面面,而且要牢记这一体系所反对的方方面面。从来没有一个哲学家仅仅因为赞美他所处的社会环境的趋势和特征而赢得这一殊荣;恰如同样真实的是,从来没有一个哲学家没有捕捉到他所处时代的生活的某些方面,并将其理想化。

威廉·詹姆斯继承了皮尔士开创的工作。在某种意义上,詹姆斯缩小了皮尔士实用主义方法的应用范围,同时对其进行了扩展。皮尔士在 1878 年写的那些文章,几乎没有引起哲学圈子的任何注意。除了苏格兰常识哲学一如既往地居霸权地位的那些圈子以外,当时的哲学圈主要受格林(Green)、凯尔德(Caird)和牛津学派的新康德主义观念论的影响。1898 年,詹姆斯在一篇题为"哲学观念和实践的结果"的演讲中,发起了实用主义运动;这篇演讲后来重印在《论文和评论集》(*Collected Essays and Reviews*)中。即使在这个早期的研究中,人们还

6

① 《一元论者》,第 15 卷,第 178 页。

是很容易地注意到出现了限制并同时扩展早期实用主义的两种趋势。在引用皮尔士的如下评论——"信念实际上是行为的规则，思想的全部用途只不过是塑造行为习惯中的一个步骤"后，我们为自己建构的每一个关于对象的观念，实际上是那个对象可能产生的效果的观念。詹姆斯阐述了所有这些原则都可以比皮尔士表达的更宽泛地得以表述的观念。"我们对真理意味什么的最终检验，实际上是它所指导或激发的行为。而它激发那一行为，是因为它首先预言了会向我们要求那一行为的经验的具体转向。我应该喜欢这样表达皮尔士的原则，即任何哲学命题的有效含义，总能被归结为在我们未来的实际经验中某种不管积极的还是消极的特定后果；要点在于经验必须是具体的，而不在于必须是积极的。"① 在写于1908年的一篇文章中，詹姆斯重申这一表达。他说，不管它在什么时候采用"实际的"这个术语，他用来指"独一无二地具体的、个别的、特定的和有效的，而不是抽象的、一般的和迟钝的——'Pragmata'是多数的事物——特定的后果，完全可以是关于理论性质的"。②

　　威廉·詹姆斯暗示他发展了皮尔士所表达的原则。在一种意义上，人们可以说，通过用适用未来经验的普遍规则或方法取代特定结果。詹姆斯扩大了这一原则的影响。但在另一种意义上，这一取代由于破坏了皮尔士赋予这一规则或行为习惯的最大可能应用——将之扩展至普遍性——的重要性，因而限制了这一原则的应用。也就是说，比起皮尔士，詹姆斯更是一个唯名论者。

　　在上面的段落中，人们可以注意到实用主义的扩展。在那里，詹姆斯暗示了使用确定真理意义的方法。由于真理是一个术语，因而具有意义，这一扩展是实用主义方法的正当应用。但应该评论的是：在此，这一方法仅仅服务于澄清"真理"这一术语的意义，而与一个具体判断的真毫无关系。促使詹姆斯给实用主义

---

① 《论文和评论集》，第412页。
② 《真理的意义》(*The Meaning of Truth*)，第209—211页。在一个脚注中，詹姆斯举了一个"实际的"这一术语出错的例子，引用布尔多(M. Bourdeau)的话说："实用主义是对拉丁思想中的理智主义和理性主义的盎格鲁-撒克逊式的反动……它是没有语词的哲学，是关于手势和行动的哲学，它放弃了普遍之物，而仅仅执守具体之物。"在加利福尼亚作的讲座中，詹姆斯提出了实用主义，他在相当大的程度上受到了英国思想家洛克、贝克莱、休谟、密尔、贝恩(Bain)和霍奇森(Shadworth Hodgson)的启发。但他还是把这一思想和德国的先验主义，尤其是和康德的先验主义加以对比。指出皮尔士和詹姆斯的如下区别尤其有意思：前者试图对康德作实验的而非先天的解释，而后者则试图发展英国思想家的观点。

方法涂上新色彩的主要原因,是他忙于应用这一方法来确定哲学问题的意义,而且他选择让具有神学或宗教性质的哲学观念服从考察。他希望确立一个标准,以便使人们确定一个给定的哲学问题是否具有真正的和重要的意义;或者相反,它是不是无关紧要的,纯粹是口头上的问题。在前一种情况下,当一个人接受和证实争论中一个或另一个论题时,利益攸关的是什么。皮尔士首先是一位逻辑学家,而詹姆斯则是教育家和人道主义者。詹姆斯希望教促普通民众认识到某些问题、某些哲学讨论对人类有真正的重要性,因为他们提出的信念导向截然不同的行为方式。如果没有把握这一至关重要的区别,就不可能理解后期实用主义运动绝大部分的模糊性和错误。

詹姆斯拿有神论和唯物论之间的争议为例。从这一原则可以引出:如果世界的进程被视作完成的,那么,可以正当地声称上帝或物质是其原因。不管是一种还是另一种方式,事实就是这样;正是它们,确定了赋予其原因的无论什么意义。因此,我们能赋予这一原因的名称完全是任意的。如果我们把未来纳入考虑,那就完全不一样了。上帝就会具有关心确保理想的或精神的价值最终胜利的力量的意义,而物质成为对这些价值的成败漠不关心的力量。根据我们采纳这些选项中的一个或另一个,我们的生活就会走向不同的方向。在 1907 年的实用主义讲座中,詹姆斯把这同一个标准应用于一和多的问题,也就是一元论和多元论的问题及其他问题上。因此,他表明,一元论相当于一个僵化的世界,在那里,一切都是固定不变的,而且永恒不变地与其他事物统一起来;在那里,经验中的不确定性、自由选择、新颖性和不可预见性没有地盘;一个要求事物具体和复杂的多样性,向一种建筑结构的简单性和高贵性作出牺牲的世界。在关于我们的信念方面,一元论要求导向固定不变的教条主义态度的理性主义气质;而另一方面,多元论则为偶然性、自由、新颖性留有空间,并且赋予经验方法可以无限扩展的完全的行动自由。它在哪里发现统一就予以接受,但却不试图强迫把无限丰富多样的事件和事物归入单一的理性的模子。

从教育家,或学生,或如果你愿意的话,任何对这些问题感兴趣的那些人的角度看,在哲学讨论和争议中,没有理由辩驳实用主义方法这样应用的价值,但确定这种应用的性质同样重要。它提供了经常被视为无足轻重或只具有纯粹思辨性质的哲学概念,以及对于人类生活意义的途径。它提供了一个标准用以确定在任何理论中,作为替代选项自我呈现的信念的重要意义。因此,正如他自己所说:"如果关于世界的一个或另一个准则是正确的,那么,哲学的全部作用应该去发现你或我在生活的一个确定时刻经受的独特的影响。"然而,在说哲学的全部作用在于这一目标时,看起来,他像是在指哲学的传授,而不是哲学的建构。因为这样的表达暗示世界准则已经既成了,产生它们所必须的工作已经完成了,以至于剩下的只是通过接受一个或另一个准则为正确的,从而确定体现于生活中的后果。

从皮尔士的角度看,哲学的目标不如说是借助与我们对环境的态度或我们对环境最普遍的反应习惯相对应的准则而赋予世界一个固定不变的意义;这个普遍性取决于扩展这些准则,对于具体的未来事件的可应用性。甚至在我们试图达成对这些概念的信念价值的理解之前,必须先确定"物质"和"上帝"概念的意义。唯物论意味着,世界只对我们要求一种不变的和普遍的习惯;上帝会意味着要求另一种习惯;唯物论和有神论之间的区别,相当于面对世界所有详尽的事实时所要求的习惯的差别。就我们可能形成把所有未来的存在纳入考虑并应用于其单一的行为习惯而言,世界将是一。就为了应对世界中的事件并控制它们,我们有必要形成彼此不同且彼此不可还原的多种习惯而言,世界会是多。简言之,皮尔士作为逻辑学家著述,而詹姆斯作为人道主义者立言。

通过他的信仰意志的理论,或他自己后来所称的信仰的权利的理论,詹姆斯实现了对实用主义的新推进。发现一个或另一个信念的根本意义,必定对那一信念本身产生某种影响。如果一个人珍视新颖性、冒险、机会和变化多端的审美实在,那么,当他明确感受到这一体系的重要性时,当然会拒绝对一元论的任何信仰。但如果从一开始,他就受到审美和谐、古典的比例、确定性甚至绝对安全和逻辑连贯性的吸引,很自然地,应该信仰一元论。因此,詹姆斯考虑了本能的同情的动机。它们在我们选择一个哲学体系时,比形式推理发挥了更大的作用。詹姆斯认为,如果我们公开地承认激发我们的动机,就应该向哲学上真诚的事业致敬。他还坚持如下论题,即大部分哲学问题,尤其是那些触及宗教领域的问题具有这样的性质,以至于不会以一种或另一种方式受到决定性证据的影响。因此,他声称,一个人不仅在有证据或确凿事实的情况下,而且在缺少所有这样的证据的情况下,都有权选择自己的信仰。最重要的是,当他被迫在一种或另一种意义之间进行选择,或者当他拒绝选择时,他有权利承担信仰的风险。他的拒绝本身，就是一种选择。信仰的意志的理论引起了误解，甚至是嘲笑；因此有必要清楚地理解，詹姆斯是以何种方式使用它的。无论如何，我们总是不得不行动；我们的行为和伴随它们的后果，实际上根据我们选择的信念而发生变化。而且很可能为了发现，最终是某些信仰在知识上确证的证据——例如对自由或上帝的信仰——有必要一开始就按照这一信仰行动。

在詹姆斯关于实用主义的讲座，以及在他发表于 1909 年的《真理的意义》中，他把实用主义方法的运用扩展到了真理性质的问题。至此，我们已经考察了 11 作为确定语词的意义和哲学信念至关重要的工具的实用主义方法。我们不时提到隐含的未来后果。除此以外，詹姆斯还表明，在某些哲学观念中，可以借助某些信念的后果的性质，或借助这些信念在存在中引起的差别，为某些信念的证实提供辩护。但是，为什么不能把这一论证向前推进一步，以至于坚持认为，一般来说，真理的意义由它的后果确定呢？这里，我们一定不要忘了：在詹姆斯成为实用主义者之前，他首先是经验主义者。他不断地宣称实用主义，仅仅是被引向其正当结论的经验主义。从一般的视角看，实用主义态度在于"把目光从第一事物、原则、'范畴'、假定的必然性等转移开去；并且转向最后的事物、成果、后果、事实"。把实用主义方法应用于真理问题，只需要前进一步。在自然科学中，有一种把任何具体案例中的真等同于证实的倾向。一种理论或一个概念的证实，通过观察具体的事实得以展开。即使最科学、最和谐的物理学理论，直到通过数学推理或通过任何其他类型的推理所演绎出来的意义被观察到的事实证实之前，它都仅仅是一种假说。那么，一个愿意借助经验的方法得出真理定义的经验主义哲学家必须朝向哪个方向呢？如果他想运用这一方法，而且不会在当前引入实用主义的准则，那么，他必须首先发现具体的事例，然后从此出发进行概括。因此，正是在让概念服从经验的控制、在证实它们的过程中，人们发现了被称为真理的事物的例子。所以，任何运用这一经验主义方法的哲学家，都不带有任何偏见地支持实用主义学说，并被引向这一结论，即真理"意味着"证实，或者如果人们喜欢的话，不管实际的还是可能的，证实就是真理的定义。

在把这一经验主义方法的观念和实用主义理论结合起来时，我们碰到了其他一些重要的哲学的结果。根据术语的连贯性或相容性，或者根据理念和事物对应的经典的真理理论，在此获得了新的解释。没有实验证实的单纯的心理上 12 的连贯，不能让我们超越假说的领域。如果一个观念或理论自称和实在或事实相一致,那么,除了让它进入行动领域,或指出这一观念或理论导致的、以具体可观察的事实的形式呈现出来的结果以外,这样的声称就不能被检验、证实或驳斥。在按照这一观念行动时,如果我们被引向它所暗示或要求的事实,那么,这一观念就是真的。当一个理论通过经验的中介导致作为其后果的事实时,它就是与这些事实相一致的。从这一考虑,引出了实用主义的概括,即除了在下面的情况下,即在其应用中首先作为预期的(prospective)之外,观念和理论被试验过或证实了,所有的知识就其结果而言,都是预期的。然而,从理论上讲,即使是这样的证实或真理,也不会是绝对的。它们可能会奠基于实践的或道德的确定性,但又总容易受到不可预见的未来结果或被忽视的观察事实的修正。关于真理的每一个命题,实际上在最后的分析中,都是假设的或暂时性的;这些命题中的大部分如此频繁地得到了证实,从未失败,以至于我们有正当的理由使用它们,就好像它们是绝对正确的一样。然而,从逻辑上讲,绝对正确的真理是一个不能实现的理想,至少在所有的事实被记录下来,或如詹姆斯所说的"被囊括进来"之前,直到不再可能进行其他的观察或不再有其他经验之前。

因此,实用主义自身体现为对历史上的经验主义的扩展,但它们的根本区别在于实用主义不执守先前的现象,而是执守后继的现象;不是执守先例,而是执守行动的可能性。这一视角的转换就其后果而言,几乎是革命性的。满足于重复既已过去的事实的经验主义,没有可能性和自由的地盘。它不能发现一般概念或思想观念的地盘,至少仅仅把它们视为总结或记录。但是,如果我们采纳实用主义的视角,将会看到,一般的思想观念与仅仅报告和记录过去的经验相比,能够发挥非常不同的作用。它们是组织未来的观察和经验的基础。

13   而对于经验主义来说,在一个已经建构起来和确定的世界中,理性或一般的思想观念除了总结具体的案例之外,没有其他的意义。在一个未来不仅仅是语词的世界中,在一个理论、一般观念、理性的思想观念对行动有影响的世界中,理性必然具有建构性的功能。然而,推理的概念与关于事实的实在相比,只有次要的作用,因为它们必须面对具体的观察。①

_____

① 威廉·詹姆斯用一个很有喜感的比喻说,它们必须通过产生具体的后果被"兑现"。这一表达,意味着它们必须导向具体的事实。但是,对那些不熟悉美国习语的人来说,詹姆斯的公式被认为意指理性概念的结果,本身必须狭隘地局限于它们的货币价值。因此,伯特兰·罗素先生近来写道,实用主义只不过是美国商业主义的表现。

这样，实用主义就有了一种形而上学的含义。关于后果的价值的学说，引导我们把未来纳入考虑之中。这样把未来纳入考虑，我们被引向下面的宇宙观，即宇宙的演化尚未完成，用詹姆斯的话说，它仍然在"形成"之中，"在生成的过程中"，一个到了某个节点仍具有可塑性的宇宙。

因此，理性或思想在其最一般的意义上具有真实的尽管是有限的功能，一种创造性的、建构性的功能。如果我们形成一般的思想观念，而且把它们付诸行动，那么，结果只能以这样的方式产生，别无他途。在这样的条件下，世界将会不同于思想没有进行干预的世界可能的样子。这一考察证实了思想属人的和道德的重要性，以及思想在经验中的反思性运作的重要性。因此，说詹姆斯蔑视地对待理性、思想和知识，或者说他把它们仅仅视作实现个人或社会利益的手段，这是不符合事实的。对他来说，理性具有创造性的作用，理性的作用有局限，因为它是具体的。这有助于让世界变得与没有理性的世界完全不同。它实际上让世界变得更加合理；它赋予世界以内在价值。如果把它作为一个整体，把它视作英国经验主义的修正，那么，人们将会更好地理解詹姆斯的哲学。这一修正用未来、用尚且只是可能性的东西取代了过去的经验，以及已经是既定之物的价值。

这些考察，自然把我们引向了被称为工具主义的运动。

我们刚刚对詹姆斯哲学的考察表明，他把思想和理论看作完全是服务于以一种具体的方式构造未来事实的工具。但詹姆斯主要致力于这一理论的道德方面，致力于它对"社会向善论"和道德理想主义的支持，致力于就情感价值以及不同的哲学体系的关系而言源自它的后果，尤其致力于它对一元论的理性主义和所有形式的绝对主义的破坏性影响。他从来没有试图发展出一套基于这一概念的形式或"结构"，或者逻辑运算的完整理论。通过主要考察在实验地确定未来后果时思想如何发挥作用，工具主义试图确立关于各种不同形式的概念、判断和推理的精确的逻辑理论。也就是说，它通过从赋予理性的重构性或调解性的(mediative)功能中推导出它们，试图确立普遍认可的逻辑区分和规则。它旨在建构一般形式的概念和推理的理论，而不是与它自己的内容或具体含义有关的这一个或那一个具体判断或概念的理论。

就历史上工具主义的前辈而言，在我们已经提到的与詹姆斯有关的实验证实的事情之上并比它更重要的两个因素尤其重要。这两个因素中的第一个是心理学上的，第二个是对源自新康德主义的观念论提出来的，并且在洛采、鲍桑奎和布拉德利这样的哲学家的逻辑学著作中得到详细阐发的知识理论和逻辑理论的批评。正如我们已经说过的,在 19 世纪过去的十年中,新康德主义在美国的影响非常显著。我自己,以及那些和我并肩努力地阐释工具主义的人,都是从作为新康德主义者开始的。以同样的方式,皮尔士的出发点是康德主义,詹姆斯的出发点是英国学派的经验主义。

15　　影响工具主义的心理学倾向,具有生物学而非生理学的性质。它们或多或少与行为主义这一重要的运动密切相关。这一运动在心理学中的推动者是约翰·沃森(John Watson)博士,他给这一运动取名"行为主义"。简单地说,这一理论的出发点是把大脑理解为:为了产生适当的运动反应而协调感觉刺激(人们应该添加上由习惯、无意识记忆,或今天所称的"条件反射"所引起的修正)的器官。基于有机体演化的理论,它坚持认为,鉴于中枢神经系统在对满足有生命的有机体需要的环境作出可能反应时所具有的中介作用,分析智识及其运作应该和已知的生物学事实的序列兼容。尤其有趣的是,在他们第一个宣言《逻辑理论研究》(*Studies in Logical Theory*,1903 年)中,工具主义者承认他们多么感激威廉·詹姆斯,因为他打造了他们所使用的工具;而与此同时,在他们的研究过程中,作者们不断地声称,就其由一种客观的或生物学的心理学而非意识状态的内省心理学所决定而言,他们相信"规范的"逻辑原理和真实的思想过程的紧密结合。但暗示所指的"工具"不是对詹姆斯最有用的考虑,指出这一点是很奇怪的。它们在他的实用主义之前,人们一定会在他的《心理学原理》(1890 年)的某些篇章中间找到它们。这部重要的著作确实发展了两个独特的论题。

其一是重新阐释内省心理学。詹姆斯在其中否定感觉、意象和观念是分离的,并且用他所称的"意识之流"的持续之流取代它们。这一概念使得有必要把关系考虑为意识领域一个中介性部分,它和属性有着相同的地位。贯穿他的《心理学》(*Psychology*),詹姆斯给这一概念上了一层哲学的色彩;他运用这一概念来批评洛克和休谟的原子主义,以及康德和其后继者的理性原则之综合的先验主义(a-priorism)。其中在英国,应该提及的是托马斯·希尔·格林,他在当时的影响如日中天。

16　　《心理学原理》的另一方面具有生物学的性质。它在詹姆斯确立的发现心智存在的标准中,以其全部力量展示自身。"追求未来的目的和选择实现它们的手段,因此是一个现象中呈现出精神性(mentality)的标志和标准。"[①]关于"注意

---

① 詹姆斯:《心理学》,第 1 卷,第 8 页。

力"和它与被视为控制它的力量的兴趣的联系,以及它的选择和整合的目的论功能一章,简明地展现了这一标准的力量;在有关"辨别和比较"(分析和抽象)一章,他探讨了实现目的的方式和手段,以及如何激发和控制知识分析的方式;在关于"概念"的一章,他表明了一般观念是指称特殊事物的方式,而不仅仅是从特殊事例而来的抽象或一种超-经验的功能,也就是说,它是一种目的论的工具。詹姆斯在接下来关于推理的一章,发展了这一思想。他在这里说:"本质的唯一意义是目的论的,分类和概念纯粹是心智的目的论的武器。"

人们也可以提及詹姆斯著作以下的章节以完成这一简短的列举,在那里,他讨论了"必然真理的性质"和"经验的效果",而且不同于赫伯特·斯宾塞(Herbert Spencer)。詹姆斯证实了大部分最重要的直觉方式和关于可感对象的世界的概念不是特殊经验累积的产物,而是被创造出来后,因它们可以应用于具体的经验而被坚持下来的原初的生物学运动或自发的变化。他说,数字、空间、时间、相似性和其他重要的"范畴"可能是作为某些大脑不稳定性的结果而形成的,但它们绝不可能由外部影响而印记在心智中。许多重要而无用的概念,也是以同样的方式出现的。但是,基本的范畴因为应用于具体的例子和经验事物时的价值,已经被逐渐地扩展和加强。因此,不是概念的起源,而是概念的应用,成为其价值的标准;这里,我们有了整个实用主义的萌芽。詹姆斯的一个用语很好地总结了它的重要性:"'科学'是从外部强加给心智的,以及我们的兴趣和它的建构毫无关系的流行观念,是完全荒谬的。"

鉴于我们刚才阐明的观点,以及附属于概念和判断的逻辑理论的旨趣,产生了下面描述的理论。较低级的有机体作出的调适,例如他们对刺激作出的有效的和协调的反应,在人这里变成了目的论,因此引发了思想。反思是对环境的间接反应,而且间接的成分是重大的和非常复杂的。但是,它的根源在于生物的适应行为,其认知方面的最终功能前瞻性地控制环境的状况。因此,智识的功能不是在复制环境中的对象,而是考虑在将来可能确立的与这些对象更有效和更有利可图的关系的方式。

这一观点如何被应用于判断理论,这个故事太长了,以至于这里无法讲述。在此,我们应该把自己局限于说,一般来讲,一个判断的"主词"表征环境中必须对其作出反应的那个部分;"谓词"表征一个人应对环境的行为应该采用的可能的反应、习惯或方式;"系词"表征在事实和其含义之间建立联系的有机体的具体行为;最后,判断的结论或判断限定的对象仅仅是被改变了的原初情境。它在原初的主体(包括它的心智)那里,正如在环境自身中一样,很好地暗示了一种变化。这样实现的新的、和谐的统一体,证实了最初选择的、作为主词的数据的意义,以及在过程中引入情境中作为阐明其目的论工具的概念的意义。从逻辑的视角看,直到实现这最后的统一,知觉数据和概念原理、理论仅仅是假说。而且,肯定和否定从本质上讲,是无逻辑的:它们是行为。

　　这一概括性的考察,几乎不可能声称令人信服或给人启发。然而,在指出这一阶段的实用主义和新黑格尔主义观念论的逻辑的相似点和区别时,我们引出了相当重要的一点。根据后者的逻辑,归根结底,思想构成了它的对象,甚至构成了世界。证实一系列判断形式的存在是必要的,因为最接近感觉的我们的第一判断,成功地以仅仅片面的和碎片的方式构成对象,即使在它们的性质中包含矛盾的元素。结果是这样的一种辩证法,它渗入每一种低级的和片面的判断中,逐渐发展成更加完整的形式,直到最后达到总的判断。在这里,理解整个对象和世界的思想,是由相互联系的心理区分组成的有机整体。很显然,这一理论不成比例地放大了思想的作用。它是一种与贝克莱学派主观的和知觉的观念论相对立和有区别的客观的和理性的观念论。然而,工具主义赋予思想以一种积极的作用,即重组事物的当前状态,而不仅仅认识它。结果,就不可能有判断形式的内在等级或序列。每种类型都有自己的目的,其有效性完全由它在实现其目的时的效力决定。一个有限的知觉判断与产生它的情境相适应,就其自身来说,与最完整最重要的哲学或科学判断一样真。因此,就其因事物和事件自身独立于思想而接受它们而言,逻辑导向实在论的形而上学;就其主张思想产生了独特的行为,它们以使其更加合理,亦即使其更加适合我们为自己提出的目的的方式修正未来的事实和事件而言,逻辑导向观念论的形而上学。伴随着社会因素越来越高于自然因素日渐被纳入人类环境之中,这一理想的元素越来越受到重视,以至于满足的需要和实现的目的不再仅仅具有生物学的或特殊的特征,而且同时包含了社会其他成员的目的和活动。

　　很自然,大陆思想家应该对美国哲学感兴趣,因为它在一定意义上反映了美国人的生活。因此,在简短地考察了实用主义的历史后,美国思想延续了欧洲思想这一点应该很清楚了。我们从欧洲那里引入了我们的语言、我们的法律、我们的制度、我们的道德,以及我们的宗教;而且,我们已经调整了它们,以适应我们新的生活条件。我们的思想观念也一样。许多年来,我们的哲学思想仅仅跟在欧洲思想后面亦步亦趋。我们在目前这篇文章中追溯的实用主义运动,连同新实在论、行为主义、罗伊斯的绝对观念论和桑塔亚那的自然主义的观念论,都是旨在重新调适的尝试;但它们不是重新创造。它们在英国和欧洲思想中有其根源。由于这些体系是重新调适,它们把美国生活环境的独特特征纳入了考虑之中。但正如已经说过的,它们不止局限于再生产这一环境中陈旧的和不完美的东西。它们没有致力于为新的美国生活条件所夸大的能量和对行动的爱而欢呼。它们没有反映美国生活中过分的商业主义。如果没有对美国哲学思想的某种影响,就不会有环境中所有的这些特征;要不是受到这种影响,我们的哲学就不会是民族性的或自发的。但我们刚刚谈到的这一运动试图表明的根本理念是:只有在它们使生活更加合理并增加生活的价值的意义上,行动和机会才能证明自己是正当的。和美国环境中许多相反的倾向不同,工具主义坚持认为,行为应该是睿智的和反思的,思想应该在生活中占有举足轻重的地位。那就是我们坚守思想和知识的目的论阶段的理由。如果它尤其必须是目的论的,而不仅仅是抽象为真的,那么很可能是由于在美国生活的各个阶段所发现的实践元素。不管那是什么,我们首要坚持的就是:智识必须被视为可预的和幸福的未来唯一的来源和保障。不容置疑,美国生活和美国文明渐进的和不稳定的特征已经催生了这样的哲学,即它把世界看作在不断地形成之中,那里仍然有不确定性、新颖性和一个真实的未来的空间。但这一理念绝不仅仅是美国的,虽然美国生活的条件已经帮助这一理念变得自觉。同样正确的是,美国人倾向于低估被视为过去的成就的传统和合理性的价值。但世界已经证明过去的非理性,而且这种非理性被我们的信仰和制度所吸纳。正如有好的传统那样,也有坏的传统;对它们作出区分,通常是重要的。我们忽视过去的传统,不管这种忽视在我们生活的精神匮乏方面蕴涵什么,都会从世界在我们的眼底下重新开始和再塑造这一观念中找到补偿。未来和过去可以是兴趣和慰藉的源泉,赋予当下的意义。实用主义和工具主义的实验主义把个体的重要性凸显出来了。创造性思想及其应用的载体,以及行动的主人,正是个体。主观主义是哲学中的老生常谈;它肇始于欧洲而非美国。但我们刚刚阐释的体系中的美国哲学,已经赋予主体、赋予个体的心智一种实践的而非认识论的功能。个体的心智非常重要,因为只有它,才是修正传统和制度的工具,是实验创造的媒介。美国生活中片面的、自我中心的个人主义,已经在我们的实践中打下了烙印。不管是好是坏,取决于所选取的视角。它已经把古老的欧洲文化中审美的和僵化的个人主义转变成了一种积极的个人主义。但个体组成社会的观念,对美国思想来说并不陌生;它甚至在我们当前这种非反思的和冷酷的个人主义中无孔不入。美国思想理想化的个体不是个体本身,不是一个一成不变的孤立个体为着自身而存在;相反,它是一个在自然和人类环境中不断演化和发展的个体、一个可以被教化的个体。

如果有人提出让我在历史上找出美国思想中这一运动的对应物,那么,我会提醒读者注意启蒙运动时期的法国哲学。众所周知,使得那场运动引人注目的思想家受到了培根、洛克和牛顿的启发;吸引他们的,是把科学方法和实验的知识理论的结论应用于人类事务,批评和重建信仰和制度。正如霍夫丁(Hoeffding)所写的,他们受到"对智识、进步和人道的强烈信仰"的驱动。当然,不能仅仅因为它们的教育和社会意义,而在今天指责它们曾经寻求让智识和科学从属于日常功利主义的目的。它们仅仅试图把智识从其不纯粹性中解放出来,并赋予至高无上的地位。很难说,因智识对那些发现掌握它会带来个人满足的人有价值而称赞抽象的智识和理性的人,比起希望它成为精神生活和社会生活不可或缺的向导的人,对智识的评价更加真实。当一个美国的批评家说,工具主义把思想观念视为仅仅是在生活中取得成功的仆人时,他只是不加反思地对"工具的"这个语词日常的言语联想作出回应,正如许多人以同样的方式对"实践的"这一语词的使用作出回应一样。同样,近来一个意大利作家在表达实用主义和工具主义是美国思想的典型产物后,补充说,这些体系"把智识视为仅仅是信仰的机制,因此通过让它成为生产对道德和社会有用的信仰的机器",从而试图重新确立理性的尊严。这一批评是站不住脚的。这些体系所追寻的,绝不是生产对道德和社会有用的信仰;而是形成对智识的一种信仰、一种对道德和社会生活来说唯一的和不可或缺的信仰。一个人越是珍视思想和科学内在审美的和直接的价值,就越是考虑智识本身对生活的愉悦和尊严增加了什么。他就更应该对这样的状况感到不安,在其中,对智识的运用和称赞局限在一个狭窄、封闭和专业的社会群体内。他就更应该去追问如何让所有的人成为这一不可估量的财富的参与者。

法人人格①

22

I.②

这篇文章所进行的考察指向就法律的目的而言,"人"的概念是一个法律概念;大致来说,"人"指称法律赋予它的含义。如果这一结论此前没有争议,如果现在它已经被普遍地接受,如果即使当它基本上被接受而没有因为被用来为某些推理或结论作辩护的非法律概念的使用所复杂化,那么就不会有特别的理由来写这篇文章了。因为在那种情况下,作为一个法律概念,它是一个由法学家而不是外行讨论的概念。相应地,一个外行冒险涉足这一领域的正当理由恰恰是下面的事实,即就"人"这个概念而言,已经影响了法律实践的讨论和理论引入并依赖大量法律以外的考虑:大众的、历史的、政治的、道德的、哲学的和形而上学的考虑,以及和后者相关的神学的考虑。③ 因此,许多这样的外部影响获得了

---

① 首次发表于《耶鲁法律杂志》(*Yale Law Journal*),第 35 期(1926 年 4 月),第 655—673 页。

② 原文无"Ⅰ",此是补上的。——译者

③ 因此,吉尔达特(Geldart),一个"真实人格"学说的拥护者,他说:"说到底,问题不是法律和法律概念在此有唯一的或最终的发言权,而是法学和其他学科,比如政治学、伦理学、心理学和形而上学所共有的问题。"吉尔达特:《法人人格》(*Legal Personality*,1911 年)。《法律季评》(*Legal Quart Review*),第 27 卷,第 90—94 页。他在下一页继续声称:"因为实际上是法律赋予它实存而说所有的法人人格——不管是所谓的自然人,还是法人——都同样真实,以及因为只有法律赋予它实存而说所有的法人人格同样是人造的或虚构的,实际上混淆了人格和潜能(capacity)。"但是,他没有试图表明它们之间的区别,也没有说明两者的"混淆"对法律造成什么危害。"人造的"和"虚构的"含义不同。梅琴(Machen)在《法人人格》[1910 年,《哈佛法律评论》(*Harv Legal Review*),第 24 期,第 253—257 页]中,阐明了这一点:"'人造的'就是真实的,而不是想象的;一个人造的湖不是一个想象的湖。"他又说道:"一个公司不能同时既是国家创立的,又是虚构的。如果 （转下页）

哲学的表述,而且从那时起持续地影响着法律学说,以至于学哲学的学生不用跨出他自己的领域太远就能讨论它们。

23　　我们可以把马他伦(Maitland)爵士以下的主张作为出发点,他已经做了如此多的工作,使公司法人人格的性质这一问题引起了英国读者的注意:"公司(请原谅用这一复合的形容词)是一个权利-义务的承载单位(right-and-duty bearing unit)。并非所有对人来说是真的法律命题,对公司也是真的。例如,它既不能结婚,也不能被赋予婚姻关系;但在绝大多数的情况下,你可以作出关于 x 和 y 的法律声明,不管这些符号代表两个人或两个公司,或者代表一个公司和一个人,这个声明都同样成立。"①说在法律上,"人"可以指法律赋予它的任何含义时,我试图表达的是"人"可以仅仅用作承载权利-义务单位的同义词。任何这样的单位都会是人;这样的表达,将是不容置疑的同义反复。因此,除了说这个单位具有法庭发现它具有的那些权利和义务以外,这样的陈述不会传递任何意义。在大众话语,或者在心理学、哲学或伦理学中,"人"指称什么将是无足轻重的。用一个言过其实的比喻说,就像争辩说因为一种葡萄酒被称为"干的",它就具有干燥的、固体的特性;或者因为它没有那些特性,所以葡萄酒不可能是"干的"。显然,应用于具体葡萄酒的"干",具有那种、而且只具有那种当它应用于那类一般的饮料时的含义。法律中使用的"人",为什么不应该同样如此呢?

　　举一个更接近我们主题的例子。当普通法拒绝承认一个非法生育的儿子的任何亲子关系,并且说他是个私生子时,这不会被理解为在否认生理上的生育的事实;24它是在宣布这样的孩子不享有属于婚生子(filius)的具体权利,暗示了婚姻是一种法律制度。婚生子指称一种特定的继承,暗示法律准予一个男人和一个

（接上页）一个公司被'创立了',它就是真实的,因此就不可能是一个除了在法律的想象中存在而没有任何实存的纯粹虚构的实体。"波洛克(Pollock)也持有大致相同的观点,他说,"人造的"是指"与艺术规则相符合、像律师那样的司法的";"虚构"应该从创造或制作意义上的指向中引申出来,而不是伪造。《习惯法已经吸纳了法人的虚构理论吗?》(*Has The Common Law Received The Fiction Theory of Corporation?*),1911 年,《法律季评》,第 27 卷,第 219—220 页;重印于《法律论文集》(*Essays in The Law*)(1922 年),第 153 页。吉尔达特在"因为只有法律"这个短语中,引入了"只有"这个词,就好像在说一辆机车"只有"人赋予它实存一样。

① 马他伦:《三篇文选》(*3 Collected Papers*),1911 年,第 307 页。贯穿这篇文章,"公司"这个词在广义上被使用。就此而言,一个商业公司只是一个类别,而且包含了技术上不包含在内的实体。

女人先前的结合,这很好地例示了一个术语指称权利和义务体系赋予它的含义。再举一个仍然更加接近我们话题的例子。假设一些已婚女性在普通法之下无力缔结契约,但已经组建了一个公司。这种联合只不过是它的个体成员的总和,甚至这一理论最热心的追随者是否会推断这个公司不能缔结契约——尽管可能已经否认了这些女性可以组建一个公司——也可能会被质疑。然而,承认公司的实存,承认缔结契约的权利会被局限在新的关系上;正因为如此,该公司的成员将享有一种特定的权利。以类似的方式,"自然人"是一个毫不含糊的术语,即使这一点是真的,正如这不是真的一样,在法律的意义上称"自然人"为人就是赋予他一种新的、附加的和独特的含义;就"自然人"而言的一个特有的(*sui generis*)含义。

如果在某些具体的和困难的争议中为一个具体的裁决辩护时,法庭通过援引此前与法律无关的"自然人"的某些优先特性来支持自己,那么,这可能有助于这一具体的裁决;但它或者包含了依赖法律以外的理论,或者扩展了"自然人"这一法律概念,或者两者兼有。这一陈述一分为二。一方面,它表明,近来关于公司实体的真实人格的许多讨论所面临的大部分困难越出了严格的法律的领域,以至于法律问题和其他理论与以前的科学知识状况交织在一起了;另一方面,它表明,在关键时刻以及处理关键问题时,法律发现,除了借用当代法律以外的概念和学说以外,以任何其他的方式成长都很困难。正如法律通过将此前不具有法律地位的实践引入自身获得成长那样,它也通过吸纳来自心理学或哲学或它以外的任何理论和思想观念,获得了成长。但正如对前者而言,持续的成长要求法律在进一步的实践中再次发生重大的变化。具体地说,正如商法的采用不会提供足以应对当今复杂的商业关系的法律一样,曾经用作推动法律规范的古老的法律之外的学说,今天可能起阻碍作用,这一点甚至更加显著地是真的。当问题的解决方案取决于祛除陈旧的思想观念,用与当前的思想观念和知识状态更符合的概念取而代之时,我们经常继续使用古老的思想观念来讨论问题。当前关于"自然的"和联合的实体之争的根本困难也许是:虽然我们可能用其中之一反对另一个,或者我们试图发现它们两者的某种结合,但真正需要做的是详细地考察构成它们两者之基础的人格学说。

换言之,这篇文章的目的是指出找到进入所谓自然人和法人人格的讨论之路径的一些法律以外的因素,并且指明赋予这些外部因素效力的原初条件。已经不知不觉地导致关于人的大众的和哲学的观念与法律观念融合的假定,是任何事物成为法人之前必须内在地拥有的某些特性；这些特性的存在，是任何事物构成人所必要的。如果这些内在和本质属性性质的理解还保持不变，把这样一种观念置于法律理念之下，或许就不会产生任何危害；法律学说至少会和人格席位的性质一样，保持不变。但后一种观念在西方文化史上呈现出变色龙一样的改变；而且，这种改变从来都不是后来的理念完全取代了较早的理念。几乎所有的概念都在一种错综复杂的交织中并肩持存着。因此，它们对法律学说的影响，必然会产生混乱和冲突。

我们可以援引马他伦爵士的论述来表明这一点。上面从其上下文中抽离出来的引用，看起来像是在中立的意义上使用"人"，仅仅用于指称承载-权利-义务的单位。但实际上，他的讨论依赖于这样的假定，即有些特性是任何一个单位为了成为承载-权利-义务的单位所必须事先和内在地具有的。它们在他对祁克(Gierke)观点的总结中被表达出来，尽管这些陈述是在别的书中被发现的。一个"法人（或公司实体）……是一个活生生的有机体，而且是真实的人，有身体、成员以及自己的意志。它自己能意愿，能行动……它是一个群体-人，它的意志是群体-意志"。① 我不是意在暗示马他伦爵士和祁克曾经把所有和"有机体"的极端类比都引入他的公司单位，但为了成为一个法人，他确定无疑地预设了一个"意志"。简言之，隐含了某些一般的或哲学的人格概念，亦即某些表达了人格内在特征的概念。这里有一般理论问题的空间，也有撰写许多著作的空间，以阐明法律单位确实具有或确实不具有这一概念要求的特性，以及"意志"指的是这个或者那个或者另外的事物。

另一个例子或许会使这层含义更加清晰。米修德(Michoud)先生说："对法学来说，人的概念是而且应该一直是纯粹的法律上的概念。这个词指称的仅仅是一个权利-义务的主体(sujet de droit)、一个能够具有恰当地属于他的主观权利的存在者。"② 这听起来颇像在说，"人"指的是在实际分配权利和义务时，法律赋予它的含义——尽管权利前的前缀"主观的"一词可能会让一个熟悉哲学文献的人心生警惕。但米修德先生随即继续说："要知道某种存在者是否符合这一定

---

① 马他伦：《祁克的〈中世纪的政治理论〉(*Political Theories of the Middle Age*)导言》，1900 年，第 xxvi 页。

② 米修德：《道德人格的概念》(*La Notion de Personnalité Morale*)，1899 年，载于《公共权利评论》(*Revue De Droit*)，第 11 卷，第 5—8 页。

义,不需要问这些存在者是否构成了在这一语词的哲学意义上的人。只要问它们是否具有这样的性质,以至于可以把主观的权利赋予它们"就够了。这里,法律之外的考虑,在名义上已经被排除了;但实际上,在有必要独立于和先于义务-权利的归属来研究主体性的幌子下又被引入了。"主体"这个词在法律理论中,可能被用来仅仅作为一个描述性的术语,指称任何承载-权利-义务的单位。但实际上,它没有被如此使用:首先定义什么使得任何事物恰当地成为主体,作为具有权利-义务的一个前提条件,已经被视为是必不可少的——尤其是在已经泛滥的德语理论中。关于"主体性"的德语理论,本身就是一个卷叠浩繁的主题。那么,这里的某事物在任何拥有权利和义务的事物那里,必定是一样的。最方便的出发点是单个人;因此,就有必要发现某种既属于单个人又属于法人实体的性质或本质。如果一个人否认他可以发现这样一个共同的本质,他就是认为当被应用于法人实体时,"人"指示一个单纯的虚构。但是,如果他否认法人实体的虚构的特征,那么就一定能发现:所有承载-权利-义务的单位都有一些在本质上相同或与"主体性"有关的人格,从单个人(包括婴儿、已出生的和未出生的、精神不正常的,等等)到国家,连同居于两者之间的所有其他类型的法人实体,诸如"基金会"、"社团"和经济学意义上的公司。① 显然,这不是一项轻而易举的任务;完成这一任务如此艰难,以至于成了关于司法人格,或者如法国作家泛泛指出的,"道德人"(Les Personne Morales)的大陆文献卷叠浩繁的主要原因。然而,这还不是故事的全部。"主体"和"主体性"在现代德国哲学(这直接地以及通过有关法理学的著作,已经对拉丁国家和英国造成了巨大的和引人瞩目的影响)中,占据了"实体"和逻辑意义上的判断的"主词"在古代形而上学中占据的地位。因此,寻找共同的本质已经受到关于"主体"的哲学理论如此多的影响,以至于如果没有德国哲学的专业知识,尤其是关于康德的知识,完全认识为这一问题而提出的各种不同解决方案的效率是极端困难的。

　　然而,有人会反对说,除了关于"本质"或"性质"以及"主体"的所有这些哲学理论以外,任何承载-权利-义务的单位都应该具有一个自己的特征。据此,

① 这些术语中的第一个在大陆法而非英美法中,有其学理上的重要性。后者中的信托制度,覆盖了大部分地区。"结社"理论的大部分观点,过去源自关于宗教聚会法律地位的争议。在此之上,现在还附加上了工会的合法地位。

它可以拥有权利-义务，这只是一个常识；必定有一个这些法律关系所属的或它们固有的或在任何情况下它们被归因的主体。否则，为什么原子，或树，或桌子，不像单个人和法人实体那样，是法律属性的合适候选项呢？这样的反对，看起来是严肃的。但是，要先考虑一个从个人情感出发的论证，或一个特别设想出来的论证。关于法律主体的性质没有共识；法庭和立法者做他们的工作时没有这样的一致意见，有时甚至完全没有关于其性质的任何概念或理论；从而可以表明，诉诸某些理论，不止一次地阻碍而非推动了关于权利或义务的特殊问题的判决。而且，英国法理学通过"信托"，取得了大陆法学通过其他手段取得的同样多的成就。那么，人们可能有理由采纳一种法律不可知论的观点，认为即使有这样一个外在的如此这般的主体，也和法律无关；因为法庭可以不考虑它的性质而做工作，而且不必解决它的问题。

　　然而，可能会有人反驳说，这样的态度没有成为法理学。在法庭的程序中暗含了某些理论，法学理论的任务就是使暗含的东西变得清晰，尤其因为错误的理论造成了实践上的危害；与此同时，由于理念缺少智识上的共识，助长了司法上的经验主义，因此在具体的裁决上引起了混乱、冲突和不确定性。这一反驳，把我们引向更深的层次。有两个截然不同的定义：第一个是从反映了事物性质的明确的形而上学观念的希腊逻辑继承下来的定义，该定义根据一个本质的和普遍的固有性质展开；另一个定义是根据其后果展开的。简言之，对后者来说，一个事物是——被定义为——它所做之事。"它所做之事"，根据在其他事物中从外部引起的具体效果得以表述。这一逻辑方法首先由皮尔士陈述出来，作为实用主义的规则："考虑一下，我们设想，我们的观念的对象会有什么效果（这些效果可能会具有实践影响）。然后，我们关于这些效果的概念就是关于对象的概念的全部。"①然而，定义的方式本质上不依赖于作为一种哲学的实用主义。那些因为被称为实用主义者而感到震惊的作家，基于对数学和物理学的分析而陈述和采纳它。这么表达，是众所周知的"抽延"原则。采取这种形式，"……对科学而言，真正重要的不是对象的内在性质，而是它们的相互联系。任何有恰当的相互联系的一组术语，将和有同样类型相互联系的其他一组术语一样，较好地满足

---

① 莫里斯·R·科恩(Morris R. Cohen)编：《运气、爱和逻辑》(*Chance, Love and Logic*)，1923年，第45页。文章最初刊登在《通俗科学月刊》上，1978年1月。

所有的科学目的"。①

从这一视角看,承载权利-义务的单位或主体指称有着具体类型的后果的任何东西。因此,分子或树不是司法"主体"的原因就很清楚了;它们没有表现出特定的后果。这样,定义一个法律主体,就是一件正当的并且可以设想在实践上重要的事情。然而,它是一件分析事实而非寻求固有本质的事情。这里的事实源自承载权利-义务的单位不管什么样的具体后果。这种分析是要由精通法学的人而非外行来做的事情。但即使外行,也能指出这一探索置身的领域。这些后果在特征上,一定是社会的,一定是如此社会性的后果,以至于受到作为权利和义务、特权和豁免的载体控制和修正。分子和树当然有社会后果;不管它们是否有权利和责任,都会有这些后果。不管是否把权利和责任归因给它们,分子和树都会像它们所做的那样,继续如此地呈现自身;无论如何,它们的后果都会那样。但有些事物,不管是单个实体,还是法人实体,依据它们拥有的权利和责任,而且根据它们所拥有的具体权利以及赋予它们的义务,显然会表现不同,而且会产生不同的后果。如果假定了逻辑原则,确定什么实体具有可以列举的后果以及这些后果是什么,那么就是事实性事务;而我们是否把它们都称作"人",或者是否称它们中一些而非其他的为"人"——或者我们是否完全放弃使用这个词语,这是语言上的事情。②

援引米修德先生的话,可以使关于所要求的定义类型的一般陈述更加具体。他主要在"利益"中发现了他正在寻找的东西。现在看来,虽然他曾声称有必要确定作为"人"的存在者是否"具有可以赋予它主观权利的性质",但他得出利益

---

① 布罗德:《科学的思想》(*Scientific Thought*),1923 年,第 39 页。他从怀特海那里借用了这一理念和名称。这是一个比皮尔士的陈述更加普遍的陈述,因为它适用于诸如"点"这样的数学概念,它的"后果"不是物理效果。然而,在具体事务中,发挥作用的"相互联系"具有效果的性质。

② 英国成文法由于一般化了"人"这一术语,因此在某些方面非常接近后者的做法。在(1833 年)3&4Wm. IV, C. 74 中,它规定:"除了个体以外,'人'这个词应该扩展至政治实体、法人实体或大学实体。"在 1889 年《解释法案》52&53Vict. c. 63,sec. 19 中,这么规定:"在这个法案以及任何在这一法案实施后通过的法案中,除非出现了相反的意图,'人'这一表达应该包括任何人格实体,不管是法人,还是非法人。"

关于这一点,我要归功于引用马他伦爵士的论述,前引文献,第 401 页注释 2。他解释说,把"非法人实体"包含进来,可能是因为想要把一些地方政府机构,例如卫生局,纳入他们相关法规的管辖之下。他补充说:"1889 年的法案上引部分自此之后,可能会发挥一些作用,这不是不可以设想的;但是,我还没听说至今它发挥了什么作用。"这个陈述表明,声称"人"这一术语的一般化可能等同于放弃使用这一术语,放弃具体法规以及与具体事务相关的司法裁决所发挥的作用。

是主要的这一结论,改变了逻辑基础。因为不管它们是或不是其他什么,"利益"都落在后果而非"存在者"的范围以内。某些利益受到慈善基金会的权利和义务的保护;但这些利益是在这件事上没有权利的那些接受者的利益。拥有意志的存在者和管理者作为利益机构,是必要的。他的第二个标志或标准,可以说引入了一种内在的因素,即"意志"的因素。但我们先前的逻辑问题又出现了:"意志"是按照某种内在的东西或根据列举的后果来设想或定义的吗? 如果是前者,那么,我们立刻会卷入心理学或哲学中发现的有关意志性质的所有争论——没有什么比人们在意志的性质这一问题上达成的共识更少了。[①] 如果持"常识"观点的人反驳说,"远离这些形而上学的精巧;每个人都很清楚一个有意志的存在者和一个无意志的存在者之间的区别",那么,他的反驳在大部分情况下可能是对的;但这包含了比"常识"通常愿意承认的更多的东西,即"意志"指示某种经验上可以识别或列举的后果,而不是一种力量或实体,不管是心理学的,还是形而上学的。换言之,我们通过在具体后果之间作区分来确定"意图"的存在与否以及意图的类型,恰如我们确定"忽视"那样,它从定义上讲,不是一种独特的固有力量。当然,通过人格化,忽视也可以被转变为积极的和内在的力量,但这类似从"漫不经心"中制造出积极的存在实体的学校教师所遵循的程序。如果我们援引通过"抽延"形成概念的逻辑方法,那么,"意志"像"利益"那样,指示一种功能而非一种内在力量或结构。[②]

————————————

[①] 一个本身微不足道但具有重要象征意义的例子是:"意志"理论的追随者发现,他们有必要把 volitions 和 volonte 区别开来,前者可能源自一个团体中的单个成员;后者属于如此这般的团体。萨莱(Saleilles):《法人人格的来源》(*De La Personnalité Juridique*),1910 年,第 565 页。

[②] 仅仅列举和描述一个或另一个时期人们持有的影响法律学说的各种意志理论,需要一篇比目前这篇文章更长的文章。提到其中一个就够了。庞德(Pound)教授多次表明,"意志"概念在有关法律事务的罗马法律思想中是如何的举足轻重,以及它怎样影响了 19 世纪关于契约和相关主题的理论。康德的意志理论影响了整个后康德时代德国人对真实人格的理解。实际上,这一运动和另一个在特征上大相径庭的运动交织在一起,使意志"自由"成了为发现政治自由的普遍基础的核心事务——像卢梭那样。随后,德国思想和法国思想交汇在一起,这一交汇受到了经济自由观念的影响;它在居支配地位的意志理论的掩盖下,很容易合理化自身。勿庸置疑,这一理念有助于推动对社会有用的运动。举个例子,亨德森(Henderson)已经表明它在放开对外国公司的限制方面所发挥的作用。根据"特许权理论",做到这一点很不容易。参见亨德森:《美国宪法中外国公司的地位》,1918 年,第 5 页。我的同事施耐德(H. W. Schneider)教授引起我对有关意志的"能动性"、"责任"和"罪恶"的传统关系对法人团体"真实"的法律人格的理论所产生的影响的关注。我略去了对这一点的讨论,因为它的重要性要求另辟专门的一篇文章来进行论述。我将会提出:把这些思想观念放在一起分类,是一件具有历史意义的事情;但从当代思想的角度来看,却是不必要的。

II.

　　前面一节没有试图在承载-权利-义务的单位的意义上定义成为"人"意味着什么。它旨在表明,应该采用什么样的逻辑方法来得出这个定义;而且第二,旨在表明因为采纳错误的逻辑方法,因为从不加批判的大众信仰,从心理学以及从根本上源自神学的形而上学中,引入不相干的概念到法律讨论(而且经常引入法律实践)中,问题因此变得相当复杂了。然而,它不是意在指出,这些外部的考虑,历史地看已经不重要了;也不是指出,它们出现在法律中的原因,对于法律史不重要了。恰恰相反。对于研究人类文化的学生,而不仅仅对于学历史的学生而言,它们即使有些复杂,也可算作是非常吸引人的探究领域;法律制度的历史以及当前的地位,也卷入了这一对人类文化的研究。仅仅"意图"和"邪恶的"意图概念的来源、发展和影响,就会揭示出整个宗教、道德和心理学史上一个引人深思的横断面。对于我们的特定主题具有更加直接意义的,是潜在的争议,以及它们引入法律理论和实际的法律关系,表现了经济上和政治上具有重大社会意义的斗争和运动这一事实。像我们一直在做的这种形式的或逻辑的分析,实际上是初步的。这些在逻辑上是外在的因素背后是什么? 导致它们和法律的定义问题如此彻底地交织在一起的关键问题又是什么? 要回答这些问题,必须致力于考察中世纪教会和帝国之间的冲突;考察方兴未艾的民族国家和中世纪罗马帝国之间的冲突;考察王政和民众代议制政府之间的斗争;考察教会和农业的封建制度与工业革命和民族国家的发展引起的经济需要之间的冲突;考察"无产阶级"和雇主及资本家阶级之间的斗争;考察民族主义和国际主义或国家间关系的斗争。这里只列举出一些具有典型意义的案例。① 这些冲突在性质上主要是政

---

① 因为我们不会进一步关注上面所说的主题,因此可以稍作阐释。近来,一股强劲的动机坚持社会群体或公司实体独立于国家的真实"人格",这与声称国家是唯一的或公平的最高人格的主张相对立。后一种观念反映出民族国家日渐增加的重要性。从我们所暗示的一方出发的反对,是因为这些国家至上人格的学说在战争中找到了它们合适的表现这一事实。而且,战争授予国家太多超越其公民之上的、不加限制的权力,还令人不快地影响了因现代工商业方法而交织在一起的经济相互依存。在写作战前的一篇文章中,林德赛(lindsay)恰当地引用了诺曼·安吉尔(Norman Angell)的论述,视其为"最新的政治信条"中的一个因素,这一信条是"对国家是人格这一学说的公开宣战"。这一攻击不是由"对个体孤立的信仰"激发的,而是被"个体的合作及它们彼此之间共同的依赖延伸到了国家的界限之外这样一种理解"所激发的。林德赛:《新近政治理 (转下页)

治的和经济的,但它们中没有一种冲突不对法律产生深远的影响,尤其是对司法人格的性质和席位的学说产生影响。讨论和概念在形式上可能一直是知识上的,调用了整个辩证法的武器库;它们在事实上一直是对斗争某一方的观点和主张进行"合理化",只要它们在那里有一些重要性。正是这一事实,赋予司法人格学说史异乎寻常的重要性。一个附加的事实是:西欧的思想史和科学史在"人"和"人格"含义变化着的命运中反映出来。这是一部已经影响社会斗争和被社会斗争所影响的历史。有关司法人格学说的重要性和复杂性足够明显了。

　　例如,有关法人实体或集合物的(universitates)人格的虚构理论,即使不是由诺森四世(Pope Innocent IV,1243 - 1254 年;圣托马斯·阿奎那死于 1274 年)提出的,也是由他传播开来的。教皇诺森四世是精神权力具有超越世俗权力的至高无上性的最强烈的支持者之一。他在教皇帝国最伟大的政治权力时代之后成为教皇,这几乎不能算是巧合。① 从外在形式上看,法人实体是虚构的人格的学说指向教会实体。这一学说被陈述为:为什么一个教会团体或聚合物或头目,或者不能被逐出教会,或者不会被指控不法行为。这里因为,它们既没有身体,也没有意志。一个分会仅仅是一个名称和一个无实体的事物罢了。其他圣典学者宣称,因为法人实体既没有灵魂,也没有身体,所以不能被处罚或逐出教会。而且,他们把唯名论推得如此之远,以至于说它们只是抽象的存在者,就像相对于"men"来说的"man"一样。然而,这一学说并没有暗示逐出教会没有影响;相反,它指出,为了让一个惩罚或逐出教会的命令不至于缺乏影响,它要适用于全部。即使教皇诺森四世没有把教会团体(按照他的理论,我们不能称它们为实体)一同算进来,我们也可以确信,这是适用宗教组织的,更适用民事组织。被视为一个实体的全体教士大会或民众尤其不会遭到驱逐;而当禁令落在一个人身上时,情况则完全不同。② 这一学说中的知识因素把我们带向如下的事实,即

34

（接上页）论中的国家》,1914 年,第 1 页,载于《政治季刊》(*Political Quarterly*),第 128 期,第 130—132 页。

① 关于一个不太遥远的前辈,据说,"一个足够丰富的教会理论在实际教会权力的鼎盛时期,可以在教皇诺森三世(1198—1216 年在位)的著作中发现"。邓宁(Dunning):《古代和中世纪的政治理论》(*A Historg of Political Theory*,*Ancient and Mediaeval*),1902 年,第 162、163 页。

② 我参考了祁克的《德意志团体法》(*Das Deutsche Genossenschaftsrecht*),第 3 卷,第 279—285 页。他说,教皇诺森四世是"目前仍在发挥作用的法人纯粹虚构的和知识的特征这一教条的发起者"。即使这一表达实际上是不正确的,但由于马他伦爵士使这一讨论和祁克的思想流传开来,由于马他伦爵士对拉斯基的影响,参考它是非常重要的。拉斯基是组织团体拥有独立于且在许多情况下优先于国家行为的人格这一学说最主要的现代倡导者。

由于占支配地位的人的概念而否认这些团体是"人"。托马斯·阿奎那的定义，表达了当前的理念。它可以追溯至亚里士多德的形而上学讨论。事实上，对中世纪的哲学家而言，"个体的"存在者的性质问题甚至比"实体"的性质更是一个问题，后者已经被亚里士多德一劳永逸地解决了。① 把"理性的个体化的实体"纳入"人"的概念中，它的影响在创造出它的形而上学和神学如果没有被遗忘也已黯然失色很久以后依然持续着。甚至最近把"人"赋予法人的和单个的单位的讨论中的大部分困难，都归因于它们。

35

关于法人的"特许权"理论，尽管经常和"虚构理论"混为一谈，但两者有着不同的起源，而且有着相当不同的利益冲突。从根本上说，它是民族国家兴起的产物，伴随着集权化的趋势。当时，有着封建起源的宗教教堂和宗教组织是声称有完整主权的民族国家的竞争对手。使这一主张成立的捷径，就是把所有微不足道的组织全部视为"魔咒"和同谋，除非它们的权力源自一个最高权力，即国家的公开承认。某些阶层就像教皇诺森三世热衷于夸大教皇的权威和权力一样，热衷于夸大成文法所规定的政府和法规的权力。选择"特许权"这个词，很可能受到罗马法的影响。②

我应该给出引文来代替关于特许权理论的实践动机的进一步讨论。"在教会实体和基金会、行会、市政当局、贸易公司或商业组织等各种形式中，法人总是表现出同样的问题，即如何抑制团体行为削弱个体自由或与国家政治权力相竞争的趋势。"不受法规或皇家许可制裁的公民组织是非法的"这一中世纪后期多少有些模糊的理论，至少从 15 世纪起就被在圣典论者的影响下发展起来的专业学说所补充，即没有积极的授权法人，实体就没有行动能力。授予这种权威在英国依然是皇室特权的标志。几乎不可能高估法人存在取决于作为公共和立法政

---

① 我们离开拉丁语的"persona"一词已经很远了。当这个词用在具体的人上时，几乎不可能意指比单独的物理实体更多的东西。含义的改变，无疑有其神学上的根源。术语"persona"已经被教父们用在"三位一体"的根本原理上。

② 盖尤斯(Gaius)：《法律汇编》(*Digest*)，第 3 卷，第 4 部分，第 1 页。所有的事件都表明，盖尤斯是在帝国处于集权化过程中(161 A. D.)提出那一主张的。然而，应该指出的是：他不是明确地指称任何他称为人的东西。他的要点是：作为一个 universitas 或 collegium，就是依赖于法规；sensatus consulta 是和帝国宪法有关的事情。而且有趣的是，这与努力地把罗马思想引入整个争论有关。马他伦爵士公开说："必须承认，没有任何文本直接称 universitas 为 a persona，把它称为 persona ficta 就更加少了。"祁克(马他伦作序)，前引文献，第 xviii 页，注释 3。

策中一个因素的积极制裁这个理论。很自然，应该让宪章或公司法成为限制或约束的工具，它们可能不容易施加在出于它们自己的动机行事的自然人身上，立法的历史进程证明了这一点。"[①]

很明显，虚构理论和特许权理论之间在本质上没有什么共同之处，尽管它们都致力于相同的一般后果，即限制法人实体的权力。虚构理论是这样一种哲学理论，即坚持认为法人实体只是一个名称、一个智力上的事物。特许权理论或许完全漠视法人实体的现实这一问题，坚持它的法律权力是派生的。在某些方面，特许权理论对于扩展法人的权力更加受人青睐；具有广泛权力的分会可能会得到承认，而且法庭可以自由地解释它的条款。它所推动的同化为单个的人，甚至在一个法人已经被称为"人造的"时扩大它的权利，即特权和豁免权。在一个"个人主义的"时代，也就是说，一个只关心私有财产和契约权利的时代，这么做是确定无疑的。例如，考虑如下法庭裁决，一个商业公司是第十四修正案所包含的意义上的"人"，以及这一裁决的后果。另一方面，认为公司没有灵魂，因此不能被指控非法行为的虚构理论赋予公司极大的空间去斡旋。因此，没有时间和空间上的限制，我们可以说，在限制法人权力的方向上，这两种理论没有一种是行之有效的。

尽管这两种理论在历史和逻辑上有所不同，但它们还是交汇在一起了。它们的汇合及其汇合的结果，表现在美国法官的很多判决中。在实践上，这一结合的关键在于刚刚指出的对一个"个人主义的"时代的影射中；在这种结合中，虚构理论整体上好于特许权理论。当很难对据称是唯一"真实的"人的个人下手时，对一个虚构之物下手就很方便了。至于它的财产，虚构的实体作为实体，也有一个名字；至于在它的财产和契约之外的责任和负担，它的观点没有那么清晰；它的虚构特征可以被援引来为它免除某些通常被视为道德上的，然而却像对单个

① 弗罗因德(Freund)：《美国立法的标准》(*Standards of American Legislation*)，1917年，第39页。引用部分后面继续表明，施加在银行和保险公司、铁路和快递公司之上的限制，从历史上看，至少对商业公司的限制性态度在下面的事实中找到了解释和正当理由，即它们数量不多且成就斐然，通常是巨大的贸易公司，实际上而且名义上也是垄断者，它们的"权利"是特权和豁免权。就像经常发生的那样，语词连同和它相关的思想和情绪会在公司成为寻常的事物，而且常常在成为开展业务的寻常手段后继续存在。在已经提到的著作中，亨德森表明了，早期的公司拥有超乎寻常的特权在制造对它们的恐惧时的效果，以及这种恐惧影响法庭裁决的程度，例如《美国银行诉迪维尤克斯案》(*The Bank of the United States v. Deveaux*)，前引文献，注释10，第19、55、56页上的例子。

人那样在法律上可以实施的义务。教皇诺森四世不会面临这样的困难。逐出教会可以触及教会整体的每一个部分；触及构成了"仅仅是集体的教会"的摇摆不定的"真实的"人。在一个股份制公司中的股票持有人，尤其当他们是"寡妇和孤儿"时，就没有这么容易了。在很大程度上，当法人被视为不过是一个集合物或一群真实的人的名称时，法人就会"忽左忽右了"。充分展开这一事实以及导致它的原因，需要涉及18世纪和19世纪"单个人"这一概念所发生的变化，这一概念如今已经成为羽翼丰满的个体了。这里不可能涉及它。个人作为"真实的"人，已经不再或者是物理实体或者是理性实体了，仅仅说出这一点就足够了。这两个含义都继续存在，但它们披上了源自如此这般的个体固有的自然权利理论。"自然的"人和"人造的"人的对比在下面的事实中找到了意义，即"自然的"暗含拥有固有的和不可侵犯的权利。在社会事实的压力之下，法庭的辩证法相当于宣称：尽管法人是人造的和虚构的，但仍然享有个体的人所拥有的所有自然权利，因为它们毕竟是法人。

或许读者会推断说，前文就等于为法人实体呼吁"真实的"人格。但回想一下导论部分的评论，应该能够消除这样的印象。如果说历史的考察暗示了呼吁任何东西的话，那么，它就是呼吁要把具体问题和争论从关于人格的任何概念的纠缠中分离出来。它不同于再次重申诸如此类的权利和责任、利益和负担，以诸如此类的方式，在诸如此类的情况下产生，而且以此得以保持和进行分配。

III.

实际情况是：没有贯穿不同理论的清晰明确的在逻辑或实践上的统一，为了"自然"人或联合起来的人的"真实的"人格，这些理论已经被提出来了，或者仍然在被提出。每种理论被用来服务于相同的目的；而且，每种理论已经被用来服务于相反的目的。关于国家的人格的学说已经被提出来了，它基于除了上帝之外，它没有要为其负责的更高的人这样的理由而把国家置于法律责任之上；代表了国家以及官员对法律的责任的学说；因为作为人，就要享有法律权力和承担责任。已经有人提出，国家的人格既和"自然的"单个人的人格，也和团体的人格相对立。在后一种关系中，人们采纳它，既用于使国家成为一个等级中最高的和终极的人格，也用于使它降至只是许多人格之一。有时比其他人格更重要，有时却不这么重要。这些是政治的而非法律的考虑，但它们已经影响了法律。在真正的法律学说中，人们为了同样的目的而支持所有的理论，但每种理论却是为了不同的目的。法人团体比国家更少地拥有归于它们的真实人格，既是为了让它们更适于承担责任，如在工会的例子中那样；也是为了提升它们反对外来控制的尊严和实质性的权力。出于相似的理由，它们被否认具有人格；它们已经被肢解为仅仅是分离的人的集合，以便保护其他劳工免受伤害。就像在集体议价中那样，让它们在工会的辩论中的联合行动更加困难，并使工会的财产逃避责任，处于分离状态的联合起来的个体没有可以征收的财产。人们主张，团体的人格的理论既是对被视为无政府主义和毁灭性的个人主义的限制，为了建立某种比单个的人更加持久和更有价值的东西；也是为了提升单个人相对于和超越于国家的权力和尊严。即使主张真实的人格只存在于"自然人"的学说中，也是在相反的方向上被提出来的。它最初赋予教会和国家削弱个体的人的权力，后来受到自然权利意义上的"自然的"一词的影响。它已经以牺牲公共利益为代价而提升了私人利益。

不幸的是，人类的心智倾向于融合而非区分，结果就是一团混乱了。我在这里详细地引用近来一位作者的话："祁克和马他伦爵士持有一种在关于国家的生物学理论和心理学理论中的观点，诸如菲吉斯(Figgis)、拉斯基(Laski)和狄骥(Léon Duguit)这样的作家，分享了他们的观点。这一观点的奠基人是德国法学家约翰尼斯·阿尔图休斯(Johannes Althusius)……他关于国家作为构成它的团体的等级理论，被当代的阐释者祁克在其《合作的基础》(*Genossenschafts Lehre*)中加以扩展，后者又得到杰出的英国历史学家和法学家马他伦爵士的倡导和澄清。简言之，这一学说即国家不是由一群个体组成的，而是团体的集合物。这些团体相应地，并不是个体的复数，而是设计出来实现具体目标的、由个体组成的组织。作为有目的的团体，它们是精神性的有机体，拥有不是虚幻的而是真实的心理人格……有关团体的地位和重要性的学说的倡导者，在对国家的地位和重要性的阐释上，涵盖了从支持亚里士多德-黑格尔主义对国家的称赞的作家恩斯特·巴克(Ernst Barker)，直到完全消除国家的极端多元论者和工团主义者。"①

作者是从政治的视角而非法律的视角来写作的；最后一句为国家地位的观点差异留下了余地。但是，这段论述给人一种如果不是政治结论，那么它的前提

---

① 哈利·埃尔默·巴恩斯(Harry Elmer Barnes)：《社会学和政治理论》(*Sociology and Political Theory*)，1924年，第29—30页。

是一致的同一学派的印象。因此,对这一解释的分析就不仅仅是为了让巴恩斯先生相信这里有错误,更是为了揭示任何概念,由于忽视了语境和目的,试图在事实展现出极大差异的地方,将统一引向其中的命运。这里生硬地把人凑在一起。像阿尔图休斯一样,拉斯基有政治上的兴趣。阿尔图休斯的政治兴趣是为民众政府提供基础,而拉斯基的兴趣则在于为国家理念提供道德辩护,以便攻击不负责任的主权;并且在詹姆斯多元主义哲学的影响下,利用那一时期的社会学所假定的团体的重要性,以便详细地阐述团体利益的有效性和自主。另一方面,阿尔图休斯认为,后者在把他们自己收缩进国家的同时,失去了相对于国家的自主的立场。① 菲吉斯对团体人格的兴趣,看起来完全基于他自己渴望维护教会组织的自主,尤其是维护英国教会的自主。②

41

———————————

① 拉斯基通过引入下面的话,结束了他的文章《社团的人格》(Personality of Associations):"如果我们在这里一直极力主张的是正确的,那么,它非常强有力地反对我们关于国家的理论。迄今大部分情况下,我们试图寻找它们的统一。我们已经使它在自身中不能容忍结社——对霍布斯来说,结社看起来,仅仅可以比作'自然人内脏中的蠕虫'。结果,我们以黑格尔主义的方式,使国家沾染上了神秘的污名。它是有绝对主权的和不容置疑的……但如果国家内部的团体本身是自治的,那么,国家就不再是主权了。我们也不能怀疑这种多头政治。我们随时随处都会发现在国家内部挑战其至上性的团体。或许它们和国家有联系,是国家的一部分;但却不是和它并列的。它们拒绝被还原为统一体。用詹姆斯的话说,我们发现,国家是分散的而非集体的。"《主权的根基》(*Foundations of Sovereignty*),1921 年,第 168—169 页。最初刊印于《哈佛法律评论》,1916 年,第 29 期,第 404 页。从历史学、社会学和伦理学上看,上面关于团体和国家关系的陈述可能是正确的。但只有基于国家同样是一个有人格的统一的意志这一理论,它们才能作为这些社团具有意志人格的论据。导致夸大国家的,不是霍布斯主义的理论,也不是任何类似的理论;新的民族国家集权化的趋势,导致了这一理论的出现。类似地,和以前的国家理论观相比,社团日益呈现出来的社会的、经济的和政治的重要性,正在产生关于它们的形而上学的人格的理论。对于像杜狄骥的理论那样的理论,人们可以得到相同的实践后果。这种理论不但否认国家和团体的人格,而且否认自然人的人格作为权利-责任的基础。"正如私法不再基于个体权利或个体意志的自主,而是基于一种关于施加在每个人身上的社会职能的理念一样,公法也变成客观的了。"狄骥(Duguit),《现代国家的法律》(*Law in the Modern State*),1919 年,拉斯基翻译,第 49 页。再者,"在私法中,人类意志的自主正处在消失的过程中;个体的意志自身没有能力创造一种法律情境。"狄骥,前引文献,第 243 页。

② 作为大部分英国理论特殊的和"实用主义的"起源的一个例子,指出下面几个案例所发挥的重要作用是非常有趣的,即 1904 年的《苏格兰自由教会诉欧沃顿主教案》(*Free Church of Scotland v. Overtoun*);A. C. 515 中 1901 年的《塔弗维尔案》(*Taff Vale Case*);A. C. 426 中工会的裁决,以及 1910 年的《奥斯本案》(*Osborne Case*);A. C. 87;前者参见维诺格拉多夫(Vinogradoff),《法人》(*Juridical Persons*),1924 年,第 24 期,第 594 页及第 597—599 页。拉斯基,前引文献,第 165—166 页,注释 19。这里有一些关于后面两个案例的评论。"真实群体人格"学派的推理中,暗含了一种奇怪的逻辑,即在人格的虚构理论的掩盖下作出了许多不明智的裁决;为了作出正确的裁决,就有必要采纳"真实人格"理论。无疑,这里省略了不仅仅一种替代的可能性。

论　文　**31**

祁克的兴趣主要在法律上；在他写作的时代，有影响力的德国作家可能还没有考虑贬低国家的人格，那被视为理所当然的。在德语专家和罗马法学家之间的争论中，可以发现实践上的问题；伟大的罗马法学家萨维尼（Savigny）曾为法人实体站了出来。祁克作为德语专家，写文章反对他；这种争论在德国的民法典起草的事实中，找到了它对实践的影响。马他伦爵士主要是作为法制史专家著述的，虽然他的政治兴趣足以让他作出"如果没有其他团体可以拥有它们自己的意志，那么，国家拥有真实的意志就是不安全的"这样的评论。[①] 尽管他偏向真实人格的理论，但不如说他更感兴趣于比较德国和英国的理论与实践，而不是对任何理论更感兴趣；而且任何对否认这一理论感兴趣的人，都可以在马他伦爵士提供的丰富的资源库中找到资料。[②] 狄骥作为一名法学家，他的政治兴趣在于让"国家"和政府所有的官员在法律上负有责任。他既否认了国家，也否认了所有其他团体拥有意志和人格。"由于超出了法学家想象的后者没有真实的存在，所以（错误）不能归因于集体。"[③]至于恩斯特·巴克，实际上，他强烈地支持国家的人格，但他的目的却和狄骥相同，后者恰恰否定了巴克的主张："需要的首先是国家或公众作为法律上负责的人的观念；其次是把能动性的理念以这样的方式应用到这个人身上，以至于它应该为他的公仆为了它所采取的行动承担责任。"[④]具体来说，他想要某种行政院和法院，在其中，国家可以通过他的代理人而负有责任，尽管不是法国那种行政法。最后，援引"心理的有机体"既没有必要，又相当误导人。就它们确实坚持国家的人格而言，这些作家们所关心的不是心理人格，而是道德人格，那是包含"意志"的有组织的行为的统一。心理人格的理念，是从社会心理学和社会学的著作那里读来的。

我作这些考察，并不是意在表明巴恩斯先生比其他人犯下更大的错误。正

---

① 祁克（马他伦爵士作序），前引文献，第 xlii 页，注释 3。
② 因此，他对信托的整个讨论，表明已经取得了许多成绩，避免了德国法律所面临的一些困难，"而没有给国家制造承认或否认神秘的人格恩惠的麻烦。"《三篇文选》，第 283 页。"在道德上拥有最多人格的地方，在法律上则拥有最少的人格，这一点总是让我吃惊。"他的这一评论是一把双刃剑。家庭是最亲密的情感和意志单元，但它不是法人。这一事实，为真实人格理论的信徒带来了许多困难。
③ 狄骥，前引文献，第 205—206 页。
④ 巴克：《法治》（*Rule of Law*），《政治季刊》，第 117 期，第 123 页。关于这一事情的全部讨论，参见博查德（Borchard）：《政府在侵权行为中的责任》（*Government Liability in Tort*），1924—1925 年，载于《耶鲁法律杂志》，第 34 期，第 129、229 页。

如已经说过的,当人们假定有关于单个人的或联合的人的某种单一的和连贯的人格和意志理论时,一系列的授权和玩忽职守是必然会发生的事情。除了辨明一位作者的兴趣和目的,以及他的问题和议题的历史语境以外,没有什么准确的或清晰易懂的话可以说了。因此,我们将用开始时的话作为结束:关于人格的全部讨论,不管个人人格还是法人人格,毫无必要被大量陈旧的学说和陈旧问题的残余所困扰。从拥护法人实体真实人格学说而写作的马他伦爵士开始,几乎每一个英国作家都感到有义务引用戴西(Dicey)下面的一段话:"当二十个或两千个或二十万个人结合在一起,为了某种共同的目标,以一种特定的方式行动时,他们创造了一个实体。这个实体不是通过法律的虚构,而是因事物的性质本身不同于组成它的个体。"这是千真万确的。但是,为什么应该把这样一个事实视为与人格问题有任何关系呢? 这仅仅是因为,在已经提及的"个人主义的"哲学的影响之下,人格的虚构理论已经被用来否认在法人行为的背后或行为中有任何的社会实在。因此,声称里面有某种社会实在这个简单的事实,就和一个不同于虚构人格的真实人格的观念交织在了一起。在我看来,在其中所包含的具体事实和关系基于自身让人看到和表达出来之前,例子已经足够引人注目了,以便提升了消除关于人格理念的价值。因此,保留这一语词将不会造成重大的危害。

43

自然主义的感觉-知觉理论^①

44

在其主要的和并不复杂的使用中,感觉-知觉指称通过眼睛、耳朵、手、鼻子等身体器官来观察和识别对象。作为一个术语,它就像用钢笔写字、用刷子绘画、用榔头拍打、用钢铁雕刻那样。关于感知的性质,它什么也没告诉我们,而只是传达了感知行为借以发生的手段的信息,就像其他的短语指明了行为借以发生的工具一样。但在每一种情况下,行为和它独特的后果都由于卷入其中的器官和手段的特点而得以修正。因此,问题就出现了:所采用的手段以什么方式影响了行为,因此也影响了它的后果? 在进行这样的探究时,研究者被引向了超出第一个问题的范围很远的地方。与借助使用工具实施的行为相关的,不仅有对它们的具体效果的认识,而且有摩擦原理、热功当量原理、能量的相互联系等原理得以确证。类似地,在感知行为中与使用眼睛、耳朵等相关的,不仅不同器官结构的特定功能得以认识,而且还认识到色盲、散光、肌肉的调适,以及玻璃体折射的效果这样的事物。简言之,我们认识了神经元如何与外在的物理变化相互作用,才引发了某些被感知到的属性。但所有这些,都与被感知的事物相关。它不影响感知行为。因此,当前的这些问题本身和任何自然主义的探究中偶然发现的问题有着同样的秩序。它们与知觉、意识或知识的性质无关。关于它们,没有任何特殊和独特之处。

45　　形容词"感觉"和"感觉的"既作了属性,也作了感知行为的前缀。颜色、声音、气味、粗糙的和平滑的,都被称为"感觉的属性"。这里,"感觉"这个术语有一

---

① 首次发表于《哲学杂志》(*Journal of Philosophy*),第 22 卷(1925 年 10 月 22 日),第 596—605 页。

个修辞前缀。属性本身不是感觉的；"感觉的"指示它们发生的一个重要的条件，而不是性质的组成部分。通过正好类似的语言用法，一座房子、一间工厂、一间谷仓都被称为一座建筑；意指建筑物应用的结果。这样的语词，不会误导任何人把建造行为的特性转移给房子或工厂。因此，一幅画被称为一幅油画，或油彩画或水彩画。在每个例子中，名称的给定是因为对产生的对象施加的手段的后果；然而，一旦产生它的特征、用途和生涯，就是独立于生产行为的。我们也可以称"感觉"属性为"感受"属性或大脑的属性，或者根据作为它们发生的条件的任何其他因素来称呼它。简言之，知觉不会影响或者感染被感知到的属性的性质，虽然感觉-器官（organs）以及作为感知手段的它们的结构性联系确实会影响产生的事物的特性。但是，这一事实没有任何特殊或独特之处。当后果的特征和相互作用的前提的特征相互联系在一起时，在任何自然的序列中都会发生同样的事情。

这样简要地表明的这一观点的重要性，在它和认识论的感觉-知觉理论的对比中。和那种理论相对，这里提出的理论可以被称为自然主义的。根据认识论的理论，感觉-知觉意指一种独特的知觉，而且感觉属性意指如此独特的属性，以至于它可以被称为精神的或心理的。根据自然主义的理论，所有的知觉都是同样的，像"感觉的"这样作为前缀的形容词指称它的手段或器官；通过感官感知到的对象和通过某些其他的有机体结构回想起来的对象之间的区别，类似于任何两个具体事物之间的区别，例如一只猫和一条狗之间或一块土地和一片水域之间的区别。区别在于一个事实上的素材，"感官呈现"把一个在某种当前的空间-关系中的事物作为它的素材，而回忆呈现的素材则是处在一个特定的过去的时间关系中的事物。但根据另外一种理论，知觉因其"感觉"性质而成为独特的和异质的，因此，两种呈现方式的对象在种类上是如此不同，以至于问题就被提出来了。在呈现为"概念的"（反思地确定的）对象和与此不同的"感觉"对象的事物的对比的例子中，同样的事情也会发生。在一种理论中，比如颜色和电磁震动之间的区别，是同一个对象世界中具体事实的区别，又一次类似于作为知觉对象的陆地和水域之间的区别；在另一种理论中，它们之间在种类上有一条鸿沟，我们必须确定哪个才是"实在"，抑或我们必须找出某种方法去"调和"一种对象的实在和另一种对象的实在。

因此，认识论问题背后有一个事实问题。直到这一事实问题得到解决，认识论问题由于把不是事实的事物假定为一种事实而很可能是一个彻头彻尾的人为制造的问题。把"感觉"或"感觉的"作为"知觉"的前缀,是比喻性的吗?通过一个本质上无害和平常的比喻,把工具的特征和行为的效果转移给行为本身了吗?它可以恰当地类比于作为图画名称的水彩画和油画、蚀刻和雕刻吗?① 或者它恰当地指示一种特定的和独特的呈现吗?"感觉的"始终影响和限定意识的内在性质,并因此确定着被我们认识到是一种独特的和特定的事物的东西吗?

正如已表明的那样,这一问题主要是一个事实问题。为接受第二个选项所归因的事实上的理由,与以感觉-器官为手段的知觉相关的各种"异常"有关。我们几乎可以列举出无数这样的事件,以至于仅仅有必要给出一些有代表性的例子。它们是:当对象仍然是一个时会有双重意象;当对象保持不变时——例如,当按压眼球时看到事物跳动——发生在一个意象中的变化;一根筷子在水中看起来是弯曲的;从不同的角度看,事物的视觉形式发生的改变;随速度增减的声音强度的改变;铁轨的汇聚等,更不用说纯粹的幻觉了。用一位当代的认识论作家的话说:"关键在于,所有这些案例都可以根据实际的和潜在的感觉(*sensations*)而轻易地被描述,但根据对象的描述会带来巨大的困难。"② 用楷体表示的"感觉"和"对象"的对比,相当于一方面是根据具体的题材的陈述和另一方面是知觉的独特性之间的差别。这里所用的"感觉"意指一种被称为精神的独特的存在。

然而,关于事实的讨论,却与源自术语的含义以及源自从先前的哲学活动中承袭的各种理论的困难纠缠在一起。这篇文章旨在清除模糊了我们视野的一些杂草。

首先,传统的思想观念因为语言而有一种影响,在曾赋予它们重要性和相关性的信念消失后,这些语言仍然持续存在。从历史上看,"感觉属性"是幸存下来的可感属性。虽然"感觉"作为属性的前缀,除了因果指称以外,没有任何其他的

---

① 这个问题并不是暗示,参照生产模式是区别不同的具体属性的一种不正当的方式。如果我们知道生产它们的不同方式,那么,或许可以更准确和更肯定地确定一件雕刻作品和一件蚀刻作品、一件木雕和一件钢雕作品之间的差别的性质。但这是关于图画的附加的知识,它不会产生关于绘画表现(ueberhaupt)的性质问题。类似地,感觉的和其他有机体条件对我们感知的特定事物的影响,也不会产生关于如此这般的知觉的性质问题。

② 杜伦特·德雷克(Durant Drake)一篇题为"什么类型的实在论"的文章(载于《哲学杂志》,第 9 卷,第 150 页),斜体是我加的(英文版中的斜体在中文版中均为楷体。全书同。——译者)。

意义,但鉴于曾经获得的形而上学的信条,"可感的"是对和其他属性,即"可理解的"属性不同的那些属性的真正刻画。根据宇宙法则,自然被划分为不同种类的对象,或者至少可以说具有两类特性的对象:一类是永恒的,另一类在性质上是运动变化的;一类是关于实现了的事物的,而另一类是关于作为潜在的事物的。由于自然变化的特性在动物中,包括人在内,通过感觉器官得以实现,这些属性可以恰当地被称为可感的。"可以"清楚地暗示了潜在性,要求感觉把它们实现为感觉-形式或感觉本质。另一方面,可以理解的形式通过理智得以实现。因此,"可感属性"这一术语有一种典型的、基于前提的正当含义。当现代的物理科学声称物理世界中的所有事物的同质性,并且放弃了潜能性和现实性的范畴而支持物理的接触和运动的范畴("有效因果性")时,"可感属性"的术语仍然在使用。通过把它解释为意指因知觉而具有的属性而不同于属于事物本身的属性,它得到了"合理化"。①

其次,认为感觉器官在产生它时发挥一定作用的属性,具有与事物不同的秩序的认识论的主张,普遍带有模糊性。这种模糊性在于:一会儿把经验事物(树、石头、星星、烛火等,所有日常普通名词指称的事物)视为属性的原因,一会又把它视为属性的相互联系的类别。因此,我们被告知:一棵树影响了视神经——(或者经树木反射的光线),产生了关于光和颜色的"感觉";一根部分在空气中、部分浸入水中的筷子,通过与感觉器官和大脑的相互作用,产生了"感觉",它反过来又引起关于弯曲的筷子的知觉。现在非常清楚的是:所有斜体的词语,不管指有机体内部或外部的事物,都指示经验的对象,而不是指专属于物理科学的对象。可以说,它们都与颜色和轮廓同命相连。当然,说按压眼球的手指引起双重意象的知觉时,等等,同样的情况也是真的。现在,片刻的反思表明,树、筷子、水、空气和手指,所有这些对象作为这些主张中的轮廓,作为真实的或物理的对象,都不能被视为与作为心理的感觉相对立。因为按照认识论者的逻辑,这些事

---

① 例如,洛克没有用"感觉"或"感觉的"属性这样的表达,而是保留了先前的术语"可感属性",尽管彻底放弃了赋予它重要性的科学和形而上学。但同样应该指出的是:洛克不是用感觉来指一种存在,而是指心智的运转。它是当心智在感觉器官中的变化时刻感受到一种理念时所发生的心智的行为。这种变化本身,是由于影响感觉器官的对象发生了变化。因此,我们不是从感觉中得到感觉的理念,而是从"反思"中得到感觉的理念,正如在关于心智运转的所有思想的案例中那样。参见《人类理解论》,第2卷,第9章和第19章。

物本身就是一类"感觉"或"感觉"的结合,或者一类和感觉相当的心理"意象"的结合。用洛克的话说,它们本身是复杂的模式,可以区别于感觉或感官属性,恰如复合物之于简单物的区别那样。它们有着同样的秩序,而非不同的秩序。而且,如果我们不用认识论的语言,而用常识的语言说,那么,我们正在处理事物和它们的属性。

要和作为其原意的属性区分开来的事物,不是树、手指、水等,而是某种分子搅动,后者和手指以及直接的颜色属性等经验事物相对。举一个已是老生常谈的例子,一分钱的硬币有时看起来是一块圆形的、扁平的盘,有时看起来是有着不同弯曲度的椭圆,有时沿着边缘看又是一条曲线——或者从远处看,是一条直线。从这一事例中,可以看出以上事实和我们目前论题的相关性。除非有从一个类型,从一个论域到另一个论域的通道,事实必须以下面两种方式中的一种或另一种得以陈述。(1)某些分子搅动和另一组分子安排——经验上被识别为人类有机体——的相互作用,引起各种不同形状的现象出现。圆的、扁平的形状不比椭圆和直线更是"真实的"物理对象;后者不是它的现象,相反,和它同样是因物理的变化或物理的和物理-化学的变化而产生的"现象"。这里的"现象",除了指效果以外,没有其他的含义,正如在科学探究中到处使用的"效果"一词一样,这里的效果用于推断关于它们的原因。这个例子中包含的问题,类似任何科学探究中发现的问题;在那里,某些事实用作证据,由此推断出另外一些从外部看完全不同种类的事物。这样,某种岩石的形态告诉人们一种曾生活在某个过去年代的动物的出现和其特征。因此,它是那种动物的"现象",也就是说,它是那种只有把它置于与作为其标志或证据的另外某种事物的联系中,才能获得其全部意义的效果。(2)另一种表达方式仅仅关注经验上被感知的事物之间的经验的联系。它所处理的联系是那些整体和部分,或者一个事物和它的"所属物"之间的关系,而不是那种从被感知之物推断出某种假设的或推断的原因的推理关系。这样,当一个对象被放在相对于身体的某个位置时,看起来是圆形的;而当以其他方式放置时,它呈现出椭圆形或边缘弯曲的形状。或者假定我们从一条狭窄的弯曲带开始,我们发现,它能以一套其他形式的秩序被放置,某些是圆形的,而某些是椭圆的;而且我们能够发现,这整个序列的秩序有个单一的准则,就像某些数字先呈现为随机的或混乱的,最后以有某种联系原则的序列被排列那样。在我们前面的例子中,毫无疑问,可以发现逻辑的而非认识论意义上的"原因"和"效果"、"实在"和"现象"。这里仅仅而且只有一个按照不同属性的不变的准则的相互联系的问题，构成了对象，例如一枚硬币整个相互联系的序列。"它"，一枚硬币，有或者是一系列阶段，物理条件是这样的，以至于这些阶段不能同时出现，而只能一个接一个地出现——正如根据一个可以确定的准则，有气体、液体和固体这样一系列阶段一样。我们可以问哪是最频繁出现的，如果我们乐意，为着实践的目的，可以把频繁出现的模式当作标准。但是把它们中的一种视为绝对真实的，而把其他视为它的现象，这样是毫无意义的。根据序列的原则，每一种可以设想的形式或阶段都依次被视为真实的，而其他的则依次被视为它的现象。然而，这种说法所指示的事实，仅仅是存在着一系列确定的类型。

这样就有两个讨论域。其一，我们处理的是因果联系的物理的和存在的关系，例如颜色、声音等，与一个物理介质的震动这样的条件之间的关系。其二，我们处理的是不同的知觉对象，融合成一个整体。问题不是关于因果关系的问题，而是两者是否都不是感知的对象和一个推断的对象的关系问题。例如，这类似通过把语词的含义整合起来理解句子的含义，或者反过来，通过考虑上下文的联系来确定一个不这么做就不可能获得理解的语词的含义。只有当我们混合并混淆了从两个不同的讨论域中借来的术语时，与物理科学的问题以及日常的经验解释问题不同的问题才会出现。

让"真实的对象"在讨论的某个时刻，指示某种性质上的直接效果的原因；而在讨论的另一时刻，指示这些效果相互联系成一个单一的整体，这样的混淆就会产生通常表达出来的那种关于知觉的认识论问题。"显现"这一语词的模糊性，加剧了这种混淆。有时，它指"作为……的效果"，比如颜色是物理的光线的效果，或者化石似乎是曾经生活过的动物的"现象"；有时，它指"显明的、明显的、直接向知觉敞开的"，例如某种在我面前的事物相对于某种在相邻房间的事物，或一枚硬币的一边相对于整枚硬币，或者一个演员的某个角色相对于使其成为演员的一系列角色。接着，这两种意义混乱地掺合起来，就产生了"现象"相对于"实在"之物的观念，由此也产生了在形而上学意义上，作为现象的被感知的对象相对于未被感知但却是真实的对象之间的关系问题。

第三，有一种心理学学说从洛克那里接管来的持续存在的观念，即被感知的第一性质是简单的和独立的："红"在感知到血或一件红礼服前被感觉到；蓝先于天空；甜先于糖；橘色和一种独特的气味先于一个橘子等被感觉到，等等。这纯属迷信。然而，如果放弃这一点，那么，当前关于作为"意识"或认识对象的方式的感觉和知觉之间的整个区分就消失了。所谓的"感觉"，仅仅指对于一个有差别的属性的知觉，借助一个给定的器官所作的知觉区分的限度。红不是一种感觉；它是我们感知到的属性，仅仅在其相对简单和孤立这一点上区别于对日落的知觉，这一差别在任何意义上都不是原初的和原始的，而是有意作出的辨别分析的产物，就像化学上把氢气确定为简单的且不同于作为化合物的水一样。作为事实（尽管事实逐渐与这些事情的讨论无关），一个孩子在辨别出颜色很久以前就认出了他的礼服；他学着区分作为标记的颜色，也就是作为更加有效辨别不同的礼服或玩具或其他对象的手段。一旦承认并坚定地抓住知觉属性和对象的同质性，关于知觉的所谓认识论问题的一个重要的阶段就呈现出具有熟悉的、合乎逻辑的恰当形式——一个符号、标记和它所指示的东西的关系。

52　　　　第四，借助感官感知的属性的空间位置问题，是物理学而非认识论的问题。关于幻觉对象存在的例子，通常被援引来证明典型的感觉-知觉对象之精神特征的最后的关键证据。不在那里的幽灵在哪里呢？当按压眼球时移动的意象中的树木在哪里呢？当把笔直的筷子浸入水中时弯曲的筷子在哪里呢？甚至已经有人提出，心理的或精神的可以界定为物理的或公共的空间拒绝接受或分派给其位置的东西。[①] 这类问题让人感到不容置疑。

　　　　这种困难源于没能批判地分析"哪里"这个概念，也即位置概念。例如，爆炸在哪里？回声在哪里？引起敏感的磁针呈现出一种定向的位置的"磁力"在哪里？哪里有事件，那里就有一种相互作用；这一相互作用，蕴涵了一个"场"的概念。没有哪个"场"能够被精确地划定范围；它延伸至包含在相互作用中的能量发挥作用的任何地方，波及发生能量的任何重新分配的地方。场能够在实践上被划界，正如所有的重要程度可以被划界一样。它在存在上，不能以字面意义上的精确性来定位。这样，在一次地震中，最剧烈的震动可以被定位；加上足够的地震仪器的帮助，就可以在地图上画出它可能出现的边界。但这些边界是根据探测和记录变化的能力，在实践上被设定的。它们绝不是任何存在意义上的绝对。人们可以说，从存在的意义上讲，地震的场是整个宇宙因为能量的重新分配延伸至无边无际之处。这从理论上看是正确的，但在实践上毫无意义。

----

① 洛夫乔伊（Lovejoy）：《批判现实主义论文集》（*Essays In Critical Realism*），第 61 页。

相似地,在部分在水中、部分在空气中的筷子的案例中,弯曲的光束实际上(很可能)是由电磁波动、生理结构和一种折射力所确定的相互作用场。它既不在有机体中,也不在环境中的某个高度分隔的点上。光束接触到在两种不同密度的介质中,有着不同的折射角度的折射物的地方,可能会在这个场中形成一个焦点;被折射的光束接触到形成光学装置的分子结构的点,可能是另外一个焦点。但这些,就像椭圆的焦距一样,确定一个更广阔的场。太阳——或者其他的光源——是弯曲的光束所在之处的一部分,正如地球内部遥远的某个部分是地震所在之处的一部分那样。

具体的定位总是与一个进一步的事件的关联:它在特征上是附加的。我们把一次爆炸定位在一个给定的点上,是因为产生或阻止爆炸的行为,控制爆炸发生的行为,指向那里。如果我们了解得够多,如果我们有能力引起或阻止地震,毫无疑问,我们应该说,地震就在控制行为被应用的地方。一种疾病覆盖了整个有机体,并且(最终)包括某些有机体之外相互作用的事件,但它的"位置"是治疗措施最有效地发挥作用的地方。一个人可能在欧洲,因为在某些方面,他在那里最有分量;而他的住宅在佛罗里达,他定居在美国。① 要求认识当按压眼球时移动的树的意象在哪里,这是一个模棱两可的问题。从字面上看,它们至少是三个因素的相互作用发生的任何地方。从日常实践即常识的角度看,"哪里"指示行为应该被导向那里,以控制现象发生的那个点。

"哪里"在日常语言中包含对一个源自有机体主体的行为的指称,这个事实是常识。不幸的是,在讨论这类问题时,通常并不援引这种常识。在"常识"看来,事物是相对于那一运动或有机体的其他运动来定位的;为了实现或阻止某种结果,需要这样的运动。一个事物在前面这么远,在右边而且稍微靠上,指示为了获得某种后果,人的身体必须向前移动这么远,并且转向一边,抬起身体的某些部位。每一本心理学的书都充满了这种事实的案例,即具体的定位不是固有的或内在的,而是参照产生了事件进程的有机体实际的或潜在的行为。空气中的筷子的定位,与伸手以及举手的某种习惯有关。当光的折射发生在异常条件下时,适用于某种介质的习惯就不会恰当地发挥作用了。一个错误的、无效的、不适应的行为因此而发生了。当再次调整习惯后,具体的定位再次正确地出现。

---

① 此句结合上下文的意思,指他发挥影响的地点和居住地或定居地可以是不同的。——译者

在人们经常援引用以表明知觉的某些对象在性质上是心理的一些案例中，看起来没有任何更加神秘之处了。学会使用望远镜甚至反射镜的任何人都知道，定位是一种实践上的事务，而不是字面上存在的事情，而且直到确立一种新的习惯，观察和伸手的行为相互协作的异常条件会在定位时引发困难。光的某些意象不能在空间被定位，这仅仅表示，在它们的案例中，伸手和把握的实践行为在没有经受痛苦和练习的情况下，不能很好地适应既已确立的习惯体系，而这种习惯体系通常确定一个事态的位置、居所或地点。后者实际上是一种复杂的物理上的相互作用，覆盖了巨大的场。实际上，这个场是如此巨大和无边无际，以至于严格地说来，这种相互作用是"关于"自然的而非在自然之中，在我们恰当地运用术语——"在其中"和"关于"的实践意义上。被批评的理论还犯下了我们刚刚提及的第三种错误的理解。它暗中从被感知的事物日常感知的空间关系，转到了作为物理学对象的空间意义上的"物理的"空间。如果我们严格地遵循物理学的术语，就没有什么独特的问题，而只有确定一个场的普通的科学问题。如果我们遵循经验的知觉的术语，就只有在伸手、把握和操作等时作出正确的实践上的调适。

我没有假定刚刚考虑的四种错误观念穷尽了导致把自然主义观点转变成认识论观点的先前列举的混乱和错误。然而，它们是重要的促成因素。直到清除这些基本的模糊不清和转换，不用参照它们就可以继续下去的关于知觉问题的讨论，引领我们更加接近达成共识和解决问题，看起来希望渺茫。当它们被清除时，只要仍然有不仅仅是那类熟悉的科学问题的任何问题，剩下的就是比如因果关系的重要性和属性的性质与地位等形而上学的事务了。

个性和经验[①]

门罗（Munro）博士在《巴恩斯基金会期刊》10 月号上，关于奇泽克（Cizek）教授在维也纳课堂上所采用的制图方法的饶有趣味的报告，提出了一个在每一门课程中必须处理的问题。这一问题沿着两个方向展开，一个由他如下的陈述所引出，即不可能排除外部的影响；另一个则由他如下的报告引出，即总体上说，更加具有原创性的图形是那些年轻学生制作的，年长的学生似乎逐渐失去了兴趣，以至于没有产生任何杰出的艺术家。如此定义的问题，在于个性和其充分发展与教师的工作和职责之间的关系，表现了过去累积的经验。

不幸的是，不但艺术学校，而且包括所有学校的历史，表现出了在极端之间的摇摆。尽管必须承认，钟摆这个比喻不是很好，因为学校中的大多数人，在大部分时间里，是接近一个极端而非在两个极端之间周期性和均匀地摆动。无论如何，两个极端是外在的强加/命令和"自由表达"。对于来自外部的机械控制的代价高昂的、令人费神的和不充分的结果的厌恶，产生了对于自发性和"来自内部的发展"的热情，正如经常说的那样。结果发现，孩子们在工作的一开始非常兴奋——任何见识过奇泽克课堂的人，都会见证洋溢着整个教室的快乐、健康的氛围——但渐渐地，倾向变得无精打采和厌倦，其结果在能力和实际成就上并没有累积性的、渐进的发展。然后，钟摆重又回到受另外某个人的思想、规则和命令的约束。这个人更加成熟，信息更加灵通，经验更加丰富，应该知道该去做什

---

① 首次发表于《巴恩斯基金会期刊》(*Journal of the Barnes Foundation*)，第 2 期（1926 年 1 月），第 1—6 页。

么,而且知道如何去做。

钟摆的隐喻从另一方面讲,也是错误的。它看起来,像是在暗示解决办法就在于在两个静止的极端之间找到一个中点。然而,真正缺乏的是运动方向的转变。作为一个一般命题,没有人会否认,在人类事业的任何分支中,个人心智的成长是由与那一领域内其他人累积的和筛选的经验的接触所推动的。没有人会严肃地提议,所有未来的木匠的训练,实际上都是从一张清单开始的,清除掉过去人们关于机械、工具及其用法的一切。也没有人会认为,这种知识可能会"束缚他们的风格",限制他们的个性,等等。但另一方面,也不可能通过培训班手册上经常使用的方法来造就木匠,在那里布置一项微不足道的技术性的小任务和实际上制作任何东西都毫不相干,仅仅把专业化的技能作为他们的目标。作为常规,培养木匠是通过学生和其他有经验和技能的人一起工作,分享真实工作中较为简单的部分,以使他们能够观察方法,以及通过适用于实现结果的方式协助工作。

这样的学习受两个重大原则的控制:一个是参与到某种本身有价值的事情中去,或者参与到某种事业中去;另一个是感受手段和结果的关系。当满足了这两个条件以后,第三个考虑通常是接下来的当然之事。已经获得对某种技术过程或技能形式的意义的经验,在那里培养起对技能和"技术"的兴趣:结果的意义就"转移"到了实现它的手段上。这样,对作为一项运动的棒球感兴趣的男孩们,就会自愿地投身于这一运动的单个动作,诸如投球、接球和击球等进一步的练习中。或者对弹子游戏有兴趣的孩子们,将会练习以提高他们射击和击球的技能。然而,我们设想一下,如在游戏中发生的那样,如果在他们先前没有参与过这些游戏活动的情况下,在他们完全没有它们是什么和为了什么的感觉时,在完全没有引起他们的社交或参与冲动时,把这些练习作为任务布置给他们,将会发生什么情况。

57　　如果我们从像通过他们的工作来培养工匠这样众所周知的案例来加以概括,那么可以说,某个职业中的习俗、方法和工作的标准构成了一个"传统";加入这一传统,是借以释放和引导学习者能力的途径。但我们还必须说的是:个人加入某一事业的动力或需要,是传统作为他在能力和自由上的个人成长的前提条件;他还必须为了自己,以自己的方式,观察采取的手段和方法与实现的结果之间的关系。没有任何其他的人能够代替他观察,而且他不能仅仅通过被"教导"

去观察,虽然正确的教导会引导他的观察并帮助他看到他需要什么。如果他自己没有成为木匠的强烈愿望,如果他成为木匠的兴趣是敷衍的,如果他成为木匠不是一种兴趣,而仅仅是通过做这份工作来获得金钱上的回报,那么,这种传统就不会真正进入和融入他自己的能力之中。这样,剩下的就是一系列机械的和多少无意义的规则了。如果要保有这份工作并且领取报酬,他就必须遵守这些规则。

再次假设,我们想象出的学生为一个木匠师傅工作并和他一起工作,这位师傅只相信一种有着固定设计的房屋,他的目标不仅是培养他的学徒建造那种类型的房屋,而且要他全心全意地接受它,作为应该被建造的唯一的一种房屋,作为所有房屋的样板或模板。那么,这就很容易看到个人能力的局限,无疑,不仅将导致专业技能的局限,而且更重要的,将导致他观察、想象、判断甚至情感能力的局限,因为他的鉴赏力将会被扭曲,以便遵循这一被偏爱的风格。想象的案例表明了,当我们从培养工匠过渡到培养艺术家时,经常会发生什么。作为常规,工匠必须或多或少地保持开放的心态;许多要求展现在他的面前,他必须有足够的灵活以满足这些要求。他绝不能设定一个目的、模板和标准的最后权威,不管他在方法和手段上如何在行。但不同于建造者的建筑师,很可能是"权威";他能发布命令,并规定什么是对的、什么是错的,因此而指定某些目标或禁止其他的目标。这里有个例子,其中传统既起不到促进作用,也起不到解放作用,而是产生了限制和束缚。如果他有学生,他就是"主人"而非熟练的同事;他的学生是追随者,而不是学习者。传统不再是传统,变成了一成不变和绝对的规矩。

简言之,实际的困难不在于在过去的经验中形成的方法、规则和结果,与个人欲望、能力和自由的对立。相反,困难在于老师苛刻、狭隘,以及可以说,未开化的习惯和态度。他把自己作为权威,作为以色列的统治者和审判官。他们当然知道,作为纯粹的个人,他们不是"权威",而且也不会被其他人接受为这样的权威。因此,他们披上了传统的外衣。从此以后,发令的就不是"我",而是某个上帝通过我在发号施令。然后,老师提名自己成为整个学派、一个完成了的经典传统的代言人,并且为自己窃取了源于他为之代言的传统的声誉。其结果,就是压制了学生的情感和理智;他们的自由受到了压制,他们的人格成长受到了阻碍。但是,这不是因为过去的智慧和技能与学习者的个人能力之间的任何对立;而是在于老师的习惯、标准和思想观念。这类似另一个例子。理论和实践之间

58

没有固有的对立;前者扩充了实践,释放了实践中的能量,并且赋予实践以重要性;而实践为理论提供材料,为理论提供保持其真诚和活力的检验和检查。但是,在把自己树立为实践家或理论家的人们之间,有着相当多的对立,一个因两者都把自己错置而产生的不可化解的冲突。

这表明,自由的支持者和自诩为主人和发号施令者一样,都站在了错误的立场上。在所谓先进的教育思想学派(绝不局限于像奇泽克那样的艺术课堂)中出现了这样一种倾向,即让我们用某些材料、工具、装备等包围学生,然后让学生根据自己的愿望来对这些事物作出反应。尤其重要的是,让我们不要为学生提出任何的目的或计划;让我们不要提议他们应该做什么,因为这是非法侵犯了学生神圣的理智的个性,因为这种个性的本质在于设定目的和目标。

现在看来,这样的方法着实愚蠢,因为它明知不可为而为之。这样是愚不可及的,它错误地理解独立思考的条件了。有许多种对周围条件作出反应的方式,如果没有来自经验的引导,这些反应几乎确定无疑地是偶然的、零星的和令人疲惫的,并伴以神经上的紧张。由于老师很可能有广泛的经验背景,就像工匠向他的学徒提议要做什么那样,人们同样认为老师有权利对做什么提出建议。而且从字面上理解,这一理论将有义务消除所有人造的材料、工具和装备。作为他人的技能、思想和成熟经验的产物,按照理论,也会"干扰"个人的自由。

那么,当孩子提出或提议要做什么、要实现某种结果时,提议应该源自哪里呢?在心智生活中,没有自发的萌芽。如果他没有从教师那里获得建议,就会从家里或街上的某某那里获得,或者从他的足智多谋的同伴正做的事情那里获得。因此,它是一个没有多少深度和广度的、转瞬即逝的和肤浅的建议的几率很大——换言之,不太有助于发展自由。如果教师确实是称职的,而非仅仅是主人或"权威",他应该充分了解自己的学生,了解他们的需要、经验、技能和知识程度等等,能够(不是发号施令般地提出目标和计划)就做什么与他们进行讨论;而且,能够和任何其他人一样,自由地提出建议(暗示教师是那个而且是唯一那个没有要展现"个性"和"自由"的人,如果在它的实施中不是这么悲伤的话,会是非常有趣的)。而且鉴于已指出的条件,与源自不加控制的、偶然的来源的建议相比,他对开启某种实际上会实现和加强严格意义上的个人能力的事情,贡献可能更大。

这一点也值得详细地阐述,即完全把这些反应留给学生,用今天的话说,老师仅仅提供"刺激"。这种方法错误地理解了思考的本质。一般来说,不成熟的人提出的任何所谓的"目的"、"目标"或"计划"往往是相当模糊和不成熟的,纯粹是一个轮廓图,而不是一个明确的结果或后果,只是大致表明可能在其中开展活动的一个领域。它几乎不代表任何的思想:它只是一个建议。"目的"或目标真正在思想中形成,是在接下来实施的操作中,并且是因为这一操作才形成。这一点对于来自教师的建议和那些"自发地"源于学生的建议同样是正确的,以至于前者没有限制思想。教师一方的优势——如果他或她在那个位置上有任何优势的话——即它可能是那种在构建一个清晰的和有组织的目的概念的后续活动中允许和要求思想的建议。在心理学中,没有什么比把对某种将要实现的结果的模糊感觉当作对一个目的,对一个真正的目标和指导性计划的思考,更加致命了。对目的的思考,严格地说来,和对手段与方法的感知相关。只有当并且随着后者在连续的执行过程中变得清晰,规划及指导性的目标和计划才变得明确,并且得以表述出来。在这个词最完整的意义上说,只有当工作实际上已经完成时,一个人才逐渐认识到他想做什么,以及他在做什么。

和实施或执行过程相关的"连续的"这个形容词很重要。向前推进一步,每用一种"手段","目的"就部分地得以实现。它使那个目的的特征更加清楚,因此向正在做观察的心智暗示了下一步要做的事情,或者接下来要采用的手段和方法。因此,思考的原创性和独立性与发生在其间的执行过程而非最初建议的来源有关。事实上,真正富有成果和原创性的建议本身,通常是执行某种任务中的经验的结果。换言之,"目的"并不是字面意义上的终结或定局,反过来,它是新的愿望、目标和计划的起点。借助过程,心智获得了提出重要建议的能力。现在有了它们由以萌生的过去的经验,目的成为有价值的和清楚表达的建议的可能性就增加了。

不用说,教师在操作过程中,可能会干扰并强加外在的标准和方法。但正如我们前面已经看到的,这不是由于引入了先前经验的结果,而是因为教师的习惯如此地狭隘和一成不变,他的想象力和同理心如此地贫乏,他的知识视野如此地受限制,以至于以错误的方式引入了经验。教师的经验越全面和越丰富,他关于"传统"的知识就越充分;考虑到参与者而非主人的态度,他就越有可能以解放性的方式来运用它们。

简言之,自由或个性不是与生俱来的,或者是一种天赋。它是要实现的、予以锻造的东西。关于事物,关于技能,关于操作方法,可以得心应手地采纳的建议是实现它们不可或缺的条件。在本质上,这些必须源于对过去已经做的以及如何做的同感和有鉴别力的知识。

事件和未来①

把"事件"这个词用作科学中的一个基本术语，然而却把属于用"事件"要取代的一系列科学概念，并且把与满足选择"事件"来满足的条件不相融的含义带入这一术语的含义中，这是有可能的。在布罗德的《科学的思想》中找到了这一事实，以及它在哲学上的后果的例证。追随怀特海，布罗德指出："有许多类对象，它们的典型属性需要存在于某种最小的绵延中。"例如，如果没有记忆的任何东西都不是心智，那么，一个容纳记忆的足够长的绵延对于心智的存在，显然是必要的。此外，"假定某类原子由一个原子核和以某种典型的速度环绕它旋转的电子组成。这样的一个原子要表现出它的典型特性，需要至少一个完整的旋转的绵延。如果把一个完整的旋转的绵延分割成邻近的连续的部分，部分的内容在属性上将不同于整体的内容"。②

我之所以引用这段话，是由于它给出了任何可以被称为"事件"的事情不可或缺的特征，即相对于要求绵延（整体在其中展现自身）的整体而言部分的性质的变化。如果我们只假定心智中性质上的同质，将不会有记忆，那么按照定义，也不是一个心智。因为如果有记忆，整个绵延的后一部分即使不像在没有记忆的其他情况（*otherwise*）下和前一部分完全相似，也必须通过回忆起先前的状态而和它有所不同。因此，不能仅仅是前一部分毫无变化的持续。

然而，不幸的是，布罗德先生很快继续表明了，他没有把性质上的变化视作

---

① 首次发表于《哲学杂志》，第 23 卷（1926 年 5 月 13 日），第 253—258 页。
② 布罗德：《科学的思想》，第 403 页，原文不是斜体。

包含在一个事件的定义中。他说:"很可能有在时间上同质的对象。然而,这会意味着你分解了它们的历史,分成碎片的内容在性质上彼此相同,而且和整体的性质相同……今天,科学把终极的科学对象视为在空间-时间上是同质的。而且,它假定这些终极的科学对象从来没有开端,永远不会终结。这样,终极的科学对象被视为在存在于整个时间中的意义上是永恒的。唯一终极的科学变化,就是根据一组基本法则对这些对象的分类和再分类。"①

我在此并不想试图表明没有这样的对象。布罗德先生说,他不知道假定有这样的对象是否正确;我也不会声称,我知道它是错的。但是,人们可以基于纯粹形式的根据,断定这样的对象不是事件,也不是事件的部分。永恒的对象没有"历史",更不用说有可以被"划分"的历史了。而且如果声明这样的对象是"在时间上同质的"片断,事件或历史正是由此组成的,那么,无时间性的事物的结合或相互毗邻如何能产生时间,性质上的同质之物如何转化成性质上的异质之物,更一般地说,受"一组基本法则"制约的"永恒对象"如何允许再分类,或者可以设想的什么含义可以赋予"终极的科学变化"这个短语,这一切都是不明朗的。说终极的科学对象在"存在于整个时间中"的意义上是永恒的,对这一论证没有帮助。因为除非有变化,而且有这样的变化,以至于可以让永恒对象与它相一致。可以说永恒对象基于何种一致而具有绵延,否则就没有让它们"始终"存在的时间。称它们在时间上是同质的,也毫无意义。它们相对于时间的同质性,和它毫不相干。简言之,能赋予上引段落的唯一的逻辑意义,是那个使"对象"在逻辑上先于事件的意义,虽然委婉地说,它也在从定义的对象中引出事件之路上设置了严重的障碍。虽然在名义上对事件做了很多,但结果证明,强调是曲解的。②

布罗德在这本书的前面部分,即第二章中关于时间和未来的明确讨论中,出现了如下暗示的支撑,(i)有毗邻的时间片断,(ii)它们彼此在性质上是同质的。在那里,他说道,他打算用事件指称"持续存在的任何东西,不管它持续多久,或

---

① 布罗德:《科学的思想》,第 403 页。粗体是我加的。
② 和怀特海的话作个比较。"对象是被认为从属于事件的实体。"《自然知识原理研究》(*Principles of Natural Knowledge*),第 81 页。当然,布罗德没有义务追随怀特海,但后者的思想是如此的前后一贯,以至于不可能借用他的事件概念,然后把"被认为"(recognita)或对象放在事件的后面或下面,而又不陷入恰如上述的困难。

者在它历史上相邻的阶段,不管它在性质上是相似的或者在性质上是不同的"。① 这里,我们看到了公开陈述可能有性质上彼此相似的历史阶段。我的目的正是要表明,这个假定决定了就时间而言,尤其是就未来性而言得出的结论。假设定义仅仅意味他说出的内容,而且对于性质上的相似性,他指的是同一性,而不仅仅是亲密的相似性——它当然承认异质性——那里看起来没有任何支持"临近的阶段"这一思想的基础。纯粹的持续存在不是历史,也没有阶段;它们被指定为阶段的那一刻,就引入了性质上的改变。阶段意味着差异。一个没有变化的、持续的"绵延"当被纳入在其中有性质上的改变的更大整体中时,可以称之为历史的部分,但它自身不可能是历史。而且如果没有历史,把持续性归入被称为"事件"的事情中,又意味着什么呢?但是,哪里有临近的阶段,每一个这样的阶段都是一个事件或历史,因此它有阶段,这是事件。或者,每个事件是由多个事件组成的,它自己也是事件的组成部分。②

另一种我们能说持续存在之物中的相邻阶段,在性质上是相同的方式,就是在和某种其他的事件的关系中。如果我们已经从 M 中取出真正有差别的阶段,并且为其中的每一个分配了某个开端和结束的日期,那么,我们就可以将 M 的这些阶段和 N 作个比较,且分配给 N 一个同一的绵延(或它的某个部分),并且通过在它和 M 的各个阶段之间设定一种一一对应来分配它,尽管它们之间有同质性。这样,我们确实把自身没有表现出可感知的差异的事物划分成了许多阶段,这一点是众所周知的事实。尽管有性质上的同一性,但说 α 是 N 的一个时间的阶段,就是断言它可以被置于和 α 的一一对应关系中。这是 M 在性质上的改变,反过来处于和 β,γ,δ,……以及 M 在其他性质上的改变的具体关系中。

鉴于事件是某种内部不变之物的观念,一个事件的开端和一个事件中发生的性质上的变化(如果这两种事物之间有任何区别的话)显然是某种不同于事件的东西。因此,布罗德先生合乎逻辑地说,性质上的改变"包括一个事件的生成",而且他称为一个形成的这样的改变有着如此独特的特征,以至于把它称为变化就是误导人的。"当我们说一个事物在性质上发生改变,或者一个事件过去发生了改变,我们在谈论的是既在变化发生之前又在变化发生之后存在的事件。

65

---

① 布罗德:《从科学的思想》,第 54 页;原文中不是粗体。
② 怀特海:《自然知识原理研究》,第 61、77 页。

但当一个事件形成时,它逐渐生成;而且直到它成为事件之前,它什么也不是。"(第 68 页,斜体为原文所有)由此合乎逻辑地得出过去和当前事件的存在,因为它们已经形成了;将来的事件根本不存在,因为它们尚未形成。因此,从一个事件的内在同质性特征的概念,它得出了未来占据了存在论上完全不同于过去的和当前的事件的地位。这个"未来只不过什么都不是"(第 70 页),"一个当前的事件被定义为由虚无相继的","没有不再存在这样的东西;已经形成的东西因此永远存在"(第 68、69 页)。因此,存在的总和总是在日益增加;某种东西形成了;当这个事件过去了,一个新的存在片断被附加在世界的总体历史之上。

"事件"和"生成"之间的区别,合乎逻辑地从布罗德对事件的定义中推导出来。事件形成着,但它们不是生成之物。这样,布罗德给予我们的就是许多的不变之物;然而却用突然插入的变化来称谓事件;通常意义上的时间,看起来会由猝然一动或者中断继续。这一观点如何与因果连续性的观念相调适,在这里与我们无关。要点在于把事件说成某种逐渐存在的事物,这对布罗德的论证是不可或缺的。但如果一个事件是一个生成,说一个事件的过程或一个生成之物的生成,那么就是不可理解的了。而且,如果作为一个事件,它自始至终包含了性质上的变化或异质性,那么,一个事件就是一个生成之物。只有当一个事件被设想为一个自始至终都是坚固的同质的片断,也就是说,被设想为不是一个事件或历史时,事件和生成之物之间才能作出区分。布罗德在他对"事件"一词的字面使用中带入了与思想模式相关的考虑,这隶属于我们可以称为科学史的"前-事件"(pre-event)时代。

与"时间"和未来的关系,应该相当明显了。如果存在就是历史,或者在生成意义上的事件,那么,过去-现在-未来就处于同一水平之上,因为它们都是任何事件或生成之物的各个阶段。任何生成之物都是从(From)到(to),自始至终(through)。它的来自性或不在性,是它的过去性;它的趋向性或内在的方向,是它的未来性;生成通过之处,就是它的当下性。除了作为从出于某物而进入某物以外,没有任何生成之物可以被感知或被思考。而且,它包含了一系列的转折,分开来看,它们既属于"从出于",又属于"进入",或者形成了一个"经由"。因此,当前没有任何特权;恰如合理地谈论当前的"时刻"一样,我们可以合理地谈论当前的世纪或当前地理上的时代。恰如过去由当前来界定一样,当前在和"从出于"的关系中或者由一个未来或"进入"来界定。

由于没有改变成为就没有生成之物或事件，未来性直接在任何和每一个事件中构成。它可以被称为在当前，或更好地被称为有一个当前性阶段。

基于此，我们仅仅通过当前性作推理就知道过去性和未来性，这纯粹是虚构。关于任何事物的任何经验，作为一个生成之物或事件的经验，在自身中都包含了被称为过去性、当前性和未来性的属性。回想一件过去的具体事件，或者预见或预言一件未来的具体事件要求推理，但在同样的意义上，它需要推理来作出关于任何被称为在当前的事物的确定的具体判断。从心理学上看，预期和记忆处于同样的水平之上；在同样的意义上，可以说，后者直接指向过去，前者直接指向未来。实际上，在心理学上，预期的态度与回想的态度相比，是否更经常与对发生的事情的观察同时出现，这一点是有疑问的。甚至有可能，我们如此寻常地忽视了它：恰恰是因为它如此地无往不在，以至于没有必要让它成为明确注意的对象了。

在我看来，布罗德先生正确地解释了关于未来的判断，但却错误地运用了他的分析。确实，如果未来和现在割裂，我们就不能在知识上指涉一个未来事件，因为那时它对于我们而言，不再为了指涉而存在了。但当他说一个包含未来的判断能够"意指从'有一个事件'"这一陈述开始的任何事物，这是不正确的时候（第76页）。他在说毫无理由、毫无必要的东西。包含未来的判断是："有这样的正在发生或生成，以至于它有具体的指向性运动。"使关于未来的判断明晰，并不是要指涉一个不存在之物；它是推断正在发生的事情进一步的生成。"明天很可能下雨"，是断定根据昨天界定的今天正在发生的事情的指向-哪个的特征的属性。完整地看，它是一个关于从出于它-经由它-进入它的某物的判断。

当布罗德先生说，任何声称关于未来的判断，看起来都"包含了两个独特的而且不可以进一步分析的断定"时，其中之一——"断定进一步的事件将要形成"（斜体是我加的）；另外一个断定——某某"将要刻画将要形成的事件中的一些"（斜体是我加的），他仅仅是在"将要"的名义下，恢复在未来性的名义下，他正式否认的东西。[1]"将要"和未来时态是等同的，两者都可以追溯至"事物将要如何"（it-is-going-to）。在这里，将要（going-to）描述了事物之本是。"将要成为"（Will be）等同于未来性，恰恰是因为它没有指称某种和当前完全无关的其他事

① 怀特海：《自然知识原理研究》，第76—77页。

件,而是指称一个正在发生的事件或生成之物。因此,当在时间上局限于正在发生的事情的一个阶段时,"过去"、"现在"和"未来"之物就判断而言,居于同样的

水平之上。作为判断,它们都容易犯错,那是因为它们都包含了推理。因为说每一个事件或正在发生的事情都有一个过去性、现在性和未来性的阶段,并不是说已经过去的、正在发生的和将要成为的事物是当下自明的,或者不用借助知识的或中介性的因素就可以确定。

为了节省空间,我写得有些独断。不过,这些论证是有前提的。它对下面两点作了比较:其一,如果一个事件是一个生成之物或自始至终包含了性质上的改变,由此会得到什么;其二,如果名义上被称为事件的某物被如此界定,以至于排除了内在的异质性,由此会得到什么。在我看来,布罗德先生先是向他的"事件"中引入了绵延,然后竭力地从它们当中清除所有的时间性。在做了这些之后,他就有义务借助一连串任意假定的、被称为生成之物的中断或猝然一动再次引入时间。

价值的含义①

我希望继续普劳尔先生和我先前参与其中的关于价值性质的讨论,为时还 69
不算太晚。我会把自己限制在两点上,第一点主要是逻辑的性质,第二点无疑是
更重要的,是事实问题。然而,不但因为之前的讨论,而且因为关于它的某些陈
述,看起来对扫清事实问题考虑的基地是必不可少的,因此第一个问题就牵涉进
来了。第一点关涉"价值"术语中的模糊性,它既作为一个具体的名词,又作为一
个抽象的名词,在前例中指称(尽管在比喻的意义上)具有价值-属性的事物,在
后例中指称一个本质、一个被经院哲学家称为理智构想的实体的一类实体。第
二点关涉思想和价值出现的案例的事实上的关系。

I.

我在文章中曾提出"价值"这一术语的使用问题,尽管不是刚刚提及的那个。
我质疑了是否在某些段落中,普劳尔博士有时没有用这个术语指称具有价值的
某物,而有时又指称属性。把注意力引向可能的模糊性,一点也不新鲜;这几乎
是价值讨论中的老生常谈了,不管避免陷入模棱两可有多么困难。我不能抱怨
普劳尔所作的回应中缺少任何的明确性。结果证明,"价值"和"复数的价值"对
他而言,不是指这两种含义中的任意一个,而是指把自身当作实体或本质的那种
属性。"价值只有抽象的含义——也就是一个抽象名词的含义;而且当我使用复 70

---

① 首次发表于《哲学杂志》,第 22 卷(1925 年 2 月 26 日),第 126—133 页。关于这篇文章所针对的
普劳尔的文章,见本卷第 393—402 页。

数形式的各种价值时,是指这同一个抽象名词的复数形式。一个人会说颜色和颜色的复数、红色和红色的复数、美丽和美丽的复数,这些术语当然频繁地被用来指称"具有"这些属性的事物。但是,复数形式同样准确和非常重要地被用来表明(a)这一属性的许多情况,或者如果这个术语包含一般的共同属性的许多属性的话,用来指(b)不同种类(不是数量)的表现中的属性"(第 119 页,本卷第 395 页)。又一次在前一页上,"就我所知,我在使用价值时总是非常小心,作为我所理解的恰当的抽象名词"。并且在同一页上,他就公然声称,这么理解的价值是一个像对话可能定义的那样的逻辑本质。"在最严格的对话术语中,存在各种价值;它们没有实存,但有存在和实在。这就是说,它们是性质或特性或属性——如果我们要用像柏拉图、莱布尼茨、斯宾诺莎或桑塔亚那先生这样形而上学意义上的逻辑学家的术语来说,就是本质。"他认可桑塔亚那先生的立场,"被给予的任何东西都不实存",[①]以至于按照我的理解,一个具有价值的实存物表征了否则就是永恒之物或一种可能性的具体化或现实化。

　　我无意吹毛求疵地提出责难。但是,尽管我高度地评价普劳尔先生对于我的问题的明确回应,我还是被迫地相信,这一回应使问题变得复杂化而非简单化了。我希望,我能理解普劳尔先生提到的形而上学家所持有的关于本质和普遍概念的理论,不管本人关于本质的性质的观点如何,我还是一贯地援引那一学说。我不理解的是,普劳尔先生在表达他关于喜好和价值的绝对相关性观点时援引那一学说。按照我的理解,"喜好"被用来指称就一个实存之物而言的一个实存事件。如果是这样,那么,把喜好和价值的产生与永恒的价值-本质的具体体现联系起来,就是合乎逻辑的。但这么说,仅仅是坚持了我在先前文章(《杜威中期著作》,第 15 卷,第 20—26 页)中指明的立场。普劳尔先生在目前的文章中,公开拒斥了这一立场,即在表达一个属性如何作为拥有或获得一个事物而产生的意义上的定义。我以前总是认为,这就是桑塔亚那先生把价值定义为与喜好相关的那个意义,而且是唯一的意义,因为他公开地区分了拥有价值的事物的因果出现和作为本质的价值的性质。我也没有看到,任何持有柏拉图-莱布尼茨意义上的本质理论的人,能够为作为本质的价值是由喜好构成的这个命题增加

---

① 他接受了这一宣言,和他把价值定义为由喜好构成不相融。看起来,这一点对于普劳尔先生而言,并没有出现。下面要考虑这一点的对立面。

任何含义。我以前总是认为,这类陈述正好是那种给这个学派的成员带来恐怖的陈述。摩尔(Moore)和罗素(Russell)的观点确定无疑,是当一个人宣称他正在研究作为本质的价值时从中得出的观点。通过澄清在喜好和价值相关时他在研究的是实存而非本质,也就是因果的或物理的考虑,桑塔亚那先生坚持了他那独特的观点。

我会说,从字面上来理解普劳尔先生,会最离奇地逆转立场。虽然他指责我把价值过度理性化了,但现在使价值成为完全由理性设想的事物的正是他。通过把抽象价值视为唯一重要的讨论素材,通过把具有价值的实存之物的因果关系的问题作为毫不相干的或者至少是从属的而排除在外,普劳尔先生这样做了。如下的事实证实了我的结论,即当桑塔亚那研究作为本质的价值时,他坚称主题和方法完全是辩证的——把一个意图带入与其他意图系统的、连贯的关系中的、对意图的阐明或澄清。不是通过喜好把价值定义为一种感受,他公开地承认感受纯粹是实存的。他说:"为什么一个人珍视一种事物,或者尤其珍视一种事物,这是一个物理学的问题……伦理学问的不是为什么一个事物被称为善的,而是它是不是善的,这么珍视它是不是正当的。在这个理想的意义上,善不是意见的问题,而是本质的问题。"而且,他指责功利主义学派,因为他们"用苏格拉底的辩证法代替了可疑的心理学"而忽视了这一区分。[①]

II.

现在我转到事实问题。我已经指出,关于如此这般的价值,唯一能被清晰讨论的就是存在的问题——各种价值是如何形成的,例如事物如何逐渐拥有价值属性的问题。我已经声明,把价值和喜好、偏见、兴趣联系起来的理论,实际上是关于有价值的事例在存在的意义上是如何发生的理论。我已经向这一陈述附加了另外一个,即只有包含思考的喜好、偏见和兴趣,才是拥有价值的事物出现的充分的因果条件。并且为了避免错误的理解,我已经明确地声称,这一观点没有暗示桑塔亚那先生描述的诸善或诸价值的辩证法,是不可能的,或者是不合逻辑的。相反,正是由于作为拥有价值的事物包含了思想,所以在思想中有一种能够

---

① 《理性生活》(*Life of Reason*),第 5 卷,第 172 页;《科学中的理性》(*Reason in Science*),第 214—215、256 页。

获得发展、能够比较和综合的特征或一般性质。正如桑塔亚那先生指出的,如果喜好完全是感受上的事物,而不是有关嵌入感受之中的意图或意义的事物,那么就没有什么可说的了。

前一节就作为本质的价值的讨论,证实了我的观点。下面这一点意义重大。普劳尔先生在重申他的立场时说,他指的是一种情感-激发者的态度构成了在如此这般而不是产生的意义上的价值;并且补充道:"因为我坚持受感情驱动的关系构成了价值,而且因为我认真地解释了——杜威先生引用了这句话——'在这种关系的发生中,价值……发生了',我觉得,我可以自由地说,这种关系构成了价值……这一关系是指情境,与出现的两个术语构成关系。更进一步地说,这种关系不能在主体态度缺失的情况下出现。"(第120页,本卷第396页,原文没有斜体)在就思想的出现或缺席来界定我们之间的争议时,他说:"对价值的发生或者产生,以及价值在发生本身中产生,都必须有态度。"再一次,他说,问题是"价值-属性的出现存在于什么之中? 如果价值出现在发生之中,那么,发生的事情的性质是什么?"(均引自第121页;本卷第397、398页,斜体均是我加的)。而且,他说,这里是以经验形式指出来定义的。正如人们指出一种颜色,因此为了定义价值,人们指向在主体的态度和对象之间存在这类关系的情境。"价值是在取向中形成的"(第122页,本卷第398页)。

这里,我不会强调他转移了战场这一点。他此前曾声称,他在定义一个本质,定义某种抽象之物;而现在,他主张,"定义"价值的唯一途径就是指出在其中具体地发现这一属性的存在情境——作为一名经验主义者,这是我完全认同的立场。我在这里,也不会极力地主张他现在已经表明的、关于我在他回应的那篇文章中指出的富有野心的概念中的第三个立场——也就是说,并非喜好构成价值,而是喜好拥有价值属性的任何情境的组成或构成部分;或者说,在喜好的存在和价值-情境的存在之间,有一种恒常的相互关系。那时,我承认了这一观点;现在,我重申这个观点。我引用他文章中的段落来界定事实的问题。就我看到的而言,这是我们之间重要的差别。因为它们清晰地表明了,问题可以这样的方式来陈述:在拥有价值-属性的情境中,从主体方面看,喜好是唯一的和排他的组成部分吗? 或者其中也包含思想? 不管价值如何在抽象意义上被定义,或者它是不是不可定义的,这一问题引发了明确的事实问题。

由于普劳尔先生说,他从我的话中接受了一种不可抵挡的暗示,"即价值不是非理性偏好的产物,而在根本上是理性的"(第124页,本卷第401页),我尽可能明确地表明,我把喜好视为那些拥有价值属性的情境中一个不可或缺的组成部分或构成部分,但却不是充分的组成部分或构成部分。我希望这个观点是明晰的,即使它最终看起来并没有表达实际的事实。它对拥有价值的情境中根本上是非理性的因素作了规定,但却没有努力地把那一因素敷衍掉,或者把它还原为某种理性之物(我会插入一个评论,在作为基于我所谓的"非理性主义"的理由如此多的批评的主题之后,而且更具体地说,在因赋予"兴趣"在教育中如此大的空间而被轻蔑地对待之后,我发现,被指责有着过度的理性主义,至少是一个有趣的变化)。

74

在事实问题上的差异,不会通过辩论得以解决;它们通过充分的观察得以解决,而且我没有理由假定我的观察比普劳尔先生的观察更充分。但是,可以给出一些对需要作的那种观察有影响的考虑。首先,当说"思想"包含在处于作为属性的价值出现的情境中的主体的态度中时,"思想"一词需要定义——我在前面的文章中没有给出这个定义。我用思想指的至少是对含义的承认;在含义当中,隐含了对超越当前或直接状态的指称、一个指向进一步的或终极之物的指称:指向在直接状态之外、但却隐含其中的,至少在逻辑的意义上可以被称为"客观的"某物。①

深思熟虑的喜好和盲目的、仅仅一时冲动的"喜好"之间的区别,当然为人熟知且显而易见;它不是我为了辨别价值情境特地发明的。我确信普劳尔先生对桑塔亚那先生的话保有敬畏,但对我的话却没有。因此,我会引用一段话。"除非触及了他的意志并实现或挫败了他的意图,否则,没有什么存在对人来说是重要的,甚至他自己的存在也不重要。除非他关切那个存在应该具有某种具体类型,除非他对形式感兴趣,否则,他几乎不能对任何存在物感兴趣。"(第5、167页,粗体是我加的)由于我们不是就语词发生争议,我应该乐意使事情依赖这一

---

① 普劳尔先生在缺少就我而言的任何明确陈述的情况下,有权引用我关于包含成问题的因素、怀疑和调查的反思性思考的定义。虽然我认为这些元素对评价性判断至关重要,但它在某种意义上,是拥有价值-属性的情境出现的因果条件。刻画价值情境自身可以被直接认出或预见的,却是因此而出现的决定性的含义。在谈到态度作为"反思性理解"之一时,我使用了形容词"反思性的",这是很不幸的;在我自己的理解中,至关重要的是"理解"。形容词传达了下一句话表达的思想:"体现了许多深思熟虑的兴趣的结果。"

点:普劳尔先生在对作为价值情境之决定性组成部分的喜好的理解中,包含了或者不包含对喜爱对象的关切这个元素吗? 如果答案是肯定的,那么,我乐意放弃使用"思想"一词,虽然我很得意自己提出某些词来表明对如此这般的含义的承认。无论如何,我在纯粹动物的渴望和同化中发现,没有包含的正是对对象的关切,对一个具体类型的对象的关切这一元素。

其次,显然,普劳尔先生用"喜好"指的不仅仅是一种情感状态,而且是一种积极的态度、一个原动力和选择性的行动。它不单单是意识中的一个差别,而且对外部事物有影响。它具有取向的性质。现在,一个盲目的偏见或渴望和具有含义和意图的渴望发挥同样的作用。但在重要的或深思熟虑的喜好中,含义表现出了对作为促动力,或对选择性偏见在改变以别的方式存在的事物时的力量的意识。它与存在是某一种而非另一种这一关切有关。因此,它值得被称为兴趣,因为一个盲目的喜好在比喻的意义上没有幸存下来。

正因为如此,善是可以评判的,是可以在思想中被发展、比较、联系和系统化的。因为虽然在许多情况下,除了那个有限的和临近的差别以外,根本没有思想;但在这个案例的性质中,没有什么东西限制兴趣对象所固有的含义的范围,即限制对之有重大影响的差别的范围。相应地,这是第三个考虑,仅仅喜好对构成一个价值情境就足够了。这个观念没有对教育和兴趣的培育作出任何规定;而且,它使得不管是审美的还是道德的和逻辑上的批评,成为任意的和荒唐的。另一方面,对深思熟虑的喜好的理解,使精细化和批评成了包含在价值情境中的因素的内在生长。

当我发现,与普劳尔先生观点相同的一位作者说,"有关经验的重要意义的一个主题,是敏锐的欣赏力方面的教育,是成为一个革新的鉴赏家方面的教育"①时,我不禁感到,作者实际上在对偏见、喜好或兴趣的理解中包含了我想要指出的那个思想阶段,但他没有明确这一点。这仅仅因为,他的主要兴趣是支持关于兴趣的一般理论而反对否认它的诸善理论。我感到遗憾的是:普劳尔先生在他的回应中没有深入这一点,没有解释他用公正和不公正的、令人满意和不令

---

① 布什(Bush):《价值和因果关系》(*Value and Causality*),《哲学、心理学和科学方法杂志》(*Journal of Philosophy,Psychology and Scientific Methods*),第 15 卷,第 91 页(《杜威中期著作》,乔·安·博伊兹顿编,卡本代尔:南伊利诺伊大学出版社,1982 年,第 11 卷,第 382 页)。

人满意的评价指什么，以及一般来说，他用与这种排除了任何思想和意义元素的喜好相关的批评、教育和教养指什么[参见我最初的批评，第 621 页（《杜威中期著作》，第 15 卷，第 25 页）]。我指出了他承认"不令人满意的"价值（这和仅仅直接的喜好构成一个价值这一点公然对立）。他唯一一提及我这一点的是：说有消极的价值、不喜欢的价值。当然有消极的价值，但这不是问题所在。问题是他承认在喜好的例子中有不令人满意的价值，"取决于主体的能力是不是可爱的，以及他在具体领域中的训练是否全面"。我提出这一点，不是为了指责一个个人的对立；任何人都可能陷入暂时的失去思想或失语之中。我提出这一点是因为：它看起来如此明显是正确的，而且相当重要。除了思想-喜好理论，我看不到它的真理和重要性如何与价值理论相一致。纯粹的喜好可以在强度上有差别，可以在属性上有差别；但按照定义，它们就价值的构成而言，不能有差别。基于这一学说，一种更加"精致的"的喜好可以确定一个更加强烈的价值，而且更加全面的训练可以构成一个不同的价值。但按照喜好理论，这不可以指就价值的价值性而言的差别；它不能在这些术语赞美的意义上暗示提高或教养或精致化或教育；它不可以暗示就变化的可欲性而言的任何东西；或者一种价值比另一种价值更"令人满意"。它仅仅意味着一种喜好取代了另一种喜好，因此一种价值被另一种价值所取代——就好像一个人放弃了茶而转向咖啡，或者放弃了咖啡而转向其他饮料而完全没有任何理由那样，这仅仅是直接喜好的一个纯粹的改变而已。

恰恰是因为我认为，正如我认为普劳尔先生也认为的那样，培养兴趣或品味在根本上是最重要的，在道德中（在此，它被称为良知），在理智事物中（在此，它被称为洞见），以及在审美中（在此，它更经常被称为品味），为着品味的案例不应该被非经验的和非人道主义的理论给削弱，或者易受它们的攻击。正是忽视和否认了构成善的"喜好"之中的含义和意图，才引发了关于价值的古老的先验主义的理论——不管是鲍桑奎（Bosanquet）和孟斯特伯格（Munsterberg）等人的理想主义类型的理论，还是摩尔和罗素的现实主义类型的理论。排除和否认含义中的可理解的和客观的因素的经验主义理论，是"先验主义的"理性主义的主要堡垒。正是由于我对普劳尔先生的深层精神和目标如此彻底地认同，才欣然地看到提供给它们一个充分的基础。

77

价值、客观指称和批评[①]

　　在我论述被视为评价的价值判断的一些文章中，就价值自身的性质而言，我没有试图达成或表达任何结论。[②] 我采纳的观点实际上是这样的：不管价值是什么，或者被认为是什么，作为判断的评价性判断的某些特征都可以被提出。人们确实不用深究雨的物理的和气象上的构成，就可以考虑诸如"下雨了"这样不带感情色彩的判断的性质。因此，看起来有可能不用考虑价值就可以考虑价值-判断（作为评价，而非只是关于拥有各种价值的陈述）的性质，再一次，恰如人们不用对被慎思之物作分析就可以讨论慎思那样。

　　结果很快表现出了错误。有一个和讨论的现状相关的策略性的错误。人们对价值有广泛的兴趣，而对判断理论几乎没有兴趣。我理顺两者的文章，只会给人们留下我努力地用一种迂回的方式暗自涉足一种关于价值自身的独特理论，抑或因为我没有讨论价值，就认为和工具相比，它几乎没有什么重要性。但错误不只是像在考虑评价判断和慎思之间的类比时，实际上可能会犯的表现方式的错误。因为如果慎思构成了一种独特类型的判断，这是因为那里有独特类型的素材，而不是因为有必要深究关于被慎思的特殊事务的细节，需要记录某些一般的特征；因为正如亚里士多德很久以前评论的那样，我们不是慎思必然之物或已

---

①　首次发表于《哲学评论》(*Philosophical Review*)，第 34 期（1925 年 7 月），第 313—332 页。

②　《实验逻辑论文集》(*Essays in Experimental Logic*)，《实践判断的逻辑》(*Judgments of Practice*)，第 335—442 页（《杜威中期著作》，第 8 卷，第 14—82 页）；《哲学评论》，第 31 期，《评价与实验知识》(*Valuation and Experimental Knowlege*)，第 325—351 页（《杜威中期著作，第 13 卷，第 3—28 页）。

经发生的事情,我们慎思的仅仅是仍然不确定的事物。因此,为了证明慎思是一种独特的逻辑类型的代表,就有必要表明存在着真正不确定的素材。而且,我关于评价判断的理论,包含了把价值视为它的素材相似的含义。相应地,现在这篇文章通过表明价值的性质是这样的,以至于不但允许而且要求先前的著作中勾勒出一般类型的判断,试图弥补这一缺陷。

I.

在着手这项任务时,跳过价值的可定义性或不可定义性的问题是可能的。显然,在拥有价值的事物可以被辨识和标记,用作划分它们的基础的特性可以被标示出来的意义上,价值是可以定义的。通过指出或指示来定义实际上是所有经验事务中的最后一招,并且作为为了我们目的的准备工作,那是需要的唯一的一种定义。因此,奥登(Ogden)和理查兹(Richards)在他们论述"定义理论"的那一章说,"符号化"是最简单、最基本类型的定义,并且接着阐明了它的性质:"如果我们被问'橘子'指称什么,我们会拿来是橘子的一些对象,然后说,'橘子'是象征这个的一个符号……但有人会说,这仅仅告诉我们'橘子'适用于一个案例中;我们希望知道的是它如何普遍适用的。通过运用相似性关系……可以做这样的归纳。我们可以说'橘子'适用于这个,并且适用于颜色相似的所有事物。"[1]

由于从头开始着手这种经验指示的任务不过是矫情而已,通过从广泛持有的信念出发可以简化讨论,即不管在哪里发现价值,都会在那里发现被称为偏见、喜好和兴趣的东西;反过来,不管在哪里发现这些行为、态度或感受,同样而且只有在那里才会发现价值。[2] 这样的一一对应留给我们许多悬而未决的问

---

① 《意义的含义》,第 217—218 页。

② 佩里(Perry):《论"价值的定义"》(The Definition of Value),《哲学、心理学和科学方法杂志》,第 11 卷,第 141—162 页;普劳尔:《价值理论研究》(Study in the Theory of Value),《加利福尼亚大学哲学出版物》(*University of California Publications in Philosophy*),第 3 卷,编号 2(带有参考文献),第 179—290 页;《价值理论的现状》(The Present Status of the Theory of Value),同上书,第 4 卷,第 77—103 页;《捍卫一种微不足道的价值理论》(In Defense of a Worthless Theory of Value),《哲学杂志》,第 20 卷,第 128—137 页;桑塔亚那:《教义之风》(*Winds of Doctrine*),第 138—154 页;皮卡德(Picard):《直接的和促发的价值》(*Values, Immediate and Contributory*),纽约,1920 年及《价值的心理基础》(The Psychological Basis of Value),载于《哲学、心理学和科学方法杂志》,第 17 卷,第 11—20 页;布什:《价值和因果性》(Value and Causality),载于《哲学、心理学和科学方法杂志》,第 15 卷,第 85—96 页(《杜威中期著作》,第 11 卷,第 375—387 页); (转下页)

题,正如很快会出现的那样。但是对于初步的鉴别来说,这已经足够了。

悬而未决的问题围绕着"喜好"、"偏见"、"兴趣"等术语的意义。这些术语是模糊的和模棱两可的,如果不是因为这个学派如此多的著作家好像在假定它们的含义是确定的、始终如一的,是达成一致的,以至于除了佩里和桑塔亚那以外,他们仅仅是提到这些术语而已,我本来会假定那是一个臭名昭著的事实。为了争论的目的,反对那种否认价值和任何人类或主观态度相联系的诸种价值理论,这样一种程序毫无疑问足够了。但为了理解价值,在承认某些相互联系的情况下,这绝对是有缺陷的。

因为这些概念如此宽泛和多样地被使用,以至于在具体的意义上毫无意义了。态势不是指向任何一组可辨别的对象,而是全面地指向视野的广大部分的。因此,皮卡德把"喜好、要求、崇拜、同意、希望、需要"等这些词作为同义词,并且似乎认为,通过说这些都是情感的表达,可以满足具体化的要求。但"情感"是所有心理学文献中最模糊不清的术语之一,有时被用来表达任何类型的情绪或感情,有时包含了"意动的"(conative)倾向、冲动和欲望,有时又局限于一次愉快和痛苦的体验。这是一个臭名昭著的事实。显而易见,愿望、需要和要求通常被称为"意动的",而崇拜和同意是感情上的态度,暗含了一个意向内容。更重要的是这一事实,即需要、欲望、要求,所有这些都暗示了缺少或缺席一个对象,渴求或渴望某种没有被给予之物;而崇拜和同意尽管可以与出现或缺席之物相联系,却不包含渴求把某种缺席之物或缺少的对象带入实现了的存在之中。而且,如果我们附加上另外一个经常被包含其中的术语,即"享受",那么,很显然,用它的术语定义的价值蕴涵了被享用的对象的实际出现或给予;而且在这个范围内,与需要、愿望和要求是相反的。

当然,很大一部分视域已经被囊括进来了。但是,我们不能停留于此。需要和欲望模棱两可这一点,人所共知。有时,它们被用来指示暗含一个理念、一个需要的对象的理念出现的态度;有时,它们被用来表达一个完全盲目的事务,盲目的意思是关注一个对象模糊不清和晦暗不明的概念或表现。在使用偏见和兴

(接上页)卡伦(Kallen):《价值与生存》(Value and Existence),载于《哲学、心理学和科学方法杂志》,第 11 卷,第 264—276 页,以及《创造性智慧》(Creative Intelligence),第 409—467 页的一篇同名文章。

趣这些词语时，同样的情况表现得更加明晰。我不是说这些术语是多音字，但偏见很容易提示一种先于思考和完全独立于理念的态度；而对于大多数人来说，兴趣暗示了对某种心理上得到认可的事物的兴趣。如果不是实际上把情感态度等同于某物，也是对它的关切，而不是像偏见那样，是朝向某物的一种盲目的倾向。无论如何，直到我们弄清理念的元素是不是被排除在外，在定义上就所获不多。

刚刚作出的区分，指向另一个必须加以限定的阶段。偏见不管是不是盲目的，和兴趣一样，都指向一个积极的因素，一个关切和关心的因素，一个关照、推动和增进某人的自我以外的事物的福祉的倾向。它们当然是主体的态度，但它们包含了（不管是不是有意识地）一个作为对象的对象的态度，例如就像享受不需要这样做，而且就像在其许多含义中某些意义上的"情感"不这样做一样。同样的模棱两可也可以加之于"爱"和"感情"，这是臭名昭著的事实。有时，它们被用来指称主体一个简单的状态；有时，却指称超出并且改善和要求它的对象之安康的一种态度。

同样的区分可以另外的方式表达。被描述为喜爱、偏好、兴趣、偏见的主体的态度，可以在行为主义的意义上理解吗？或者，它可以在状态或意识过程的意义上理解吗？因为后者是通过内省心理学得以定义的。引自桑塔亚那的一段82话，也许可以使这个区分更加清楚："欲望和意志在这些词的恰当的心理学的意义上，是伴随着意识的各阶段……与此同时，在一种神秘的和先验的意义上，语词欲望和意志经常被用于那些物质的性情和直觉，生命的和道德的单位正由此构成。"①现在，我还没有发现大部分著作家提出了就这个意义而言的问题，他们在这个意义上使用像"偏好"这样的语词；不管用来指称与某种不满的情感相对的纯粹满意的"情感"或状态，还是用来指称常识通常用它指的意义——向外追求、坚持或抓住一个对象，并且主动地消除、排除或清除另外一个对象的积极的倾向。即使除了包含或排除意向因素以外，暗示哪种含义也会大不相同；也就是说，对价值的辨别而言，大不相同。因为第一个在价值的"定义"中排除了"客观指称"的元素，而另一个却包含了它。

或许我本应该在那些至少试图规定喜好的理念的人中，包含普劳尔的名字。

---

① 桑塔亚那：《教义之风》，第 145 页以下。我不知道"恰当的"和"神秘的"这些术语各自是如何与后面讨论的桑塔亚那的观点调和起来的，但这个区分是清楚的，与这些称号相互独立。

他公然表达了它是"情感-发动机",并且否认它包含任何思想或判断要素。在他最后的著作中,他说:"如果你喜欢的话,价值是在取向中构成的。"这句话看起来明确地承认了朝向对象的行为,明确地把对象思考为包含在行为中。但在紧接下来的文本中(第122页,本卷第398页),他说:"如此这般的各种价值被感受到,而且拥有任何情感的动物的情感是给定一个具有价值的情境需要的全部。"因此,他的意思仅仅是:一个取向是情感的原因,尽管价值与如此这般的情感有关。同样的印象出自第124页(本卷第401页),在那里,他提到,伍德沃斯(Woodworth)暗示了情感是"或者要被接受或者要被消除的身体的瞬间冲动"。现在,如果它是一个辨别喜好、因此辨别价值的接受或消除的行为,那么,客观指称(包含在任何一种行为主义的解释中)就是不容置疑的。但他似乎指的不如说是基于这样的反应,情感本身可以在发生的意义上得以解释,尽管情感不管是如何引起的,是构成价值的东西。无论如何,这里有个困境。如果术语"情感-发动机"和取向被认真地对待,那么,喜好就不是一种情感,而只是一个行为;像任何行为一样,有客观的结果和关系。如果"情感"是关键词,那么,语词"情感-发动机"和取向所获得的明确的规定就完全是虚幻的,留给我们的是模糊的和模棱两可的心理学陷阱,即作为我们价值的决定因素的"情感"。

　　人们越反思用于命名区别价值案例的态度的众多术语,指出这些术语如何指称不相融的各种态度,指出避免这些不一致的方法就是借助某些仅仅因为它是模糊的和模棱两可的才是中立的语词,我想,就越易于承认,指出的姿态在讨论的例子中如此不明确,以至于它所指向的全部东西就是经验地平线上的某些区域,其中包含一种个人的或至少是动物的态度、一种在性质上并非主要是认知的态度。然而,否认"喜好"是认知的,不需要排除关于对象的知觉,也不需要排除与喜好如此紧密相关,以至于在某种意义上为它辩护,或者激发它的那个对象。例如,普劳尔先生在他最近的著作中似乎感到,必须完全消除任何理智的要素。他早先曾写道:"不单单是关于特征自身的知觉重要,而且对诸如为这些对象已经唤起的喜好负责的对象的知觉也很重要。这是欣赏和批评性评价的基础。"①

---

① 《加利福尼亚大学哲学出版物》(*Univ. of Calif. Publications*),第4卷,第100页。

因此,在这一领域的读物让我相信,奥登和理查兹的评论是公正的。① 在区分了被象征性地用于代表和指称一个对象的语词和在情感的意义上被使用的语词时,而且在说了情感意义上的使用比通常允许的更加普遍之后,他继续说,"可以拿'好'这个词举个例子。看起来,这个词很可能在本质上是一组同音异义词,以至于粗略地讲,那些我们在过去曾听说过的与它有关的一系列事物(一张好的床、一个好招数、一个好孩子、一个好的上帝)没有任何共同的特征。但经常有人声称出现了这个词的另一种用法……在此,'好'据称代表了一个独特的不可分析的概念……我们提议,对'好'这种独特的伦理使用是纯粹的情感上的使用。当被如此使用时,这个词什么东西也不代表,而且没有象征的功能。因此,当我们在使用'这是好的'这个句子时,仅仅指称'这',附加上'是好的',而对我们的指称什么也没有增加。另一方面,当我们说'这是红色的'时,向'这'附加上'是红色的',确实象征着对我们指称的扩展,也即扩展到了其他的某种红色的事物。但'是好的',没有可以比较的象征功能;它只作为表达我们对此的态度的情感符号起作用,或许在其他人那里引起相似的态度,或者激发他们这样或那样的行动"(在一个脚注中有解释,这样断言纯粹的情感作用仅仅指称所谓不可定义的"好",而不指称"这是好的"的这种使用。在这里,"好"以一种同样指称,在一个指定的方面和"这"相似的其他事物的方式指称"这")。

如果我自己来解释这些语词,我会说,当一个孩童在某种事态出现时自发地拍手,也许会喊着"太好啦"。这很好地例示了一种情感状况。用著作家的话说,"太好啦""仅仅指称这";它没有在情感态度上附加什么或造成什么差别。它和拍手一样,是有感而发的。它仅仅对旁观者具有含义(著作家们的"象征性指称"),这些旁观者熟悉"好"的智识的、非纯粹的情感(not-purely-emotive)的用法,这一用法暗示了对于超出态度本身的某物的指称。在这样的例子中寻求含义,然后用这个含义去"定义"好,就好像在"噢,噢"中寻求内在的含义一样。某个旁观者通过把一声叹息因指称不同于叹息的对象,而赋予一声叹息以表达一种悲伤状态的含义。但作为纯粹是直接存在的叹息,没有这样的含义;它仅仅是情感性的。

这些考虑指向两个结论。第一个是有对于事物直接的情感类型的态度。它

① 《意义的含义》,第227—228页。与关于定义理论的讨论有关。

们不只是情感;它们在作为情感性的时候是动机或发动机。它们无疑伴随或导致了"情感"——也就是说,它们有自己性质上的色彩。这些态度中最基本的,毫无疑问——把生物学的考虑以及更加直接的观察纳入考虑中——一方面是占用、同化,另一方面是排除、删除。某些向外去满足或离开的行为,可以被恰当地视为较低程度的行为,或被视为部分的同化和排斥。因为在生物学上,很清楚,后面的这些行为是暂时的操作而非即可完成的,以至于它们有较少的或较充分的阶段。这样来设想,"喜好"一般可以被定义为欢迎、迎接的行为;"厌恶"可以被定义为涌出或摆脱的行为。而且,在承认一个有机体倾向于对它作出反应的每一件事情采取这些态度中的一种或另一种时,我们实际上包含了把承认、接受、忍受这样的行为视作迎接的较微弱的例子,而把省略、很快经过或逝去等行为视作驱逐的较微弱的例子。

第二个是,虽然这些行为、态度和倾向在它们直接的发生中,不定义或不向"好"传达任何含义(由于直接地看它们,不过是它们所是的行为,以至于"喜好"不指示好或好的事物,而仅仅指示喜好的行为),但它们是"好"的含义中不可或缺的组成部分。也就是说,有可能如果没有被直接同化或喷出的事物,就不会有"好"这个词清晰地指称的事物的存在。在这个例子中,这些行为尽管不是价值的充分条件,但是价值的必要条件。换言之,我们回到了进一步规定、进一步有区别地限定包含在价值经验中的态度的需要。

奥登和理查兹"附带地"提出了"我们关于赞成而赞成的"作为好的定义。如果我们把作为赞成的对象的"赞成"等同于文本中所称的"迎接",那么,对它的"赞成"显然不可能是同样的再次赞成(因为这同样会是情感上的),而是指定一个有限定的赞成——可能是在反思的某种意义上的反思的赞成。再一次,普劳尔先生在咀嚼反刍的食物的牛身上,发现了他认为构成价值的那种态度的例子。

关于这个行为,他说:"在每次咀嚼中,牛都享受着基本的审美愉悦,或者更加严格地说,在每次继续咀嚼、反刍、沉思的冲动中;就如一个婴儿在咀嚼磨牙的橡皮圈时就有这样的享受,或如亚里士多德的上帝在沉思宇宙时有这样的享受一样。"①在对动物经验的准确性质的教条化上,他和我相去甚远。但重要的是,普劳尔先生提出了"反刍"独特的属人的和比喻的含义——即视作沉思的、深思

---

① 《哲学杂志》,第 21 卷,第 122 页(本卷第 399 页),粗体是我加的。

的——并且把它赋予了牛和婴儿。很可能,他是有理由的。我对此不知情。但是,如果行为是这种类型的,那么被限定的是同化的行为,而非在其纯粹的发生中。而且,由于限定是借助被沉思的某物,或借助一个客观的指称,不管是指称反刍之物,或是指称冲动及其后果,或是指称亚里士多德的理性的宇宙,初步的或完善了的审美享受正是附着于此。这种享受不会是纯粹的情感;它和情感一样,被它们指向的或附着的对象所限定。因此具有可指明的性质的客观指称①,就存在于它们之中。

这已经超出了就迎接和摆脱的纯粹出于一时兴致的态度所能说的了。就我看到的而言,在茫茫宇宙中,没有什么东西是不能在某个时间、由某个主体、在某种情况下接受或拒绝的。另一种得出如下结论的方式,即这些行为不能定义好与坏。只有当这些行为由某种尚未提及的差别条件限定时,它们才具有鉴别一个"这"(而不是全然地再一次作为"这")的力量,才具有附加的、把选出的"这"和"在某个指定的方面"与此相似的其他事物组织起来的力量。

II.

在佩里先生的文章中,介绍了一个明确的和重要的规定。他把价值定义为兴趣的满足、实现和完成,并且用这个区别性的复合体来区别与此不同的简单术语"喜好"。② 关于客观指称的含义,他也很明确。"必须有一个兴趣或偏见指向的术语。除非有被喜欢的或厌恶的某物,否则就不会有喜好和厌恶。"我们甚至可以再补充一点,即除非由于有在其中喜好被满足或受挫的某个对象,否则就没有价值。③ 而且,他明确地承认享受的态度和渴求、试图摆脱的态度之间的区别,前者包含占有和在场,后者包含缺席和运动。他问道:"说到底,价值在于拥有你喜欢或厌恶的东西,或者在于得到你喜欢或厌恶的东西吗?"他回答说,由于单单静态的享受和单单渐进的努力看起来都不是令人满意的概念,这两种倾向可以统一起来。"如果我们承认情感中的激发因素,以及渴望中的预期的占有,那么看起来是可能的。喜欢一个当下的对象,就是寻求延长它;因此,终究不是

---

① 原文是 objective differences,疑是 objective references 的误拼。——译者

② 《哲学杂志》,第 21 卷,第 149、150 页。

③ 顺便说一下,可以指明的是:这个概念包容了另一种理论不包容的事实,即厌恶可以和一个积极的价值或好联系起来——即当它充分实现时。

一个纯粹静止的现象。要完成渴望,就是通过付出努力来实现对象,因此也不仅仅是不占有的事。"①

如此引入的限定在我看来,方向完全是对的。我不打算批评它们,而是指出:在我看来,就价值中理想的或意向的因素而言,需要如此引入这种客观指称的含义。在进一步的讨论中,我会超出佩里先生所说的或提出的任何东西。当然,他不会被认为认可他的概念的运用。

在兴趣的实现中,由于包含了积极的运动(即使只有保留或永恒化的运动)和占有的愉悦(只要在当前的期望中),显而易见,确实发现了变化和运动,发现了这样一种变化和运动,以至于它被主体和对象的一种关系转移到它们之间的另一种关系的倾向上。这种关系的差别,当然包含在实现、完成的理念中;它暗示了就主体的态度而言,从对象相对没有实现的状态到一个相对实现的状态的转变。因此,在定义价值或好的喜好中,包含了一个中介性的因素。它排除了根据任何纯粹是瞬间的态度的任何价值定义。

可能有人会质疑,这个实现的理念是不是普遍和必然地是一个暗示了时间过程的理念,这个过程被一个特定种类的变化,即在开端和终点之间引入性质差异的方向上的倾向所刻画。可以合理地论证,除了指向一个先前的状态和一个发展或成长过程,由此出发指向另外的某物,否则什么都不会实现。但在这个例子中,没有必要诉诸这些一般的考虑。借助于描述,这里所说的是把运动和占有统一起来的那种实现。

因此,规定所发生的这种变化的性质就是恰当的,而且在逻辑上是必需的。首先——这一点是同义反复,但要澄清也是可取的——它不仅仅是主体中的或主体的一个变化,而是主体和对象关系中的一个变化,以至于发生在主体中的任何变化(诸如从不安到自负,或从静态的舒适到主动的享受)都以它和对象关系中的变化为条件。如此这般的主体状态中的变化——像它在情感上的纯粹的变化——并不确定任何价值案例。其次,更加明确的是,主体和对象关系中的变化,可以被描述为从相对远距离或缺席到占有和在场的一个变化;从不安全到安全,从不敏捷到敏捷,从事实上的占用或同化到被承认是主体活动的成果或最终界限的同化——主体的选择和偏好。

---

① 《哲学杂志》,第 21 卷,第 150 页。

这一概念把客观指称引入了价值的构成中,因此引入了意向性的和向探究敞开的因素。这就等于说,一个不是直接的价值也不是最终的——这是在它如此决定性的,以至于不再向批评和修正敞开的意义上而言的。正如一个物可以被认为是红色的、然而却不是红色的那样,一个物可以被认为是好的,但却不是好的。我相信,关于"直接的"价值的许多谈论,混淆了很多不同的事物。属性的直接性在其抽象意义上,除了意味着价值是价值以外,什么也不指;它就是其所是。另一方面,断言有个已经被认为是价值的特定之物是一个价值,是一个附加的和发人深省的陈述,这是康德意义上的"综合"的陈述。它表明,经过合适的考察和检验,已经发现某物拥有归之于它的属性。这样,属性当然是"直接的";任何属性当它存在时,都是直接的。但这远远不是指正在被谈论的物,这仅仅因为,一个给定的"情感"是即刻在场的,就以一种直接的,即一种无条件的、自明的和不可质疑的方式占有它。

可以合理地假定,就任何事物而言,作为一种食物的特性是相对于有机体的营养功能而言的。因为一个动物饿了,所以它寻找食物。要是没有像养分的吸收和饥饿这样的事情,就不会有食物这样的东西;现在用作食物的植物和动物可能同样存在,但它们不会是食物。然而,如果仅仅是饥饿,那么不会把一个物变成食物,尽管它导致一个物被认为或被视作一种食物。作为一种食物,这件事最终是要发生的;它取决于在食物被视为食物后发生的事情,不管它是否提供养分。这是一件客观的事情,可以基于客观的基础被调查和查明。我想,如果价值被定义为兴趣的实现,一方面在"喜好"和饥饿之间、另一方面在食物和价值之间的类比,就是清楚的和有启发意义的。正如一个特定的实体可以被纳入食物体系中考虑一样,价值也可以被归因或赋予。而且两种情况中的归因或赋予都在于一种行为或处理方式,而不是在于任何推断过程。但由于价值的存在依赖于结果——实现或确立一个确定的关系的变化——一个物终究不会是一个价值。作为一项直接的事务,找出和寻找是随意的;它是假定的;它设定了后继的过程,但作为事实,它或许不会发生。而且我认为,最热切的欲望和追寻经常以失望和幻想结束,这是非常普遍的;在追寻的过程中,甜美的事物实际上在实现时品尝起来是苦涩的。得不到的,才是美好的,这几乎已经成了谚语。这一事实,正是把价值和有具体的和客观的条件的"喜好"模式联系起来的理论应该预见到的;很难看出来,它如何与作为纯粹直接的情感的喜好对于确定一个价值就足够了这一理论调和起来。

90　　　在让佩里先生为我的解释负责时，我有些犹豫。因为在他的文章中，不时表明了他不是用实现来指在一个时间性的、有客观条件的过程中来完成兴趣。他可能是指作为对象或"兴趣"的接受者的一个事物，瞬间地出现是后者的实现。这个问题的重要性，证明了关于这个观点的假设的讨论的合理性。他谈的是"所谓价值的高级属性"，它们看起来，"或者是态度或冲动的方式，因此是发动者；或者是感官上的可感受性质，它们可以定位在身体中……相似地，我得出结论说，兴趣不是对对象中的价值属性的直接承认，而是规定的、感觉到的或可能感受到的有机体的方式，因此通过作为对对象的反应而限定它"。① 这一段话明显的意思是：兴趣可以被视为瞬间的意义上的有机体的直接状况，而且它对一个对象直接影响，或者它直接指向一个对象，把那个对象构成为一个价值。我早上起床时很累很烦躁，就那一态度表达了对事物和人的态度而言，它们被赋予消极的价值。然而，这样的观点与如下段落——即有关伴随当下愉悦的"渐进的努力"的含义的那段——的明显的含义是相对的。除了前后一致的问题以外，我们看到，把"渐进的努力"包含进来，导向了在我看来和常识的经验发现相一致的结论。当我听任易怒时，我感到事物好像都有负面价值。我那样来看待它们，但把这样的情况和其中有渐进运动的例子对比，揭示出我以如此解释的这种敌对的方式感受它们的事物和人，这是可以满足兴趣的，因此实际上是有价值的。这当然等于说，纯粹的情感和瞬时地看待不足以确定价值，或者情感不是价值充分的标志和证明。②

91　　　如果在其自然的意义上理解兴趣的满足这个理念，那么，价值在其中出现的每一个经验，都是在其中有着关于某些对象与兴趣的推进或挫败之关系的理念或思考的经验。厌倦的状态伴随着一个对象现在是陈旧的、单调的和无利可图的这个事实的经验——也就是说，伴随着它被如此对待的事实。相当乐观的状态伴随着一个被视为实际上确定能实现的未来的渴望的对象。虎视眈眈的状态

---

① 《哲学杂志》，第 21 卷，第 153 页。

② 如从句"兴趣不是对对象中的价值属性的直接承认"所表明的，佩里先生在这里讨论的是另一个问题，即欣赏、喜好、兴趣等是否在构成价值时，还是它的知识或判断。因此，这一段话不能基于文本中提出的那一点被视为是决定性的。在对价值的体验并非关于价值的判断或知识这个事实上，我当然同意佩里先生的话。

伴随着某个对象被视为若有可能必须被占有的事实。经验表明，作为事实，客观指称先于主观指称。指称一个主体而非一个对象，这是外在的和反思的。它实际上是另外一种方式的客观指称；也就是说，根据主体不寻常的状态来解释对象的某种单调乏味。换言之，说"我厌倦了"和说"它很乏味"不过是表达完全相同的事实的两个短语而已。

作为兴趣的满足的欣赏或珍视、珍爱、喜欢、喜好，包含了思想的元素，包含了至少是一个暗含的判断的理念。这一学说因此意味着，有关于对象和对象与自我的联系（或自我与对象的联系）的理念，以至于为了证明把价值归因于对象的合理性，或者为了使其成为可疑的或错误的，可以诉诸这样的理念。显然，这绝不是在断言或暗示。正在讨论的判断，是关于价值的判断，是关于对象的判断。但这个关于对象的理念，是非认知欣赏中的一个组成部分或构成部分。我认为，不能区别关于对象的判断和关于价值的判断，正是批评者指责我认为价值的体验本身是理性的、关于判断的，而非主要是一个情感-发动机的原因所在。

III.

现在我们来明确地讨论意向的或理想的要素。提及所谓预设的或基于理由的（grounded）价值，将用于做这个过渡。有下面各种价值：一个人珍视一幅画，认为它出自列奥纳多（Leonardo）①之手；但是，如果他找到它是一幅仿制品的理由，他的喜好就会改变。或者一个人崇拜一座建筑，认为它是用石头建成的；但是，如果他发现这是由上了油漆的板条建成的，那么，他的情感态度就会即刻发生改变。现在，前面章节所论证的假设可以这样表述：每一个价值的案例都是一个预设的价值的例子，它们一般的预设是：任何事物被"喜欢"或珍视，是由于（基于如下理由）它被视为推进或延迟对一个对象而非另一个对象变动着的偏好。

这个观点对于当前主题的意义很明显。一个预设既可以和事实一致，也可以和它相反。因此，"喜好"可以基于很好的理由，也可以基于错误的理由；在可以理解的意义上，价值将是正确的或错误的；或者更准确地说，仅仅是表面的，否则就是真正的和"真实的"。表面的好和真正的好之间的区分，不管在经济的、伦

92

理的还是在审美的和逻辑的事务中都有基础,而且具有有效的意义。佩里先生在谈到预设的价值时说,这些价值"可以通过确定居它们中间的假定的真或假得到检验……一个评价(欣赏)没被增强的光线所干扰或强化,在特定的意义上就是真实的评价或一个真正的价值"①。现在,如果各种价值出现的所有例子都是有理由的价值,那么它们全部或者是基于错误的理由,或者是基于很好的理由,并且都受制于检验,受制于基于包含在它们中的要素的反思性探究。

对桑塔亚那的研究,可以用作讨论关于各种价值的判断之性质的基础。物理学是关于存在的科学,只是科学的一半,而且作为存在的情感是物理学的素材。科学的另一半更加有趣,是基本的一半,涉及辩证法。这不是奠基于存在,而是奠基于意图。"除非触及他的意志,并且实现或者挫败了他的意图,否则没有任何存在,哪怕是他自己的存在,对一个人具有任何的重要性……如果他的经过不想持续是一个僵硬的事实,那么,转瞬即逝的时刻必须负载谩骂或者卓越。"②伦理学和数学是辩证法的两种应用。"目的和本质同样多地需要辩证的表述,而且如果没有一个明晰的和确定的目的,没有一个理想,行为就会堕入单纯的运动或有意识的变化中。"③"因此,一个因事物中的好而追求它的人,必定承认和(如果理性存在的话)追求它们全部之中的好。不同寻常的习俗和闻所未闻的思想就可能发现它们恰当的正当性。"④他说,有关好的事物的问题,习惯性地或多或少包含在混乱中,因为物理学和辩证法的问题没有作出区分。"为什么任何人珍视任何一种价值,或者尤其珍视任何东西,这是物理学的问题;它在询问兴趣、判断和欲望的原因。认为某个事物是好的,就是表达那个事物和说话者之间的某种密切关系;而且如果这样做伴随着对自我的认识以及对事物的认识,以至于感受到的密切关系是真实的,那么,这个判断就是无懈可击的,并且不能要求它自我废除。"⑤他继续说,伦理学这门科学和原因毫无关系,"伦理学追问的不是一个事物为何被称为好的,而是这个事物是不是好的,这样珍视它是不是正当的。在这个理想的意义上,好不是意见上的事,而是性质上的事。因为意图在

93

---

① 《哲学杂志》,第 21 卷,第 160 页。
② 桑塔亚那:《理性生活》,第 5 卷,第 167 页。
③ 同上书,第 200 页。
④ 同上书,第 201 页。
⑤ 同上书,第 214 页。

发挥作用,而且问题是这个事物或情境是不是和那个意图相符······要判断事物是不是真的是好的,必须让意图发话;而且如果稍后这个意图本身可能被评判,那么,这是根据把第一个意图和它们自己的方向作比较的其他意图来达成的"。

在构成一个价值的任何事件中必须有意图,就相当于承认一直被坚持的客观的中介。然而,这里引用的目的与其说是为了通过援引权威来证明给出的解释,不如说是为了表明关于好的知识的性质。这些段落表明了"理性的道德"那一章使其更加明确的几点:(i)这种知识本质上是对意图的澄清,通过(ii)阐明它所暗示的东西,以至于一个人在意欲这个特定的对象时,逐渐意识到他意欲的其他事物,以便(iii)这样一种阐明不可避免地导向比较不同的意图,把各种各样的意图统一、组织成为一个综合的、和谐的、前后一贯的和有远见的生活计划,与此同时(iv)在这个过程的进程中,新的美好事物,也即新的意图自身会呈现出来。而在最初的意图中是好的事物被发现不是好的,因为它们的实现暗示了阻碍其他更加包容性的意图。

对于如此阐释苏格拉底的道德,我没有什么要补充的。它假定了意图,并且 ⁹⁴把意图假定为表现、传达重要的偏见,而非仅仅因为重要的偏见而产生。对于为什么某个特定的意图出现的解释,是生存论上的、心理学的,是对一个人的气质和教养及其脑细胞和脑纤维中所发生的事情的发现。但是他说,伦理学开始于这种因果探究退场的地方。[①] 我要提出的问题是:在因果探究和辩证探究之间,是不是没有比桑塔亚那先生允许的更密切的联系?

提出这个问题并非要质疑:当和这两种探究相关的命题被混淆时会造成混乱和危害。相反,它表明了:(i)只有借助因果的、生存论上的探究的帮助,才能实现辩证的探究;而且(ii)只有借助生存论上的探究的帮助,辩证探究的结果才能在生活中行之有效。在这个案例中,物理学——如桑塔亚那先生所定义的——是道德理论和实践不可或缺的组成部分,而不仅仅是一个不可避免的准备工作。在说这些话的时候,我认为,我没有违背桑塔亚那先生著作中的精神和意图,尽管与他的某些陈述有直接的表达上的冲突。因为他把第二点和较为简单的论点放在首位,当然是第一个赞成研究作为"科学中的观点的原则而不亚于

[①] 桑塔亚那:《理性生活》,第 125 页。

生活中的正当"的各种价值，①除非它体现在直接意图的某些变化中，否则，辩证探究的结果就是无关紧要的。由于价值的辩证法是为了意图和价值而存在的，所以具体化在存在中，是它自己的目标的完成，而非一种外在的"应用"。显然，行之有效的具体化如何发生的问题，是一个生存论上的问题。我们拥有基于对人类学的、历史学的和生理学的事实问题的知识的一种技巧，在这个程度上，对这一问题的处理将是巧妙的，抑或是不甚成功的。

在我看来，这一原则同样适用提到的第一点。辩证探究的道德重要性越大，执行所要求的辩证探究的重要性也就越大。而且，辩证探究不是自我执行的，它的实施是一个发生的事务，也就是存在的事务；只有借助因果考虑，才能获得。要开启一种发展和澄清，就要求一个在被澄清的意图之上的意图。按照描述，这个附加的意图取决于一个相关的和投缘的喜好。桑塔亚那先生论述道德的那几章，力邀向我们已经拥有的喜好之上，附加一种新的喜好或一种更加迫切的喜好，即对理性的喜好。而且，他完全知道，任何这种努力的成功，把它和徒劳无功的说教区别开来的特性，就是要求一种有效的因果技巧。② 按照我的理解，所有这些都是对桑塔亚那先生的原则的扩充，即物理学和辩证法既在根基处又在顶端相遇，在开端和结束的地方相遇；而且两者一起承认这些开端和终结是持续地循环发生的，彼此间隔不远——也就是说，辩证发展的任何阶段都表现了对于发生的诉诸，而不是自我的永恒化。

从这样一种观点引出的结论是普遍的，既适用审美的和逻辑的批评，也适用道德的批评。首先，构成有时被称为"内在的"批评的意图有所发展。这至少包含了对含义的揭示。例如，在文学批评的案例中，澄清作者的意图将包含比文本提供的更加清晰的表现——或者至少包含使之更容易接近和理解的表现。这是一个基本要求，如果没有它，一本书可以被评论、赞美或指责，但不会被批评。接下来会有对它各种不同含义的考察，一种旨在从他们自己的观点出发来确定其中包含和隐含各种价值的一致性和范围，即连贯性的考察。这个操作可以修正展现出来的含义，可以揭示各种新的和出乎意料的价值，只要它自身是"创造性的"。

---

① 桑塔亚那：《理性生活》，第 217 页。
② 参见《理性生活》，第 234—238 页。这几页在我看来，是涉及斯宾诺莎的自然主义的标志，而且承认苏格拉底的辩证法必须被建构一个公正的社会的因果艺术加以补充，以便使辩证法或者可以发生，或者将行之有效。

从生存论的视角看,批评将承担起探究在作者观点中表达出来的"喜好"的来源,探究他的意图的属性和方向的工作。这种方法或攻击(在字面意义上)当然将取决于,并且在其诚实的程度上,揭示出批评者自己的偏见和兴趣。然而,谚语"不动如山"(*De gustibus,non disputandum*)或者是礼貌的准则,或者是一个失败的格言——如果被理解为警示那种存在于彼此相对立的喜好之间的纯粹挑刺,那种"你是"和"你不是"的孩子气的争吵中的争议的话;如果它是指喜好不能被探究,或者就产生其原因及后果而言不能对它们进行探究,那就是愚蠢的。在大多数情况下,这句格言展现了我们自己的无知,展现了我们没有能力去探究各种价值的内在特征。因为必须承认,对喜好的有效的因果讨论得以可能的心理学的、传记性的、社会的和历史的知识,是因为它的缺席而引人瞩目。但是,如此对待这种实践上的局限,就好像它是某种寄居于品味和它们的对象的性质之中的某种东西,这会十分愚蠢。即使如此,一个明智的和诚实的法官,还是能够向人们揭示有关喜好的来源和活动方式的有启发意义的东西;这些东西表现在他的意图和各种价值中,他自己并不了解它们——如果这种揭示被当作批评的目标。

IV.

现在,我们回到最初的论题和问题。作为判断的批评,与关于慎思的判断相似,因为它们暗示了题材、各种价值或好的东西,总是包含对超出直接给予的东西的指称。不管哪里有欣赏、珍视、赞美、珍爱,那里就有超出瞬间的愉悦并且在瞬间的愉悦之上的东西,这个盈余之物就是对被享用之物的客观关系——它在实现先前的倾向和促成进一步运动中的作用——的感觉。① 因此,一个评价性的判断不是仅仅陈述某物被人喜爱;它是对关于正在谈论的要被珍视、欣赏、赞扬和珍爱的事物的主张的探究。这包含了表面上的好和真正的好之间的古老的和为人熟知的区分,以致受制基于我们先前的讨论所赋予这些术语的含义。所

---

① 这么看,刚刚已经考察的那类定义,和看起来似乎更客观的布朗(Brown)的定义(潜能的充分性)以及谢尔顿(Sheldon)的定义(有助于完成和推进已有的某些倾向)之间的鸿沟没有最初看起来那么大;它们和任何根据完全直接的喜好的定义之间的差别,是绝对的。参见布朗:《价值和潜能》(Value and Potentiality),载于《哲学、心理学和科学方法杂志》,第 11 卷,第 29—37 页;谢尔顿:《一种经验的价值定义》(An Empirical Definition of Value),同上书,第 113—124 页。

有批评的目标都是为了确定一个表面上好的事物、一个被视为好的事物，在多少隐蔽的和未公开宣称的条件下，实际上是否满足这些条件。这篇文章太长了，以至于不允许任何试图表明这样的批评性的判断具有实践判断的性质，或者应该要做的，而如果它已经成功地完成了计划要做的事情，它就为辨别扫清了阵地。

动物实验的伦理学①

不同的伦理学家就对动物残忍为什么是不对的问题,给出了不同的理由。但是,关于它不道德的事实却没有疑问,因此也没有必要争论。不管理由是动物的某种固有的权利,或者映射了对人类特性恶劣的影响,或者不管是什么理由,对任何有感觉能力的生物的残忍,向任何有感觉能力的生物肆无忌惮地施加不必要的痛苦,毫无疑问,是不对的。然而,没有为如下假设的道德辩护,这种假设认为,在动物身上做实验,甚至当它包含了某种痛苦,或者如常见的那样,蕴涵了没有痛苦的死亡——由于动物仍然受到麻醉剂的影响——是一种残忍。也没有为如下主张提出的道德辩护,这一主张认为,除了那些调节所有人的行为的一般法规以外,科学人员和动物的关系应该受制于任何法律或约束,以便保护动物免受残忍。然而,这些命题没有一个传达了全部的真理,因为它们是以否定的方式表达出来的,而真理是肯定的。肯定地陈述出来,和动物实验相关的道德原则是这样的——

1. 科学人员有明确的义务在动物身上做实验,只要那种实验是在人身上做随机的和可能有害的实验的替代选项,只要这样的实验是挽救人的生命和增进人类健康和效率的途径。

2. 一般来说,共同体有明确的义务,确保医生和科学人员在执行对于充分履行他们维持人类的生活和健康这一重要的社会职能所必需的探究,这不会毫无必要地受阻。

---

① 首次发表于《大西洋月刊》(*Atlantic Monthly*),第 138 期(1926 年 9 月),第 343—346 页。

让我们分别来考察这两个命题。

I.

当我们谈论有资格的人，为了获取要取消在人类身上做的无用的和有害的实验所必要的知识和资源，为了更好地照料它们的健康而在动物身上做实验时，我们低估了事实。这样的实验远不只是一种权利；它是一种责任。当人们致力于增进人的健康和强健时，他们有义务——不会因为默许而缺少约束力——让自己获取将使他们更加有效地履行高级职能的所有资源。这种职能不同于单纯地减轻人在生病时忍受的身体上的痛苦。虽然这很重要，但还有比身体上的痛苦更加糟糕的事情，正如还有比身体上的愉悦更加美好的事物一样。

一个生病的人不仅遭受着痛苦，而且病魔使他不能履行日常的社会责任；他没有能力服务于他周围的那些人，其中的某些人可能直接依赖于他。而且，他从社会关系的领域被移除掉，这不仅仅在他所在的地方留下了空缺，还包括对其他人的同情心和情感的沉痛打击。这样引起的道德上的痛苦，在动物的生活中的任何地方都没有对等物，它们的喜悦和痛苦仍然停留在身体的层面上。为了治愈疾病，为了阻止不必要的死亡，因此是和仅仅减轻身体上的痛苦完全不同的事情，处于一个相当程度的更高的层面上。治愈疾病和阻止死亡就是要增进基本的社会福利状况；就是要获得有效开展所有的社会活动所必要的条件；就是要保护人的情感免于因为和某人休戚相关的其他人不必要的遭遇和死亡所招致的可怕的浪费和枯竭。

这些事情是如此的显而易见，以至于有必要为在此提及它们而感到抱歉。但是，任何读过直击动物实验的文献或听过旨在反对动物实验的演讲的人都会承认，煽动反对它的伦理基础是因为忽视了这些考虑。人们通常假定，动物实验的目标只是为了避免我们自己身上的痛苦而自私地、一厢情愿地向他者施加身体上的痛苦。

站在道德的一边，整个问题被争论得好像它仅仅是一个平衡彼此相对立的人类身体上的痛苦和动物身体上的痛苦的问题了。如果就是这样的问题，绝大多数人会作出裁决，认为人类痛苦的主张要优先于动物的；但还有少数人无疑发出了相反的声音，迄今为止，问题还是没有定论。然而，问题不是这样的。问题不是动物身体上的痛苦对立于人身体上的痛苦，问题是动物遭受一定数量的身体上的痛苦——借助于麻醉剂、无菌处理等预防措施和技能,把痛苦的程度降到最低——对立于把人们在社会中凝聚起来的纽带和关系,对立于社会活力和生机的条件,对立于对人类之爱和人类的服务最深层的冲击和干扰。

曾经面对这一问题的人,没有谁会就道德上的对和错在哪里存疑。偏爱动物身体上的感觉的主张,胜过阻止死亡和治愈疾病——这很可能是贫穷、不幸和无效率的最重要的来源,而且也是道德上不幸的最重要来源——甚至还没有提升到感觉主义的水平。

因此,把动物实验用作增进社会福祉的工具,是科学人员的责任;保护这些人员免受妨碍了他们的工作的攻击,是普通公众的责任。努力支持他们,也是普通公众的责任。因为他们虽然有个别的失败和犯错,但医生和科学人员在这项事务中扮演着公共利益使者的角色。

II.

这把我们带向了第二点:就向在动物身上从事科学实验的人施加特殊约束的立法而言,共同体的责任是什么呢? 国家有责任通过一般的法规反对残忍地对待动物,这一点几乎是所有文明国家都承认的事实。但是,动物实验的反对者们不满意于这样的一般立法;他们要求的如果不是法律上的,也是事实上的阶级立法,即把科学人员置于特定的监视和限制之下。一般立法可以应付屠宰场的人、卡车司机、马夫、牛和马的主人、农夫和马厩管理员,而受过良好教育的人,致力于科学研究的人,致力于减轻人类遭受痛苦的医生,需要某些特殊的监管和约束!

不带偏见的人,很自然要探究这件事的对与错。听到对于实验室的工作人员和教室里的教师的、受不比短暂的好奇心更高尚的动机驱使的、对肆无忌惮的残暴行为的谴责,他们起初可能被触动以至于相信,额外的特殊的立法是需要的。然而,进一步的思考会引出更深层的问题:如果这些关于残暴的指责有正当理由,那么为什么不根据针对残暴地对待动物的已有法规,把那些违反它们的人带向审判席呢? 那些强烈谴责科学人员的人,没有诉诸已有的补救和惩罚措施;对这一事实的考虑,把不偏不倚的探究者引向一个更深层的结论。

鼓动新的法律与其说意在阻止残暴地对待动物的具体案例,不如说是要让科学探究受制于起阻碍作用的限制。道德议题转变成这样的问题:公众对于提议把科学探究置于限制性的条件之下的道德态度应该是什么？我想，真正问自己这一问题的人——没有把它混同于另一个被既已存在的法律所应对的残暴地对待动物的问题——没有哪一个会对它的答案存疑。然而，应该强调一点。虽然在它的每一步中，它都招致了来自无知、误解和嫉妒力量的坚决反对，但科学探究已经成了把人从野蛮引向文明、从黑暗引向光明的主要手段。

按年代估算，在不太远的过去，物理或化学实验室里的科学家被广泛地视为巫师，从事不合法的探寻，或者被视为与邪恶的精灵进行不虔诚的对话。人们相信并散布关于他们的各种各样的负面故事。那样的日子已经成为过往；一般来说，自由的科学探究作为社会进步和社会启蒙的工具的价值，得到了承认。与此同时，有可能通过使情感的诉求变得无关紧要，以及通过使真正的问题变得模糊不清而向生活中注入误解、嫉妒和畏惧科学的过时的精神。让动物实验受制于特殊的监管和立法中的争议点，因此比初看上去更加深层。原则上讲，它包含了对发现以及把发现的成果应用于生活中敌意的复苏，总的来说，这已经成了人类进步的主要敌人。每一个深思熟虑的人，都应该对这种精神的每一次复苏保持持续的警惕，不管它伪装成什么东西出现。

III.

以这些关于一般原则的积极陈述结束，可能是恰当的；但就反对动物实验的运动经常被发起的方式的伦理发表一些看法，几乎是不可避免的。言过其实的表达，重复从未被证实或考察过的残暴的指控，使用一代或两代人之前发生在欧洲的残暴地对待动物的零星案例，就好像它们在当下的美国实践中很典型一样，拒绝接受德高望重的科学人员或者就他们自己的程序，或者就动物实验为人类以及为它自己的残忍王国带来的好处所给出的证据，从模糊的含沙射影的批评到直接的恶语中伤的不公正的判断——所有这些，无疑有任何不偏不倚地渴望正当和正义获胜的人必须加以考虑的伦理的面向。

某类视角和某些部分在道德判断中应该被坚持，这也是公正的要求。毫无疑问，在我们国家的某个城市的某一屠宰场的某一天，比在整个美国所有的科学和医学实验室中的一年或几年施加给动物的痛苦更多。那些自负地不加反抗和不作努力去弥补或减轻现存的罪恶，每天以动物遭受痛苦之后死去为代价来满足他们自己的食欲，然后又过来，大声呼吁反对数量上相对较少的死亡的人，是两手干净地走上法庭的吗？后者在技术上做了预防痛苦的措施，处于为减轻人类痛苦的缘故而增进知识的事业进程中。确实，直到剥夺动物的生命以用作人类的食物是错误的这一问题得到最后裁决，任何质疑为了人类的生命和健康而剥夺动物生命的权利——尤其是后一种情况，比前一种情况采取了更多的预防措施来避免动物遭受痛苦——的煽动，在道德上都是缺乏根据的。

有情感地思考[①]

104 哲学和心理学的传统理论让我们习惯于把一方面是生理的和有机的过程、另一方面是科学和艺术中较高级的文化表现形式截然分开。这种分隔概括在心智和身体之间所作的惯常划分中。这些理论还让我们习惯于把在科学中达到顶峰的逻辑的、严格意义上的理智的运作,支配诗歌、音乐和较小程度上的造型艺术的情感的和想象的过程,与管理我们的日常生活并引发工业、商业和政治事务的实践行为之间,严格地划分开来。换言之,思想、情绪或情感和意志彼此已被泾渭分明地区分开来了。这些划分的结果产生了大量的问题,它们的专业方面是哲学的特殊关切。但是,当人们在实际生活中把他们所从事的活动割裂开来,把生活肢解得支离破碎,把兴趣分门别类时,就会遭遇这些问题。科学是为了科学的缘故,艺术是为了艺术,商业通常是为了赚钱的事情,政治移交给了专业的政治家,运动的专业化,等等,其间很少为生活留下空间。这种生活是为了生活本身,一种全面的、丰富的和自由的生活。

就总体上的生物学功能,尤其是神经系统功能而言的一些基本概括上的新近进步,已经使明确地理解从较低级的功能到较高级的功能的连续发展成为可能。非常有趣的是:生理的运作和科学与艺术中深层的文化之间固定屏障的破
105 除,已经把科学、艺术和实践活动彼此割裂开的基础连根铲除了。很早就有关于经验和心智生活统一的模棱两可的讨论了,这意味着知识、情感和意志都是相同能量的表现,等等;但现在,我们手里有了使这种讨论明朗化和具有意义的手段。

---

① 首次发表于《巴恩斯基金会期刊》,第 2 期(1926 年 4 月),第 3—9 页。

其中包含各种各样生理学的细节，很自然地还没有充分地加以组织，也没有时间消化它们并获取最终的结果。无论如何，作者不是这个领域的专家，即使他是专家，这里也不是阐发它们的合适的地方。但是，它们某些最终的结果是容易理解的，它们对艺术以及艺术与正常生活过程的联系有着确定的影响。

我们可以从推理的领域开始。它长期被认为由纯粹的理智所先行占领，被认为除了偶然情况以外，完全是和情感、欲望分隔开来的，是和我们借以作出对周围世界必要的实践调适的运动器官和习惯分隔开来的。但是，最近，里格纳诺(Rignano)先生从生物学基础出发，得出了如下的结论："对我们最高的心智能力即推理能力的分析，把我们引向了如下观点，即推理完全是由我们心智的两种基本的和原始的活动，也就是理智的和情感的活动相互作用构成的。前者在于简单和记忆性地唤起过去的知觉和意象，后者表现为我们的心智对某个要实现的、推理本身也指向它的目的的倾向或渴望。"[①]

一句孤立的引用，当然不可能展现出这些观点的全部力量。但这里在"情感性"的理念下概括出来的，是有机体有某些基本的需要，如果不借助于改变周围环境的活动，就不可能满足它们；当有机体和它所处的环境的"平衡"以任何方式被打破时，它的需要就会以持续存在的不安的、渴求的和想望的活动表现自身，直到这样引发的行为带来有机体与其环境关系的新的整合。那么，思考落入了这个原则的范围内，这一点已经展现出来；推理是促成有机体和生活条件之间新的关系的一般功能的一个阶段，而且像其他阶段一样，受需要、欲望和逐步满足的控制。

106

里格纳诺称另一阶段为"理智的"。但上下文表明，这里的基本原则是实践调适的原则。过去的经验得以保留，以便当需要利用它们来实现基于我们的情感本质的需要所设定的新目的时，援引它们和安排它们。但是，记忆不是理智的。这是有机体的修正，是改变性情、态度和习惯的事情。通过确立和周围环境的一种新关系来满足需要时思考由以获取它的材料的"素材"，在可以被称为习惯的东西中（对这个词的通常意义作些引申）被发现；也即，因先前的经验而融入我们的行为和做事方式中的变化。因此，思想的材料全部来自过去；但它的目的和方向在于未来，发展一种新的环境作为维持一种新的和更加充分完整的自我

[①] 里格纳诺：《推理的心理学》(*The Psychology of Reasoning*)，第388页。

的条件。

虽然论证过于专业了,以至于当前还不能详述;但结果已经表明,传统上在较低级的生理功能和较高级的文化功能之间所留下的巨大鸿沟,首先是由于把有机体和环境割裂开来,没有看到它和环境融合的必然性;其次是由于忽视了需要在创造目的或要实现的结果中的作用。因此,当"目的"得到承认后,唤起某种更高级的和独立的力量来解释它们,被认为是必要的。然而,目的和情感性与渴望和欲望的联系深深地植根于有机体,而且在经验中不断地被扩展和提炼。欲望、兴趣实现了在传统理论中要援引纯粹的理智来实现的东西。越来越多的欲望和更加多样和灵活的习惯打造了更加精致的思想轨道;最后,产生了逻辑体系和谐的、一致的和综合的结构。

这样,推理和科学明显地离艺术更近了。满足需要必须改变周围的环境。在推理中,这个事实表现为实验的必要性。在造型艺术中,这是常识。艺术也明确地承认在科学中花费如此长的时间所发现的东西,承认情感在重塑自然条件时发挥的控制,承认想象在欲望的影响下,把世界重塑为一个更加有序的居所时的作用。当所谓的非理性因素被发现在产生逻辑体系中一致关系和秩序时发挥很大的作用时,它们应该在艺术的结构中发挥作用这一点就不足为怪了。实际上,可以质疑:是否任何现存的科学体系,或许除了数学体系以外,在完整性、精致和范围上与艺术的结构相媲美,虽然后者更容易和更广泛地被理解,而且是更加普遍的和直接的满足的来源。只有在认识到科学的和艺术的体系体现了生命和其周围环境关系的同样的基本原则,而且两者都满足了同样的基本需要时,这些事实才是可以说明的。很可能有这样的时刻,即那时连贯的逻辑体系和诗歌、音乐与造型艺术中的艺术结构之间的差别,被普遍地认识到是技术上的和专业上的而非根深蒂固的。

过去,我们曾经不得不主要依靠短语来解释艺术结构的产生。它们被用来指称天才或灵感或创造性的想象。当代对于无意识和种族无意识的诉求换汤不换药,不过是改了名字而已。大写字母开头拼写一个词,以及在它前面加上定冠词,就好像它是一种独特的力量,这没有给我们带来比从前拥有更多的光明。然而,无意识的活动是现实,而且新的生物学正在使下面这一点变得清晰:这样的有机体活动就像为了实现充分的满足去重塑自然对象一样的那类活动,而且被重塑的对象以已知属于艺术作品的特征为标志。

地点和时间、韵律、对称、和谐、调移、悬念和解决、情节、高潮和与此相对的下移、强调和间隔、行动和延迟、统一作为"完整的一块"，以及数不胜数的许多种类，是在所有的艺术生产中，以各种不同的方式来满足不同媒介需要的手段。这些仅仅是当环境和基本的有机体的需要和谐一致时，自然地刻画对象的特征。另一方面，它解释了观众和听众在面对艺术作品时如此紧密地和强烈地"产生共鸣"这一事实。通过它们的手段，原来深层的习惯或有机体根深蒂固的"记忆"得以释放出来；但这些过去的习惯以新的方式被采用，它们适应了一个更加充分的、完整的世界，从而其自身实现了新的整合。这就是艺术解放性的、扩展性的力量。

108

同样的考虑，解释了一种新风格的艺术作品必须培养它们自己的观众。首先主要是经历了与最容易唤起的表面习惯的大量不和谐。但是，周围环境的改变，包含有机体中相关的变化。因此，他们的视觉和听觉逐渐变得适应了。实际上，有机体在产生一件艺术作品的充分的知觉时，被改造和重组了。因此，后者的恰当的效果逐渐被认识到。这样，起初被蔑视为不合常规的东西，融入了艺术成就史中前后相继的位置。

在《绘画的艺术》(*The Art in Painting*)中，巴恩斯(Barnes)先生已经表明，有创造力的形式是所有的有创造力的手段的整合。在绘画的例子中，这些是颜色、线条、光线和空间。借助它们彼此之间的关系，影响了设计：设计，即光谱、表面质量、三维立体图，以及空间间隔——关于对象的"空间"，不管是上下的、侧面的还是前后的。而且，巴恩斯先生表明，正是在实现它自身所采纳的每一种设计元素时，有创造力的手段的整合的种类和程度，以及每一种与其他类型的手段的整合的种类和程度，构成了绘画中的价值的客观标准。从心理学的角度看，图画中的这种整合，意味着在整个系列的有机体的反应中，产生了一种相关的整合；眼睛的活动引起了类似的肌肉运动，它反过来，不仅和眼睛的活动协调起来，而且支持着眼睛的活动，而这又激起对光线和颜色进一步的经验，等等。而且，如在感觉和运动行为的每一个充分的统一中那样，处在内脏、循环和呼吸功能后台的因素，同样协调一致地被唤醒并发挥作用。换言之，对象中的整合在有机体活动中允许并实现了一种对应的整合。因此，独特的幸福，兴奋之中的恬静，平和之中的生机，这些都是审美愉悦的典型特征。

有缺陷的价值当然可以通过同样的标准来判断。元素中的某一个可能是有缺陷的；因此，没有为其他元素的运作提供充分的支持，并且作为反应，出现了对应的生机的缺乏，甚至感到受挫和困惑。或者，更加可能发生在图画中的是：按照惯例，可能在一段时间内获得了声誉，某些因素被过分地强调了——以至于尽管暂时抓住了视线，留下了印象，而最终的反应是偏颇的和片面的。这对某些没有被其他的活动所滋养和加强的有机体的活动，提出了令人疲乏的要求。

因此，说巴恩斯先生第一次详细地阐释了绘画中客观的价值标准，这一表达迟早会使观众的审美反应在心理学、甚至是生理学方面的分析成为可能，以至于对绘画作品的欣赏不再是私人的、绝对的品味和武断的事情。这么说，一点也不为过。

通过利用同一个对具体手段整合的概念，巴恩斯先生同样第一次向我们指明了就绘画自身而言的现代绘画的历史发展的线索。在较早的时期，整合在相当大的程度上，是通过外在于绘画自身的手段，例如通过宗教和先前的（学术的）传统中相关的题材，或者通过不适当地依赖光线、形状和空间位置之间人们熟悉的联系来实现的。艺术史表现出借助为绘画作品所独有的元素即色彩来获取塑性造型的多样性和关系的倾向。例如，线条不再是僵硬的和泾渭分明的划分（在这个例子中，它们或多或少是非整合性的），而且由颜色-质量的微妙交融所决定；经过仔细地考察，两者被发现彼此融合在一起了。类似地，光线和形状长期以来基于日常实践中的联系而被采用，给人以坚固的印象。但是，根据颜色本身而对他们的经验作进一步的区分和整合的艺术家们，实验性地通过颜色的变化和并置来表达三维关系。因此，颜色被用来建立起结构上的坚固，以及在同一个对象中的变化。画家也学会了不依赖与外在的经验的联系——这经常导致过分地强调某个特征，即光线或线条，像描绘夸张的肌肉的姿势时那样——而是通过利用形式彼此之间的联系，连同空间的间隔（可以借助作为手段的颜色来实现这个目的）产生行为和运动。这种更微妙、更完整的整合，通常包含对熟悉的形式

的变形和歪曲——也就是说，与在绘画领域之外形成的联想相冲突——这个事实解释了它们起初受到蔑视性批评的这一事实。但是，最终一种新的有机体的联想被建立起来，在纯粹的审美经验以及变形——从日常实践的角度看——的基础上形成，不再引起麻烦和令人厌恶了。它们变成了真正的和直接的审美把握中的要素。

从分析图画的角度看，对于任何熟悉巴恩斯先生著作的人来说，这些评论并

没有什么新奇之处。我重复提到它们,仅仅因为巴恩斯先生的分析,首先是如此彻底地与基本的生物学概念的当前倾向相一致;其次是它有可能把这些生物学的概念应用到艺术结构和审美批评的整个领域中。然后,使得打破科学的和理智的系统与艺术系统之间的传统分隔成为可能,而且可能有助于把整合的原则用于文化中那些在我们当前的生活中被隔绝开来的要素的关系 relationship of elements 中——应用于科学、艺术、工业和商业、宗教、体育运动和道德等方面。日益变得明显的是:除非能够实现某种整合,否则,所有领域的专业化增长所带来的、一直在加剧的孤立和对立,终究将给我们的文明带来困扰。特别地体现在绘画中的艺术及其明智的欣赏本身就是一种整合性的经验,这是如反映在《绘画的艺术》中的巴恩斯基金会工作的经久不衰的意义。因为要让绘画成为教育手段,就必须宣称:图画真正的明智的实现,不仅是对如此这般的绘画中发现的专业化要素的整合,而且是对完全和谐的经验本质的深刻和持久的体验,以至于为所有其他的经验设定了一个标准,或形成了一种习惯。换言之,当绘画作品被带出专业化的壁龛时,它们成了教育经验的基础。它抵消了使我们当前的生活如此混乱和虚无的那些顽固的专业化、区隔性的划分,以及严格的分隔导致令人困扰的倾向。

教育中的艺术——和艺术中的教育[①]

111 在近来一本发人深省的著作,即怀特海的《科学和现代世界》(*Science and the Modern World*)的评论中(本卷第 221 页),篇幅的限制迫使我略去了对它许多重要论述的参考。其中之一,是呼吁把审美欣赏包含在生活和教育的方案中。这一呼吁是重要的,因为它基于一个基本的哲学原则,而非仅仅基于特地拼凑起来的五花八门的颂扬。这里引用他的一些话:

> 在实践中的人的各种总体的专业化价值和纯粹学者的各种弱的专业化价值之间,还有一些东西。两者都错失了一些东西;如果你把这两组价值加总起来,并得不到被错失的要素。缺乏的是对一个有机体在它合适的环境中实现的无穷多样的、栩栩如生的价值的欣赏。当你理解了太阳的一切、空气的一切和地球转动的一切时,你可能仍然会错失日落的光辉。没有什么可以代替对一个在其现实性中的事物具体成就的直接欣赏。我们缺乏照耀着与它的珍稀性相关的事物的具体事实。

缺失的是艺术和审美欣赏,"艺术"指的是任何选择性的活动;借助它们,具体的事物被如此安排,以至于把注意引向由它们可以实现的独特价值。

这样设想的审美欣赏和艺术,不是现实世界的附加物,更不是奢侈品。它们表现了在自然和人的世界中,个体化的元素被把握的唯一方式。科学假定了有

---

① 首次发表于《新共和》(*New Republic*),第 46 期(1926 年 2 月 24 日),第 11—13 页。

这样个体化的实现,在其中,某物为了它自己而直接性地存在,但它忽视了它们是什么。它们这么做是因为它们的作用在别的地方,也就是说,在它们与其他事物的关系中。没有审美欣赏,我们错失了真实世界中最典型和最珍贵的事物。关于"实践的"事物,即局限于产生技术变化的活动,也可以这么说。这些变化不会影响在其个体性中我们对事物的惬意的认识(enjoyable realization)。同样如此,现代社会对科学和基于科学的工业的全神贯注,已经是灾难性的了;我们的教育已经遵循它们确立的典范。它一直关注着理智的分析和程式化的信息,关注为了这个或那个专业化的活动的专业训练。这一陈述在总体上,对于古典学或文学或美术自身来说,以及对于其他分支领域的专家来说,同样是正确的。

结果是灾难性的,因为它强化了职业化的倾向,或者强化了把心智落入常规的倾向。"一个为了固定责任的固定的人,在以前的社会中曾是如此受宠之人,将来则是对公众危险的人。中世纪关于有教养的阶级的物理主义,现在以"与对完整事实的具体沉思相脱离的理智主义"的形式重现。结果再次是灾难性的,因为它导致人们把抽象视为好像它们是现实。它的社会影响在其抽象部分和具体的个人生活相脱离的传统政治经济学中可以看到,理论只是反映了实际上支配着工业的实际的抽象部分。它是灾难性的,因为它把注意力固定在为了控制和占有一个一成不变的环境而重复上面,而不是放在艺术可以做什么来创造一个新的环境上面。而且,因为它已经导致中产阶级在一个变动不居的世界上,对于舒适和安全的自负的关注,虽然"在不远的将来,就不会有像刚刚过去的那样多的安全和稳定"。它是灾难性的,因为建基于这些原则之上的文明,不能满足心灵对于愉悦,或体验的新颖性的需要;只有通过艺术把注意力引向栩栩如生但转瞬即逝的事物的价值,才能产生这样的更新。这样,本身虽然是转瞬即逝的更新,约束人内心深处的存在,但它"不是和享受截然不同的,而是因为它才有的"约束,因为它们把心灵塑造成了对于超越其先前自我的价值的永恒欣赏。

对于当前文化的、科学的和工业的方面的如此控诉,伴之以声称艺术激发的审美欣赏是缺失的元素,提出了教育和艺术之间的内在联系的问题。在最近的一篇评论中,列奥·斯泰因(Leo Stein)先生对巴恩斯先生撰写的《绘画的艺术》这本著作作了负面的评价,其理由是:这本书令人不快地受到他创办的巴恩斯基金会作为一个教育机构所展示的对教育的兴趣的影响。① 这一主张隐含地提出了作为一门艺术的绘画和教育的关系问题。绘画中的艺术如此与教育无关，或者教育与艺术如此无关，以至于它们必须被分开吗？或者，艺术在本质上有教育意义吗？在本质上，是指就它的存在本身而言的，而非就它所服从的说教的目的而言。从像怀特海先生这样的哲学家的视角看，这个问题的答案非常清楚。这本书和它所代表的基金会以明确的形式，提出了这个问题。在此对这个一般的主题作更加具体的考察，是恰当和值得的。

这本书是从绘画中展现出来的艺术在本质上有教育意义这一信念来写的。但直到我们受了教育、学会享用、实现它们的教育潜能，绘画才能发挥教育的功能。需要先前的教育，源于许多原因。部分原因在已经引用的怀特海的话中表达出来了：我们当前文化中的主导倾向淹没了审美欣赏。我们预先无意识地接受了远离绘画中的艺术的教育。然而，它们更加具体。它们源于艺术家，至少是"鉴赏家"把艺术置于高高在上的位置，把它变成某种深奥的东西、某种脱离内在于完整事物所有经验中的价值的东西、某种脱离人们持续需要的东西。制度化的博物馆习俗和专业的批评者的习惯，反过来助长了这一态度。理智主义已经进入画廊和艺术史，以及进入有关画家和绘画的书籍。这不但不会给绘画作品潜在的欣赏者以引导性的帮助，而且实际上会令人困惑和产生误导人的一些影响，强化了针对审美实现的强大的社会潮流。因为它们把观察固定在除了至关重要的事情——即把注意力引向所有事物中可以实现的独特价值上——之外的一切之上，当这些价值通过画家的眼睛和双手被选出来并得到加强时。正如教育基金会那样，这里谈的这本书试图逆转这个进程。

由于斯泰因先生在他的评论中没有陈述巴恩斯先生实现反转的原则，请原谅我在此把它们表达出来。其中之一，是通过把适合绘画的元素——即色彩，包括光线、线条、空间布局，后者包含表面的式样、坚固性和深度——完全地整合起来。这样，画家实现了对自然和人类生活场景强化了的欣赏性的享受。塑性造型或设计是这些元素融合或相互渗透的结果，不要等同于它们中任何一个被单独看待时的效果——实际上，这只会导致过分强调从整体的审美效果中抽取的某一种特征。这种相互渗透或整合才是至关重要的事情，用怀特海先生的术语

---

① 《新共和》，冬季文学部分，1925 年 12 月 2 日。

来说,可以和个体价值的相互作用相媲美,以至于整体的每个部分都反映了每一其他部分的方方面面,因为整体反映了远远超出被具体地展现出来的自然的方方面面。为了绘画具有教育意义的功能而接受教育,就要学习在整体中和在它每一部分中观察这种整合。教育中的另一个要素是对在个体艺术家那里发挥作用的连续的传统的识别,但不是通过控制的方式——这界定了学院的艺术。每个举足轻重的画家在尊重和利用传统时,都是从个人自己的视野和情感出发,附加了某种东西;而且他的附加是性质上的,具有变革的意义。

刚刚表达的这些想法,当然仅仅是初步的;但单独来看,它们什么也不是。通过被详细地运用于对从彭格列时代到当今的大量绘画作品的具体分析,它才变得有意义。我们回到已经问过的两个问题。第一,艺术本质上讲,是一种教育吗? 是一种人类所必需的教育吗? 第二,在帮助人类欣赏绘画作品,以至于使它们具有教育意义的功能被实现时,需要教育吗? 我不愿意相信,斯泰因先生对这两个问题中的任何一个都持否定的态度;我不认为他属于把绘画作品或其他地方的艺术视作了少数人的少数派。在这个例子中,在赞扬特定的艺术家或绘画作品时的差别就自身而言,意义不大或毫无意义。因为巴恩斯先生给我们的精髓是方法,以及基于这个方法的标准。如果这个方法是正确的,那么,具体赞扬中的错误一定可以通过运用这个方法而得到矫正。

方法意味着或者就是发挥作用的智识。因此,否认存在任何可以获得的方法,意味着继续当前审美欣赏的混乱和无力,也即继续不履行那种具有教育意义的功能;而由于缺少这种教育功能,我们的文明正在遭受重大的创伤。就这一方法的价值而言,我不应该强加我自己的观点。但由于基金会的存在,以及代表它们关于方法的主导观点的著作的存在,这是一个挑战。他们声称,被艺术所激发和引导的审美欣赏是普通人一种正当和迫切的要求;他们声称,方法、智识不但可以被一个小圈子中的少数批评家为了享受或获取信息所采用,而且每个人都可以接受教育而获得绘画作品中的艺术所给予的东西。他们是通过提供总体上的和详细的方法,并在操作中展现它们来作出后一种断言的。因此,他们提出了教育中一个极其重要的问题,这一问题和当前教育中最大的弱点非常紧密地联系在一起;这个弱点灾难性地影响了当代生活的每一阶段。正是这一事实,赋予这本书以绘画和艺术的其他"著作"望尘莫及的特性。相应地,它唤起了不同寻常的那类批评。

教育怎么了？[①]

　　美国的教育理论是世界上可以找到的最先进的理论。它是日本、中国、澳大利亚、俄国、土耳其、南非以及西欧进步教育运动公认的源泉。把这一理论付诸实践的一些美国学校，对全世界的现代学校都是一种鼓舞。而且最重要的是，这些学校有许多不仅仅为了在这个或那个新的细节上改善的典范；它们已经催生了关于学校是为了什么、学校在改变孩子的生活中能够做什么，以及这样的改变如何发生新的革命性理念。正是在初等教育中铸就了这些成就，在高中或大学没有发现这样引人瞩目的进步。

　　然而，美国大量的初等学校没有显示出受到先进的教育理论或实践影响的迹象。它们实际上是过去五十年的老样子；人们不禁要说更糟了，但或许是言过其实了。在大城市，总的来说，它们就是学院式的工厂，为美国的商业专才而有效地经营着——以最低成本大规模地生产标准化的产品。在农村，它们是无生气、死气沉沉的，而且装备落后，弥漫着背水一战的气氛。

　　这种反差的原因是什么？概言之，答案就在古老的谚语中：有什么样的老师，就有什么样的学校。然而，这个答案只告诉我们去哪里寻找问题，却没有解决问题。教师在他们成为学校的一个原因之前，是社会条件的结果。

　　我们初等学校的老师为什么会这样呢？什么是选拔他们的标准呢？什么使他们一如既往地如此呢？结果发现，责任在于共同体；我们不能把责任推脱给老师，因为他们是我们自己的信念、愿望和理想，以及我们满意的事物的表现和产

---

① 首次发表于《描绘者》(*Delineator*)，第 107 期(1925 年 10 月)，第 5—6、78 页。

物。要查明学校怎么了，我们就必须考察教师；要查明教师怎么了，我们就必须考察我们自己。

作为人民，我们自称对教育的信念胜过其他一切。我们已经成功地让自己相信了这一信念。评论家也被它欺骗了，而且嘲弄我们的信念是一种盲目的宗教，我们对学校的忠心是一种狂热、一种迷信。但是，用什么来检验一种信念的深度和真诚呢？只有行动，才能表明一种被宣称的信念是活生生的，还是文字形式的。在教育的例子中，用作检验的行动是：首先，我们愿意埋单，愿意牺牲，愿意在我们的初等学校里，继续让那些单凭他们自己就可以成为他们应该的那样的男人和女人做老师吗？其次，除了用于薪水和学校设备的钱以外，在敬重、尊重、社会声望和全心全意的支持方面，我们愿意做些什么？因为哪个问题都不是鼓舞人的答案，对于初等学校来说更不是了。

战争一结束，教师面临经济上如此短缺的状况，以至于迫使注意力转向生活成本上涨而调整工资的问题。红色恐慌也有帮助，至少就高中和大学的老师而言，有担心收入欠佳的"知识分子"被布尔什维克主义吸引的恐惧。但是，那时应对的只是表现形式，而没有触及原因，今天仍然如此。薪水参照数量而非质量提高了。目标仅仅是为了像过去那样，支付让足够的教师运转起来所要求的那些资金；而不是解决要吸引和留住最优秀的人在学校里需要什么。

虽然工资规模作了重新的调整，但在许多地区仍然短缺，而且是长期的短缺。在农村很多地区，和十年前相比，那里的学校和教师更少了。这种情况一个严峻的特征是：虽然初等教育的吸引力正在下降，但其他职业却获得竞争性的力量，尤其是对女性而言。没有必要指出，有多少先前对女性关闭的大门现在向她们敞开了。女性"进军"商业，而非进军专业领域，是司空见惯的了；而且在商业中，支付更好薪水的职位正在变得越来越触手可得，以至于有野心的女性看到了有好东西在前面召唤。与此相对的是，初等教育职业在经济方面的吸引力几乎小得可怜。

十年前，女子学院在安置毕业生时碰到的最大问题是：除了等待他们投身于待遇很低的教育职业以外，其他什么工作也找不到，尽管有进取心的机构提供了各种各样的机会。变化如此迅速，以至于最认真对待这一事务的一个学院在几年前发现：为了让学生对教育做好准备的课程，几乎没有学生。在不到十年的时间里，对女性而言，教育从报酬颇丰的许多职业中几乎是垄断性的角色，堕落到了这个清单中靠后的位置。

故事的另一半是：来自具有文化传统家庭的女性发现教育越来越没有吸引力，待在学校不过是为另一个阶层的女性提供跨越其父母在社会阶梯上的位置的机会。在较大的城市里，持续增加比例的初等学校教师来自通常不超过一代人时间的移民的女儿。

我不同情对新近的移民所发表的文化修养高和"北欧式的"诋毁。我只是指出，我们不可能从这个特定阶层的大多数人那里获得任何高层次的教养，因为这些家庭忙于取得纯粹经济上的立足之处；而且，这个移民阶层中的许多人表现出来的，对教育令人同情的迫切性，不可能弥补产生这种匮乏的几代人理智上的贫乏。

文化的深度以一种或另一种形式包含在母语的资源之中。对教师而言，日常语言在很大程度上，仍然是一种外在的工具而非心灵的内在构成部分。我们不可能从教师那里期望太多。

这一问题在经济方面严重性的另一证据，是"工人流动"的程度。我认为，读者对这一点就像对薪水那样，不需要做任何统计上的努力。任何人都能公正地注意到，即使在准备和进步都是从机械化的视角最好组织起来的城市里，放弃教师职业的数量也是非常大的。这表明，在实践中，年轻的和缺少经验的女孩正在稳步地进入初等学校；他们在有了一些经验和对专业的认识后，又要被其他同样生疏、同样把教书作为一个权宜之计或赚钱的手段的人所取代。而且，这是最好的情况了。

在农村地区，总体来说，几乎连假装保持专业标准和专业精神都没有。像洗碗和在家照料孩子一样，教书不再是一种专业了。它是一个很容易获取也很容易丢掉的临时工作。大量人员涌入，是因为它与到外面工作却回报甚微相比，并不要求同样多的社会经验。如果需要任何更多的特殊训练的话，也不会比任何一个曾经在学校的人所获得的更多。如果这些言辞看起来很刻薄，或者言过其实，不要忘了，除非我们消除了自满情绪，否则，我们国家的所有学校整体上看不到任何大的改善的前景。

最后，让我们记住：在初等学校里，所有的情况都是最糟糕的。即使我们共同体中受过教育的很大一部分人仍然处在过时信念的阴影之下，认为只要有五官而且学过读、写、数字，任何人都知道如何教育孩子，至少他"在孩子身边的话"。一些伟大的教育改革家断言,最初的几年是最重要的,因为在这个时期,所有基本的情感习惯和无意识态度都在形成之中。说过去的几年,心理学实际上证明了这些教育改革家先知式的洞见,一点也不为过。科学的证明让人印象深刻,因为它主要源自医生;他们在研究越轨行为时被迫追踪其根源,一直追溯到他们在童年时代调整得很糟的个人和社会关系。

或许,这个科学的证明将标志教育中一个新时代的开始。但如果是这样,那么,新时代仍然在未来。父母和教师一样,仍然荒唐地相信,一个人年纪越大,他的习惯就越稳固、越成熟、越专业,在他的监护和教育下的学习和所获的技能就越重要。尽管在具有可塑性的几年里,基本的和一般的习惯正在为了整个一生而形塑,人类可能会安全地听任偶然性、无知和拙劣。有时候,我想,这种荒谬本身解释所有教育努力的全部失败已绰绰有余了。直到纠正这一点,我们花费在其他方面的所有精力都被浪费了。看看发生了什么:通常,把年龄最小的孩子丢给那些最没有经验的教师和收入最低的教师。因为前者是最容易教的,所以理应安排公认的最差的教师。然后,由于是最容易教的,在开始的时候就以最有害的和不适当的方式养成了习惯;为了努力矫正先前糟糕的教育和学习的结果,我们支付给后来的教师的薪酬越来越多。因此,作为结果,我们这些大学教师在形成基本习惯方面,在本质上做的是最少的,尽管在灌输专业化技能和知识方面做得最多。所以,虽然工作时间最短,得到的报酬却最多。

如果我说,我们可以通过愿意为积极引导年轻的人的那些人支付最高的工资来评估教育的严肃信仰,这完全不是一个笑话。那么,我们就会着手让新教师去应付年龄大一些的和成熟的学生,而且如果他们证明自己能够胜任,就敦促他们去教育年轻人。他们的教育如此重要,恰恰因为他们被教坏要容易得多。至于高中和大学的学生,一旦有了好的开端,就会在很大程度上从彼此中受到教育;与此同时,他们很自然地以好奇心被唤醒的方式,寻求接触那些有特殊技能和博学的人。

我在金钱方面花费了如此多的笔墨,不是暗示正确的教育就像物质的商品那样,可以买来。我的想法是:愿意支付足够多的薪酬,是我们对大众教育的信念和兴趣的真实性和深度的标志和检验。我的第一个问题,实际上是第二个问题的一部分:正如由我们对追求它的那些人的态度所衡量的那样,我们对于教育的敬重,对于教育基本尊重的程度和性质是什么?基于我们愿意让这个职业成为物质上有吸引力的来判断,教育水平还相当的低,而且真实情况模糊不清和不能精确地估量,也证明了物质因素所表明的结论:谁出钱,谁当家。

首先考虑包围着教育的那些条件。那些科学的原则起初就暗示了没有两个孩子是相似的,没有两个人以完全相同的方式学习,或者严格地说,没有任何两个人可以仅仅基于或多或少的数量被比较、衡量和评分,这已是老生常谈了。然而,一个教师负责的学生数量在任何地方都可能超过 36 名,在最理想的条件下,这被认为可能是最少的数量了。因此,数量成了压倒一切的考虑。教师被迫成批和整齐划一地授课。在教育和教学中,一切自然而然地倾向于步调一致。对每个学生都讲得一样多,让每个人和其他人尽可能地经历相同的变化。这和打消原创性与压抑个体性并无二致。

如果教师相信鼓励独立思考和创造性的冲动,会怎样呢?环境的压力没有给她机会;她被迫墨守成规;她是机器上的一个部分。整齐划一带来了速度,而仅仅速度就使他跨越要求他去负责的地盘了。

人类被建构起来,不是像机器那样去运作的。他们需要更多的自由空间和各种各样的行为。因此,教师会面临源于他生活的、不合常规的、持续的精神上的压力。把学校区分开来的这种类型的精神疲劳和超负荷,就像超速运转的工厂工人身上发现的那样容易识别。

对教师来说程度更深,而且身后留下大量活生生的愤怒。因为工厂的工人面对的是机器,而学校教师面对的是人,他们会起来反对被作为机器对待的。这种压力和愤怒,远远不止是双重的。因此,教师第一时间就在寻求逃出这种单调的工作。这种恶性循环,一如既往地持续着。

就初等学校的教师受到这种社会尊重的概括,很可能是不明智的,因为这个规则不可能全盘地适用作为整体的国家。我们需要通过对这个国家挑选出来的部分的调查研究认真地收集数据。然而,总的来说,初等学校的教师似乎正在接近上层公仆的地位,除了他们的行为和举动受制于更密切的监管和更严格的审查。让那些有头脑的人烦恼的和实际上驱使他们离开这一职业的,是他们没有被期望在任何有争议的社会和道德论题上拥有任何自己的理念。如果在任何不经意的时刻,他们允许在地理或历史的课堂上,通过讨论在其中允许出现异端观点的当代论题而使其变得生动有趣,那么,这样会怎么样呢?这些事务掌握在美国军团的地方分支、商人和银行出纳,以及地方教育当局的手中。

毫无特色的理智上的整齐划一,空虚的无所事事,就是教师被要求的。即使是在他们的娱乐活动以及在众所周知的"社会生活"中,教师必须既无可指责和谨言慎行,又要保持中立和卑躬屈膝。有意识地,而且更多地仍然是通过无意识的选择和取消,使教师的职业上了保险。反对出现充满活力的、全面的和丰富的人格,而建构性的东西只能从这里被期望。

初等学校教师所得到的尊重在下降的另一标志,是把授课老师和管理人员划分开来的那堵墙在日渐加厚。当一个共同体带着一些尊重和荣誉看待一名"教育家"时,被这么看待的是校长和监管者。在这个系统里,晋升和增加工资几乎相当于淡出教学工作,而进入被称作管理的专业的神秘领域。一个人越是远离孩子,远离教育发生的唯一场所,远离心智和心智的直接碰撞,他将成为教育的权威而且被人带着敬意和嫉妒仰视的可能性就越大。以科学管理和密切监督的名义,实际上,教师的主动性和自由越来越多地被剥夺了。借助成绩和智力测试,借助强行规定的打字通讯的稳定的发行流,借助简短而明确的教学大纲,教师沦落成了活的有声机。以责任和效率,甚至学科集中化的名义,极尽所能地使教师变成了处于屈从地位的橡皮图章。在我们对理智上的创造性和原创性望而却步,或者把它们隔离在远远不能为与孩子们的生活接触提供沃土的办公室里,只有通过统计和标准化的考试,才能接触到孩子们的生活。难怪我们不知道花费在教育上所有的精力和热情为什么收效甚微了。

如果我承担起耶利米(Jeremiah)的角色,实际上在解释中遗漏了很多本来可以发表意见的真实的和令人鼓舞的事情。但是,我并没有臆造或夸大这些黑暗面。有什么样的教师,就有什么样的学校。那是合理的教育学的一个基本的和不可更改的原则。但是,当我们对学校的工作进行反思时,当我们进行批评和致力于改革时,乐意并急切地希望做任何其他的事情。我们不乐意追问:是什么从教师的职业中保持了成熟、丰富、自由和独立的人格?

如果有更大的倾向放弃我们对效率的技术细节和外表的过度沉溺,并且全神贯注于一个问题,那么,我会更加平静地审视当前的情况。要把教师的人格和心智从如此频繁地包围和压抑他们的那些经济的、社会的和管理的限制中解放出来,我们可以做些什么呢?

柏拉图的"苏格拉底的对话"[①]

　　每一个学习柏拉图的学生都知道,通过考察与他同时代的哲学派别,特别是以过去一代智者的名义出现的犬儒主义者、昔勒尼学派、麦加拉学派,在解释柏拉图的许多对话,尤其是《欧绪德谟篇》(*Euthydemus*)、《泰阿泰德篇》(*Theaetetus*)等时,已经取得了哪些进步。但是,把这一理念视为就"中期"以降的对话而言是理所当然的而采用它的阐释者,仍然虔诚地抓住真实的苏格拉底哲学早期的这一理念不放。他们认为,《小希庇亚斯篇》(*Lesser Hippias*)、《拉凯斯篇》(*Laches*)、《吕西斯篇》(*Lysis*)、《卡尔米德篇》(*Charmides*)等论题和一般主旨是真实的苏格拉底的,即使作者没有声明它们是真实的流传记载。这是对柏拉图的巨大力量不寻常的称颂。但据我判断,它没有给我们留下理解这些早期对话的任何钥匙,也没有留下他们与后期对话的关系的任何线索。因此,采纳一

---

① 首次发表于《观念史研究》,哥伦比亚大学哲学系编,纽约:哥伦比亚大学出版社,1925 年,第 2 卷,第 1—23 页。

　　本文旨在指出阐释柏拉图对话的一种视角,而不是把这一视角发展为成熟的学术研究。这个事实解释了文中没有征引重要文献的原因。然而,有一处征引必须指出,即卡尔·乔尔(karl Joel)关于"苏格拉底式的言辞"[λόγοϛ Σωχρατιχόϛ,可以英译为 The Socratic Logos。从语法上看,这不是指苏格拉底本人的 logos,而是"与苏格拉底相关的"logos。这其实是亚里士多德的术语(例如可参见亚里士多德《诗学》的 1447b11),一般学界认为指的是苏格拉底学生们写作的文体,也有理解为苏格拉底的说话方式(这里,要感谢目前在海德堡大学攻读博士学位的谢裕伟先生,他对此处希腊文翻译提供了帮助。——译者)]的文章,载于《哲学史文献》(*Archiv fru Geschichte der Philosophie*),1895—1896 年,第 8 卷,第 466 页;第 9 卷,第 50 页。这些文章是本文运用的方法的源泉。自从我熟悉它们以来,在阅读柏拉图时一直指导着我。我还要承认下面这一信念归功于本(Benn),即智者分为两个学派,一派是自然主义的,另一派是人道主义的。这一划分,解释了在柏拉图那里许多问题所呈现的形式的原因。

个相反的假设并朝着一个相反的方向前进,是值得的。我们可以假定,虽然这些对话毋庸置疑是早期的,但它们针对的是声称真实的苏格拉底信徒竞争对手的思想家。它们意在表明,这些竞争的思想家提出的观点充满了混乱和矛盾。这个笑柄,对于柏拉图自己的拥护者来说,如此的一目了然,通过把这种反驳放入苏格拉底自己的口中得到了强化。他不无讥讽地表明,从他那里引申出来的观点在初步考察后就不能自圆其说了。

然而,对话的目的不仅仅是为了嘲弄柏拉图在哲学上的对手,也是为了说明某些问题的性质,并且以这样的方式来定义它们,以至于为建构性的研究做准备。不用说,柏拉图对于其他思想家的观念和问题相当敏感。他通过掌握和吸纳其他人的思想来改进自己的思想。几乎不可避免的是:应该有一个早期阶段,在这个阶段,他细细地琢磨竞争学派的体系。当时,他感到他抓住了他们的问题,抓住了其中真理的元素,抓住了他们在上面出错的要点;而且当时,他更加关注作为体系来反驳它们,并从中引出成问题的因素,而不是提出自己独立的结论。我的假设是:他的思想的这个发展阶段,构成了所谓的苏格拉底阶段。

在我们深入讨论前,可以考虑一些先行的可能性。首先,在雅典,有竞争的群体是纯然的事实,其中的一些妄称苏格拉底之名,尽管其他像文学的-修辞的群体攻击所有的哲学家。我们还知道,以苏格拉底的形象为核心的对话,也是文学写作的常规模式。修辞学家攻击苏格拉底,哲学家作出回应,并且把他放在耀眼的位置,如果不是通过名字,那么就是通过非常容易揭穿的、伪装起来的身份彼此攻击。柏拉图保留了他反对麦加拉学派、安提西尼等人的言论,直到相对较晚的时期。柏拉图引人注目和竞争性的精神从一开始就没有聚焦在他的同时代人身上,这一可能性看起来微乎其微。那些设想在年轻时期柏拉图的傲慢和自信的精神,谦卑地用在了他的导师和过去时代的思想家身上,还认为他写这些对话仅仅意在表明[甚至如冈珀茨(Gomperz)所认为的],苏格拉底相较于同时代人具有论辩上的优越性的人,似乎没有遵循普通的心理学原则。他们没有努力复兴他同时代的场景。

哲学上的竞争和政治上的派系主义纠缠在一起。柏拉图和贵族的联系,使他很容易成为"具有民主精神的"犬儒主义学派嘲弄的对象。而且,他"有城邦精神",而犬儒主义者是反对政治的。而且,虽然昔勒尼学派宣扬适应社会,并且利用社会的一切好处,但他们宣扬明智的人将远离积极的政治参与;而后来教导说,哲学家应该是统治者的柏拉图,在早期几乎不可能免受政治偏见的影响。考虑到苏格拉底自己疏远了政治生活,很显然,就他们真实的信徒身份而言,其他的"苏格拉底信徒"在事实上是反对柏拉图的;而且,柏拉图将不得不构造一个看似合理的理由,以此来解释苏格拉底实际上背离了柏拉图归于他的那些理论。当柏拉图对前苏格拉底学派时期的自然的沉思开始产生兴趣时,他遭遇了相似的窘境,非常容易被攻击为不是真实的苏格拉底信徒。至少,犬儒主义者会把这一点强加给他。

每个阅读柏拉图著作的学生都知道,他在对论题的选择上,在问题和论证的顺序上,在为论证设定的独特的转换上,发现了许多的模糊和混淆,知道诡辩是如何频繁、明显地被归于苏格拉底的。他还知道,评论家对于这些难题的解决是多么徒劳。看起来,很有可能的是:如果我们对他的时代的其他学派有像对柏拉图的著作那样完整的记录,那么就掌握了线索;而且直到进一步的手稿被发现之前,都会不知所措。总体来说,利用柏拉图来拼凑对于他的时代的其他思想家的建构,要比在忽视他们的情况下诠释柏拉图,看起来更少冒险。至少,我们可以采纳这个假设,即当对话中的某人严肃地提出一个被苏格拉底批评的观点时,我们有了与他同时代的某个学派的教义的重现。这种影射非常直接,以至于雅典任何有教养的人可以立刻确定出它的方位;也可以是间接的,概括地参考曾让柏拉图驻足的某个学说,通过应对这个学说,他把自己的思想推上一个台阶。今天,在阅读詹姆斯、罗伊斯和桑塔亚那时,任何留心的读者都可以发现,大量这样的情况或许经常是无意识的交叉参考;来自哈佛的共同的知识背景被预先假定了。每个思想家都是在反对他的同时代人或同事的观点,或者在对它们加以考察时进行思考的。忘了这一点的任何哲学阐释方案,都是不恰当的。当运用在雅典的氛围和社会条件上时,它尤其是不恰当的。今天我们撰文直接批评,指出我们论敌的名字。温文尔雅的、有竞争精神的、引人注目的和追求声望的雅典人,采用了含沙射影的方法。

愈接近早期对话的内容,我们就愈遭遇众所周知的事实,即在每篇对话中,苏格拉底都容易遭受敌意批评的观点。它们在要旨上是苏格拉底的,而且他自己在对话中接受这些观点;与此同时,他还为不能令人满意地确立这些观点而感到遗憾,这些观点后来在柏拉图建构性的对话中以修正和深化了的形式重新出现了。声称这些对话是苏格拉底的,阐释者们对为什么苏格拉底攻击他自己的学说提出了许多精巧的解释。乔伊特(Jowett)几乎不会因为哲学上的聪明而被引用,但他的天真使得引用他的话有了价值。关于《卡尔米德篇》,他说:"我们吃惊地看到,在他的其他著作中把善等同于知识的柏拉图,这里却把它们对立起来。"关于《吕西斯篇》,他说:"苏格拉底允许自己痴迷于一种善于争论的和不合逻辑的逻辑。"关于《拉凯斯篇》,他说,被等同于美德的知识"在此迷失在一个无意义的和先验的概念中了"。关于《普罗塔哥拉篇》(Protagoras),他说,苏格拉底提出的真理"是自相矛盾的和先验的"。然而,乔伊特真切地相信,所有这些对话尽管有先验的和辩证的特征,但确实属于其貌不扬的、真实的苏格拉底。认为被批评的"苏格拉底的"观点和方法,是那些假装以苏格拉底之名发言的人的,这样当然会简单得多。柏拉图后来以苏格拉底的名义嘲笑了这样的做法,把它们包含在模棱两可之中。

更具体地说,这些早期对话的主要论题是知识、美德和善的关系。次要的和引申的论题是美德的统一和多元、美德的可传授性,也就是处在生成过程中的知识和美德。除非已经出现柏拉图有兴趣批评和驳斥关于知识、美德和善的概念,否则,认为柏拉图可能代表苏格拉底去质疑他自己的论题,质疑美德和知识的联系,以及作为达到有益的或善的目的的手段二者之间的关系,是不可思议的。在《小希庇亚斯篇》中,苏格拉底从某些前提出发,推进论证进而得出只有善的人能够非自愿地做不公正的事情。这些前提具有宝贵的苏格拉底色彩,它把道德知识和美德类比于工匠的知识和技能。但是,当希庇亚斯说他不能接受这一结论时,苏格拉底说:"我也不能接受。"难怪在看起来,对话以归谬法在真正的苏格拉底的学说中结束时,许多人拒绝承认对话的真实性。但是,如果被批评的是对苏格拉底的知识和技能的安提西尼的阐释,情况就截然不同了。众所周知,关于安提西尼,为人所知的至少有这么多。他是以修辞学家和文学阐释者,尤其是对荷马的阐释者开始的。在他生命的后期,当他和苏格拉底熟悉起来之后,他借助寓言式的象征手法,把荷马阐释成了苏格拉底的道德的老师。他宣扬重回自然,以及严格地约束激情和欲望的必要性,以便人可以是自由的或者自我拥有和自足的。他把制度,尤其是政治制度和自然对立起来,其理由是:它们或者是墨守成规的,或者是任意武断的。政府教会了不公正、欺诈、阴谋,引入了奢侈和贪腐。除了诗人——寓言式地理解的——工匠是那些拥有知识的人。他们了解他们的业务、他们的材料和他们的对象。他们的艺术就是技术、美德。他们是通过基于天资的训练和实践获得的。在艺术之中，有些是错误的，因为它们关注奢侈品；有些则是自然的，因为它们应对和满足自然的必需——食物、居所和穿衣的需要。真正独立的心灵会尽可能多地把这些技艺在自身中统一起来，以便成为自由的。这种自足就是善，或者是幸福。

在这个解释中出现了真正的苏格拉底的元素，但却是以截然不同于柏拉图的方式被阐释的。我们尤其注意到了对实践高于逻辑和理论的科学、作为实现美德的手段的称颂，还有不仅对现存的制度，而且对如此这般的政治城邦的攻击。在前一点，安提西尼受到了麦加拉学派的辩证法的影响。除了这一点，即他不是用辩证法来否定多元性并确立善、存在者和真理之间的统一，而是把它视作仅仅是否定的运用，用来反驳把真正的知识和对逻辑方法的使用联系起来的人。我们从其他的对话中了解到，柏拉图对于犬儒主义者长期以来的用语就是不开化、没教养，到亚里士多德的时代，这已经变成对所有那些否认逻辑方法的价值的人的专业称谓了。在政治的一边，我们知道，柏拉图为了表明下面这一点所做的努力，即知识，以引起恐惧的死亡和其他事物的正确意见的形式存在的知识，只能在一个由真正智慧的人统治的有组织的城邦中产生和保持。

现在，对话的趋向很明显了。希庇亚斯作为修辞学家出现。他的论题是荷马。他掌握了所有的技艺，因此是自足的。然后，他表明，掌握一门技艺的人，正是能够欺骗他人的人；而且能自愿欺骗他人的艺术家或工匠，要比偶然地骗人的人更好。然后，这个类比扩展到了对象、人造的对象上，像方向舵和弓箭，以及自然对象，像眼睛。然后，他表明了，心灵同样是一种具有用途的工具或器官。因此，任何事物中的智慧者，以苏格拉底的方式，被定义为有德性的因此有能力产生善或益处的，也是能够随意产生善或恶的人；有能力的心灵就是能够自愿地做不公正之事的人，而且是能够这么做的唯一的人。

鉴于这些前提，结论就是无懈可击的。但是，我们回想一下柏拉图对这个讨论最伟大的贡献，他从几何学中借来并且非常自豪于把它应用到哲学上的贡献，即所有这些前提都是假设的，是定义问题的，而且结论的价值在于对前提的含义的阐释中。这里的前提是犬儒主义的，把知识和美德与工匠的智慧和技能相等同。由于这个观点被引申到了道德的美德，就产生了荒谬。荒谬的原因，已经很清晰地指明了。对于相对的目的，在根本上，只是对手段的目的来说，是正确的。被假定为对于真正的和绝对的目的，即心灵的诸善，是正确的。正如在其他的对话中经常被指出的，医生知道什么是健康，并且知道如何获得健康。但是作为医生，他无法知道健康的善，或者去死是不是会更好。一门最高的科学、一门关于善和目的自身的科学，这样清晰地被指明了，而且表明了：缺少这门科学，是作为竞争的学派之代表的希庇亚斯的不足。① 认识这种终极善的人，不可能出于自愿或非自愿去不公正地行事。

在《拉凯斯篇》中，对于特定学派的参照是相当间接的；但对于划分诸学派问题的参照，非常明显。拉凯斯是一个保守人士，反对所有的哲学活动；但他是一个斯巴达人，因此把练习和实践附加到实现美德的工具之中。而且，他还是一个强烈地相信原初的自然禀赋的人。可以说，他是一个不自知的犬儒主义者。相反，尼西亚斯喜爱文化和哲学辩论，他是一个人道主义者。他引入了和智慧联系在一起的勇气的美德的概念，作为他从苏格拉底那里听来的东西——是对有智慧的人的一个充分的警示。他公开地否认专家或工匠的知识要探寻的那类智慧。他还否认缺少先见之明的自然的勇气是任何意义上的美德。他指出了需要有关于恐惧的事物之理由的理论知识，这种知识在种类上不同于工匠的知识。像柏拉图一样，他也是犬儒主义者的道德的批评者。然而，柏拉图却批评了他。

已经凸现出来的是：要克服难题，必须有不同类型和不同程度的知识，以及不同类型和不同程度的美德。尼西亚斯陷入了两难。没有知识，就没有勇气；必须有关于危险、关于令人生畏的恶的知识。但有了充分的知识，就会有关于恶和善的完整知识，因此就没了恐惧，而只剩下审慎，因此也就不可能有勇气了。没有什么能够更清晰地指出需要某些真正的知识，它们虽然是真正的，却比不上智慧。在《美诺篇》(Meno)和《泰阿泰德篇》中，正确的意见被引入了，而且这些意见恰恰解决了勇气和节制的难题。准确的定义是在《国家篇》中给出的，在那里，勇气被定义为意见而非完美的知识，是基于由真正有智慧的人提出的国家法律应该或不应该被恐惧的事物的意见。意见通过习俗体现在习俗之中。因此，关

---

① 参见《国家篇》(Republic)，505。如果我们对其他的一切了如指掌，但却对善的本质形式不了解，这将不会使我们受益。

于美德的统一和多元问题以及可传授性问题都得到了解决。①

131

奇怪的是，柏拉图否定的辩证法本应该说服他的许多阐释者反对他自己的公开教导，他坚持美德独有的统一，否认在获得和维持美德时需要实践或习惯。错误也许是亚里士多德的，因为他指控柏拉图忽视了有必要用实践来保卫人们免受激情的诱惑。但是，这个观点和事实相反。节制和勇气包含知识；但由于它们存在于变化的世界，并存在于实用的艺术的世界，它们需要通过练习来获得构成习惯的技能。尽管《国家篇》承认了柏拉图自己的观点，但这样如此常见地拒绝承认柏拉图自己的观点，在很大程度上，与把早期的伦理学对话阐释成苏格拉底的是有关系的。把它们视作辩证地反驳声称是苏格拉底学派的思想家，其观点不但和《国家篇》中的学说相一致，而且把在《国家篇》给出结论的问题表述出来了。要是尼西亚斯察觉到了那一点，那么，鉴于不变的目的和诸善的知识，一种通过在真正有智慧的人引导下的实践获得的美德和知识就是可能的，他本可以逃脱这一窘境。但是，尼西亚斯停留在西勒尼学派所在的地方。他无疑是苏格拉底学派的了，以至于宣称知识对于美德的重要性。他没有像柏拉图所做的那样看到，即使以诸如快乐和痛苦这样变化的事物的正确意见的形式出现的知识，也依赖于对存在——不变之物——的洞见。

在《卡尔米德篇》中，对于节制的讨论尽管在相当程度上更加复杂，但却是补充性的。需要指出的是：对话中的人物是柏拉图的朋友和亲戚，氛围是友好的、非争议的；虽然与此同时，就克里底亚（Critias）而言，辩论又是相当正式的，并且激发了相当专业的论点，例如自我-关系的存在和含义、我们认识的知识和我们认识什么之间的区别；具体的、特殊的知识和抽象的、普遍的知识之间的区别。

132

对话还非常仔细地区分了术语的含义，这种区分是严肃的，虽然其中关于普罗迪科斯（Prodicus）作为它们的真正的作者有些幽默成分。在我看来，只有缺乏历史的想象，才能把这些论题归于历史上著名的苏格拉底，尤其因为它们恰恰是柏拉

---

① 要回想一下，《普罗塔哥拉篇》以对最初观点的逆转作结，苏格拉底最后认为，美德在某些条件下是可以传授的。普罗塔哥拉曾如此对待公民，就和他们的老师一样，他们恰巧出现在当前的城邦中。讨论很明显地转到了美德的统一和多元的问题上——转到了许多评论者困惑的问题上。然而，对一个问题的解决就是对另一个问题的解决。在一个由有智慧的人统治的城邦中，有智慧的人所维持的知识的统一和美德的统一，使得对大部分人来说正确的意见成为可能，使得美德的多元和可传授——所有在生成的领域的东西成为可能。

图自己积极地致力于其中的专业的区分。

克里底亚最后失足的那一点给出了对话中的问题，以及其中隐含的解决办法的关键线索，如果不是清楚地给出克里底亚所掩饰的哲学学派的关键线索的话。后者确立了一门关于诸科学的科学，作为产生节制的美德的智慧。他公然地让关于善的科学从属这一科学。在对话前面的讨论中，已经表明，正是各门特殊的科学产生了特殊的善，诸如健康等；而且关于科学的科学在获得它们时毫无用处；唯一具有终极用途的科学就是关于善本身的科学。因此，克里底亚的论证陷入了循环之中。不是遵循知识的生活让人公正地行动并使人幸福，即使所有的科学都包含进来，也是如此；而是遵循那唯一的科学，关于善和恶的科学的生活。这里有个明显的暗示扩展到了《国家篇》的全部学说，即关于至善的科学是根本的科学，而不是一门从属的科学；而且，关于知识的知识（也就是逻辑）是从属于它的，而不是相反。①

对话也不缺少其他的线索。在拒绝了产生美德的智慧等同于知识本质的知识这一理念之后，苏格拉底毫无理由地评论道：这样一种知识会对学习者有用，让学习变得更容易、更清楚，还能让他在不管何时拥有任何知识的时候去检验其他人的知识；而且困难一直在于，我们一直在关于知识的知识（或逻辑）中寻求某种远不是它能产生的东西。更早些时候，在他批评了自我-关系的学说（这显然接近一种无可置疑的后期柏拉图的观念）以后，他非常满意地说，在某些情况下（即在数字的情况下），它是不可接受的，因为它是相对地被定义的，虽然就其他事物而言，要确定绝对者或与自我相关的事物是否存在，确定智慧是如何和它相关的，需要一个"伟人"。

这里的参照数和计算确实是反讽的，这个反讽是反驳克里底亚的一部分。

①　这和《国家篇》，505，几乎是一一对应的。大众把快乐称为善，但即使那些在"定义中把快乐等同于善的人也不得不承认：存在着邪恶的（有害的）享乐"。更加开明的人，把善称为"实践智慧"。"我的朋友，你意识到了，后一种观点的支持者不能解释他们用洞见来指什么，而且最后被迫把它解释成是关于善的洞见，而且处在令人啼笑皆非的困境之中。"参照某些众所周知的哲学学说，以及对这些学说的人所共知的批评，是不可能错的。当然，批评者已经看到了和《拉凯斯篇》中的论证和结论的相似性，但认为后者才真正是苏格拉底学派一直伤尽脑筋来解释的。但是，实际上，我们在这里看到了明确声称一种关于客观善的最高的科学。在《拉凯斯篇》中，它作为关于知识的任何真正的知识的关键线索，而且作为一种至高无上的知识和美德得以否定性地指明了。还可以对比《国家篇》，509，那里明确地指出知识和至善相似，但不是绝对的善或不加限定的善。

柏拉图在把他自己想成是可以解决自我相关问题的伟人时，没有虚假的谦虚。而且在其他的对话中，他公开否认了数的相对特征。由于一半也是两倍（就其他事物而言），数学不可能是关于这种相对物的科学（参见《斐多篇》101 和《国家篇》438、439 和 479）。克里底亚把数定义为像相对的那样，是关于善的恰当的功利主义计算所要求的；之后，从它出发论证了一个自我相关物——关于知识的知识——犯了自相矛盾的错误。昔勒尼学派把美德等同于快乐，而且把快乐等同于善，这一流行的观点是荒谬的。他们把美德等同于更大的快乐的知识；这只有通过计算或算计，才能获得。对于快乐的感觉，可能被视为关于善的最确定的知识，但这类知识就其自身而言，几乎不可能是产生技能、艺术和美德的那类知识。把更少的和更多的快乐区分开来，或者与关于知识的知识区分开来，这是必要的。从与此无关的来源，我们了解到，亚里斯提卜主义者珍视作为工具的辩证法的价值，虽然他们是人道主义者而非自然主义者，但他们颂扬关于自然的知识；只要它们增进了人类的福祉——这一动机最终把他们的宇宙论引向了原子论者，而且它在卢克莱修（Lucretius）那里找到了最终的表现。由于被比作犬儒主义者，柏拉图把他们视作"精致的"犬儒主义者。①

即使《普罗塔哥拉篇》没有被划分成"苏格拉底的"对话（它和刚刚考察过的那些一样，当然属于同样的类别），也值得从《卡尔米德篇》偏离一会儿，指出氛围的相似性。以他的名字称呼的那个对话中的普罗塔哥拉，与出现在《泰阿泰德篇》中的他相比，不太像是一种讽刺或侨扮。但在性情上，他同样是昔勒尼学派的。与从采纳的前提出发进行推理的通常方法相一致，苏格拉底开始把快乐等同于善。后来，论证表明了快乐在数量上是不同的，因此就要求度量——对照卡尔米德的计算。因此，关于度量的知识就高于快乐。关于数和度量的科学，明确地保留在了后面的讨论中。还要注意，即使在《普罗塔哥拉篇》中，作为相对的数的概念没有被质疑过；也就是说，柏拉图承认，根据更多或更少来进行讨论。当然，可以认为，这个时期的柏拉图还没有使自己超出这一观念；只是到后来，通过认识到数的绝对性质，他才使自己成功地解决了关于快乐和它与知识和善的联系的论题。但是，如果我们采纳了这一在数学家那里不太激烈的假设，即关于数，柏拉图已经有了自己的洞见，那么，我们发现，一切都相当精确地与之相吻

---

① 参见《泰阿泰德篇》，156；《斐列布篇》，53。

合。在生成变动的世界中，快乐是相对的。因此，它们或者更多或者更少。一个享乐主义者，没有把自己提升到生成的水平之上的人，如果他在坚持把知识等同于美德的意义上是苏格拉底学派的话，那么就必须把美德定义为关于更多或更少的知识。因此，他就让计算和度量成了最高的快乐。让数和度量受制于审视，并且它们被发现把我们带入了自我相关的或绝对的领域中——带出了生成的领域进入存在的领域。这种辩证法是无可挑剔的。

就《拉凯斯篇》和《卡尔米德篇》而言，《普罗塔哥拉篇》中较早的部分中有一点是值得注意的，即当开始讨论勇气时，普罗塔哥拉（Protagoras）持一种蔑视的观点，认为它和其他美德不一样；它仅仅是自然的恩赐。但是，苏格拉底认为，如果勇气是一种美德的话，那么就需要知识这个元素，因此把它和其他美德联系起来，从而反驳了他。对于昔勒尼学派而言，军事上的勇气一定是一种野蛮的美德，适合于动物、野人、战士、犬儒主义者和其他遵循自然生活的人。除了在他们陷入自然状态时，借助艺术和友谊生活的文明的和有教养的人类是不需要这种美德的。"处于开化状态中的人中，最差的也要比既没有教育也没有法院和法律的野蛮人好。"请注意这个主张中的人道主义元素，把这个观点和犬儒主义者的如下观点作比较，即法律和城邦是有权力的人推进他们自己利益的工具。还要回想一下，对于昔勒尼学派而言，哲学的目的就是让擅长它的人在没有法律时，像其他那些遵循法律的人那样生活。普罗塔哥拉的性情无论在哪里都是昔勒尼学派的：欣赏人类艺术的价值，尤其是社会艺术的价值，把它视为所有教养和真正意义上的人的愉悦的来源。同时，带有对于不得不依照习俗生活的大众的屈尊的容忍，因为他们还没有提升到实践智慧的水平，还没有提升到在评价快乐时的健全完整的心智的水平。我们至少应该简单地看一下对心灵无畏的讨论，这是智慧的人们在面对死亡和其他邪恶的思考时所表现出来的。

像昔勒尼学派一样，普罗塔哥拉是一个人道主义者，而非自然主义者。他通过颂扬人文艺术中的社会的一面，解决了传授美德的问题。治理的艺术就是社会的纽带。宙斯（Zeus）告诉赫尔墨斯（Hermes）：不要像分配专业技艺那样来分配社会艺术——给予专家或少数人，给予全体人民，否则，城邦便不能存在下去。所有人都分享了一些尊重、公正和智慧。社会秩序是美德最伟大的老师。这个学说正是《国家篇》中的内容，不过稍微有一点差别。现存的城邦教会了邪恶，而不是美德；腐蚀人的情感和意见的，正是伟大的智者。向城邦引入了那类真正知道的人,并且让他们掌握了法律——人类终极的教育者——人道主义的理想变成了现实。但是,没有在辩证法、数学和对自然理解方面的训练,就不可能得到所需要的那类有智慧的人。因此,柏拉图发展出散见于他同时代各学派之间相互分离的主题的综合。"苏格拉底的"对话,就是这一试验的至关重要的准备。

然而,我们已经离《卡尔米德篇》太远了。注意拒绝把关于知识的知识视作真正的智慧的决定性的理由。尼西亚斯诉诸艺术,尤其是非机械性的艺术——后者是犬儒主义者的根据地。但是很清楚,医生是借助于健康的知识,而不是关于知识的知识来作出判断的;人们也是通过它来判断医生的。[①] 要了解健康,我们就必须拥有像医生那样特殊的知识。现在,从柏拉图其他大段的论说中,我们知道,虽然我们可以信赖医生、木匠,任何领域里有能力的艺术家和艺人了解他自己的题材并知道如何获得它,但却不知道他自己目的的目的、他自己的善的善。也就是说,医生不知道什么时候以及为什么对于他的病人来说,健康真的是一种善。他不知道他自己的知识的限度。[②] 因此,就需要另一类智慧,需要另一类人,他知道总是善的善,能根据真正的和终极的善的知识来判断特殊的善——像柏拉图设想的那种哲学家。把善的知识放在关于知识的知识——这后来变成了基于数学的辩证法——之上,而且整个论证在积极的意义上变得就像在消极的批评中一样清晰。关于真正的善的知识,使我们能够运用医生的知识,而不必屈尊变成医生,而且使我们能够确定和检验它的限度。可以声称,不用知道他正在做什么和他正走向哪里,苏格拉底就可以把讨论像这个讨论一样,引向接近柏拉图最典型的伦理理念,但它却玷污了其可信度。

前面的论证假定了克里底亚和昔勒尼学派之间的亲缘关系。但是,我们几乎不可能完全确定地知道,昔勒尼学派的人道主义什么时候开始和原子论者的自然主义联系起来,虽然我们知道这种联系最后非常牢固地确立了。如

---

① 基于一般的解释,读者的注意力再次被引向了"这种关于知识的知识"概念的"无意义和先验的"性质。它来自哪里?为什么要引入它?它的含义是什么?把基本的知识等同对快乐的经验,把关于知识的知识等同相对于未来的快乐而对当前的快乐的评价。关于知识的知识,获得了明确的意义和具有历史意义的背景。它很快转向关于自我的知识,同样变成了不仅仅是一个恶意的辩证双关语。

② 那就是反对民主,反对技师等的统治。在他们自己的事务上,他们信赖专家、那个拥有知识的人。但在关涉更多的终极善的公共事务上,每个人主张为着他自己的知识,并且确立了许多无能者的判断和统治。

果我们可以假定,当柏拉图写作时,这一联系就已经开始了,那么,对话的背景会变得更加清楚。昔勒尼学派对快乐的比较,最终得出的结果正是心智上的快乐,以及友谊中的快乐。虽然和人文艺术的知识相比,自然科学在根本上的重要性很小,但它至少是心智上的快乐。它也是反对与死亡和诸神的迷信纠缠在一起的恐惧和痛苦的堡垒。如果我们转向德谟克利特,我们知道,他是一个伦理学意义上的享乐主义者。他认为,只有智慧的人——定义为对自然原因的洞见——才能在各种快乐之间作出区分,才能真正地判断快乐和痛苦。如果承认德谟克利特的主张,把美德和知识以及他的享乐主义目标联系起来,那么,最高的美德变成了审慎、辨明和节制。它引出了作为其直接成果的自我控制。

克里底亚没有表现出原子论者对自然知识感兴趣的任何迹象。和原子论者相比,他更接近昔勒尼学派。但是,就他们共同的伦理基础,即快乐和善而言,一定有来自两边的接近。一个人从苏格拉底学派出发,根据原因和遥远的快乐而把美德等同当前的快乐知识,就会在半路上预见一个德谟克利特主义者;他从原子出发,最后却能够基于它们的自然原因的知识而在各种快乐和痛苦之间作出区分。两者只在侧重点上有所不同。

值得注意的是,当柏拉图允许苏格拉底放弃他戏谑的纠缠时,苏格拉底两次承认,像克里底亚头脑中那种关于知识的知识,会确保秩序和幸福。每个人都会按照他自己掌握的知识行动,没有任何展现出一门艺术——不管是军事事务的、医学上的,还是治理的艺术——的人能向他人施加强制。对未来的预测,只能在理解过去、现在和将来产生事物的原因的人的控制下发生。在我们知道什么和不知道什么之间作出的区分,能够达至于此。家庭和城邦将会秩序井然,幸福将随处可见。

与《国家篇》的类比,只停留在表面。当美德被定义为做自己的事情,做被明确地与制作——工匠的事情——相对立时,讨论从无辜的卡尔米德转向了克里底亚。它和做出值得的行动联系起来。与《国家篇》的一般相似性,是显而易见的。最重要的是《国家篇》443节的一段,在那里,公正被等同于一种内部的行为。节制——在《卡尔米德篇》中讨论的美德——被等同于作为结果的内部的和谐,它还实现了自我控制。可以说,在某些特定的方面,克里底亚都是对的。他的问题在于,他把最高的美德或知识等同于知识的知识,而不是真正的和永恒的目的或善的知识。因此，除了他拒斥的技艺的标准，他没有留下任何标准来判断灵魂的不同部分的恰当的工作、行为和事务。提到使房子井然有序的那一段，应该和《卡尔米德篇》171 对比来理解。也要注意，在《国家篇》444 的背景中，把公正比作健康，因为两者都暗示了身体和灵魂的力量被如此安排，以至于它们"按照自然支配着彼此并被彼此所支配"。

赋予区分真正的知识和错误的知识，以及惯常的信念的能力的重要性，就像它是柏拉图主义的那样，也是德谟克利特主义的。柏拉图在此批评了这一能力可以借助关于知识的知识而被拥有的观念，认为它只能借助关于目的和善本身的知识，才能被拥有。实际上，自我认识具有根本的重要性。它构成了节制；它体现了有能力在各种快乐和痛苦之间作区分和度量；它是自我控制的条件。到此为止，这是一致的。但是，德谟克利特认为，这种以关于知识的知识表现出来的自我认识，可以通过自然的原因的知识获得。柏拉图认为，只有在首先有了终极目的的知识时，处在生成的世界的物理原因的知识才是有用的。这里至少间接地触及了这两个伟大的古代体系之间的差异。

然而，我们以上各段强调的，不仅仅是，而且事实上确证了归于克里底亚斯（Critias）观点中的德谟克利特主义的元素。这个观点是昔勒尼主义者的，而且与原子主义者有联系，这就够了。对于处在像克里底亚为其主要人物的世界中的人来说，几乎不会强调这一点。对话开始于卡尔米德，他把节制或自制定义为儒雅或安静或适度。在此看到众所周知的昔勒尼主义者，把真正的快乐等同于温和的运动的线索，难道不有点奇怪吗？我们还要注意，这里提到了一种魅力，它带来健康，并和根据整体来对待部分相关。魅力来自色雷斯。德谟克利特是一个色雷斯主义者。节制意味着灵魂的健康。医生所掌握的有关健康的知识，是每一个关键阶段论证所依赖的支点。在结束时，论证快要得出这一信念，即确保美德和幸福的知识是关于善的知识，而不是关于知识的知识。这时，苏格拉底问道：它是不是他们正在探寻的有关健康的知识呢？克里底亚回答说：那接近真理了。请注意自始至终对于工匠所掌握的那种实践知识所持的蔑视的态度。再次注意预言家的知识是如何引入的。苏格拉底提到，预言家掌握的关于未来的知识，是可以使人幸福的。克里底亚打断并说："是的，但是还有像预言家一样好地掌握了这样的知识的其他人。"苏格拉底回答："是的，那些知道过去和现在以及未来的人。"①这一段不仅表明了，所有的享乐主义者赋予为了控制当前的享乐而去认识未来的快乐和痛苦的重要性，而且表明了关于真实事物的知识的重要性，而不顾原子论者所宣称的时间。

这一论证清晰地指向一个有着贵族的和有教养倾向的学派。它把最高的美德、艺术和知识等同于灵魂的健康。它认为，灵魂的健康，就像身体的健康与医生的知识联系在一起那样，是与自我的知识联系在一起的；而且，关于自我的知识，或关于知识的知识，能使一个人或一座城市在自己或他人的真实的和假装的知识之间作出区分，由此获得自我控制和秩序。如果我们用节制取代灵魂的无畏——我们知道，这是原子论者所颂扬的美德——在克里底亚的节制和尼西亚斯的勇气之间有许多对应，尽管克里底亚在辩证法中处在高得多的水平上。

在更具体的阐释中的主要困难在于，柏拉图没有使得对原子论的参考具体明确。这一点对于他全部的哲学，都是成立的。对于他唯一严肃的知识上的对手，在广度和深度上是他唯一的竞争者的德谟克利特，柏拉图一如既往地忽视了。虽然柏拉图从他那里借来了关于固定的形式、关于理念或图式的概念，把它们当作真正的知识的唯一对象；而且，虽然这两个体系之间的裂痕是哲学中可以见到的最深层的，但如此自由地提及其他哲学家的柏拉图，却从来没有提供德谟克利特存在的任何线索。或许，应该把"虽然"改成"因为"。无论如何，我们在这里触及了在更加具体地阐释柏拉图主义有争议的参考时最重要的困难。

今天，我们正在与柏拉图时代的伦理问题作斗争。我们更加激烈地声称竞争性的观点。但是，也许我们考虑它们时更少儒雅，更缺少明晰的知识方法。各个学科、各种文化、自然科学，以及所谓关于目的的知识的主张，仍然彼此对立。过去的讨论似乎用它们的残迹窒息了我们，而不是给我们以启发。我们在智者身上映现出了自己心智上的混浊不清和片面，把我们的罪恶放在了他们的身上，却没有认识到，相对来说，智者是直爽的和真诚的，而复杂的正是我们。如果重提柏拉图时代的场景不能带给我们教益的话，我们至少可以发现指向生活的根本论题的自由和直接的理智运思的魅力。

————————

① 在《拉凯斯篇》中也出现了预言家。在此，他不能真正地认识未来的遭遇和不幸，因为他不知道根据或原因，而只知道它们的信号。因此，他不知道实际上是否要恐惧未来的痛苦，它们是不是恶的，即使当他"认识"到它们即将降临。因此，他必须听从一个"战略家"的主张，他拥有确实要惧怕和期待的事物的知识。

约翰·洛克哲学中的实体、力量和属性[①]

　　根据通常的解释,约翰·洛克明确地阐释了心理的观念与物理的自然对象之间的区别,虽然他认为,关于后者的所有知识都要借助于前者。因此,他迫使知识问题采取这样的形式:心理的观念如何真正表现和认识在种类上与其自身如此截然不同的对象? 强调这一问题的困难,是因为洛克把观念划分成了两类,其中一类类似对象,而另一类和对象没有任何相似性。我不是否认洛克学说的要旨指向了刚刚陈述的观点,或者洛克后来的学生可能被引向这些结论,实际上是不可避免的。但在这篇文章中,我想从对洛克自身的研究出发来阐述这一信念,即洛克没有从任何这样的概念出发;这一概念非常有可能指明历史来源。如果洛克避免和这些与他自己的正面学说不一致的传统概念纠缠不清的话,那么,他或许会发展出一种经验的知识理论;这一理论既不会包含,也不会提出上面提到的认识论问题。

　　洛克哲学中重要的和原创性的地方在于,他坚持认为,知识就在于对关系的感知。确实,他把这定义为与观念之间的关系。但同样真实的是,洛克绝非知识的对象就是观念这一学说的发起者;这是那些不是用观念来指任何心智的或物理的事物,而是指“形式”、“种类”的学派的学说。洛克没有正式和刻意地背离这个观念:如他自己所说,他用观念指“思维时的心智的直接对象”——思维在笛卡儿的意义上,被用来指正在意识这一行为。它是心智的“对象”,当它成为意识的对象时,才是真实的对象;它不是一个状态或心智的内容,即使对于经院哲学家

---

① 首次发表于《哲学评论》,第 35 期(1926 年 1 月),第 22—38 页。

而言,它也不是。洛克背离经院哲学和古典理论的地方是:他认为,知识不是对如此这般的形式或观念的理解,而是对形式或观念之间的关系的理解。

但是,洛克显然还是受到新的物理科学的影响,受到波义耳、牛顿和新物理学其他代表人物的影响。那时,新物理学对于古典意义上的种类和形式没有任何用处。它取代了数学上或数量上定义的微小的微粒。如果我们忽视古老意义上的有关种类和形式(观念)的形而上学的实在,而仍然保留旧理论中认为形式或观念是认识中的心智的直接对象的那一部分,那么就步入了一段布满荆棘和不一致的路程——正如洛克在他付出的努力中,以及自他的时代以来相当多的英语世界的心理学和认识论关于知识理论的滥用中所发现的那样。

然而,这不是故事的全部。如果知识是对于关系的感知,如果知识要与真实的自然存在相关,那么,洛克本该得出结论说:作为知识素材的存在,本质上是关系性的。但是,洛克没有面对自己的信念的勇气;或者宁可说,他没有对自己的信念的洞察力;他没有看到它们的含义是什么。他保留了古老的关于分离的、独立的实体的观念,认为它们中的每一个都有自己内在的构成或本质。仅仅把握了关系的知识——例如,作为新物理学主题的知识——不能把握内在的本质,它们因此仍然是隐而不显的和神秘的。在最后的分析中(洛克从之前的形而上学中保留下来的),内在的构成或本质与可以认识的(他自己的贡献)关系之间的对立,是作为洛克主义的观念和对象之间的对照而为我们所熟悉的对立的来源。

这仍然不是故事的全部。在以前的形而上学中,因果关系指的是一种操作性的和强制的力量,从实体中产生,而且通过某种神秘的影响在其他实体中引起变化。很明显,关系性的知识理论要求一种相当不同的因果关系的观念,如果它要在知识体系中有任何地位的话。任何对关系性的知识理论含义的彻底承认,很快就会得出结论说:因果性仅仅指示事件之间有序的连续性关系。在这个例子中,发现某些属性(像颜色那样)是由物质的微粒连同有机体的生理结构一起"引起"的,本来仅仅是发现了在单一的和同质的自然事件的秩序中一个有趣的和重要的演化系列。它本不会暗示物理对象在某种与之完全不同的东西,即心智中产生"观念"的神秘力量。但是,洛克保留了旧的因果关系概念和独立实体的概念。因此,他不断地被迫靠近这样的学说,即观念的秩序是关于一种类型的存在,事物(实体)的秩序是关于另一种类型的存在,虽然它们如此地联系在一起，以至于独立实体的秩序是观念秩序在因果上产生的原因；而后者在认知上，表现了前者，是前者存在的全部证据。这里有着认识论问题的全部材料，而且如果洛克没有把隐含的东西明朗化，那么，他的后继者很快也会这么做。①

I.

通常对洛克关于第一性质和第二性质观点的表述，没有用洛克自己的术语来传达它。洛克的术语关注的是就实体而言的性质的区分，而非就物理的还是心理的、客观的还是主观的而言的区分。他对性质作了三重区分，而非两重区分。第一种在形式上对应于传统的"本质"属性，尽管在内容上截然不同。这个事实表明了他的主要矛盾的来源。因为他对于他所称的第一性质的具体本质的陈述，如此绝对地摧毁了在本质（essence）、属性（properties）、偶性（accidents）和关系（relations）之间的传统区分。按照他的理解，第一性质是"和物体完全不可分割的，不管这个物体是什么状态；是这样……一贯持有的"。像古典思想中的本质那样，它使事物是其所是；它们构成了事物的形式因。但它们不是像冷漠、人道等，连同在物理实体那里的某些"可感形式"那样的事务，而是"团结、广延、形状和运动"。按照他的理解，物理实体就是其性质和本质有这样的属性的粒子或微粒。然而，由于这样的属性不是绝对的而是关系性的，实际上，他放弃了关于实体的古老观念，而且摧毁了关于形式构成本质的古老观念。

他的第二性质几乎完全是现代关系意义上的关系性的。它们是实体中借助第一性质在我们这里产生的某些效果，例如颜色、声音、气味、味觉等效果的力量。要注意的是，被称作第二性质的是产生的力量，而不是效果本身。那么，还有第三种，即第一性质在其他事物中产生变化的力量——例如火借助它的体积、结构和微粒运动这样的第一性质，在蜡烛中产生它的新的持续性力量。更明确地说，它是"这样一种力量，它在任何物体中，由于其第一性质特定的构成，在另一个物体的体积、形状、结构和运动方面产生了这样的变化，以至于使它和过去

---

① 下面来自詹姆斯的话，清楚地表达了这个"问题"的术语："被设想的对象必须显示出可感的效果，否则就不被相信。而且这些效果，即使当它们的原因被仔细看时，这些效果会被还原为相对的不实在（像分子震动，使它变成不真实的热那样），仍然是我们关于原因的知识所依赖的事物。这是奇怪的相互依存，其中现象为了存在需要实在，而实在为了被认识需要现象。"《心理学原理》，第2卷，第301页；强调是我加的。

完全不同地作用于我们的感觉"①。

严格地从字面上来理解,首先对属性作了这样的区分:一些是实体中固有的、不变的和绝对的属性,没有它们,实体就完全不能存在;还有一些则刻画了实体和其他事物的联系,除了在发现有作用和被作用的地方以外就不存在的属性。后者又有两类:有那些指示在其他事物中产生诸如软、重或加速这样效果的力量;还有那些指示通过作用于有机体的感觉而产生像痛苦、抱怨、颜色、噪声和味道这样性质的力量。在两种情况下,区分了依赖于保留在内在的本质属性和关系性的外在属性之间的固定的分离。而且如前面指出的,洛克挑选出来的,是独立于作用和被作用的、作为内在的构成性的属性,也就是体积、形状、运动和位置;正是那些,在物理科学中,今天被视为关系性的而非绝对的属性。②

II.

洛克在多大程度上保留了实体和本质的形式的观念,同时又指派给它们一个否定了传统含义的具体内容,这在他对实体的研究中足够清楚了。表面上看,他把它还原成一个未知的基质,这是趋向取消它在古典意义上的含义的一个步骤。但是,他保留了事物有本质性质的观念。因此,虽然他认为经验的(或"名义上的")本质是为了分类(归类)和区分而采纳的抽象观念,但却从未质疑过真实的本质的存在。它们是可感性质依赖的"一个物体的不可感部分的构成成分"。本质是"我们的复杂观念的组成部分的所有那些属性的基础"。或者更正式地说,"我用这个真实的本质来指任何事物真实的构成,它是在名义上的本质中结合起来,并且被发现一直和名义上的本质共存的所有那些属性的基础;任何事物在自身中都有,不需要和没有它的任何事物的任何关系的那个特定的构成部分。"③大意如此的大量段落可以被引用,意思是说,这个终极的和内在的构成是事物的所有属性所依赖的,而且它们是源于此的。"使得铅和锑可以溶解、而木

---

① 《人类理解论》,第 2 卷,第 8 章,第 9、10、23 节;参见第 2 卷,第 23 章,第 7、9 节。
② 当然,我正在忽略这样的观念,即在产生感觉上的变化和产生在其他事物中的那些变化之间,有着种类上的不同。但这样的忽略,因为两个理由而获得了辩护。首先,洛克把两者都视为任意的,或者由于如下事实,即上帝在事物中添加了某种力量;而且其次,存在的任何种类上的不同,不是与关于如此这般的性质的讨论有关,而是与一件相当不同的事物即和观念理论有关。
③ 《人类理解论》,第 3 卷,第 6 章;第 3 章,第 1 节。强调当然是我加的。

材和石头不能溶解的那个真实的本质，那部分的结构是什么？""确实，存在的每个实体都有其独特的构成；我们在其中观察到的那些可感的性质和力量依赖于它们。"①"凭什么可熔性变成了'金'这个词所指的本质的一部分，而可熔性只是它的一种属性？为什么颜色是它的本质的一部分，而可塑性只是一个属性？我指的是，这些都只是属性，依赖于它的真实的构成；只不过是在与其他物体的关系中或积极的或消极的力量；没有哪个人有权决定'金子'（指的是存在于自然中的这样的物体）这个词，对于像在那一物体中发现的那样一组观念，要比对另一组的含义更多。"②在关于知识的几章，他不断地提起那个"它们的属性确实依赖的微小部分的真实构成"；"我们的简单观念依赖的而且确实是它们中的某些，不包括其他一些彼此严格统一的原因。"③

III.

对于洛克的惯常解释，由于把第二性质当作在心智中发现的某物，因而歪曲了他；但对洛克而言，正如我们已经看到了，它们指的是实体的某些属性在我们之中产生某些影响的力量——用他最喜欢但模棱两可的术语说。这使得有必要更具体地考察他关于力量、因果关系和关系的理论。由于他对"关系"一词的使用摇摆不定，因此最好从后者出发。洛克沿袭了古典的传统，把"关系"视为与内在的本质相对的、外在的。关于关系的老生常谈的例子就是"数量"，数量的变化不需要改变本质；一个事物可以更多或更少、更大或更小，而没有停止是其所是；因此，数量是一种"偶性"。像任何的偶性或非本质的变化一样，它依赖于外在于事物自身的东西。由于不是源自本质，因此，它是一个关系而非一个属性。虽然沿袭了这一传统，但洛克还是把关系和比较联系起来。"当心智如此考察一个事物，它像往常做的那样，确实把它从一个带向另一个，或者借助于一个确立另一个，并

---

① 《人类理解论》，第9章，第9、13节。
② 同上书，第9章，第17节。
③ 同上书，第4卷，第3章，第14节；第4卷，第4章，第12节。在他和斯蒂林·弗利特（Stilling Fleet）的争论中，对比这样的表达："真实的本质是事物的那个内在的构成，它们的力量和属性都源自它。"这个本质，"就是在每一种事物中的那个内在的构成，或框架，或对实体的修正。当上帝赋予它们存在时，上帝以其智慧和兴致，认为适合把它赋予每一个特殊的造物"。1823年英文版，第4卷，第82页。"有着它们的属性依赖的事物的内在构成。阁下和我都认同它，而且我称它为真实的本质。"第87页。

且把观点从一个引向另一个——正如语词所暗示的,这就是关系和方面;我们赋予和那个方面接近的,并且用作把思想引向超越于本身被命名的主体,引向某种和它完全不同的事物的标志的实在的事物的名称,就是我们所称的相对物;如此放到一起的事物是相互联系在一起的。"例子是有的,相比于白的更白;相比于男人的丈夫、父亲和儿子、仆人、主人、敌人和爱国者;更大和更小;原因和后果等等。而且他评论说:"关系的改变可以在主体中没有任何的变化。"凯厄斯(Caius)依然是他自己,虽然他儿子死后,他不再是一个父亲了。同样,当我们关于相互联系在一起的事物的观念是"模糊不清和不完美时",我们有这一关系的清晰的观念。①就作为证明性的科学的数学和道德学而言,这个事实具有重大的意义。

因此,洛克使关系对立于一个事物的内在构成,也对立于直接依赖这一本质的属性。而且,对我们当前的目的更加重要的是:它还与他所称的联系既包括"必然联系",也包括"真实的共存",或者如他经常所称的"一起出现"区别开来。②

然而,不幸的是,洛克至少在一个场合耽于日常语言用法的变换。而且几乎是致命的一点,这次失足的发生和他对力量的讨论有关。他把这视为一个简单的观念;是从感觉和反思中得到的。但他说:"我承认力量中包含了某种关系(一个作用或变化的关系),实际上,正如我们的哪种观念,不管是哪种类型的,当仔细地被考察时不包含呢? 就我们关于广延、绵延和数的观念而言,难道它们不包含一种部分之间的隐秘关系吗? 形状和运动之中,有某种更加容易看见的相对物;可感性质,诸如颜色和气味等,除了是与我们的知觉等相关的不同物体的力量以外,还是什么呢? 而且如果在事物本身中被考察,它们难道不依赖体积、形状、结构,以及各部分的运动吗? 所有这些,都在其中包含了某种类型的关系。因此,我们关于力量的观念,我想,很可能在其他简单的观念间有它的位置,而且很可能被视作它们中的一个,成为我们关于实体的复杂观念中的主要组成部分中的一个,正如我们此后有机会观察到的那样。"③

---

① 《人类理解论》,第 2 卷,第 25 章,第 1、2、5 节;对比第 4 卷,第 20 章,第 15 节。

② 就作为"理解的技艺"的关系而言,格林反对洛克的大部分争论,没有比下面这一点更加严肃了,即没能注意到,虽然在通常情况下,洛克是在上面指出的限定的意义上来使用"关系"的;但他从来没有怀疑过,实体自身彼此之间有着真实的和必然的联系。

③ 《人类理解论》,第 2 卷,第 21 章,第 3 节;比较第 23 章,第 37 节,黄色、可熔性等,"只不过是和其他实体如此多的关系";还可以参见第 31 章,第 8 节。

很显然，关系在这里是在联系的意义上使用的，而非指在与其他事物的对比中，心智所接纳的事物的意义上使用的。因为在力量包含关系的同样的意义上，简单观念也包含关系。洛克从来没有怀疑过"力量"指示存在于事物中的、在其他事物中引起的变化，或者接受来自其他事物变化的真实的效力，正如他没有怀疑过每个都有着自己的本质和内在构成的、不连续的实体的存在一样。

但是，在继续探讨这一观点之前，留出一些空间来看看他关于作为事物真正的统一而与依赖心智的比较行为的关系截然不同的联系概念是有益的。首先，这一观念是他研究观念之间的联想的基础。如果"联系"是心理上的，那么，联想在他的思考中，和它在詹姆斯·密尔及其后继者那里扮演的角色是一样的。但是，洛克用这个概念仅仅解释了异常和古怪、不合理的反感、迷信等。除了相信小妖精的例子以外，他援引了一个年轻人悲惨的困境。这个年轻人学会了在一个特定的位置上、有一个行李箱的房间里跳舞，他只会在这个房间跳舞，或者在另一个相应的位置上有相似的"家居物品"的房间里跳舞。"联想"是由于偶然或习惯；当"行话变成感觉时，证明就赋予了荒谬，一贯就赋予了无意义"。"它是这149个世界上最伟大的错误的基础"。它把本身"不连续的"事物统一起来。与这些偶然的联系相对的，是那些"我们的观念有它们彼此之间自然的一致和联系的那些关系；追踪这些关系，并且在那个在它们独特的存在中被发现的统一和对应中联成一体的，正是理性的功能和优点"①。

再次回想一下，洛克把知识和确定性、赞同和可能性联系起来。在一段引人注目却被忽视的论述中，他说："由于知识不比知觉更加任意；因此，我认为，赞同不比知识更在我们的能力范围之中。正如我不可避免地在白天注视东西一样，当任何两个观念的一致出现在我的心智中时——不管直接的还是借助于理性的——我都不可避免地去感知它们，不可避免地去认识它们；而且经过充分的考察，我发现，对于最有可能的东西，我不能否认自己对它的赞同。"他补充说，正是"通过停止我们的探究"，我们既阻止了知识，也阻止了赞同。② 洛克在这里声称，甚至赞同（意见、信念）也是客观上受控制的，而且通过恰当地运用机能，赞同

---

① 《人类理解论》，第 2 卷，第 33 章，第 5、7、16、18 节；参见第 3 卷，第 6 章，第 28 节。"心智不会把任何不被假定为在其本性中有统一的事物统一起来。"第 3 卷，第 9 章，第 13 节；第 4 卷，第 4 章，第 12 节。
② 《人类理解论》，第 4 卷，第 20 章，第 16 节。

的程度精确地对应于素材中可能的联系程度。换言之,可能性是计算出来的,而不是猜测出来的,信念和知识或确定性一样多地遵循客观的联系。然而,最具有决定性的证据是在他对知识性质的全部研究中发现的,正如在《人类理解论》的第四卷所给出的那样。在此着手这件事,将包含不必要的重复。因此,我这里仅仅指出,所有的物理知识对他来说,都是关于共存或联合的知识;而且,我们的物理知识没有超出可能性的范围,恰恰是因为必然的联系是宣称普遍共存的唯一的基础。由于我们没有能力穿透实体的内在构成或本质,因此不能触及必然的联系。换言之,恰恰因为洛克假定了本质是事物中必然联系的基础,他才认为我们在物理学中不能获得确定性。消除了把必然联系视作相当于或者源自实体自身的本质的这个假定,他的论证呈现出完全不同的特征和重要性。

现在,我们回到他对于"力量"的讨论——也就是对于效能的讨论。正如我们已经看到的,洛克根据内在地是构成性的本质和包含事物的本质对其他事物的作用的力量间的区分而在属性间作了区分。通过对于"外部事物中"可感的观念变化的观察,以及通过反思,通过观察观念中"因确定自己的选择"而发生的变化,引出了关于力量的理念。他补充说,由于它是双重的,"也就是,能够做任何变化,或者能够接收任何变化",因此值得考察物质除了被动的力量外,是不是还有任何力量,以及我们是不是不应该为了积极力量的最清晰的观念而"把我们的心智引向对于上帝和精神的考察"。① 实际上,力量的真实存在对于洛克而言,是如此自明,以至于他很快就跳过这一点而转向了关于意志自由和道德问题的讨论。②

接下来,在第二十三章——"关于我们有关实体的复杂观念"中,他接连不断地声称,"力量恰当地组成了我们关于实体的大部分复杂的观念"。就此而论,洛克又回到了第一性质和第二性质的论题。在前面的引用中,值得附加上一句:"可感的第二性质只不过是这些实体所具有的、通过我们的感觉在我们中产生几个观念的力量;除了认为任何事物都在其原因中之外,哪些观念不在事物自身之中呢?"在他关于物质实体的讨论中,他有些简化了之前关于本质属性或第一性

---

① 说在贝克莱那里隐含了这一提议,一点也不为过。而且有充分的理由确信,休谟对于实体和因果关系的怀疑论的否认,正是基于洛克的学说,即认为我们没有能力感知经验对象之间的必然联系。

② 《人类理解论》,第2卷,第23章,第1、2节及接下去的内容。

质和力量的陈述。前者被简化成了"坚固的和可以分隔的部分的结合","形状"是一个结果；后者被简化成了"借助冲动的传达运动"的力量。[1] 在此，我们得到了他关于物质和运动的物理概念或许是最接近的表达；并且，同时暗示了物质最接近内在本质，而因果力量在于传递和接收运动。

洛克对于作为关系的"原因和效果"的讨论这一事实，没有让人怀疑他对作为真实的力量和效力的因果关系无可置疑的信念。因为这一章[2]，使得下面这一点非常明朗，即他心中所想的，正是原因和效果之间的相互关系。力量是这一关系两个项背后真实的东西。"我们只能观察到几个特殊的事例，属性和实体都开始存在；它们从对某些其他的存在者的恰当的运用和操作中，获得了它们的存在。""一个原因就是使任何其他事物开始存在的东西；一个效果就是任何其开端源自其他某种事物的东西。"[3]换言之，虽然心智通过比较获得了观念，但它所比较的是力量的作用和接受。"开始存在的观念，必然与某种操作的观念联系在一起。"[4]

IV.

现在，我们来看这些考察对于知识理论的意义。传统的和当下的理论都认为，洛克致力于其中的困难就是认识论的困难：我们直接认识的事物是心理的，只有借助这些心理事物的干预，才能认识物理的或"客观的"事物，虽然这些心理事物本身是物理事物的效果。给定了这些前提，当然就有了不同于任何形而上学问题或宇宙论问题的认识论问题。但洛克自己的理论却是：我们只有通过它们的力量，才能认识实体的本质；我们只有通过它们的效果（由于我们和它们直接相关，他把它们称为关于感觉的观念或可感性质），才能认识这些力量。而且因为我们没有能力追踪这些效果和产生它们的那些有效的原因之间的必然联系，因此，我们没有效果彼此之间联系的确定知识。也就是说，我们能大体上知道事物的本质是体积、构造、形状，以及具有传达运动力量的微粒的数量，但是不知道在任何具体的例子中产生了直接呈现给我们的，或者我们和它们有接触的

---

① 《人类理解论》，第 2 卷，第 23 章，第 9、17 节。
② 同上书，第 2 卷，第 26 章。
③ 同上书，第 2 卷，第 26 章，第 1、2 节。
④ 《著作集》，第 4 卷，第 61—62 页。

特定效果的特定属性。① 困难不在于第一性质是物理的而第二性质是心理的，而在于我们不能确定在因果性力量和其效果之间物理上存在的必然联系。

"黄色实际上不在金子当中；相反，它是金子中的一种力量。当金子被放置在合适的光线之下时，能够借助我们的眼睛，在我们头脑中产生黄色的观念；热，我们不能使它和我们关于太阳的观念分开，实际上，不是存在于太阳之中，就像它向蜡烛中引入的白色一样。这些都是太阳中的力量，通过其可感部分的运动和形状作用于一个人，以至于使他具有了关于热的观念；而且如此作用于蜡烛，以至于使它能够在人当中产生关于白色的观念。要是我们的感觉足够灵敏，以至于可以识别出物体很小的微粒及其可感性质依赖的真实的构成，那么，我要质疑的不是它们会在我们中产生相当不同的观念，而是要质疑：现在关于金子的黄的颜色那时就会消失，取而代之的是我们应该看到关于部分以及某种大小和形状的奇妙的结构。"②

正如这些引文暗示的，困难在于我们的感知器官不适合产生在精致和微妙上可以和事物的真实结构或构成相比的效果。因此，我们决不能确立存在于原因和效果之间详尽的和具体的必然联系。正是由于那一原因，而且仅仅因为那个原因，我们不能作出普遍的和必然的陈述，或者不可能获得关于效果（观念）彼此之间关系的知识（确定性）。引用他最受欢迎的例子：如果我们知道了金子的可熔性和它可以溶于王水的性质所依赖的内在构成，那么，我们应该知道，可溶性和可熔性之间的联系是否必然的和普遍的，或者是否偶然的和可分割的。这一点对于黄色和其他属性之间的联系，同样成立。如果我们拥有了金子内在构成这样的知识，以至于使我们能够看到它的微粒如何产生黄色以及如何产生可熔性，那么，我们应该有一个判断黄色和可熔性之间联系的接近程度或松散程度的准确标准。

详细引用洛克和斯蒂林·弗利特争论时所作的一个陈述，是有价值的。沃泽斯特（Worcester）主教指责洛克抱怨我们关于事物的知识缺乏确定性。在回应中，洛克说："如果我们知道那些存在之物的真实本质或内在构成，我们知道这些存在物的某些性质，那么，我们应该拥有那些事物及其性质更多的确定的知

① 《人类理解论》，第 2 卷，第 31 章，第 6 节。
② 《人类理解论》，第 2 卷，第 23 章，第 10、11 节。强调是我加的。

识。我确信,这么说是对的。我认为没有什么不恰当的抱怨。"正如事实上那样,我们确信某些事物存在,而且某些属性是那些存在物的性质后,他继续说:"但还有其他非常可欲的确定性,或者同样的那些事物的知识的其他部分,我们可能缺少它们……当我看到它们时,我能认识牛膝草的颜色、形状和气味,我们知道的就这么多。在这个世界上,有一种存在物,它们被赋予这样一种独特的力量和性质;然而,我可能会合理地抱怨说,为了确定牛膝草可以治愈创伤或咳嗽,或者可以杀死蛀虫,我们还缺少东西;或者以某种方式被利用,硬铁或一百种其他的事物可能包含在其中的性质,我可能永远不会知道;然而,如果我知道了它们的性质所依赖的事物的真实本质或内在构成的话,可能会确信这一点。"①

如果洛克认为我们关于物理事物命题的局限和不确定性,是由于通过在种类上和事物不同的观念认识事物的,那么对他而言,这样说是世界上最简单不过的事情了。但实际上,他把物理知识的局限归之于其上的是"大部分简单观念之间的联系是未知的"。用他自己的话说,关于这样的联系的知识,"如果有的话,也是非常有限和非常少的"。因为,"我们关于实体的复杂观念由以构成的简单观念在大部分情况下,在它们的性质中不同时包含与任何其他简单观念的可见的必然联系或一致"。而且,原因在于"不知道它们的根源,不知道构成我们关于金子的复杂观念的那些属性依赖并产生了这些属性的大小、形状和部分的结构。我们应该知道其他的属性源于什么,或者什么会和金子不可感知的部分同样地构成不相容,因此必须总是和我们关于它们的复杂观念共存,否则就会和它不一致。要知道这些,是不可能的。"②要阐释休谟关于因果关系的学说(他一定是从洛克那里引出作为其基础的观念),就我们所知道的而言,任何属性都可能与构成经验事物的其他属性相伴随或共存。但是,洛克仍然认为,如果我们知道了它的内在构成,就应该能演绎出共存的是什么属性,或者它们一致和普遍联系的程

①《著作集》,第4卷,第81—82页。比较《人类理解论》,第3卷,第6章,第3,9节;参见第11章,第22节:"如果这个发光的、沉重的和有韧性的事物在形式上的构成(它所有的属性都源自这里)向我们的感觉敞开,正如一个三角形的形式构成或本质那样,'金子'一词的含义就像'三角形'一词的含义那样,可以很容易地确定。"以及第4卷,第6章,第10节:"要是任何人能够发现金子的可塑性和颜色或重量之间的必然联系,或者发现那一名称所指的复杂观念的任何其他部分的话,他或许可以提出金子在这方面确定的、普遍的命题;'所有的金子都是可塑的'这个命题的真,就像'所有的直角三角形的三角和都等于两直角之和'这个命题的真一样确定。"
②《人类理解论》,第4卷,第3章,第11节。

度。在某种意义上,洛克的观点是自他的时代以来众所周知的一个观念,即关于存在,没有普遍的命题;只有在运用演绎时,后者才是可能的。

因此,洛克说:"我质疑的,正是如果我们可以发现任何两个物体的形状、大小、微小的构成部分的结构和运动。我们应该不用实验就知道一个对于另一个的影响;就像我们确实知道一个正方形或三角形的属性一样……我们应该能预先分辨出大黄会引起腹泻,毒药会导致人死亡,麻醉剂会让人睡着……但是,虽然我们缺少足够敏锐的感觉,不能发现物体微小的粒子,没有获得关于它们的机械的影响的观念,但我们必须满足对于它们的性质和运作方式的无知。除了我们做的某些实验能够达到以外,关于它们,我们不可能有进一步的确信。"①

在论述"人类知识的程度"这一章,同样的意思重复了多次;而且在第六章论述"普遍命题"时,也是这样。后面一章的第十一段,在直接源自它的内在本质和属性与由于"外在的原因"产生的属性之间所作的明确区分,值得注意。"把一小块金子单独地放在任何地方,不让它接触其他的物体,不让它受这些物体的影响,它立刻就会失去它的颜色和重量,或许还会失去柔韧性;就所有我知道的而言,它还会改变了易碎性。"洛克当然不是意在暗示重量是一个"主观的"或"心理的"状态,而是暗示它依赖和其他事物的联系,即引力。因此,就"第二性质"大体上指示什么而言,这一段话尤其具有启发意义。如他对此的总结中所说,"事物自身看起来不管多么绝对和完整,都只是为了被我们经常注意到的事物的自然的其他部分的仆从。"在这一段中,洛克看起来几乎接近于否认终极的、不连续的事物的存在;这种否认,将会彻底地改变他关于知识的全部理解。② 但是,他很快回到了关于事物绝对的、内在的本质的观念。可以说,这一本质应该被认识,但由于和其他如此遮蔽了它们的事物的联系,却不能被我们认识(关于共存的知识的主要论点,在第12章论述"改进我们的知识"中也有重复)。

继续引用也许有些画蛇添足了,但洛克恰恰把同样的逻辑运用到了关于第二性质之间的相似性程度的知觉上。这一事实看起来至关重要,是决定性的。不同程度(深浅)的颜色,依赖于大小、位置、微小的不可感知的粒子的数量和运动。因此,虽然它们对我们而言,可以感觉到是相似的,但它们可能的确是不同

155

———————

① 《人类理解论》,第4卷,第3章,第25节。
② 参见怀特海:《自然知识原理》(*Principles of Natural Knowledge*),第1章。

的。关于存在于两种白色之间的相似性的程度，我们不可能（确定地）认识。"因

此，不知道多少数量的粒子，不知道它们的什么运动适合产生任何精确程度的白色，我们就不能证明任何两种程度的白色的某种等同；因为我们没有任何确定的标准来衡量它们，或者有任何手段来区分开每一种最小程度的真实差别。"①单单这一段，就完全驳倒了洛克的第二性质是意识或心智状态的流行观念。如果它们是意识或心智的状态，那么，它们的表象就会是它们的存在；如果它们在"意识"中相像，那么，它们就会是相似的。这里确定无疑，会引出对于坚持用传统的阐释来解释本段的人的挑战。

当洛克关于存在的理论与其知识理论相符合时，他的实证的知识理论会变成什么样，提出这个问题不是当下工作的一部分。然而，很显然，除非存在在某些方面或阶段是相互联系的，而非不连续的；而且除非事物的相互联系（或处在相互联系中的事物）是知识的恰当对象，否则，在事物和任何根据对这些联系的知觉运作的知识之间，就像洛克所做的那样，会有一个不可跨越的鸿沟。洛克向人们简要地展示了：当加以修正时，他的理论会变成什么。这对于我们当下的目的而言，已经足够了。"观念"在经验中如此紧密地联系在一起，以至于它们以不同程度的可能性，服务于并区别"观念"是其一部分的复杂的相互联系的整体。一个确定的黄色，使我们把金和银区别开来，把美味的葡萄酒和水区别开来，等等。正如他不断陈述的那样，这一功能满足了我们所有的目的；实际上，如他在一个段落里所说的，如果我们可以探明它们的内在本质，而其他事物仍然是它们现在的样子，那么很可能，它会证明非常难堪。② 简言之，如果事物的相互联系是如此这般，以至于使暗示的关系和推理的行为成为可能，这就足够了。当他说，"观念之间的联系不暗示原因和效果之间的关系，而仅仅是被指示的事物的标记或标志"时，贝克莱准确地指出了这一点。③

经过这一替换，虽然使洛克主义的阐释改变了，但在他所称的第二性质和第

157一性质那些属性之间的区分仍然具有价值。第一性质不再是传统的本质属性和

---

① 《人类理解论》，第4卷，第2章，第11—13节。

② 同上书，第2卷，第23章，第12节。以下之处也表明了主要论点：第2卷，第22章，第14、15节；第3卷，第6章，第30节及第9章，第15节；第4卷，第1章，第6节；第11章，第7节；第12章，第11节；第16章，第6节。还有《著作集》，第4卷，第76—77页。

③ 贝克莱：《人类知识原理》（*Principles of Human Knowledge*），第1部分，第65节。

第二性质的有效因了；它们是事物的这类性质，它们用作最准确、最可靠、最全面的标志；它们是在暗示的关系中的推理最重要和最容易接近的性质。甜被证明是比广延部分的"体积、数量和结构"价值更低的标志。

威廉·詹姆斯在 1926 年[①]

158　　很难说它是怎么发生的,但重读这一卷从威廉·詹姆斯的著作中精心挑选和编排的摘要精华,立竿见影的效果就是驱使我想弄清楚世界大战对于美国知识分子生活的影响。这一卷,连同对詹姆斯的思想所作的鞭辟入里的导论性阐释,一起让人再次看清了詹姆斯先生如何准确和充分地展现了美国的生活-经验的某个阶段。这一卷还加深了人们对今天的美国和 19 世纪 90 年代及 20 世纪初的美国之间看起来不可跨越的鸿沟的理解,那个时代见证了詹姆斯知识上的成就。这个悖论是什么? 为什么会如此?

　　为什么美国声音最真诚的典型特征,现在听来像是向我们唤起了一个逝去的、不复存在的时代? 如果人们还记得在詹姆斯从事工作的时候,专业上的同事对他的态度以及他的地位确立起来后,他们的态度之间的巨大反差,那么,这个悖论的分量就会增加。是的,我清楚地记得三十年前的声音。无可置疑地作为一名心理学家,但就他不明智地涉足哲学而言,有着一种有趣的和令人惋惜的屈尊。但是,他关于一个开放的世界——这个世界有着多元的和未完成的方向,有着无规律性和危险,有着新颖性和未经调适的逆流——的思想,当时看起来如此肆无忌惮和异端,如今已经变成了老生常谈,虽然我不能说所有的都已被接受

159　了。有一件事情是确定的,即他是未来的预言家;科学和哲学中所有的主要潮

① 首次发表于《新共和》,第 47 期(1926 年 6 月 30 日),第 163—165 页。《威廉·詹姆斯的哲学》(*The Philosophy of William James*),摘自他自己的《著作集》,社会研究新学院的霍拉斯·卡伦(Horace M. Kallen)撰写了导言,纽约:现代图书馆,1925 年。

流,朝着他所指出的方向进发。然而,他在一般哲学中的地位,他作为一名思想家在世界思想家中的地位越确定,他是不是美国精神永恒的代言人,或者当一个时代从现实的舞台退却时,他是不是对这个时代、这个国家的先驱时代作了总结,这一点就越不能确定。他所阐发的精神已成为过往,已经一去不复返了吗?作为从自然科学出发的新方向的哲学世界的第一个先驱者,人们从今以后,应该仅仅为了他的洞见中那些普遍属人的洞见去阅读他吗?或者,他为之代言的,是美国生活中永恒的和坚不可摧的财富吗?美国人重新回到他的遗产,仅仅是为了怀旧和补偿,还是为了寻求力量?仅仅提出这些问题,就让人感到沮丧了。

如果你希望了解詹姆斯所代表的美国生活中的那些方面是什么,最好的答案莫过于在卡伦先生所写的导言中去寻找。詹姆斯对缔造这个国家先驱的生活,给以知识上的表现。在孕育他自己的思想的詹姆斯个人的、私人的经验和"美国人民对于美国场景无拘无束的反应"之间,有着相似之处。后者和白人在美洲大陆冒险中的"前所未有的、险象丛生的和不可预测的事物有关……它们在先驱们的努力中发挥最大的作用;要自担风险地相信一项其成功没有预先保证的事业的结果的意志,就是他们所总结的东西。自由、冒险、努力、新颖性和一个不确定的未来,全部包含其中"。因此,"威廉·詹姆斯自己的个人经历和在美洲荒野创造家园的欧洲人的经历恰巧相吻合……每一种经历都是对个体的自主和自然性的声张;对赢取这样的成功或卓越的自由的声张,这样的成功或卓越是在他自己能力所及的范围内,基于他自己的信念,以他自己的方式,通过他自己的努力实现的。他为了生活在这个不是为了他们而创造的变动不居的世界、这个完全没有任何保障的世界而进行的不屈不挠的斗争,要自担风险"。

但是,先驱都已经离开了。正如卡伦先生提醒我们的,他仅仅保留在了"西方的"电影的浪漫主义当中。和大规模生产的技术相适应的组织和管制,已经取代了他的位置。几年前,韦尔斯(Wells)先生思索着通过一种不受约束的"个人主义"来解读一切,从而对他关于这个国家的印象进行总结。但是,除了把"个人主义"在专业的意义上用于指示对政治和治理行为的漠不关心的氛围以外,韦尔斯先生那时甚至不是由于这个国家当时的样子来解释它,而是由于它曾经的样子和已不再是的样子来解释它。从詹姆斯的时代以来,科学的特征已经转向了探究一个开放的和不合规律的世界;但我们人类自己的世界却变得相对局促和封闭了。古老的直觉的和无意识的个体性已经让位于一种有自我意识的个人主义,它主要在反抗对个人行为的清教徒式的限制中展现自身的开明；与此同时，"个人自由"和自由主义在对保护走私贩不可剥夺的权利的宣扬中达到了登峰造极的程度。我们比我们的祖先对个人主义和自由的讨论要多得多。但正如经常发生的那样，当任何事物变成有意识时，有意识就是对实践中缺乏的事物的补偿。

巧合的是，我在读詹姆斯这些文选时，也在读格雷厄姆·华莱士的《思想的艺术》一书。除了在华莱士先生提出的思想以外，很难勾勒出一种更加背离刚刚所陈述的对于先驱精神的阐释了。这种背离，在当前的背景中相当重要。华莱士先生发现，先驱精神尚在的影响，是在这个国家发展一种独立的精神生活的主要障碍。对他来说，"先驱"几乎等同于对作为一种高雅的、无用的思想的庸俗蔑视；几乎等同于在宗教中遵循基础主义；几乎等同于为了未来物质上的收获和成就，持续不断地牺牲当下的享乐和闲暇。在和卡伦先生的著作的鲜明对比中，他碰巧把詹姆斯视作先驱思想的对立面的例子。对于先驱精神的哪种阐释是正确的而言，任何争论都是毫无意义的。任何明智的人都会承认，"先驱精神"作为一个实体，作为一个概念，是人为地挑选出来和建构起来的；它允许从实际上作为先驱的男人和女人的特征中选择的机会，这些人作为人，和我们中其余的人一样，是鱼龙混杂的。但至关重要的是，自由的、冒险的和个人主义的品质如此远逝了，以至于一个关于当代状况的评论者寻找先驱精神在当下的遗产时，他发现它们恰恰处在美国场景的这种特征之中，这些特征为知识的和道德的个体性蒙上了令人窒息的屏障。

人们禁不住要追问：关于"实用主义"和它的发起者詹姆斯先生的流俗观点，是否本身没有证明对詹姆斯思想的现实的一种微妙的扭曲，这种扭曲暗示了伴随着机器-制造的世界取代先驱们的户外世界而发生的变化。如果我没有弄错的话，当前对詹姆斯名声的一些高度颂扬正源于把一个估计他自己也会坚决拒斥的关于"后果"的观点归之于他。正是他说，美国特性中最脆弱的一点就是崇拜"婊子女神，即成功"的倾向。然而。或许我们当中的实用主义——以及国外人的不利的批评——中某些流俗的看法是下面这一观念，即不管怎样，它是一种关于成功、为了成功和因着成功的哲学。很少有人质疑，从《实用主义》（*Pragmatism*）一书发表至今，在短短不到二十年的时间所发生的某种价值观的转变；对詹姆斯来说，最重要的一些事情已经退居后台，而被他蔑视的一些事物跃居前台了。

然而，与詹姆斯的实用主义思想的流俗阐释相伴随的，不管是什么，美国生活中的实用主义是商业的主导。一个新近的美国作家①引用了美国商会一个部门领导的话,大意是说:"今天的资本主义是战无不胜的,而且美国的商人,正如他们引人注目的典范那样,占据了商人前所未有的领导地位。"引用的这段话,得到来自权威不亚于亨利·福特(Henry Ford)的另一个人的支持。"我们整个的竞争体系,我们全部的创造性表现,我们所有能力的运用,似乎都围绕着物质生产及其副产品的成功和财富。"奥托(Otto)先生继续说道,这种情况最为不祥的特征不是普遍沉浸于商业,那是非常可悲的。"更糟的是商人在人的雄心勃勃的生活中,对于领导力的那种让人感到担忧的假定。""受到'服务'俱乐部部门以及商业杂志中不计其数的言论的支持,政府的分支机构也助长了这一点。对于'实际可行的理想主义'的宣传,仍在继续。"

按照奥托先生理解的商业,这一信条最主要的学说——我没有看到更加引人注目的评论了——首先,人们把心血倾注其上的希望,由商人来引导;其次,实现这些希望的技术手段由科学人员来推动;第三,让正在成长起来的一代在这个工业体系中迅速、有效率地取代它们,其所必要的训练由教育工作者来监管;而宗教领域的教师的主要责任,是推动人们致力于让民众坚守节制和勤勉习惯所需要的道德和宗教规范。

我想,我们在此距离詹姆斯和美国生活的矛盾关系的主题不远了。这一段暗示了存在一个普通概念范围内的巨大的反差。思想、沉思和理论在人的生活中,应该具有以特定的后果呈现出来的具体的含义,这当然是詹姆斯的思想。这一学说是对我们的场景中固有的某些东西的明确表达。然而,在它和当前被奥托先生感受到的和诋毁的实用主义之间的鸿沟,要比任何美国的和非美国的哲学之间的差别,意义更加重大。它表现出一种内部的战争、一种内在的分裂。我们要朝哪个方向推进:在詹姆斯所表明的方向上,还是在今天看起来居于支配地位的方向上?詹姆斯只是抓住了转瞬即逝的一幕,并且通过把自己的个性融入其中而把它理想化了吗?或者,他洞察到了持久不变且确定无疑,将通过暂时隐藏其表面的浮华展现自身的实在吗?

①马克斯·C·奥托:《自然法与人的希望》(*Natural Laws and Human Hopes*),亨利·霍尔特出版公司,1926年。

布朗主教：
一个基础主义的现代主义教徒[①]

我之前在《新共和》上曾经指出，基础主义者在选择描述至关重要的宗教议题所用的语词时，要比他们的反对者先发制人一步。很明显，现代主义教徒在这件事上多少有点错了，不仅仅因为他们接受了这样的语词，还因为伴随着他们信念的知识上的模糊性。至少对于处在争论之外的人，对于不追随其中任何一方的人来说，宗教"自由主义"就像他的追随者所表达的那样，在特征上似乎是过渡性的和起调停作用的。对于许多人来说，它在缓解压力方面的心理学价值是不容置疑的；没有人会否认那些以避免危机和破坏事件沦为剧变的方式，从一个立场摇摆至另一个立场的运动中的社会价值。但是，为了知识上的连贯和完整，应该识别出具有过渡性质的运动的方向，应该对这一情境变化的逻辑所指向的后果有清晰的理解。

威廉·蒙哥马利·布朗（William Montgomery Brown）主教毕生横跨这个进程；他刻意地这么做，而且很清楚自己从哪里出发，从哪里抽身。他从一种基础主义的信条，转向另一种同样是基础主义的信条。因此，他不仅仅是一个现代主义教徒；而且放弃了与传统和教会制度的权威紧密相连的超自然主义，转向了与调查和科学制度的权威紧密相连的自然主义。但是，没有哪个有一点点同情心的读者能够反驳他的如下主张，即归根结底，他是虔诚的，对他自己的信条要比

他担任圣公会正统的主教时更加虔诚；在那里，他在拯救垂死的教会以及建立新

[①] 首次发表于《新共和》，第48期（1926年11月17日），第371—372页。

的教会方面,要比通常情况下更得心应手。他最近的著作《我的异端思想》(*My Heresy*,由纽约的约翰·戴公司出版),暗示了他对一种自知奠基于坚不可摧的摇滚年代的信念的确信。

引发考察布朗主教精神发展的兴趣的,正是那一事实——宗教现实如此浸润着他的生活及其著作,以至于尽管他被革去主教的职务,甚至他在教会中的敌人也没有去审视他,这是难以想象的。在他的知识概念中,在他关于信仰的本质、权威的本质、信仰和渴望的对象的本质的思想中,他整个地转了一圈。但是,这一圈时时处处打上了虔诚的烙印;任何地方都没有跨越边界。正因为如此,这本书记录的运动具有一种在大部分异端那里缺少的代表性意义。声称与宗教断绝关系的热心牧师的历史,表现出在大多数现代主义教徒的活动中缺少的东西:获取一个位置和领地,这和任何妄称自己是基础主义者的神职人员的位置和领地一样重要。正是由于这个事实,他的职业生涯使得在近来的大部分争论中被模糊了的问题明朗化了:在当下这个时代,至关重要的宗教经验的基础是什么?

布朗主教在知识上的天真,他的性格中的无知和贞洁,是澄清这一状况的力量。他的著作作为一本书,太善于论证了,太过关注使一个结论在读者的头脑中变得明确和强硬了,以至于不是一本巧妙地有启发意义的"精神的传记",而是一个文学上的自我主义者,把手头的材料写成了"精神的传记"。但是,尽管不断地重申带给这本著作沉重感的那些同样引人注目的论调,下面的事实还是凸显出来了,即布朗主教接连不断地涉足"异端"(毫无疑问,不用太久,这个词就会永远被保存在引号中),表现出他的信念不断地扩展和深化。他的宗教生涯在被革除僧侣职务时终结了,这不是因为他不时地发现自己相信得更少了;而是因为他不时发现,缺少对人和知识的信念与他先前持有的信仰纠缠在一起。其他曾经分享这些信仰的人,仍然处在疑惑之中;而他的信仰前进了。

因此,他发现自己没有欲望,没有期待,被迫而不是主动地从一个水平变换 *165* 到另一个水平。每一次危机都发现他持有天真的信仰,即只要他向同胞们传达新的启示,也就是曾经强加于他的对科学和社会实在的新理解,他的同胞的信仰就会作出回应;而且即使他们没有积极地赞同和追随他,至少承认他有权利遵从他曾经看到的启示之光。每一次他遇到的拒绝,拒绝甚至在想象中进入一个新的和更大程度的真理,为了保持对他自己的信仰的真诚,就必须以这样的方式前进,这迫使他进一步思索寻找拒绝的理由。只有到最后,到他作为主教审判结束时,而且正是由于这个审判的特征,他被迫得出结论说:"我的异端"本质上在于曾经把信仰放在真理当中,曾经把现实放在所有其他的信条之上或之下。只有那时,基于他的呼吁,他才转向了澄清问题的事情,转向了基于作为教会官方态度的记录而清楚地写下来。直到那时,他只是努力地分享占据了他心灵的信仰,恰恰在那时,当他仍然是正统中的正统,是神职人员的牧师时,他曾经努力地把其他人带向这一信仰。不容置疑的历史,见证了许多从童年到老年依然是幼稚的信仰的例子。但在其中,幼稚的信仰一如既往,却从执著于字面意义和教条主义的极端到怀疑和否认人格的上帝,否认个人的不朽和耶稣在历史上的存在。这样的例子确实很少。

布朗主教为自己发现并且提供给其他人——他们虽然有宗教信仰、但同时生活在与当前的精神和社会世界的充分交流中——走出去和提升的方式,就是象征性阐释的方式:欣然全心全意地信奉不管在哪里发现的、不论什么样的真理,而且把过去时代表达信仰的方式视为人类现在感受、认识并渴望去做的事情的象征。许多从教会的立场看是异端的人,对这一方式漠不关心。他们已经没有兴趣依然把《旧约》和《新约》、《使徒》和《尼西亚信经》视为象征,正如他们没有兴趣对柏拉图或维吉尔(Virgil)作出象征的阐释。但是,甚至他们也认识到,教会是有重大历史意义的制度,大部分人的宗教生活一直和它纠缠在一起;他们认识到,对于和深层的情感经验紧密相连的传统的虔诚,是需要尊重的事情;他们知道,作为一种制度的教会,以及个人对在很大程度上滋养了人的理想生活的源泉的虔诚,正面临调适当前生活中的精神和社会现实的问题。就这些事情而言,象征的方式是一种根本的释放、解放和鼓舞。布朗主教为异端审判记录在案且写得很清楚且详细的问题,是当既成的事实的强制没有留下其他可行的道路时,基督教教会是否会继续在旧的信仰和准则的特殊条款上,一个接一个地让步于象征主义;与此同时,却在其他方面牢牢地抓住字面的解释和教条主义;或者,它是否会自愿和慷慨地让渡给所有人完全充分自由地对任何条款作象征主义解释的自由,而仅仅为生活本身的现实保留它的信仰。新教的未来,取决于对这个问题的解决。布朗主教不是知识上的巨人,他没有声称自己知识渊博。但是,他对于精神上的基本法则的诚实和真诚信仰,在使问题明朗化方面,比具有很高的知识地位和更加渊博的学识的人已经实现的成就更高。和这一成就相比,那些可能伴随给布朗主教留下深刻印象的某些象征性解释的粗俗和古怪,就不重要了。在宗教上,他是一个基础主义者,尽管他在传统的超自然主义意义上是一个异端。

美国的责任①

167　　由于过度宣传,美国的"实用的理想主义"或许已经染上了一种形式主义的色彩。像另外一件好事和一个好词"服务"一样,它已经被那些利己主义者使用,被那些为了推进他们感兴趣的任何事业而抓住流行的理想主义短语不放的人弄得贬值了。然而,无数良好的愿望和渴望对于分散在美国人民中的那些处于危难中的人,是有帮助的。这不是我们特殊的荣誉;如果不是这样的话,将会是一种耻辱。它萌生于先驱们的社会条件,孕育于生活的变动,以及临时作出合作性的调适以满足新条件的需要,而且是我们丰富的资源所要求的;正是由于如此丰富的资源,如此多的人才摆脱了个人需要的压力。在其他国家被用在政治事务中的许多能量,在这个国家,自愿团结一致地投向了公共福利。

美国超然的原因

这种良好的愿望虽然有许多相反的表现,就国际事务而言,仍然是存在的。我们超然于欧洲的斗争和问题,有明确的原因。我们人口中很大比例的人,他们是为了逃避在大洋彼岸遭受一种或另一种疾苦而迁徙到这里来的。他们希望在精神上、道德上以及身体上逃避;他们仍旧想忘却。在必要的时候,他们会反对168　其他一些国家而支持他们以前的国家,但总体上说,他们是反对欧洲的。我们这些移民人口的多样性,是另外一个因素。几乎不存在这样一个民族群体,它没有一种恐惧、怀疑和敌视作为其历史上的宿敌的某个其他欧洲国家的传统。为了

---

① 首次发表于《基督教世纪》(*Christian Century*),第 43 期(1926 年 12 月 23 日),第 1583—1584 页。

让这些不同的群体可以在大洋这端友好地共处,所要求的条件之一,应该是尽可能地把欧洲的问题放诸脑后,不要去管那些问题。否则,我们的政治和社会生活将会重复欧洲历史上所有的争端。

物理上的遥远,不可避免地会伴随某种程度的心理上的孤立。沉浸在日常生活中每天必须做事情的大众,很少有闲暇和动力过多地考虑在遥远的地方发生的事情。所有自我保存的力量自动地发挥作用,以反对掺和那些事情,尤其是掺和政治事务;它们是如此的遥远,以至于不可能作充分的了解,更不用说控制了。专注于做自己的事情,是一种与其说在地方范围内,毋宁说作为整个民族而受到称赞的行为。想想英国的岛屿距离欧洲大陆有多近,然而这个国家所有历史上的政策直到最近,还是在孤立的方向上制定的。孤立不是一个很高尚的理想,但是与让干涉者面临令人不快的难题而最终没有为其他人带来任何好处的干涉相比,它代表了一种较好的事态。自由地散播于美国人中间的,就美国孤立的自私和无用而言的一些指责和建议,有一些幽默的成分,考虑到虽然更接近欧洲而且和他们有更多交往的英国一个世纪之久的古老的政策。

作为一个有教育意义的因素的战争

如果没有提到随着战争而来的幻灭,即使像那些评论一样草率地总结,也会显得极其不完整。战争的后果用作了一种重大的政治教育;我不是说一个完整的或充分的政治教育。但是,普遍存在被愚弄的情绪——甚至在那些认为在相似的情况下,我们将不得不同样做、但怀着不同的心情做的人那里,也普遍存在——连同伴随这种情绪的退却,不仅仅是因为暂时的疲惫和厌恶而产生的情绪上的失控。伴随它的是美国人对欧洲种族的和经济的对手、政治上的密谋,以及外交方法的现实情况,比此前有更充分的认识。很少有人会自找麻烦,去深究有关战争罪的讨论的细节。但是,许多民众相信,战争反映了欧洲人的精神状态和政治状况。虽然有洛迦诺和其他一个或另一个可喜的事件,但他们看不到欧洲人的精神状态和政治状况经历了任何变化的迹象,除了因为疲惫而产生的变化以外。从根本上讲,超然的态度是因为依然反感搅和欧洲的争端、阴谋和相互背叛的错综复杂的局面。有一种对于经历碰巧与这样的事态纠缠在一起的麻烦的自然反感。但是,不仅仅如此。有一种坚定的信念认为,美国在国际事务中的整个境况和传统与欧洲体系相去甚远。

两个体系

这不必暗示我们在道德上做得更好。当前的欧洲人不应该为他们继承的东西受指责，我们也不应该拥有我们继承的东西，承认这一点不会影响事实。事实是重要的，即两种体系是不同的。指望通过基于他们不满意的国际和外交遗产所设定的条件加入他们的事务，可以真正地有所帮助，在我看来，这种观念是愚蠢的。我们只会被拖下水，而且我们的体系会被他们同化。

刚刚所说的话，可能会被肤浅地理解为是对我们的孤立政策的辩护。但我的意图是截然不同的。倾向于孤立的一些原因，已经被阐明了。尽管有人会把它们视作邪恶的——它们当然不是邪恶的——它们确实作为事实而存在，而且有助于决定事态。任何现实主义的思想家想要的，不仅是在他们个人意识中的理想主义，而且希望看到理想被付诸实施，必须把它们纳入考虑之中。它们作为牢固的磐石，矗立在那里，以反对多数时候我们被敦促采用的方法——作为和欧洲的复兴并肩合作，以及作为推进世界和平事业的方法。正在讨论的这些努力，来自许多高瞻远瞩和兢兢业业的人们。他们是值得同情的。美国事务的整个环境和动向注定让他们失望。就国际友谊而言，美国的理想主义有意识地大量流向了这样不可能的渠道，这个事实在很大程度上，解释了美国人民真正实用的理想主义为什么依然是沉睡的和无效的。

这样，我们就触及了就美国超然原因而言的主张的真实目的。根据什么样的条件以及遵循什么样的路线能使美国人的情感、信仰和行动被激发起来，以便为了国际理解和善良愿望的最高的事业？试图迫使他们进入与他们的本性对立的渠道，只会导致日益加剧的超然，只会加剧冷漠，或者甚至是对抗。为联盟法院及其命运的斗争，应该向任何明眼人表明这一事实。看到如此多潜在的能量因为方向错误而永远浪费了，与此同时，更多潜在的能量可以被激发出来用于国际和平活动却依然冷漠和停滞，真是可惜，甚至是悲哀了。

欧洲和美国

因此，我向那些为了世界和平和友谊，一直不遗余力地关注把欧洲和美国凑在一起的人发起呼吁。为什么不寻求一种把这个国家潜藏的所有实用的理想主义都调动起来的方法和合作机构呢？为什么不寻求和美国的传统、立场相一致的途径,寻求其后果不包含卷入欧洲战争政治的遗产之中,而且为欧洲提供一个让自身从那一噩梦中解脱出来的措施呢?有什么其重要性不及共同努力使欧洲从其合法化的战争体系中解放出来的事情,美国可以去做吗?困扰欧洲、降低欧洲重要性以及威胁其文明的,不仅仅是上一次战争的结果,更多的是下一次战争以及下下一次战争的前景,是战争体系,使它们摆脱那一重负,以及萦绕它们之上的威胁。没有人认为欧洲没有足够的资源——物质的、知识的和道德的——使自己焕发新的活力,并且在友好的文明竞争中成为领导者。任何我们以直接的或间接的方式,或近或远地做的或者能做的,使这个战争体系永恒化的事情,对欧洲而言都是伤害。就让美国实用的理想主义为欧洲做它们最需要的、也是与美国的传统最相契合的那件事情吧,而且假以时日,其他需要的事情也会附加上去的。

寻求这样一种方法和机构,很快就会实现。它已经触手可及了。它体现在参议员博拉(Borah)的解决方案,以及列文森(Levinson)先生建议的协定中。然而,我不得不听取一种反对的意见,它不能被归结为这样一种信念,即这个提议满足不了欧洲的条件。它忽视了欧洲国家过去的冲突,以及这些国家对于保障和安全的强烈呼吁。是的,那只是这一方案光彩的一面。它和欧洲当下的政治形势相距甚远,这种状况是战争体系的直接后果,也埋下了未来战争的种子。除了使战争成为非法的之外的任何把保障建基于武力之上的其他方案,都必定会引发战争。任何建基于战争威胁之上的安全,都必然带来战争。这一主张暗示了欧洲过去与战争体系如此密切地联系在一起,以至于依靠别人走出这一体系,本身既无好处,也不会帮助它们。这一点已被证明得太多了。如果欧洲决定要自我毁灭,那么就什么也不能做。但采取这样一种悲观主义的态度,是没有理由的。直到美国让自己公正地退居使战争体系非法化的背后,明朗美国和欧洲可以为了和平及在和平中合作的条件,而且那时已经被欧洲拒之门外,否则,它将依然是没有理由的。

第一责任在于这个国家。它首先必须承诺采纳"博拉决议",以及作为对它的补充的那些措施。虽然这一理念激起了那么多的热情,但它还是没有被采纳。如果这一承诺被延迟了,责任不会完全落在对世界其他地方以及对把我们和他们连接起来的纽带漠不关心的人身上,也不会完全落在对国家间的持久和平与善良愿望的可能性持怀疑态度的人身上,更不会落在接受战争作为解决国家间争端的最后的仲裁手段的人身上。责任在某种程度上，将落在不切实际的理想主义者身上，他们浪费国家的精力，而且把它引向了永远不会唤起这个国家公民的那些项目之上。有这样的事情：对于欧洲情况的细节了解得如此多，以至于心智被他们控制了；并且按照欧洲的传统和体系来思考问题，不时地在这里提出缓和或在那里提出辩解。有这样的时间和地方：在那里要求一种基本的观点和一个广泛的视角，在那里只见树木不见森林。唯一根本的问题，是使战争体系非法或使之永恒化。

美国和远东[①]

在中国发生大饥荒时,我正好在那里。当时,北京有许多美国人在讨论美国 173
和中国的关系。其中之一,有位商人抱怨,美国人为了工业和商业的目的在中国
投资所遇到的巨大困难。他从如下的事实出发,即一个毫无疑问会为中国带来
收益的工程方案,由于包含一个禁止排放的回收利用项目,美国人拒绝投入资金
而失败了,虽然确定会有相当大的收益。他把这种控制和慈善家自愿贡献出来
用于减少饥荒的受害者的资金数量作了对比。拨付的资金要比作为贷款被拒绝
的资金多几百万元。他声称,不完全是以异想天开的方式,在美国要为中国提供
资金方面的帮助,唯一的方式就是基于仁慈而非盈利,诉诸教会和具有博爱精神
的人们。

我经常想,这位商人的评论以某种方式提供了两国间深层关系的标志。美
国和中国之间当然有商业上的关系,而且其中某些是相当重要的。然而,这很难
代表全部的情况。在真正的意义上,我们对中国的关切是父母般的,而非经济上
的。所有父母般的情感都是百感交集的:它们通常包含了经济因素,希望对孩子
们的后来有所帮助。然而,期待金钱上的收益,并不是父母情感的本质。

美国在中国最多的人力和资本的投资是在传教、教育和慈善方面。习惯于 174
大陆式方法的欧洲人,通常把带着商业的和政治的目的而设计的这些发展规划
视为理所当然的。实际上,关于我们国家在远东地区定下的方案所具有的远见
和精明,欧洲人经常表示称赞。对于那些了解这些事件历史的人来说,这样的意

---

① 首次发表于《调查》(*Survey*),第 56 期(1926 年 5 月 1 日),第 188 页。

蕴是荒唐的。然而，一种明确的态势被制造出来了；我们和中国的关系，主要是文化上的。我们带着思想和理想，带着激情和渴望去那里；我们为中国展现了一种特定类型的文化，以作为可以效仿的典范。就我们已经到那里而言，我们像父母那样，带去了建议、教导以及案例和准则。像称职的父母一样，我们会以中国的方式把它们培育起来。所有这些，有着惬意的和慷慨的一面；然而，它也产生了一种情况，这种情况和危险交织在一起。

我们在外交和政治上的角色，在很大程度上，一直是家长式的。从伯林盖姆（Burlingame）时代以来，如果我们还有任何作用的话，那么，我们一直是保护性的。开放国门的学说，坚持中国的领土完整的学说，和我们自己的利益肩并肩。为了教育的目的减少庚子赔款，人所共知。但约翰·海（John Hay）在限制欧洲国家的主张和强行赔款上，毫无疑问，为中国提供了更大的帮助；就任何处在中国之外的、挽救中国免于分裂的人而言，约翰·黑正是其中的一个人。从积极的方面看，我们还没有做到我们津津乐道的那么多；但从消极方面看，通过不侵略，通过在可能的时候，只要不给自身带来麻烦就尽力平息事态，我们已经扮演了家长的角色。

这一部分引起了不会总是得到满足的期望。期望可能是不合理的，但是它们不被满足可以引起失望和仇恨。今天，在中国，对我们的感情中有这种情况：感到我们引起了不切实际的希望，然而却忽视了包含在其中的责任的履行。另一方面，父母很少让自己不受下面这种观念的影响，即感激应该归于他们；没有得到它们，很容易转变成愤怒和反感。除非这个国家有着高于一般数量的父母的理解，否则，很快会指责中国不知感恩。

175　　　然而，更加严峻的危险源于中国正在迅速崛起这一事实。在情感上，如果不是在行之有效的行动中，它正在赢得大多数人。因此，它会越来越不满于任何采取家长式的监护，即使是一种公开声明的善意的保护。这种不满的迹象已经很明显了。如果他们表现出或者就他们必须提供的帮助、或者就他们的管理而言的优越感的话，那么，使团甚至学校就不再受欢迎了。中国人感到，他们的新时代已经到来；而且外国人，即使那些怀有最善意目的的人，也必须使自己适应他们。任何时候，只要外国人的利益和他们不一致，他们就会随意地把不良的动机怪罪于他们。在政治上，中国也不再想要任何外国人的保护了。如果这个国家不会减少对他们的司法和关税的保护，那么，我们过去做的事情很快就会被忘记了。

在许多家庭中,当处于照料和保护之下的青少年成长到足以宣誓他们的独立时,就会有危机。在国家这个大家庭中,也是一样的。很明显,主要的责任在于成熟的和有经验的国家。在接下来的十年中,我们很可能需要许多耐心、宽容、理解和善良的愿望,把已经带上有意识或无意识的赞助人色彩的传统家长式态度,转变成对于和我们平等的文化的尊重和珍视的态度。如果我们不能成功地作出这种转变,这个国家和整个远东的关系将决定性地变得更糟。

相当虚假的小谎言^①

一两个月之前，来自德国的报道披露了俄日谈判中所谓的秘密条款。据此，这两个国家曾经联合起来，在总体上关于亚洲，尤其是关于中国的问题上，反对欧洲和美国。它甚至在为了这一联合的军队将要被训练的中国士兵的数量上触及了细节。不难想象，在这一报道之后，某些德国人想要在我们的心中激起不安，以免持续被西方世界不公正对待所冷遇的德国最终碰巧遭遇到亚洲的联合。甚至在战争之前，至少在某些美国人心中，已故的恺撒激起了对来自亚洲尤其是中国的威胁的担忧：这种担忧，和德国-俄国-日本联合——经常把中国放进去，以增加恐惧的分量——的威胁相遇了。

在过去的几天里，已经支付了有线电视的费用，以便使一位法国公共人物的演讲相当详细地为我们所知；他预言了下一次大战，认为要比此前发生的任何一次都更加恐怖。那次战争将在亚洲和世界其他的地方展开，美国是进攻的主要矛头。由于这个演讲的发表和有关的报道正好在那时，根据其他的报道，当时法国政府正在为另一次华盛顿裁军会议愁眉不展。假定那种特殊的恐怖场景被描绘出来，是为了让美国人断掉对尚不成熟的裁军的兴趣；而且是为了暗示，在那个冒险中，我们可能需要来自法国军队的援助，这几乎不会是一种讽刺。

几周前，在英国国会关于新加坡防御工事的争论中，在回应麦克唐纳（MacDonald）的质疑时，内阁的一名代表被报道：他说过，因为毗邻菲律宾的影响，美国公民很可能乐意看到使新加坡成为一个强大的军事基地，以防美国和日

---

① 首次发表于《新共和》，第 42 期（1925 年 4 月 22 日），第 229—230 页。

本之间发生战争。考虑到进攻这样的评价必然会给予日本、大英帝国昔日的盟友造成的影响,这种轻率的言语几乎不可能仅仅意欲在这个国家就新加坡的议案平息情绪。发表这一主张的秘书几乎不可能不知道,这一评论会被整个亚洲,包括印度、日本和中国,理解为关于亚洲的事务,而大英帝国和美国之间有某种谅解或协定。可以合理地推断,那就是他意在通过他的评价所产生的影响。

不要把这一点想象成说这三个欧洲国家在这件事上,比我们自己更有过错。我们海军利益的代表有条不紊地一直在尽其所能,在我们的心中激起对日本的恐惧。他们已经培育了很可能在我们心中存在并扎根的每一种怀疑和每一次警惕。他们还谈论了日本和俄国未来可能的联合;他们毫不犹豫地试图通过中国的布尔什维化,以及它可能与苏联利益联合起来,反对世界上其他国家这样愚蠢的谣言来蛊惑我们在历史上对中国的友好情感。如果不是公开的话,他们也是私下里让人们理解:日本的代理人在印度非常繁忙,鼓励并补贴那里独立的民族主义运动,以期在和美国未来的斗争中,获得印度人力的援助。

几周之前,一份美国报纸上的漫画描绘了两个与此不同的场景。或者,这个国家必须积极地与欧洲大国结盟,对他们的事务持一种负责任的兴趣,在构想他们的国际政策时真正与他们团结起来;或者,在黄色人种和棕色人种控制下的奴隶制上,我们最终被动地与他们团结起来。我们很容易看到另一个相当虚假的宣传背后的动机了。这个特殊的例子看起来像是对愚蠢得毫无必要的攻击,因为即使是对加入国际联盟最狂热的信徒,也几乎没有考虑过这一主张。然而,它只不过是试图产生下面这一信念的许多标志之一,即认为某个时候或其他时候,很可能在合理期望的不远的未来,在所有的有色人种和白人之间,或者在美国和一些有色人种之间,将会发生军事冲突。和颜色阴谋稍许不同的关于未来冲突的版本,是预言在穆斯林世界的人们反对基督教世界的人们从而消灭一方或另一方的战争中,所有的穆斯林都会团结起来。人们从官方的基督教信徒那里,偶尔会读到这类公开声明。

说明智的人很少注意这样的报道,这很容易。那正是使它们变得危险的原因。任何要追踪这些主张和流言蜚语——给出的仅仅是其中一些信手拈来的例子——的人,都会对它们的数量如此之大、种类如此五花八门且如此连续不断地涌入人们的心灵而感到惊讶,甚至感到震惊。使明智的人们忽略它们或者因心生厌烦而回避它们的那种愚蠢,让它们进入对外部事务的知识几近于零的许多

178

人的头脑中。向这些人指出，日本和俄国在亚洲的利益就和往常一样是敌对的，而且甚至现在，苏联政府的活动——保留了沙皇俄国的帝国主义并带有令人耳目一新的效率——正在制造和日本以及中国在外蒙和内蒙问题上的摩擦，这么说是毫无用处的。指出中国在历史上且在根本上既惧怕日本又害怕俄国，而且依据形势加入一方而反对另一方，这么说也一无是处。指出印度几代人都忙于应付自己的内部问题，不管继续作为英国的附属国还是变得独立都一样，这么说也是毫无用处的。同样毫无用处的是，所谓的穆斯林世界是特殊恩宠的部落和分散的部落的混杂，是小国家和利益的混杂，除非发生奇迹，否则任何东西都不会把它们引入团结的表象之下。指出那些被联合起来组成稻草人的人们在工业上的无能为力，同样一无是处。无知是不可战胜的。

因此，指出这些有计划地激起对亚洲威胁的恐惧，尤其是对日本威胁的恐惧的报道，来自相反的来源，而且受到前后不一致的来源的推动，这么说就不仅仅是毫无用处了。对由于这样或那样原因而对它们大打折扣的少数人而言，还有数以千计的人被就它们的结果达成的共识所打动。因为它们都意在指向实践中唯一的后果，而不管彼此之间在逻辑上如何相互矛盾。公共意见的来源，在其源头上就被毒害了。与此同时，日耳曼民族的神话和种族的神话正在产生同样的结果。虽然它的直接影响不那么重要，因为它局限于一个很小的群体，即专业的知识分子群体，但恰恰由于它强化了无知大众的有偏见的情绪，最终可能具有严重的后果。

指出在这些来自如此多不同来源的流言蜚语中，被选出来作为这一不可避免的冲突的先锋的正是美国，这么说很可能激起另外一种更加有用的怀疑。不可避免的种族冲突，是一个不具有浪漫故事吸引力的浪漫的神话。但它的后果是明确和具体的，而且美国是其主要的受害者。很可能甚至很少有美国人知道，最高法院的裁决使东印度人不可能被这个国家所接受。甚至更少人知道我们政府的活动，看似在有爱国情怀的贝克（Beck）先生的教唆之下，通过取消先前已经归化的少数人的公民资格，实际上将他们置于没有祖国的境地，从而使这一决策成为可以追溯的。然而，数以百万计的人却知道印度的事实，而且知道我们在教育及其他方面产生的影响在那个国家最终受到了巨大的打击。

我们的参议院用它对日本的声誉进行诋毁，每年阻止两三百名日本人移民到这个国家。结果，美国的商业利益因为缺少在日本的合同而受到重创。与此同时，一件具有不可估量的更重要的事情，即日本民主观念的成长，旨在提升美国人在那里的声誉的唯一一件事情，遭受了严重的挫败；而且，帝国主义和官僚阶层的反美效果得到了最受欢迎的强化。

说中国人的情绪迄今明确地转而反对我们，有些言过其实。但是，所有和中国有教养的阶层——不管他们在我国，还是在那些国家的教育机构中——有接触的人都知道，许多中国人开始严肃地追问：美国是不是将要重新回到其传统上友好的超然政策，而且正在与欧洲经济和政治上的侵略政策达成联盟或协约？

仅仅从个人利益的立场看，我们需要追问。呼吁停止这些愚蠢的报道和谣言的流传，可能还不是时候。而从美国在世界上促成和平和国与国之间的善良意愿这个更大的立场上看，解决这个问题迫在眉睫。如果这些把自己设想得尤其具有国际头脑的人的思想和活动在欧洲的局势上，以及在抵消那一地区的孤立主义政策的重要性上变得如此僵化，以至于就我们与亚洲大陆的关系而言，对美国发生的变化视而不见和漠不关心，那将是令人遗憾的。在再次觉醒的人们中，有一个自然的和合法的领地，用以发挥历史上的美国观念和理想中合理东西的作用；而且，那里正是我们向善的力量系统地遭到破坏的地方。

中国是一个国家，还是一个市场？[①]

181 　　如果它不是一个事实，而且是那种多少为人熟知的事实，目前在北京召开的严肃的秘密会议[②]就是不可思议的。所有"合理的政治科学"的公认准则就是国家主权；在实践中，没有哪个政治独立的阶段比控制税收和征收关税的权利更加谨慎地受到捍卫了，不管是为了岁入，还是为了培育方兴未艾的产业。在北京开会的是世界上最伟大的三个民主国家——大英帝国、美国和法国的代表，各方都宣称无条件地相信独立的国家自治的权利。此外，还有对于带有"国际主义"的任何事情的普遍存在的敌意。难道"红色"国际主义者以及红色政权不是一种威胁吗？从这些前提出发，人们几乎不会得出结论说，北京会议算作是为了参与管理中国的一次国际会议；它为自己妄取了主权国家一种最重要的职能，即确定对于外国商品的关税；而且，它对中国就其自己的事务而言的公开的愿望和目的，没有任何进一步退让的想法。而为了避免严重的麻烦，它发现必须作出退让。

　　把注意力聚焦在政治理论和实践之间如此臭名昭著的不一致上面，毫无疑问，是相当空洞的。然而，它可能是一种引导美国民众直观地看到中国情景的方式；并且他们认识到，美国的国家部门很快将不得不在如下两者之间作出决定：它是否会继续参与管理中国的内部事务，或者是否有勇气和动力采取行动，不但以纯粹民主的方式，而且以一种体面的方式采取行动，以允许中国政府进行金融

182 上的自治？没有理由怀疑国家部门善良的情感；就所有的可能性而言，它被中国

---

① 首次发表于《新共和》，第 44 期（1925 年 11 月 11 日），第 298—299 页。
② 指 1925 年 10 月 26 日在北京召开的"关税特别会议"。——译者

理解为是好的,而且表现出来的善良意愿不是伪善的伪装。但是,这个部门受到了先例、惯例的影响,受到了更容易害怕对其他国家缺少礼貌而非对中国缺乏公正的外交礼节的影响。而且,它还直接暴露在来自希望为了自己的钱袋子而让中国对外国商品的关税保持在最低点的商业利益的直接且有力的影响之下。希望一般的公众积极地关切将要作出的决策,而且会对国家部门施加比私人利益和隐秘的群体在相反方向上施加的压力更大的压力,敦促国家部门以一种公正的、人道的和民主的方式行事,这有些过分吗? 就他们在这件事上的责任,向一般公众发表演讲是徒劳的;它已经厌倦了外部责任,而且希望不被打扰。但是,带着所有可能的强调作如下的断言,不会有什么伤害,即在当前的中国,美国人正在接受审判;而且美国人所持的对于关税自主的态度,将在很多年中决定中国人对我们所持的态度。我们宣称的对中国的善良意愿是真诚的吗? 我们声称的比鼓动其他国家更大的公正无私是真的吗? 或者,它们是形式主义、多愁善感和妄自尊大的言论的结合吗? 这些是大部分中国人心中所想的问题。可以说,美国人民应对关税问题的方式,会在未来一代决定中国人民对于一般的西方文明,尤其是对于美国的观念和制度的道德和政治上的调整。

更不用说民主国家——它们自身是相当民族主义的,而且大部分情况下沉迷于保护性的关税——对于中国内部事务不合法的干预立场,是由于历史上的原因逐渐发展起来的;而且,这一直被容忍着,直到它变得为人熟知,且成为一种既得利益。最初,中国人漠不关心,几乎可以正确地说,中国政府邀请了这种干预。过去,它不完全起坏的作用;有相当的好处源于这样的干预。如果帮助管理个别国家的国际会议是常规,而且不局限于如此弱小,以至于他们可以安全地插手国家的特例的话,那么,继续在中国的实践可能还有些话可以说。但过去不是当前,而且就所有关乎自己处理自己的事务而言,当前的中国正在下决心与过去彻底决裂。危险在于,外交家不会面对现实,不会正视这一变化的程度,而只会敷衍和妥协,会屈服于细枝末节,会尽其所能地无所作为,并寄希望于未来的事件使他们免予受到逃避问题的惩罚。就国际会议采取具体的和确定的方式看来,是朝向恢复中国关税自主的方向行动,而不是在某个模糊不清的未来,那时,中国政府的一切都会好起来;而且在具体情况下的一个具体日期,中国的公众意见将会迫使中国政府公然地对抗大国权力,恢复关税自主,那就为时不远了。站在底线来看这件事,把必需的事情变成一种好事;而且通过预知事件赢得公正和

183

明智行动的声誉，是最好不过了。

据了解，大国允许中国征收百分之十或百分之十五的关税。据报道，日本在第一次会议上，主动同意提高到百分之十二点五，这引起了震惊。试图全面评论这种形势，人们感到非常无助。如果想象力会发挥作用，而且想象召集一个类似的会议来发表对法国或意大利或美国，甚至一个三流的欧洲大国的事务的看法，就没有必要做任何评论了；对于一个觉醒了的中国的愤慨和怨恨的感知，以及对给出其持续增长的原因的认识，将会使我们慎重地对待这件事。但是，正在考察的不只是中国将被允许征收的关税的数量，还有替中国决定如何用这些钱。有一种传言说，日本同意美国提议召开一次会议，这得到了一个默许的保障，即美国将加入进来，敦促附加的资金被用来偿还日本的西原借款。① 这个传言很可能是错误的——但其中有一点事实的成分。毋庸置疑，中国必须履行它的外部责任。但是，要考虑到下面的事实，即这些借款是在这样一个时期签订的，当时安福亲日派在北京掌权，而且被普遍视为中国向国外利益的背叛；显然，这次会议的声誉不会因为任何这样的提议而提高。而且，这种情况表明当前外国势力

184 每一次妄称为中国决定其内部事务所伴随的危险。就中国对额外的资金的使用所作的某些决策，和某些其他的决策相比，将不那么不受欢迎。但是去作决策，去强迫服从决策的任何企图，不只是在当前中国金融错综复杂的情况下是合法建议的企图，将确定无疑地会制造麻烦，而不是缓解令人焦头烂额的局势。

认为在当前的世界状况下，国家已不能再做曾经作为当然之事和不受惩罚做过的那类事情，是老生常谈了。而这个老生常谈的事实，却是中国处境的本质。唯一的问题是：它勉强地被承认，而且在麻烦突然爆发之后，通过向它屈服而被承认，还是它的全部潜能立刻被全心全意地承认？如果美国展现出妥协、延迟、走一步退一步、逃避的倾向，展现出依靠与当前的状况不相干的古老的解决方案的倾向，正如大国之间的形势最好的情况下也足够艰难了，事情预先就失败了。如果它引领了一个明确的和彻底的政策，其中，中国的金融自主是一个重要的特征，那么，一定有把握实现某些确定的事情。

美国的公众应该记住：没有甚至被称为国家的荣誉和声誉生死攸关的问题，而只有既得利益。降到最低层次来说，美国公民要作出判断的问题是：他们是否

---

① 1917 年至 1918 年间，段祺瑞政府和日本签订的一系列公开和秘密借款的总称。——译者

希望美国政府的权力被用于以牺牲中国以及中美之间的友好关系为代价来推动一小撮制造业者、商人、代销商和出口商的金钱利益？毋庸置疑，在国内，他们都是热情支持高关税的人，但却想通过保持低的关税率来保留廉价的商品和对中国市场的轻松占有。说到底，这就是在北京召开的庄严和神圣的国际会议所关心的事情。尽管事实是用许多重要但却毫不相干的事务来粉饰这一根本性的工作，但这是可能的。问题足够简单了，以至于甚至厌倦了国外问题和对外政策的人也能迅速而有效地发表意见。我们希望中国像一个自由和自尊的人应该被对待的那样被对待，还是作为一个为了少数人的金钱利益而倾倒商品的市场来被对待？

我们应该像国家对国家那样对待中国[①]

在近来研究与美国有关的东方问题的《调查》中，刘易斯·加内特（Lewis Gannet）先生披露了和蒋介石上将在广州的对话。根据加内特的披露，中国的领导人说："和憎恨日本相比，中国的文人更加憎恨美国……日本在最后的通牒中和我们交谈，直率地说出它想要的特殊待遇——在中国的治外法权和关税控制。我们理解，而且我们知道如何满足它的要求。而美国人面带笑容地接近我们，并且友好地和我们交谈；但最后，你们的政府却像日本一样，对我们采取行动。而我们，因为你们的花言巧语而放松了警惕，却不知道如何来应付这样的言不由衷。"

我无从知道这样的话在多大程度上代表了中国人的观点。在某种程度上，它们染上了广州的地方情感的色彩，它们憎恨美国政府提供给北京政府的支持。然而，持有这种想法的是像蒋介石这样具有代表性的人物，这一点意义重大。很可能大部分美国人，包括那些同情中国的人，会感到这样的说法不公正，而且容易被激怒。我也认为这样的说法不公正，但我引用它们不是为了反驳它们，而是为了说明国家在彼此理解时所面对的巨大的困难。我认为，美国人对中国的评价，以及对美国和中国关系的评价，一般来说是不公正的；但我同样认为，除了公正之外，两方都没有任何其他的愿望——忽视那些借助误传有所收获的人的例子。

我要引出的结论是，官方的和政府的关系应该是这样的，以至于形成的误解

---

① 首次发表于《中国学生月刊》（*Chinese Students' Monthly*），第 21 期（1926 年 5 月），第 52—54 页。

和不公正的话尽可能少地造成伤害。我承认在关于国家彼此的理解以及彼此尊重对方的文化等问题上经常说的话中的大道理。这都是正确的。但是，这样的理解和尊重发展缓慢，而且在它发展到能够仰仗它来调节国际关系的那个节点，还有很长的路。即使是同一个国家、同一种文化和传统，甚至是同一个家庭中的人们，要恰当地理解彼此都有很大的困难，何况我们在理解彼此的方式上尚且不够文明、不够科学。我不相信，经过很长的时间后，美国的民众将会像他们看待和感受自己那样去看待东方人；我也不知道，为什么我们要期待东方的民众以我们评价自己的行为时所持的立场来评判我们。

在未来很长的时间里，我们不得不面对人们之间在很大程度上的误解，这么说看起来有些残酷。但我认为，坦白承认这个事实，可以提供一个安全和保护的衡量标准。它会降低当误解被揭示出来或明朗时被激怒和愤怒的程度。尤其重要的是，正如已经提出来的那样，它将会表明，重要的是如此引导公共政策，以至于当不可避免的误解出现时，它们在力量上被削弱而不会导致严重的伤害。

正是由于我认为，当前美国政府在中国的政策容易引起产生恶行的误解，才宁愿看到这些政策发生变化。国家部门和外交官应该遵循传统的政策，这是相当"自然"的。这些传统的政策之一，即西方国家应该团结起来，寻求一个共同的对华政策，而不是每个国家独立地实施其外交。我们很容易看到，从历史的角度看，这个方法是如何发展起来的。外交的惯性，因循先例的愿望，会感到进行任何新的尝试都是有风险的；所有这些东西共同发挥作用，诱导美国的国家部门继续和其他国家的外交机构连起手来应对中国。但是，我认为，这样做加剧了中国和美国之间的误解，同时赋予这些误解产生实际的恶行的力量；而且阻止我们的国家部门积极地展现大部分美国人至少是被动的愿望。因此，我反对这样做。
我认为，我们应该立刻像国家对国家那样对待中国，而且要让其他国家寻求类似独立不依的道路。一种完全不干预的政策不一定显得仁慈，但我不认为哪个国家当前足够明智和足够地好了，以至于可以基于对其他国家的利他主义和仁慈的假定而行动。直到情况有所改变，重要的事情就是彼此互不干涉，而且给每个国家一个处理自己事务的机会；而不管在我们看来，这样的处理是如何的不充分和不能胜任。

我认为，我们当前的政策还有一种倾向，即阻止中国人坦诚地面对他们自己的境况。只要存在着不平等的条约，而且只要外国在政治上——或者伴有政治支持的经济上——侵略中国的地盘，中国人就会把这个事实当作借口来利用。它将会把自己对于自身事务的糟糕状况的责任降到最低，而且会把所有的指责推给外国人。只有中国能摆平中国人自己的事务。在我看来，他们没有倾注更多的精力和更大的坚持来处理这件事，其原因在于：只要我们参与到外交的联手之中，他们就可以把外国的政策，包括美国的政策，当作一个借口。在我看来，当前——我知道观点是如何被误解的——应该让中国人引向他们自己的内部事务的思想和能量，在很大程度上被转移到批评和指责外国人了。这很自然，我们都喜欢借口和理由。但就其自身而言，美国应该取消所有的特权和单方面的关系，以便使中国人的注意力可以聚焦于改善他们自己的状况。

我认为，我们的政府应该改变政策的另一个相当有分量的原因，是在可以看到某个特定的结果确定无疑迟早要发生的时候，预见到那个结果，并确保它早点出现，确保它带有最少的困扰和恶行，这也是判断力强的题中应有之意。不管怎样，当前单方面的对华关系不可能永远持续下去。有些人认为，这些单方面的关系可以不带困扰，不会对中国造成任何伤害就可以被废除。我不同意那些人的看法。随着中国民族情感的日益高涨，这些罪行和困扰在我看来，与如果允许情况任其发展，直到中国出于自己的动机且不用与其他国家谈判就废止当前的条约和安排将会产生的恶行和困扰相比，就是微不足道的了。

188

土耳其问题[①]

一个人刚刚在土耳其停留的那段时间,这样的感受会萦绕在心头,即他看到的东西与这个国家的现实之间有一层虽薄却不可穿透的帷幕。身体上几乎有一种冲动去寻找某种狭小的突破口,否则就会被激怒。呈现在眼前的是错综复杂的、模糊不清的、模棱两可的和前后矛盾的东西。人们难以摆脱这样的想法:在近处有一个有利的视角,由此看来,事实会呈现出秩序和意义。在认识到或许根本就没有帷幕,没有被隐藏的含义,不确定性就在境况的组成要素之中时,由此引起的愤怒不是减少了,而是增加了。

有一天,一位土耳其的朋友谈到,自第一次世界大战以来,在土耳其生活一直非常艰难;一个受过足够的教育以至于知道发生着什么的人,要想不悲观几乎是不可能的。虽然他自己是一个教师,但对于在当前的条件下推广教育是否可欲持怀疑的态度。因为唯一幸福的人们是渔民和农夫,他们没有足够的知识来审视任何事情,只认识他们直接的周遭环境和行为。"我们正生活在浓雾中。我们在任何方面都不知道将来要发生什么,正如我们不知道如何才能实现我们希望发生的事情一样。当一个人周围的一切如此模糊不清,以至于无法看到他前面六步远的路时,生活就会举步维艰!"

我不知道这番话是否充分地解释了一个访客的困惑。但是,它和进一步观察的趋势如此相符,以至于似乎要比过于自信地把不可解释和自相矛盾的事件归因于控制着土耳其命运的那些人所制定的具体政策,更接近事态的核心。

---

① 首次发表于《新共和》,第 41 期(1925 年 1 月 7 日),第 162—163 页。

在独立战争的岁月里，一旦像穆斯塔法·科马尔（Mustapha Kemal）这样意志坚定的教师把它描述或宣告出来，行动过程就是一目了然的。要驱逐侵略者，打击干涉土耳其统一和独立的所有的野心，向针对任何其他的国家宣称，土耳其决意成为它自己土地上独立不依的主人；这样的行动过程正如它迫在眉睫一样，是一目了然的。但实现这一主要的任务，把来自不负责任的宗教和政治权力的古老的专制主义的遗产，把其中内在的弱点和混乱的元素凸现了出来。

对于习惯了把战争视为已经过去六年的局外人，正如我们过去几周一直在做的那样，执意进行 1922 年事件的周年庆，这令人震惊。这个事件终结了三年半时间的连绵战事。回想起那次战事，仿佛就在眼前。一场为了生存的斗争看起来毫无胜算。人们意识到，对于这场战争，我们虽然已经渐渐淡忘，而且很高兴忘记它，但在土耳其依然挥之不去。实际上，在战后的第一年，直到第二次洛桑会议，对于战争是不是会重启这一点并不确定。因此，对土耳其而言。保持战争精神有足够的生机，是应对迫在眉睫的紧急状况所必需的。当我们想到，对战争精神的这种怀疑、敌意和恐惧会持续多久，虽然我们已经远离了战事和被破坏的场景；当我们想到，在这种残留的感觉的支配下做过的愚蠢和可耻的事情时，我们或许开始理解，导致当前的土耳其人去做既表现出不喜欢外国人、又显示出对于他们自己利益的短视的精神状态。

死气沉沉和毫无兴致总是被不确定性以及伴随它的无能为力所强化。外国人要为土耳其的许多事情负责，而这个事实引起了对外国人不加区分的敌视，就好像他是一个单独的集体性的实体一样；这种敌对，经常是以对土耳其人更加有害而非对它们所指向的那些人更加有害的方式体现出来的。与其说这些行动体现了一种具体的和一贯的政策，不如说它们表现了和那一政策毫无干系的情绪状况。正如指责一座学校，说它的建筑物被漆成了蓝色和白色——希腊的颜色——或指责一座美国学校的老师，说他对君士坦丁堡的古拜占庭建筑给予了比后来的土耳其建筑更高的评价——证明了他非常危险地支持希腊的一种评价！我想，在战争刚刚结束后的年月里，寻找比驱使头脑发热的美国爱国者的动机更深层的动机，是徒劳的和有害的。

给予一段时间的平静，这样就会随着它们缘起情绪的减弱而停止行动。但是，它们提供了片刻放松的这种内在的不确定性和不明朗，不可能这么容易地过去。在某些方面，当前的土耳其要比任何一个巴尔干地区的邻国都更加安定，不论是内部,还是外部。但要从一个军事的和政教合一的专制国家(它的利益要求它的臣民更加野蛮而非更加文明),转变为一个世俗的民主国家,而这一转变发生在紧随将近十五年不间断的外部战争之后的可怕的疲惫时期,绝不是一件容易的事情。

自从新的共和国总统肩负起他看似毫无希望的使命,他已经因某种现实主义的直面事实而与众不同了。在我一直能够阅读到的翻译版的这种演讲中,没有什么提醒比警惕饶有趣味的幻觉更经常出现了。在把希腊人从布尔萨驱逐出去的周年纪念会上所作的演讲中,他说,虽然土耳其人遭遇了外敌,但他们最大的不幸遭遇一直是在内部由他们自己的统治者施加的;土耳其当前正遭遇的这些灾难是因为下面的事实,即他们过去的统治者没有能力或不情愿引领人民进入文明的社会中。在最近另一篇演讲中,即在 1922 年 8 月具有决定性意义的最后一次战役的阵地上,为纪念无名战士纪念碑的奠基时所作的演讲中,他说,虽然反对入侵的敌人的斗争困难重重,但比经济上的社会战争容易得多。如果土耳其要成为文明世界的组成部分,后一场战争一定要胜利。

这两句话以更大的轮廓界定了土耳其的问题。土耳其一直是个军事国家,其中的斗争精神被一种不容置疑地把统治者的雄心等同于盲目的宗教信仰的要求激发和维持着。奥斯曼帝国的权力,它的至高无上是武器之一,它的管理总是仰仗武力,并且和宗教信仰交织起来,以便粉饰所有其他的缺点。既然土耳其国家已经把奥斯曼帝国在政治和神权上交给了不能起死回生的坟墓,那么,它发现自己被其传统,军事和神权上的传统所桎梏,它挣扎着逃脱这一传统。行为是前后不一的,趋势是模糊不清的,一层烟雾笼罩着局势,这有什么奇怪的呢?任何有些许智识的人,都不会期望这样的问题一眨眼功夫就能解决。而且任何知情人,都不会怀疑那些致力于试图实现转变的那些人的真诚。人们也许会说,他们的真诚是对问题的凸显;如果他们不是如此真诚,他们的任务也不会如此艰巨。没有人可以自鸣得意地说成功或失败,但对于那些正在作出努力的英雄主义无动于衷的人,我感到很遗憾。

这个问题的经济方面,也显示出同样的内在的复杂性。土耳其长期以来,轮流作为欧洲大国青睐的宠儿和不幸的受害者。欧洲大国把贷款肆无忌惮地提供给它,期待着来自不顾一切授予的特许权方面的回报。土耳其从来没有那种每个自尊的独立国家必须应对的自然经济的问题。它很可能会声称:在这个国家违规很容易，而在知道悔改的铺张浪费的国家这么做既孤独又艰难。由于外国不断寻求特许权，土耳其就其权威的代表而言，有一种就其自然资源价值而言的言过其实的理念，而且有一种寻求财富魔力般的来源、一种任意的保护性关税和把外国人排除出当前最受青睐的工业和商业领域的倾向。它公开地宣称，我个人也真诚地相信，急切地渴望外国在专业技能和资本方面的援助。但是，它在经济事务上毫无经验，以及太过深切地体会外国的欺诈；这两者的结合，使它不情愿去满足可能获得资本和技能的条件。如果这仅仅意味着延迟工业的发展，那不会很严重。但是，土耳其处在严重的经济危机之下，这几乎威胁到了中产阶级的存在。它的两个最重大的直接需要——学校和一个有能力胜任的真诚的公民政府，强烈地要求显著的经济复苏。

　　虽然把土耳其的问题和中国的问题进行比较是愚蠢的，但对这两个国家有所了解的人不可能不这么做。土耳其的人口很少，与中国的人口相比，数量上相差悬殊，但这一点被它所占据的战略位置，即作为沟通欧洲和亚洲及欧洲北部的俄罗斯和南部欧洲的桥梁所抵消了。两个国家都有转型的问题，这个转变只能从内部实现，不管外部对之有多大的要求。但是，土耳其有着中国缺少的军事和宗教传统，而中国掌握了土耳其所不具备的在工业和商业上的技能。土耳其的军事实力使其在最后的危机中，有可能保护自己的独立；而对于太平洋地区的中国，却是不可能的。但是，经济发展和在艺术、科学和哲学等文化领域的发展，对于土耳其来说，要比中国更加艰难。自信的根基在于这一事实，即土耳其人有着我们称作性格的那种无形的资本。他们刚正不阿，立场坚定，情真意切。

　　旧政权施加给他们的阻碍是巨大的。它表现在两个方面：一方面，在无知和缺少经济能力方面的遗产是切切实实的；另一方面在于土耳其获得的名声，由于外国的无知与利益攸关的外国势力的刻意为之，导致其他国家无视今天土耳其在士气和目标上的真实变化。如果拒绝承认变化的现实持续下去，这种否认很可能阻止土耳其接受为了使这些改变切实有效和长久化所必需的援助。如果那样，土耳其实现现代化的最强有力的敌人，一直是自称现代的和民主的欧洲诸国。自由主义的土耳其的这一信念，将再次得到确证。

墨西哥的教会和国家①

在墨西哥,构成教会和政府冲突的事件,在媒体上已经有充分的报道了,以至于像我这样刚踏上这片土地的人几乎没有什么可补充的了。政治和宗教是人们无论如何会禁不住带着一定的先入为主的成见去接近它们的两个主题。在这个特殊的案例中,人们和多少人交谈,就能得到关于两方行为动机多少种不同的解释,以及关于未来同样多的预言。然而,在我的脑海中,逐渐形成了某种关于当前的境况和它的可能动向沉淀下来的印象。我会对此作出阐释,并且认为,它只不过是从意见的混乱和冲突中显露出来的、关乎某种纯粹结果的事情,而不是声称揭示出任何内在的真理或隐藏的事实。

首先,教会斗争的内在原因具有比我在美国报纸上看到的大部分解释所赋予的更大的重要性。在 1926 年 7 月 3 日,卡利斯(Calles)总统颁布了一系列法规,通过刑法典赋予 1917 年宪法条款以效力。这些法规中的大部分,不仅是对宪法条款在文字上的精确重述,补充了对违反的案例的明确惩罚,而且和众所周知的事实相关。这些引人注目的事实包括:废除修道院的法令;否认宗教机构的法人组织的权利或法律"人格";取缔所有的外国人行使宗教职能和在学校传授宗教的权利;为宗教机构的所有财产(教会和在教会里的艺术品、珠宝等,以及地产)冠以国家之名;把所有的宗教服务限制在教会内部;取缔在教会之外穿戴独特的宗教礼服或徽章的权利;剥夺牧师参与政治,就政治事务发表评论(还剥夺了宗教期刊)的权利,并且使不管在公立学校还是私立学校中的初等教育完全摆

---

① 首次发表于《新共和》,第 48 期(1926 年 8 月 25 日),第 9—10 页。

脱宗教的色彩。

这种立法体现在把革命成就以法律形式记载下来的卡兰萨时代的组织法的陈述中,而且它自身把1857年的华雷兹革命带向了高潮,这显然是引人瞩目和彻底的。在熟悉历史的人看来,同样明显的是,这部宪法标志着:在所有的现代国家中已经延续几个世纪的教会和国家的斗争,进入了新的时期;在所有的欧洲国家,它以教会明确服从世俗权威而宣告终结。在墨西哥的法律中,其独特之处是反教会立法执行得极其彻底。我无意评论这个立法本身,一个人对它的态度取决于他的社会和政治哲学观点,以及关于宗教的本质和它与有组织的政治生活联系的观点。甚至和大部分其他的反教会立法的特征相比,对这一立法最不同寻常的戏剧性特征的通常捍卫,当然是教会既往历史的垄断特征;它和反共和主义倾向的普遍联系,以及牧师对无知的农村印第安人口的控制。它的知识的、政治的和经济的及宗教的活动都借此加以引导,但对教育或福利却没有任何相应的贡献。对此必须补充的是,这次革命的民族主义阶段中的独特的反外阶段;据称,由于外国主教和牧师的出现,尤其是西班牙和意大利主教和牧师的出现,极大地加剧了当地人在经济和政治上受到牧师的剥削。正如很快要指出的,这一事实,或者说声称的事实,对于作为当前牧师罢工的直接原因的规则和惩罚,是有影响的。

这部宪法还包括了一个条款,然而它却没有生效,即所有的牧师和传道者都应该注册,声明与他们的服务相关的特定的教堂,他们的注册应该由当地的10名公民做担保。7月3号的法规,把8月1日设定为完成这一注册的期限;对于在这一日期之后没有完成注册而应该主持事务的牧师,施与重罚。从技术上来看,牧师放弃了所有的宗教仪式和职责,包括布道和圣礼,催生了这个法规。牧师自上被禁止注册,而且作为借此受到保护而免于因为没有注册导致的世俗惩罚的方法,他们被批准暂停一切职能。

当一个人细究就大主教而言这种态度的原因和动机时,就滑入了流言的竞技场,更不用说蜚语了。官方发布的原因是:这一举动紧随着对教会施加的所有其他的限制而来,具有如此明确的反宗教的性质,以至于使教会不可能履行上帝赋予的职能;这些法规总体上与神圣的和"自然的"律法相对立,因此是无效的。具有极端特征的流言大意是说,希望它造成教会本身关闭教堂,由此引起即使不是颠覆也将削弱政府的普遍反应;更温和的说法是,它意在引起一种普遍反应,向联邦议会和国家立法机构要求保障对宪法的修正。第一个期望是否实现,事件已经明确地否定了它;在这一点上,政府完胜了;除了一些零星的事件外,完整的秩序实现了。卡利斯总统的政府职能过去从来没有强大过,或许从未如此强大。更加温和的期望,把我们带进了预言的领域;我只能记录下我的印象,即要实现是根本不可能的。

政府的职能很简单。注册的条款在宪法中;因此,牧师的抵制不过是教会仍然把自身视作优越于世俗法律的另一种表现罢了。注册被认为是教会财产的国家化的必然后果。如果设定了这个前提,那么,国家必须知道谁为照顾和保存教堂以及它们的财富负责。而且,这种注册是阻止外国牧师的重返以及恢复其活动的唯一途径。我自己猜测,这种仇外的偏见在所有革命的"落后"国家如此显著,是举足轻重的因素。表面上,现在是一个不折不扣的僵局。有正在筹划中的调整的流言,但它们今天流传开来,明天就被否认了。对于一个习惯了盎格鲁-萨克逊世界的立法程序的人来说,这看起来,好像只有一方完全向另一方投降才能解决问题,才能恢复教会的职能。但在墨西哥这里,熟悉当地心理的一些人说,这是通过逐渐清理地方牧师来解决问题的。已经有个体服从法律的一些例子了。

长期以来,一直有建立一个和罗马天主教教堂截然不同的墨西哥天主教教堂的教派分离运动。目前为止,它在很大程度上是毫无结果的。但是,国家对教会财产的控制,给了政府一些优势。没有它们的帮助,教会不能教育民众行事;有一些很好的理由认为,虔诚的民众的压力将指向确保恢复教会的服务,而非指向任何宪法的改变。在墨西哥,没有有组织的公众意见;就民众对于缄默的和无知的农民的态度而言的个人意见,随谁在做判断而变化。但是,教会几乎不可能逃脱为它所宽容的持续的无知和缺少进取精神而受到的惩罚。简言之,如已经存在的这样的民众组织,是和政府有关的,而非和教会有关;而且这一事实,到目前为止,是预测未来的唯一基础。

这里讨论的法规是由总统签发的。就政治状况而言,这个事实雄辩有力。国会即使在开会时,也不制定重要的法规。实际上,它授权总统颁布什么,是使宪法在这方面或那方面生效的法令。墨西哥是一个共和国,但有效的民主政府很大程度上还在未来。在那些人的态度中,有一种幽默;这之中,许多是外国人,包括我们美国人的同胞,这些人感叹于迪亚兹(Díaz)的铁腕政府。确实存在着铁腕政府,但它在运作中主要是反对外国人的利益而不是为着他们自己的利益,正如迪亚兹政府的情形中那样。在军队之外,这个国家唯一有组织的力量是工会;从官方看来,它们居于政府的后面,8月1日的示威游行证明了这一事实。军队在政治事务中的力量一直受到限制,即使有首领愿意通过反叛政府来推进他们自己的未来,这是发动革命的惯常方法。但只要美国反对军队的禁运令仍然有效,它们被公认为实际上是无能为力的。

但在我看来,其他国家的"自由主义者"几乎不可能借助墨西哥当前民主的自由主义来支持政府的政策。事情的真相是:墨西哥的革命还没有完成。没有一个没提到革命原则的宣言;事件要从完成革命的角度,而非从政治和法律制度稳定化的国家的法律和方法的角度来判断。这个事实解释了,一个人在知识分子中发现对当前的危机有多种多样的判断的原因。如果他们在总体上认为革命对于墨西哥是个好东西,虽然对某些措施付诸实施所带有的严酷性感到遗憾,但仍然支持政府一方。如果他们不喜欢革命,就非常确信当前的斗争源自反对宗教而不是反对政治。在这样的情况下,表面了解墨西哥状况的人,也许就有权利借助一般的历史知识,并且在冲突中看到,在教会和国家为了更高的政治权威的世俗斗争中过时的一页,正如过去常有的那样,因夹杂着仇外的情绪而变得复杂化。从这个角度看,一个人可以基于一般的历史上的理由而非地方状况的知识,预言后果将会是什么,即民族国家的胜利。再一次遵循历史,其结论是:和他们曾经过于容易和垄断性地独占这一领域相比,作为一个整体的天主教,最终——虽然这个终点在墨西哥可能十分遥远——会有所改善。

墨西哥的教育复兴[①]

对教育有兴趣的墨西哥人,倾向于把注意力聚焦在卡利斯总统作为一名农村学校的教师开始他的生涯这个事实上。在他早期的一篇政治宣言中,他把自己的事业总结成两个政策:经济自由和发展公共教育。大部分外国人一定对这一事业中的第一个因素的运作很熟悉——他们通常称它为布尔什维主义;没多少人费心去熟悉第二个因素。

一开始,我们可以解析这一境况的形式特征。学校有三类:联邦的、州的和市政的。后者正在减少,正在被州接管,虽然联邦的行动比州的行动更加迅速地增加;而且关于后者的数据保存完好,触手可及,而通常没有组织对州立学校的统计,因此不容易获取。初等教育覆盖了 6 年,从法律上讲,其中最初的 4 年是义务教育。实际上,在校人数中,10 个学生中大约有 4 个在公立学校。没有对应于私立学校的统计数据,但在天主教教育机构关闭之前,不难猜测,大约有一半的孩子在某类学校中。

在联邦地区,政府正在投入迪亚兹政府全盛时期花费的 4 倍;在一些更大的城镇,由于革命时期的破坏,还没有 1910 年时的州立和市立学校多。今年,5 所露天学校在墨西哥城和郊区设立了,在那里,800 到 1 000 名学生得到照料,设备的花费从 1 万到 2 万美元。这类学校,在皮格(Puig)博士指导下创立的学校管理机构,是艺术类、卫生类的,很好地顺应了形势;并且,其低花费使得在短时间内为联邦地区所有适龄儿童提供住宿成为可能。

---

① 首次发表于《新共和》,第 48 期(1926 年 9 月 22 日),第 116—118 页。

在墨西哥,除了为进入大学做准备的学校以外,直到最近,都没有中等教育;近来开办了4所高中,都人满为患。还有一所联邦师范学校,校舍和设备与世界上任何学校一样,有男女学生5 000名,包括实习学校的孩子。每个州一所区域性的师范学校在规划之中。欣欣向荣的国立大学有一万名学生,很大一部分是女生。该校的校长普鲁尼达(Pruneda)博士热衷于学生和教师的交流之间,他即将在秋季来美国访问,和我们进行交流;这是一次人们拭目以待的交流。实际上,在蒙塔诺(Montano)博士的指导下,这所大学坚持为美国人(在一个西班牙裔-美国人的国家,人们学着平抑"美国人"通常的傲慢)开办名副其实的独特的暑期学校;刚过去的夏季有三百多人参加,主要是来自美国的教师。

然而,最饶有趣味和最重要的教育发展是农村学校。当然,这指的是为当地的印第安人开办的学校。这是当下政府非常重视的当务之急;它标志着一场革命,而非复兴。它不但是对墨西哥而言的一次革命,而且在某些方面,是就世界上任何地方而言所进行的最重要的社会实验。因为它标志着慎重和系统地把构成总人口80%的印第安人纳入社会机构中。在革命之前,这一在数量上占优势的一部分人不但被忽视,而且遭到蔑视。那些攻击革命的人自负地忽视这一事实:它正是自视甚高、漠不关心人民的政策的必然结果,这种漠视影响了生活的每个阶段。例如,在教育方面,因为迪亚兹政府没有为印第安人设立哪怕一所学校。尽管吸纳教师有些困难,但现在这样的学校已经有2 600所了,其中1 000所是去年开办的,人们期望明年再增加2 000所。据估计,如果能实现10年的安宁,那么,所有的适龄人口都有学可上了。就新的一代而言,文盲将被扫清。

这次教育革命不仅表明了努力把本地人吸纳进作为整体的墨西哥社会生活和知识文化中,而且是为了这个国家的政治融合所不可或缺的手段。如果不记得直到几年前,印第安人在经济上是受奴役的,在知识上的权利是被剥夺的,在政治上是被排挤的,那么就不可能理解墨西哥的任何事情。在许多方面,甚至当前的教会-国家危机也植根于这个事实。由于缺少农村学校,接触到所有人生活唯一的共同势力就是教会;而且更温和一点说,牧师的影响过去没有促成社会和政治的融合。牧师过去运用他们对教区人们心灵的巨大影响力来反对设立农村学校,这一事实至少是导致让所有的初等学校摆脱宗教色彩的严厉法令的因素之一。

在墨西哥,创建一个道德和政治实体的诸多困难如此巨大,以至于通常它们看起来是不可克服的;通过思考美国早期殖民地时期,人们很容易地构想出这个国家的一般状态。当时,美国具有高度文明的定居者的人数相当少,而且被与他们较少接触的印第安人包围着。墨西哥的印第安人过着定居的农业生活,比我们国家的印第安人有较高的文化和更多的反抗,这一事实增加了当前处境的困难。在这个事实之外,还有如下情况:印第安人自身中间绝不是同质的,他们划分成三十多个不同的部落,极端的自我中心,嫉恨他们的自治,自豪于因地理条件而强化了的孤立状态。我们现在开始隐约地认识到革命政府正面对的问题,它和所有此前的政府所回避的问题一样错综复杂。在墨西哥的普通外国人,包括那些来自美国的人,认为这个问题是无法解决的;而且走出去的唯一方式,就是"强硬的"寡头统治。这一点,证明了我们的民主观念仍然²⁰²十分肤浅的特点。人们可能会想,要不是它的勇敢,革命政府的勇敢尝试可能会赢得认同,甚至赢得那些认为这一事业注定失败的人的认同。但是,普通的盎格鲁-撒克逊人(很高兴有例外)的运动本能,看起来就如他们的民主信条一样专业。

比统计有趣得多的是鼓舞这些农村学校的士气和目标。在芝加哥大学最近作的一次演讲中,第一任教育部副部长(他曾经在纽约的林肯学校当老师)萨恩兹(Saenz)先生声称:"我不曾在世界上任何其他地方,看到过比墨西哥一些农村学校更好的社会化的学校的例子了。"我愿意进一步说,与在墨西哥的这次发现相比,世界上没有哪个地方的教育运动呈现出更多的学校和社区的活动如此密切联系的精神了。长久以来,我有这样一种不成熟的想法,即"落后的"国家在教育上有更大的机会;与学校受多年来固化的习俗影响的国家相比,落后国家一旦踏上求学之路,就会更少地受到传统和制度主义的阻碍。但我不得不承认,我从来没有发现足够的证据支持如下的信念,即在教育上新兴的国家,因为有最开明的理论和在教育上最先进的国家的实践,可以一切重新开始。印第安人的农村学校以及墨西哥师范学校的士气和目标,坚定了我的信念。

毋庸置疑,大部分实际工作是粗陋的,与在此之下从事这些工作的条件一样粗陋。但是,它是生机上的和成长上的粗陋,而非自鸣得意的常规的粗陋。我不知道它是不是长期持续的革命连根拔起的效果;但是,伴随如此多和如此迅猛的社会断层的不良影响,随处可见的是引人注目的实验精神——愿意"对任何事情尝试一次",而且大多数时候不止一次。鉴于当下已有的良好的开端,当务之急是政策的连续；可以严肃地期待，政治管理的变化不会导致教育规划的突然改变。

就校舍、学习过程以及教师的准备而言，都没有繁文缛节。就去年开办的数千所联邦农村学校而言，几乎每一所都不用国家出资，而是由当地的民众资助的，主要是由迫切希望自己的孩子享有被剥夺的学习机会的父母提供的。我就以在特拉斯卡拉州见到的那些情况来判断，它们是一些破旧的建筑，有的是教堂，有的是住宅，它们都已经破旧不堪，但为了学校的使用而得到了修复。在距离墨西哥城不远的一个印第安人村庄，6 个班级被家长安置在 6 幢由不同的土坯建造的住宅里，以代替任何可用的建筑物。每所学校都附有一个园子，虽然菜园子可能被忽略掉，但花园一定是华丽的，而且是被精心地照料的。这典型地反映出印第安人的审美情操。

简朴的校舍和宜人的氛围，导致了课程的简单：阅读；写作；必要时，把说西班牙语作为当然之事；一些"数学"、当地的地理强调独立和革命中的英雄的国史。剩下的是产业教育，主要是农业的，像缝纫、陶器制造等手工业在当地非常典型（它是政府当前推动"小型工业"发展的、"具有社会主义色彩"的政策的一部分，这些工作可以在家庭里完成，合作经营，作为对大规模的、资本主义的因而是外国工业入侵的一种补偿）。许多地方对艺术和造型艺术设计倾注了很多精力，印第安人在这两方面表现出引人注目的天赋。一般来说，如果我们所看到的可以作为证据的话，那么，小的农村学校的设计即使是粗陋的，也比城市的产业学校的设计好得多。百货公司的艺术令人惋惜地侵扰到了城市。如果农村学校能够成功地保存当地的艺术、审美的传统和模式，保护它们免受机器工业的影响，那么，仅仅这一点，他们将为文明作出重大的贡献。幸运的是，受前教育部长瓦斯康赛罗斯（Vasconcelos）博士和杰出的人类学家贾米奥（Gamio）的影响，被坚定地采纳来支持保存地方的艺术和工艺。当下，国立大学的一位女教师，她本身是有教养的音乐家，致力于周游全国搜集民间的歌曲、方言和音乐。在这方面，丰富的墨西哥资源是当代任何国家都无法匹敌的。

至于指导，其主导思想是任何教师都比没有好，只要有能阅读和写作并且用功的当地男人或女人都行。在大部分情况下，他们开始教学后才接受专业的指导。教师培训一个最有趣的特征是"文化使命"。"使者"（这是他们的头衔）去某些农村城镇，召集临近地区的农村教师，给予三个星期的集中指导。这项工作不是理论上的教育学。通常会有体能训练的导师（在墨西哥，几乎每一所学校，不管有多远，现在都配备一个操场和一个篮球场）。通常有一名社会工作者在场，往往是女性，给予卫生保健、急救、接种以及照料孩子等基础知识方面的指导。还有合唱老师、手工业专门人才，指导如何尽可能地利用当地的材料。另外有一名学校管理和教学的专家，他的任务主要是协调学校的专业教育和农业及手工业教育。

在上一学期，使者在六个州开展了工作；而且下一年的预算有50万比索的增长，用于扩展这项工作。与此同时，联邦当局正在尽快地为所有的学校配备小型图书馆，旨在使每所学校成为附近街区新生活的重心，不管是知识上还是娱乐上和经济上的重心。每个教室都举办夜校，白天上班的男人和女人下班后赶到那里；他们对学习的热切期盼体现在这个事实中，他们步行数英里到那里接受教育，每人带着一支蜡烛，因为学习要借助这些微弱发光的蜡烛才能得以进行。因此，印第安人教师实际上整天都在工作，晚上还要加班，而一天的工资仅有4比索。

流行的关键词是活动的学校。人们抱怨说，学校以前的毕业生有着惊人的记忆，但却缺乏进取精神，很少有独立的责任。人们无数次地向我提到这一事实，以便令人信服地向我指出墨西哥人在精神能力上的局限。我预先对所有这样心理学上的一般化表示怀疑；只要学生们以传统的方式从事传统的研究，材料和他们的经验就如此疏远，以至于记忆成了他们唯一的信赖。既然"活动"——不保证总会有充分的组织或知识性的内容——是指导原则，而且"项目法"几乎被官方采纳用作学校规划的基础，那么就一定要有改变。实践缺少理想的指导；这种规划在一些地方，要比在另一些地方执行得好。但我相信，今天的墨西哥，最引人注目的一点是它的教育活动。那里有生机，有精力，有牺牲精神，渴望把在当代理论中证明最好的任何东西付诸实施；而且最重要的是，愿意利用一切触手可及的事物。

致力于寻求针对印第安人如此不同的政策的我们，有责任理解和同情它们。把印第安人吸纳到现代生活之中的政策是如此的困难，它的付诸实施要求如此多的时间、和平和安宁，以至于在它的道路上增加任何附加的障碍，都是有过失的。人们可以同情那些发现他们的法律权利得不到保障的外国人；然而，从长期来看，从人类发展的角度来看，既定的法律和培育统一的人民相比，居于次要的

205

论 文 **167**

地位。在任何方面采用任何形式的外国的干预，意味着加剧了不稳定；这种不稳定反过来，又意味着延长那些内部的分裂，它们是墨西哥的厄运；它意味着，有意滋长所有骚动、不安和混乱的种子。

来自一个墨西哥人的笔记本①

有可能小事，明显不重要的事情，比报纸登载在头条的耸人听闻的事务在未来的墨西哥更加重要。在 1926 年 8 月的早些日子，当时，人们的兴致正在高点，墨西哥的墙上到处张贴着大大小小的海报，教育人们吃东西之前要洗手。它们是公共健康部门发出的。它们是集中和系统地发动人们改善身体和卫生习惯的许多表现之一。作为一名医生，大学的校长定期在联邦地区向学校的检查员就社会保健作演讲。家访人员已经在和学校联手开展工作。联邦师范学校开设为期两年的课程，培训一些其职责在很大程度上围绕着改善卫生状况的中间人。学校的医疗检查已经制度化了。城市的学校提供有露天的游泳池。以前的居民说：最引人注目的一个变化，是人们对户外运动的兴趣提高了。在革命前，大众几乎不被允许进入查帕尔特佩克（Chapulteoec）公园，这当然是世界上最美丽的公园之一；现在，公园里面有很多经常被孩子们使用的游乐场。今年秋天，中美洲奥运会将在墨西哥城举办。

过渡性运动的一个有趣表现是"新思想"的成长。在墨西哥城，有一个无我的生活（Impersonal life）中心。为了像我一样无知的人，有人可能会说，这场运动源于在阿克隆（Akron，O）出版的、以新思想为题的书。它是否和汽车轮胎一道进入墨西哥，我并不知道。但纯粹是借助一个译本——这个译本已经售出 2 万多册——它慢慢地为人们接受了；而且现在有一个拥有四千名追随者的信仰的中心，每周举行两次例会。它的成员主要来自受过教育的阶层，他们已经放弃

206

207

---

① 首次发表于《新共和》，第 48 期（1926 年 10 月 20 日），第 239—241 页。

了教会,现在用"新思想"填补宗教信仰上的空白。在回应我在美国从来没有听说过的关于这本书或这场运动的疑问时,我的声明受到了明显的质疑。研究者本人是一名医生,他准备去听我就是那书的作者。书店里充斥着不同类型的神秘文学的译本,在墨西哥,除了尼克·卡特(Nick Carter)之外,奥里森·斯韦特·马登(Orison Swett Marden)比其他任何美国作家的书出售得更多。墨西哥城的两个主流日报之一近期刊载了一篇谈论北美文化的文章,其中在引用爱默生(Emerson)之后,它指出:马登(Marden)的哲学,正是美国的唯一哲学。

墨西哥是一片充满矛盾的土地。这个事实是如此的令人眼花缭乱,以至于使到访者处于一种丝毫不敢懈怠的云雾之中。同时,这一事实是所有的现象中最自然的了。最新颖的和最古老的东西肩并肩地存在着,它们彼此虽然没有混合,但错综地交织起来,结果就是今日的墨西哥。如果我要找一个词来描述它,脑海中浮现出来的就是"不可思议"。十五年前,农业劳动者处于一种完全被奴役的状态,事实上,这种奴隶制和南北战争之前美国的黑人奴隶制一样卓有成效。工业劳工没有组织起来,而且受到压迫。在法律文书中,今天的墨西哥有着任何当代国家最先进的劳工立法,而且"财团"是这片土地上唯一最强大的势力。不同工会的标语张贴在街头,要比我曾经访问过的任何地方都更加引人注目。五年之前,墨西哥城的一次"五一"劳动节的游行只有几百人;而今天,它们达到了五六万人。

人们的生命不值钱;在大街和火车上,手里拿着装满子弹的左轮手枪的人比比皆是。几周前,几名政客在中午喧闹的聚会中被枪杀了,聚会位于墨西哥百老汇和第五大道的工会大街上。但是,在矿山里发生的任何事故必须立即报告给墨西哥城的政府当局,而且如果事故非常严重,导致工人被送往医院,那么,关于它的情况必定见报。在西班牙人到来之前、体现早期殖民地制度的习俗,与标志着最激进的知识上和经济上的运动的习俗共存,解释了墨西哥人生活的每个阶段在总体上自相矛盾的说法,到访者完全被这种矛盾所淹没;除了最顽固的保守主义以外,最不受限制和最激进的实验主义的结合,不可能作出任何的概括。

在当代墨西哥人的生活中,最独具特色的要素是当地人的宗教生活;在那里,天主教的仪式被叠加在被征服以前的信条和狂热的崇拜之上。瓦哈卡(Oaxaca)州的一个居民告诉我说,他看到了山顶祭拜雨神的圣坛。在那里,在雨季即将来临之际,朝拜者会把火鸡血倾倒在地上,而且向神坛供奉鸡胸。同样,这些农民会在种植之前,在新开垦的土地上倾倒汤以示供奉,而且会在收获之后做同样的供奉。瓦哈卡还不是墨西哥最原始的州。墨西哥城的一位大学教授讲到,他曾被邀请去参加距离墨西哥城不远的一座大山的农村学校的开学典礼。作为对调查的回应,本身是印第安人的市长告诉他:尽管他是一名社会主义者,但也参与祭拜圣母的仪式。这种仪式今天仍在延续着。当被问到如何解释这种看似不合常规的事情时,村子的首领回应说:他是一名社会主义者,因为政府已经让这个村庄变成了印第安人的村庄——也就是说,授予他们自我管理的权利——他正在祭拜圣母,因为批准的证书是在朝圣日传达的。一个不太相同的故事是在干旱后见甘霖时古老的雨神崇拜复兴的,在那里,仪式以旧的偶像建议为当地教堂里的圣母买件新礼服而宣告结束。在任何地方,牧师都没有教会那么多;而且在许多偏远的地区,教会要向当地的选举总监负责,除了在年度或年中的牧师访问时以外,选举总监要进行服务。

　　这个国家一些最优美的陶器是在一个拥有数千居民的印第安人村庄里制造的,它在瓜达拉哈拉(Guadalajara)大约10英里之外。整个的家庭在行业里一起工作,蹲伏在地上塑形和油漆;其方法是几个世纪以前的那些;甚至不用一只陶工旋盘。样品虽然和最初的不是一模一样的,却是土生土长的,遵循着传统的类型并带有自发的个人的发明。当他们发现传授的设计在被复制时,学校权威意识到要在学校取消绘画方面的正规指导。在这个城镇和瓜达拉哈拉的中途,有另一个陶器中心;在那里,商店里充斥着——连同一些标本——商业化的欧洲和北美"艺术"的庞然大物。不幸的但很自然的是,在那些富人的心里,地方的陶器以其异常优美的模型和色彩而与苦工联系起来;他们进行炫耀性的消费,偏爱使用艺术的庞然大物。随着普通人生活条件的提高,要保留当地的艺术会愈加困难。幸运的是,开明的教育家,包括为了本土文化的联邦教育部门的一些分部,正在努力地抵制这种潮流;然而是否能够成功,还有待于观察。

　　在墨西哥的矛盾之中,还有反对外国以及反对美国人的情感和模仿外国的事物和方法,尤其是模仿美国事物和方法的倾向。在某种意义上,这个国家的"美国化"看起来是一个必然的过程,这既有好的一面,也有坏的一面。福特汽车和电影已经引起了一场革命。英语实际上是学校,甚至包括国立的军事院校教授的唯一的一种外语。大量从墨西哥到美国的移民,正在发挥着反射效应。越来越多的墨西哥人被送到美国接受教育。就大批的商品而言,来自美国的那些商品控制着市场,甚至连偏远的地区也是如此,因此无孔不入地影响着人们的生活。

人们指责世界上工业化最先进的国家和工业上落后却拥有相当丰富的自然资源的国家的密切联系。具有工业社会的盎格鲁-撒克逊心理的人们,和具有拉丁心理(就它不是殖民以前而言)的人们的交往突飞猛进。但在我留下许多混乱的和不确定的印象中,最确定的是在当前的工业、商业、贸易和其他传播商品和观念的方式下,慢慢地渗透是如此地不可避免,以至于它最大的敌人,即那些急切地盼望直接收益并且仅仅从他们自己的经济和法律心理出发来判断事务的人,将会加速这一进程。他们过去的态度和行径是革命政府竭力阻止美国经济入侵的主要原因。他们任何看起来甚至与插手或干预相距甚远的行动,只会延迟这个自然进程。在"稳定墨西哥状况"的名义下,它还会加剧这个国家内部的不稳定。当前处境中一个具有反讽意味的元素是:那些在国内大声呼吁"自然的"经济规律和力量并强烈反对政府行为的商业利益,在墨西哥却不信任它们,反而为政治和外交行动大声疾呼。

最后,虽然人们听到美国商人对墨西哥政府的激烈批评,尤其是那些致力于开矿和石油企业的商人,他们就墨西哥的"布尔什维主义"所说的话,与关于我们自己国家部门的行为——或不作为——的语言相比,还算是温和的。从他们的态度判断,我们国家那些对维持两国友好关系感兴趣的人,有比他们意识到的更多的理由,感激我们自己的政府。

书　　评

实践的民主[①]

《幻影公众》

沃尔特·李普曼　著

纽约：哈考特-布雷斯世界出版公司，1925 年

沃尔特·李普曼在他对"公众舆论"的分析之后，接着撰写了一篇更简短甚至更富有意义的论文，即关于"公众自身"——形成和发出所谓治理国家的观点的存在或创造物——的论文。他对这一存在的评价浓缩在了他的标题中：《幻影公众》。然而最终，好像民主理论者的公众才是幻影。李普曼先生相信，有一众人，或者很多众人，尽管可能是不稳定、难捉摸、无知和害羞的，但通过一些合适的方式，可以被捕捉、沉淀、形成和告知，并且间或被引诱而公开地出现——可以这么说。他相信，当被恰当地对待和再教育的时候，这些公众可能带着相当程度的效力和利益，干预到政治问题的解决中，也就是说，干预政府的行为。因此，尽管我们能够背诵句子，但这些句子脱离其语境就会给人这样的印象，李普曼先生永久地"脱离了"民主，但他的文章实际上是一个对被修剪的、温和的民主理论的信仰的陈述，也是对方法的呈现；通过这些方法，一个合理的民主概念能够行得通，不是绝对地行得通，但起码好过民主在一种夸大的、混乱的公众及其权力的观念下起作用。

那么，至少在我的心里，他的贡献是建设性的。浪漫的民主观念在他的描述中变得温和了，这一点表现在：甚至在有很多情形下，公众不是管理者，而是干预者；不是持续地干预，而是在关键节点上的干预。不过，我能构想一本书，这本书类似李普曼先生写于一个时期的一本；那时候，总体气氛并非祛魅的、恐惧欺骗

---

① 首次发表于《新共和》，第 45 期（1925 年 12 月 2 日），第 52—54 页。

的、反抗自命不凡的、厌倦难理解的问题。这本书明显地是对有关民主政府形式的一种积极贡献。简单地说，这本书表达了一种反叛，是针对民主的一种理论。这种针对民主的理论燃起了热情，极大地增加了民主政府的难题。为了变得可行，民主要求缓和热情以及澄清理解。

这本书格外地考虑了所提出的基本的、被争论的问题。甚至有人要求对它的论点进行概括，李普曼先生为此提供了一个能够涵盖其主要观点的概括；这个概括在任何评论家所能提供的东西中是最好的。公意被某些试验引导着，履行着它指定的功能。在陈述这些试验之后，他继续说，尽管他不十分相信这些特别的试验，但他确实认为，这些试验的性质是十分重要的，因为这取决于根本的规则。这些试验的消极方面是要考虑的，其中有他对狂热的、不接受任何非难的民主理论的批评。执行性的行为不是公众的。一个问题固有的优点不是公众的。对一个问题的理智预期，对它的分析和解决，都不是公众的。

处理问题所要求的特别的技术上的标准，不是公众的。分析这些结论的原因，以及对在那样的情形下留给公众做的事情的陈述，占据了这本书的前三分之二。

这种争论基本上表明少数知情者与许多局外人之间的区别，知情人是积极的力量，局外人是巡查者、旁观者。"真正的统治是由特定的个人对特别的问题进行的许多安排构成的。"统治不仅是这样构成的，而且必须被这样构成。事情是被特定的某个人做出来的。要在政府中做的事情，在很大程度上，是技术性的

和专业性的。它们足够复杂，以至于一定会成为某些人的主要事务。现代国家那么大，以至于做出的决定和发起的执行都必然远离市民大众；现代社会不仅是可见的，而且是持续可识别的和整体的。并且，甚至是偶然地，大多数特别的问题不会被局外人掌控，他们毕竟要过自己的生活，有自己以及家庭的问题需要解决。甚至在亚里士多德时代的城邦当中，在市民有限的能力和其环境的复杂性之间的沟壑，也是一个需要渡过的问题。亚里士多德关于"共同体必须保持简单和小"的回答，不再可能实现——李普曼先生倒不如补充一下：亚里士多德的解决方案中的另一部分不可能将有效的市民身份限定到有空闲的人身上。旧的民主信条已经崩塌，因为它假定全能的市民和公共舆论的无限能力。

那种学说的失败程度见之于这个事实，在过去三十年中，大众的东西较之于合格的选票的比率，从 8/10 下降到 5/10。

在事务当中,私人行动的功效和政府行动的放纵与惯性,这二者之间经常处于被进行对比中,实际上不是在公共的和个人的事业之间进行对比,而是在"做特定事情的人和试图控制总体结果的人"之间进行对比。后者在现实中是不可能的;社会中,没有足够的联合,没有足够的共同认识,即使有这些,总体上的行动也是一种无稽之谈。一个普遍的头脑会产生出虚构的东西;这些虚构的东西增添了混乱,鼓励了欺骗和鼓吹。"从大批一般愿望中得出的一般性意愿,不是一个黑格尔式的谜,而是一种被领导者、政客和指挥委员们所熟知的艺术。它基本包括对标志的使用,这些标志在与其理念分离之后,就构成了感情。"过程的结果是:行动就像曾经一样,私下里被少数的知情者所决定。但是,篡改流行起来了;他们在为自己的目的所行动的同时,宣称自己是公共意志的代理人,拥有公众的支持和许可。为了使公众成为起作用的力量,他们还欺骗公众。

共同体在规模和复杂程度上的增长,促使在广大范围内构建起组织。效果是:"在中央政府、远程执行办公室、党团和指挥委员会中集中决策。"那么,一方面是那些实际上作了决定却不能说明他们作出决定的是什么、以及如何作出决定的人,他们还假装执行一些大众的命令;另一方面,有政治上迷惑的、不确定的、或多或少无用的以及泄气的选民。"行动和经验之间、原因和结果之间的间隔的延长,已经滋生了个人的自我表达;在其中,每个思考者都思考他自己的问题。结果,他不能深刻地影响事务的过程就不奇怪了。"

那么,公众的积极作用是时不时地通过加入知情者的一方去对抗另一方,从而来干预知情者的工作,评判粗俗的、公然的行为。公众完成它的任务需要标准;这些标准是在这种意愿之内框定的,即公众有可能在那些真正用政策来增进公共利益的群体和利用公众促进私人目的的人之间有所区别。达成这种区别的基本意义是:找出这些内部党派哪个最不愿意主张开放询问、承担大力宣传的后果。因为推理的路径,就是遵守某些规则的意愿的路径;因为缺少在不同提议中对合理性的洞察力,公众也许不能判断它的形式、方法和精神。不愿提交询问的例子是一个确切的标志,表明厌恶理性和规律的规则性。

这只是一个概述,是枯燥的。然而,李普曼先生丰富的讨论尽管被简化,却是生动的。但是,我希望它能够有助于表明约束的精神。李普曼先生会让公众注意到这些约束的精神;注意到它们存在于这个事例的性质中,也即问题特定的和复杂的性质。为了避免误解,应该在概述中补充:李普曼先生所谓的"知情者”,不仅仅是政治知情者,而且是政府管理者和机器管理者,因为他们在很多方面都是局外人。我认为,在工业和经济问题上,它是积极的工业领导者,不管资本家还是劳动领袖的知情人,等等。那么结果,李普曼先生的论据就是从一个方法的新角度,强有力地对在政府事务中集中化的请求;请求承认,无论我们是否喜欢它,真正的政府必须用非政治的代理者来执行。这通过我们不会传统地认为与政府有关的机构。

尽管提到选民活动的减少,我认为,李普曼先生批评的真正意旨在于:选民总体上想做的仍旧太多;他们仍然沉溺在老的自由放任学派的语言中。可能顺便地注意到,你会被这个事实震惊,即李普曼先生没有提到通过职业的活动和利益,在功能上组织不同社会活动的理论。也许提到的东西,涉及太多离题的遥远的和推测性的事情。但是,很难知道公众的干预行为在他假定的途径中变得有效是多么偶然,直到行为赖以操作的群体行为被更好地组织,更容易地识别,更多地暴露给“党羽的认同”和他的目的,也就是民主方法的目标。李普曼先生的概念只有在具有某些接近“同业公会”或者“苏维埃”东西的时候,才行得通。至少这一点是可以争论的——请注意,我没说布尔什维主义者的组织。

也许有人怀疑,李普曼先生的批评在某种程度上是针对假想敌的。我不会认为,没有人曾经持那种他认为是正统理论的民主理论。但是,这么说更保险。那样的理念多半是继这个事实而来的;用现在的话说,它们是一个实现了的事实的“理性化”。借用詹姆斯·哈维·罗宾逊(James Harvey Robinson)的话,民主不是作为一个好的或坏的理想的实现而出现的。所谓大众的政府,很可能是一个大的、数目变化的特定事件的结果。卡莱尔(Carlyle)不是民主的支持者,但是他说,因为有了印刷机,民主是必然的。

值得怀疑的是,民主的代言人是否曾经构想了非常不同于李普曼民主思想的民主功能。不得已作为裁判,能够促使重要事情服从大众的判断,驱使政治管理者时不时地在选民之前接受审判,以便审查他们的管理工作。我认为,那些基本上都不是对实际上促进政府中民主运动的人的过度要求。

即使如此受限制的任务,阻碍明智地施行任务的困难在过去的一段时间增加了很多,这一点毫无疑问。并且由于这个变化,李普曼先生给予我们的那种重新思考变得非常必要。但是,李普曼先生对近期一些被误导的公众行为——例如禁令和田纳西州的立法——明显地厌恶。当剥离了对这些厌恶的逻辑的非相关性的时候,这个变化使他的修改成为对民主政府方法的贡献,而不是深远的批评。从李普曼先生的笔下,我们得到一个详尽的对禁止性立法与公意及公选关系的分析,将是启发性的,也是有趣的。对于大众决策事务的适宜性讨论,将会澄清整个主题。这种反对,到底是针对将其自身关系到这个问题的国家公众,还是针对采取行动的种类?也许是前者,因为如果是后者的话,明显的追索就是持续呼吁民主实践修改之前的行为。但如果是前者,那么,假设有保护,让你不受到掌权者在强烈地感到受任何质疑时所作出的极端的和影响深远的行为时,知道什么样的保护是非常有趣的。当然,禁止奢侈的立法不是民主政府的发明;并且,它是现代社会非政治的特征,就像通过铁路和报纸来作出的快速和复杂的互相沟通,使现在广泛的禁止奢侈的立法模式成为可能。李普曼先生肯定最不愿意依靠对统治者的规则和规劝,让他们行动起来抵御不明智的立法。但是,解决的办法是什么呢?我不觉得问题比起其他形式,与民主政府更相关。如果问题现在更尖锐了,那是伟大的社会所造成的。

如果承认针对科学学说的禁令或承认立法的不明智,那么,很难相信,对投票者的无所不能,对决不犯错的公众意见和多数人的神圣权利的信念,与问题有太多的联系。不是民主的某个特定理论,而是对烈酒交易的讨厌激励了禁酒主义者,这种厌恶来自认为打牌、喝酒和跳舞是魔鬼发明的道德家的一个观点。另一个观点来自那些把节俭或财富当作神的人、劳工的大雇主,以及惧怕交谊厅的政治力量的人,还有许多其他人的观点。而且,热情的、名不副实的神学信仰激发了那些通过反进化立法的人。

如果有人说,民主制度给予怀疑的公众以机会来通过一项法律,那么,回答这个陈述是真实的,但是它的含义却将偶然当作了本质。天主教教堂几乎不是一个民主体,但达尔文却在引用之外;并且如果教堂完全控制学校,那么,它的行动就没有田纳西州的原教旨主义者的行为那么极端。认为曾经属于神职人员而后被国王继承的神圣权利降临到平民头上的人,对于他们来说,被教导民主不是对权力滥用的自动保护,毫无疑问,是一种收获。但是在任何情况下,麻烦好像都是从愚昧、不忍耐、顽固以及不良的教育中产生出来的。无论这些特点怎样修饰了君王,装饰了寡头政治,还是提供了平民的道德标志。

我从不认为,这些评论妨碍了李普曼先生的讨论的伟大价值。但是,也许它们表明需要更进一步的分析。首先应该考虑到伟大的社会带来的固有的问题和危险，相对于它们，民主的弱点好像是症状性的而非因果性的。它们表明，尽管就李普曼先生提出的那种标准来看，现代技术的提高也许是有帮助的，但社会本身的进一步组织才是唯一的出路。它们还表明，进一步讨论与公众有关的宣传是需要的。媒体的伦理进步，仍然远不能满足问题的需要。最终的问题是科学的，也是艺术的，即使媒体持续、有效地揭露社会运动中的问题，包括不同群体知情者的愿望和意图。这既是一个艺术的问题，也是一个智能的问题，因为它假设的不仅是一个科学组织，能够发现、记录和解释全部具有公共影响力的行动，而且使质询结果能够呈现引人注目和重大的方法。我不认为，大多数人买糖，是因为相信糖具有营养价值；而是因为习惯而买，或者买来取悦味觉。因此，就必须同时买下这个事实，使各种特定的公众和广大的大众做好准备，在他们的公共影响力中看到私人活动，并基于公共利益的基础处理好这些活动。

我从来没有提到李普曼这本书的这个特征，即非常吸引评论者的地方是他作为专业的哲学家的能力。李普曼先生有洞察力地利用了当代思想的多元趋势，包括明智不是因为它自己的动力而运作，而是为了调节冲突和解决特定的困难。哲学的背景给予这本书一种延伸的力量。这本书与几乎所有其他事务领域中的当代作品相区别，并且评论中没有精确地描述这些东西。但是，这个评论已经太长了，如果得到编辑的允许，我希望稍后能够回到这个议题上来。

220

变化着的理智气氛[①]

《科学和现代世界》

阿尔弗雷德·诺斯·N·怀特海　著

纽约：麦克米兰出版公司，1925 年

在思想领域中，有新的事情发生了。三个世纪中一直占据上风的学术气氛和心理正在发生变化。对这种变化的预感，已经在自然科学中有所显现；因为这些科学的趋势决定了问题、材料和思想的工具长达大约三百年，自然科学的这个转向表明了一个新的心理态度。因此，那就是在怀特海教授的罗威尔演讲中所报告出来的新闻。据他所说，这个变化缺乏革命性。心理上的变化，是在所有变化中最重要、最有实践性效果的。"在工人们挪动石块之前，它就构建了教堂，在要素磨灭了弧度之前就摧毁了它们。它是精神大厦的建筑师，也是它们的瓦解剂——而且，精神先于物质。"这本书不仅是对新的心理到来的一个宣布，也是对从 16 世纪后期自然科学开始以来的理性的"伟大冒险"的一个记录，以及对新观点的描述与相对论和量子理论相联系，解释了那种冒险的局限，开始了思想的新冒险。

科学运动的悖论已经在一个有限的区域内，成了它的卓越成功；在那个区域之外，是它所导致的混乱、衰弱和几乎瘫痪。它的成功与它严格地忠实于机械的观点有关，与唯物的世界观有关。在技术上，那个观点、那些想法尽管基本上都是关于时间和空间性质的某种总体抽象的结果，但总括的抽象是思想接近和驾驭具体的方法。其实，标志了最近时代的特点，恰恰是"对总体原则与不可约的、固执的事实之间关系的热烈的兴趣。整个世界上，在所有的时代中，都有过实践

---

① 首次发表于《新共和》，第 45 期（1926 年 12 月 17 日），第 360—361 页。

的人,他们专注于'不可约的、固执的事实';整个世界上、所有的时代中都有具备哲学气质的人,他们曾经专注于编织总体的原则。对详细事实的热烈兴趣,以及对抽象总括的同等热爱,两者的结合形成了新颖的现代社会。它的出现,先前是零星的,而且好像是偶然的。"学术氛围中的变化,归因于科学赖以建立的终极时空观的崩塌。"物理学的稳固基础瓦解了:心理学第一次坚称自己是一个有效的知识体,远离废料堆。时间、空间、物质、材料、乙醚、电、机械、有机体、构造、结构、模式、功能都需要重新解读。如果你不知道力学是什么,那么,谈论力学解释有什么意义呢?"

然而,读者也许会得到一个完全错误的印象。如果推断怀特海的书不过是另一个版本的老把戏,那么,一些旧科学观点的崩溃就会被解释为是传统宗教思想的胜利。相反,在最近的时代中,宗教思想的困难在于它们顽固地抵抗学术变化。相反,对于科学,"学说的碰撞不是灾难,而是一个时机。在正规的逻辑中,对抗是失败的信号;但是在真正知识的进化中,它却标志着向胜利前进的第一步"。宗教一直是防守的;它宣告某些概念是重要的,结果被迫向它们屈服;它的历史充满了不体面的后退。但是,当"达尔文或者爱因斯坦宣告那些改变我们想法的理论的时候,它是科学的胜利。我们不说对科学的另一个失败,因为它的旧思想都被废除了。我们知道已经获得了另一步的科学洞察"。

在新的具体事实面前,旧的科学抽象的崩溃就是一个机会了,科学人士正在向这个机会努力。既然旧的科学依靠某些抽象的时空概念,那么,新的科学就不应该修补细节,得过且过,而应该深入事物的根本中去;它彻底地改变了未来关乎时空的抽象概念,数学已经为这个改变铺好了路。当然,这个事实使科学变化困难到让外行人难以理解。修改关乎时空的概念不容易,因为它们已经在我们的理智中生长出来;因为人们知道,17世纪的科学革命,"世纪天才",就如怀特海在他的历史回顾中恰当地宣称的那样,毕竟澄清和简化了人们的传统想法,以及关于他所生活的世界的时空特点。甚至建立了科学的科学家和哲学家,也不得不通过一个复杂的数学媒介接近新思想;新思想还不是直觉的和自发的。只有通过熟悉使用的心理学适应,才能让我们需要的变化起作用。然而,尽管怀特海先生没有成功地让新思想成为直觉的,也就是说在日常经验中得到认可,但他却以一种完美的方式,成功地让读者认识了变化的性质及其寓意。

如果技术性地表述,那么,它是对有机体思想的机制的替换物。每个具体的现实,都具有有机体的性质;也就是说,它是一个整体,拥有历史,发展着历史,并且作为整体而反思其他有机体的生命历程。这在某种程度上,主导着它的其他组成部分的能量。传统物理科学完全忽视了内在的和定性的特点,关于这些有机体,关于有活力的和内在激励的个体。"在物理学中被思考的原子的物质实体,主要是这些个体持久的实体,在来自万物的抽象概念中被构想,万物不包括关乎决定彼此的生命历程的互动。"科学就是这样,在现实中采取某些外部关系,好像他们是现实本身。这是"错位的具体"的谬误,从"简单位置"学说的谬误中而来。后面的学说,就像已经被表明得那样,基本上是一个对空间的总体抽象。它试图从简单、独立的单位中建立起整体,它们只有位置和延伸(形状和尺寸),还有运动的关系;也就是说,位置、尺寸和形状的变化。机械唯物论的整个框架都是逻辑的产物。结果是否定或者怀疑现实,即关于真正的个体性、目的、价值和作为发展的历史,作为所有不仅是空间单位重组的历史。结果,哲学与科学分离;像宗教一样,它采取一种防御的态度,是思想和思想内容的防卫者。它带着一种将思想减少到一种与世界相对比的主观变异,并且只有当它用自己的主观性感染到自然界现实的时候,才产生出好的。新科学的观点结束了哲学和科学的分离,不是用某个"协调"的诡计,而是通过影响一个新的主观问题的综合。在持久的、活力的有机物方面,它们是科学本身的现实。

224

思想充满了混乱的妥协和半真半假,以至于刚才说的这些可能被一些人用来表明,怀特海先生宣称,科学代表某种被称作"活力论"的东西,否认了机械主义。这最不符合事实了。"活力论"正如他指出的那样,本身就是防御性的二元学说;它在某个范围内承认旧式的机械论,然后又武断地在自然中作了分裂,为了从机械论的影响下"拯救"什么。科学所导致的"有机的机械论"学说,保持了机械科学的胜利,虽然带有轻微的细节修改,包括它们在人体组织和人类思想中的运用,但是也指出了机械学说本身不涉及现实问题,而涉及他们相互作用于彼此生活路径的影响力。它不给物理学所关系到的自然客体添加超越自然规律的高级存在物。

由于行文的局限,我不得不将自己限制在怀特海先生论点的最核心的东西上面。我相信,这会让一些人去看这本书。这本书为一般读者的最重要的重新论述,是关于科学、哲学和业已出现的生命问题的现有关系。如果明智的读者省略了相对论、量子力学、抽象论和上帝的章节,那么可能对在一些细节的章节中获得思想的精神和运动而感到困难。但是我认为，没有这样的章节，就无法了解他那思想的精神和运思方式。这本书中关于科学的变化对深层次社会问题的影响，给出了生动的建议。我希望在结尾只指出其中的一个。他说，"生物学模仿了物理学的方法"；他本来应该补充说，它是被迫这样做的，因为只有旧科学的工具可用。现在，心理学也在模仿物理学的方法，并且就一个有影响力的流派而言，结果使教育和社会关系机械化了——精确地说，怀特海先生指出，机械论已经在物理学自身中崩溃了。这是科学专业化的专门研究的悲剧之一。怀特海先生揭露并批评说，人文学科总是在心理学、教育学和人类关系的领域中，采纳和使用高级物理科学正在废弃的材料和方法。如果宣称自己是唯一正宗的"行为主义"的心理学流派，能够阅读和吸收这本书中提出的物理学思想，那么，很多误导性和迷惑性的学术活动就能够在下一代人中被省掉了。心理学解放了，能够处理有机体的行为，因为真正的有机体在其本身以及它的教育的和社会的影响力中，是一个非常不同于行为主义的东西。行为主义不置评论地采纳了基本的抽象概念，而这些概念已经在自己的领域中崩溃了。它会停止采用一个有机体组成的各部分的行动，好像它们是行为整体。没有那样的抛弃，它就会继续进入人类的活动和教育中；带着伪装的科学尊严，这些思想压抑并削弱人类最有价值的东西，需要某种类型科学的控制。

打开新世界的钥匙[①]

《教育和良善生活》(*Education and the Good Life*)

伯兰特·罗素　著

纽约：博奈-利夫莱特出版公司，1926 年

有许多人嘲弄美国对教育的信仰，称其为一种宗教。它经常也确实是，但这些人却在对待它的时候，把它当作一种特定的幼稚形式的迷信。然而，它需要不迷信，除非所有相信世界会比我们正在居住的这个更好的想法被谴责为是不合理的。那样的责怪，好像本身就是特定的教条。因为直到我们严肃并系统地尝试（我认为，只有少数狂热分子会认为人类已经明智耐心地试过了）之前，我们不会也不可能知道这个世界会成为一个多美好甜蜜的居住地。其实，我们也许弄错了信仰，把一些不是恰当的献身目标的东西当作了教育。但是，在人类所有对更好的东西的渴望和对未来可能性的信仰被消除之前，我知道，没有哪一种相信未被证明的东西的信仰是合理的和高尚的，就像将我们的希望和志向集中在教育所能达成的可能性上。直到人类完全从失败中变得愤世嫉俗，这种信仰一直是新鲜的。

我认为，伯兰特·罗素先生的书是对把教育作为宗教文学的一个很好的贡献。对于这本书的贡献，他说："我现在已经试图把我们现在能获得的美好的可能性带到读者的面前。想想这意味着什么：健康、自由、幸福、友善、明智，全都接近普遍。在一代人的时间之内，如果我们愿意，我们可以带来一个黄金时代。"就算这种信仰因为有些缺少对黄金时代的期盼而停止，也是非常振奋人心的，对比于那种鼓舞了罗素先生在战争期间和紧随战争之后的一些作品的精神。正是

[①] 首次发表于《新共和》，第 46 期（1926 年 5 月 19 日），第 410—411 页。

在听起来像是愤世嫉俗的悲观主义的痛苦中,人们可能欣赏受阻的理念论的调子:如果他那么不在乎,如果他已经获得平常程度的优雅的冷漠,那么,他对人的失望就不会那么刺耳地释放出来了。在这本书中,希望的火苗再次燃烧,伴随着稳定而清晰的光芒。

因为罗素先生多次提到他有两个孩子这个事实,我希望这么做不是不恰当的,而是将他信仰的更新与所有人类经历中最让人震惊的东西联系起来,即在年轻人身上延续生命。我猜想,已经有很多书是关于季节轮回中植物生命更新的。相比于随着人类出生而发生的那种更新来说,那样的更新是因果的、断续的和微不足道的。这种诞生,是对新的和不同世界的可能性的永恒提醒者;并且尽管时间流逝,希望被消沉,损耗的悲剧再次发生,这种悲剧比起明显的直接失败的悲剧要大得多,但是希望不断地回归。一个新的生命,一个作为潜在可能的生命,向人们预示了一个不一样的世界的可能性,直到所有的希望都从人类的胸怀中消失殆尽。如果不是伯纳德·肖(Bernard Shaw)自己没有孩子,我可能会惊讶于他在对待老少关系中展示出来的局限性。能够肯定的老少之间关系的残酷和误解够多了,但是我却想不起他做过任何暗示,暗示年长者与青年之间的关系不同于含蓄的冷漠或礼貌的冷漠。不过,这是一种生活中随处可见的最幸福的或最有智慧启迪的关系。看着植物生长,看着花儿开放,看着艺术作品或科学调查的进展,其中有美好和乐趣。然而,这些中没有哪个能超过健康的快乐。各种好奇心的展示,悬念和改变的戏剧性,伴随着人类生命的逐渐苏醒。

不过,如果我继续用这种口吻进行下去的话,也许就给罗素先生帮倒忙了。他的书的主要特征,是受到启迪的经验性常识。其中没有意义深远的总括,没有对潜在的科学或哲学的基础的企图。它是相当于一连串不同主题的评论和说教,带着几乎最少的总体的理论阐述——除了它对知识和情感相结合的不松懈的信仰之外。这本书体现了最好的英文传统。尽管约翰·洛克关于教育的著作和现在这本书时隔两百多年,但是知道卢梭的人,几乎能在这本书的字里行间想起卢梭。它们当中包含同样的信任,关于理性和自由、相互信任、孩子回应理智和情感对待的确定反应;同样的厌恶纵容和溺爱;同样的坚持好奇心的价值和不限制它的必要性;弥漫的确信无疑的东西是:如果孩子一直遇到他不能回避的事实,那么就会客观地形成自己的观点;还有,他对愿望性思考和幻想的再次陷入,总是被放在一些成年人的面前,他们鼓励他形成这样的习惯。除了自从卢梭之后由科学和民主的进步所造成的不同之外，唯一与众不同的就是罗素先生的书表明了审美的敏感性；如果洛克也有这种敏感性的话，他很好地掩盖了。

对英语传统的忠诚见诸这个事实，十九章中的十一章都是关于品格教育的。在还有一些章节，如关于第一年、恐惧、玩耍和幻想、建造性、自私和财产、真实、惩罚、其他孩子的重要性、情感和同情、性教育、护理学校。这本书受到启发的常识，也许在来自这些章节中的第一个引语中。例如："不要让孩子感到害怕，如果你能帮他。如果他生病了，并且你很紧张，要小心地藏好你的紧张，除非它能够被孩子通过暗示所知道。避免所有产生兴奋的东西。不要让孩子觉得如果他不像应该的那样睡觉、吃饭或者排便，你就会介意，这样会增加孩子的妄自尊大……不要让孩子觉得：一个必要的正常举动是你欲求的事情，例如本应该是快乐地吃饭，而且你想要让他做这些事情来取悦你。如果你这样做了，那么孩子很快就会认为他获得了一种新的权力，就会期待被哄着做出这些举动，而这些本来应该是自发做出来的。"——最后这个，真的具有洛克式的意味。关于恐惧的章节，强调了一个遍布整本书的观点：现在以各种形式进入生命中、来自恐惧习惯存在的损失和伤害，它们那么根深蒂固，以至于多半变成了无意识的。关于玩耍和幻想的章节，表明了孩子中普遍的自卑感，以及孩子依靠玩耍和幻想来作为培养补偿性权力感的方式。与有关情感和同情的章节相关，有所信仰的读者可能会得知什么是有用的、什么是现在的弗洛伊德主义中不适合家长的。弥漫的不成熟的激进主义迫使受教育程度有限的人认为，所有任何有激进意味的东西都必须是真的。罗素先生的"激进主义"名声，也许让他的话语更有分量。当他说，试图在孩子的玩耍中寻找性别象征符号的努力，是"白费力气"；当他否认被大肆宣扬的父母子女之间关系中俄狄浦斯情结的存在，除了极少的病态例子之外。他机智地说，因为弗洛伊德主义者没能承认夫妻情感、父母对孩子的情感，以及孩子对父母的情感中的本能区别，他们对于父母子女关系在某种意义上是禁欲的。当然，大多数美国家庭，一方面是对权力的欲望，另一方面是对被承认在自己的事情中能说了算的个体的欲望。这也是父母子女之间大多数困难的最终根源。

如果我越过涉及总体原则的导言和讨论理智教育的最后一章的话，不是因为它们不包含太大的价值，而是因为它们以一种强有力的清晰思路被表述的。但是在基本问题上，也许没什么关于教育的新东西好说，而且罗素先生不否认自己的独创性。他对于具有好的启蒙意义感到满意。这本书是写给家长的，而不是写给老师和专业"教育者"的。在家庭中，与孩子相处的家长将会从这本书中受益良多。一个有着罗素先生立场的人应该知道，献身于研究孩子的生活是值得的，能够使人生变得有作为的方法是值得庆祝的东西。比起罗素先生所表达的任何有智慧的特殊话语，这个事实使这本书更值得注意。"教育给了我们不好的品质，教育必须给我们相反的德性。教育是通向新世界的钥匙。"在结尾，我想不出对这本书的精神更好的总结，除了我从一个学生那里借用来的话："过去，我们的能量主要投放在了意志运作的控制上，而不是对那些理智态度的积极发展上，那些东西会给人类掌握意志的活动一种力量。"

思想的艺术①

《思想的艺术》

格雷厄姆·华莱士　著

纽约：哈考特-布雷斯世界出版公司，1926 年

阅读华莱士先生的新书，至少有三种方法。每种方法都决定了它自己的判断标准，而且使用不同的标准会对价值产生不同的判断。可以把它当作一系列散文来读，半文学半心理学，不用思考它的方向和进展；它的灵魂上的亲属，比如情感、习惯；它的成功和失败。总之，一个人这样，就能判断它是一个合理的文学和科学的快乐混合体，既不是伟大的书信，也不是深刻的科学，而总是具有可读性，经常是睿智的，更多的是提示性的，带着充足的被珍视的珍品储备，尽管没有渗透性的、能够切中问题的核心的洞察力。也就是说，作为一个散文家，他不是爱默生；作为心理学家，他也不是威廉·詹姆斯。这本书作为文学文献，显示出太多的卡片索引（索引中一定引用了三百个名字）；这个性质让它作为一部科学作品来说，显得太零碎了。

知道华莱士先生对政治感兴趣的人，还有知道作者懂得社会控制和组织与人性的基本事实之间的亲密关系的人，也许会用另一种方式阅读本书。通过《思维的艺术》这本书，那样的人会懂得这种方法；通过这方法，智能可以对社会生活的开展施加分解的和综合的影响。产生这样的期待，不仅仅是因为华莱士先生的名气，也是因为这本书开头的第一段；它们以这样的形式出现在目录的概要表中："近来，人类对于自然的力量增加了，却没有同时用思维来增加对那种力量的控制。我们能够使战争更加有效，但是不能阻止战争；我们能够探索世界，但是

① 首次发表于《新共和》，第 47 期（1926 年 6 月 16 日），第 118—119 页。

不能构想出一个混合人种的世界政策。而且，同样的对智能控制的需要存在，在每个国家，在政治、哲学和艺术中都存在。"

如果有人读过这本书，坚持这么理解的话，他们会很失望的。这本书最初的句子引发了期望，但是同样的句子却在其语境中表明了难以满足这种期望。"在过去两个世纪中，这是司空见惯的事情。人类已经很大地提升了对自然的力量，但没有增加用思想对那种力量进行控制。在跨国的和跨种族的范围中，化学家和工程师正在谋划着摧毁纽约和巴黎的计划，用我们祖辈不能想象的精妙的科学方法；但是，当法国和英国的政治家们开会阻止那些计划付诸实施的时候，他们发现，这不比让两个来自石器时代的部落的领袖达成一个共同目标更加容易。"位置如此，这个段落好像提出了整本书的问题。但是，提示是误导性的。因为很明显，在物理科学和技术的问题中有思想的艺术，而在这方面，控制自然和思想力量之间的对立是完全错误的。从这个问题的立场来看，缺少的是能够与已经在物理问题中获得的事务相比较的人类事务的思想的艺术。这个对比提出了一个有趣的问题，可能是世界现在面对的最重要的问题。有这样的增加控制的社会思想艺术的合法可能性吗？或者这样的想法只不过是一个梦？如果有这样的合法可能性，怎样才能实现？

然而，那样的问题绝不是一个心理学问题。自然科学的发展不是归功于这个事实，即个体的思想者已经学会更好地管理自己思想的私密的个人艺术；而应该归功于形成了客观的工具技术和外部的程序，以及先前结果的积累，直接来自没有相关问题的增加和成果性的假说。但是，华莱士先生所处理的问题，仅仅是个人的心理问题。没有办法思考在社会事务中阻挡客观智能行为，使用进步手段的政治经济条件，这些手段几乎自动地引导了那样的个体思想。华莱士先生关心的不是这个客观的控制，而是个体思考者能在他们自己的内心中做到的那种控制。

对华莱士先生来说，说他的心理立场是完全内省的和内部的，这对他并不公平。但是我认为，说他的兴趣是教育学的，这既公平又中肯。依我看，从这个观点看这本书的读者和批评者，会在恰当的观点中评论它。正如每个人都知道的，华莱士先生是个年长的、很成功的教师。看起来好像是这样的，对学生的思想变化和心理变化感兴趣，应该在所有教师中被当作是理所当然的。不幸的是，对它感兴趣的人很少。华莱士先生有这样的兴趣，这本书是那种兴趣的产物；那些从这个角度靠近它的人，不会失望。因为华莱士先生不认为，"学习"就是仅仅掌握别人所陈述的观点和事实，更不用说别人的话；他认为，应该意味着独立的、原始的和创造性的思想。他总结了他的教学法的兴趣，并试图概述有所产出的思想者真正使用的过程。在第四章中，他给出了他的结论的主旨。有两个思维阶段，第一个和最后一个能够完成更正式和有意识的管理，第二个不那么能够做到。第一个阶段是准备阶段，是积累知识、提炼或者精心展开这个领域，在收集和分类材料中使用调查规则，并将它分成特定问题的阶段。然后是孵化阶段，这个阶段自愿地控制有意识的心理活动，考虑在第一阶段中发生的材料和问题。第三阶段称作"阐明"，观点的火花闪现，接下来是"证实"，有意识的和故意的努力再次发挥作用。华莱士先生最具提示性的话语，是那些将"暗示"作为"阐明"阶段的次过程的，也就是一些边缘组合的出现或开端。华莱士先生指出，最初的思想者的很大一部分成功，归功于理解和掌握这些暂时的和虚无的暗示能力。

阅读的公众如果被标签所主导，就会造成一些危险，会使《思想的艺术》在它 *234*最有用的地方找不到观众。它应该在教师的手中，尤其是教师的教师的手中，以及那些在师范学院和大学里被训练成为教师的人的手中。它几乎不能系统到可以作为教科书，但它是有价值的阅读材料。对于美国学生来说，强调悠闲地孵化的必要性，强调允许思想自由地进行、不受太刻意的痛苦的控制的必要性，强调在疆界内纯粹幻想的、能够产生最原创性想法的必要性，具有特别的价值。

公众及其问题

序　言

本书是 1926 年 1 月在俄亥俄州凯尼恩学院的拉威尔基金会（The Larwill *237*
Foundation of Kenyon College，Ohio)发表演讲后的产物。我要感谢所受到的多
方礼遇，以及院方对推迟本书出版的容忍。在这段期间里，我对最初的讲稿作了
全面的修订和扩充。推迟出版，也使我可以在书中少量地引用在此期间出版的
一些书籍。

约翰·杜威

1.

寻找公众

如果一个人想要了解可能存在的"事实"（facts）与其背后意义之间的距离，那么应该从社会讨论的领域着手。很多人似乎认为，事实自身会携带着它们的意义浮于表面，只要积累起足够多的事实，它们的意义就会自然而然地呈现出来。自然科学的发展被认为证实着这样的观点。但是，客观事实之所以被深信不疑，因为它不仅仅依存于单纯的现象，它从方法中得出，从调查和计算的技巧中得出。没有人曾经只靠搜集现象，就被迫地接受有关事实背后意义的理论。只要这个人掌握着完整的、能够统领这些事实的其他理论，通过这种理论，他能梳理事实现象。只有当事实被允许自由地展现在人们面前、暗示着新的意义的时候，任何一个关涉意义的重要信念的转换才会成为可能。如果把实验工具和计算技术从自然科学中抽离出去，那么，人类的想象力就会在各种理论的演绎中狂野地飞奔，即使我们假设那些非理性的事实都是一样的。

在任何情况下，社会哲学都表明，事实与信念之间存在着巨大的鸿沟。例如，比较政治现象和关于国家本质的现存理论，如果探究者把自己规定为只观察现象的话，即观察国王、总统、立法者、法官、警察和其他公务人员的行为，势必不难获得一个共识。然而，将存在于国家的基础、本质、功能和正义中的不同与这种共识进行对比，我们就会注意到一种似乎毫无希望的分歧。同时，如果一个人追求的不是事实的积累，而是国家的定义，那么，他很可能突然陷入争议之中，陷入一场有争议的、喧嚣的混乱之中。根据一种据称来自亚里士多德的传统，认为所谓城邦，是一种联合的、和谐的生活，这种生活可以发挥最大的潜能；城邦同时还是社会模型的基石，并且是其完整性的支撑。根据另外一种观点，认为国家仅仅是众多社会机构中的一个，具有一种有限却很重要的功能，也是其他社会组成单位发生冲突时的仲裁者。每个组织都要产生并且致力于实现一种积极的人类利益；教堂源自并实现宗教利益；协会、工会和公司基于物质上的经济利益而产生，并热衷于追求这种利益，等等。然而，国家却从来不关心它本身的利益；它的行动是形式上的，就像交响乐的指挥者一样，他既不用演奏，也不用创作音乐，而是帮助其他的演奏者彼此之间协调地奏出和谐的音乐。还有第三种观点，认为国家是一种有组织的压迫，同时是社会的累赘、寄生虫和暴君。第四种观点认为，国家是一种工具，多多少少有点笨拙地阻止人们彼此之间发生过多的纠纷。

当我们进入这些不同的观点，论证它们的论据时，还会产生更多的困惑。在一种哲学中，国家是人类联合形式的顶点和终结，展示着不同的个人能力的最高实现。这种观点的第一次形成有着某种针对性，它是由古代城邦理论发展而来的。在古代城邦里，选择成为完全自由的人，还是成为参与戏剧、运动、宗教和政府共同体的公民，这是一回事。这种观点一直持续下来，被应用到今天的国家学说中。另外一种观点是用教会来协调国家（或者说，作为一种分化来的观点，将国家低于前者），维持人类外部的秩序和仪式。一种现代理论通过借用并夸大理性和意志的概念，理想化地描述了国家及其活动，直到国家表现出意志和理性的客观性，远远地超越了存在于个体或个体集合体中的渴望和目的。

然而，我们关心的既不是写一本百科全书，也不是写一本政治理论史。所以，我们停留在对一种观点武断的解释上面。这种观点认为，在政治行为的真实现象和对这些现象意义的解释之间，找不到什么共同的立场。一种打破僵局的方式，就是将意义和解释的整个事情交给政治哲学，作为与政治科学的区别；然后就可以指出，无效的推测是所有哲学的伴生物。道德将抛弃这种类型的所有学说，最终坚守于似乎已经确定了的事实。

这种紧急的治疗方法是简单又吸引人的，但却不可能被采用。政治事实不在人类欲望和判断之外。如果人类对于现有的政治组织和政治形式价值的评估改变了，那么，后者或多或少也会改变。那些标志着政治哲学的不同理论，不是从外部逐渐形成它们将要解释的事实而单独地发展，而是对从所有事实中挑选出来的因素进行详细的论述。可调试的、可改变的人类习惯产生和维持了政治现象。这些习惯不会全部充满理性的目的和有意的选择——远远不是——但是，它们或多或少会受到理性目的和慎重选择的影响。一些人经常采用攻击行为，试图改变一些政治习惯；然而，另外一些人积极地支持和调整这些政治习惯。假设我们能够坚持事实（*de facto*），而不在某些时刻提出权利（*de jure*）的问题，也即适用什么样的权利问题、合法性问题，那么，这种假设就仅仅是一场伪装。并且，这样的问题会不断地发展，直到它变成国家自身本质的一个问题。我们面前的选择并非一方面是被事实限制了的科学，另一方面是无法控制的推测。真正的选择在于：一方面是盲目的、无理性的攻击和防御；另一方面是有鉴别力的批评，这种批评运用智慧的方法和有意识的标准。

数学和物理科学的声望是好的，并且理应如此。但是，那种事实独立于人类的欲望和努力，与其他的事实，即在某种程度上，因为人类的利益和目的而存在的事实，是不同的，并且前者随着后者的改变而改变。这二者之间的不同，不能被任何一种方法论所清除。我们越是真诚地诉诸事实，调节人类行为的事实和被人类活动所调节的事实之间差别的重要性就越突出。在某种程度上，我们忽视这种不同，社会科学变成了伪科学。杰斐逊派和汉密尔顿派的政治观点，不仅仅是关注人类心灵、远离美国政治行为的事实的理论，而且是对从那些事实中有选择的阶段和因素的表达；还意味着更多的东西，顾名思义，意味着形成那些事实的力量，以及在将来以这种或那种方式形成事实的力量。有一种关于国家的理论，把国家看成是保护个人既有权利的工具；另外一种理论把国家的功能看成是在个体之间有效地平分权利，这二者之间不仅仅是一种推测上的不同，还意味着更多的内容，因为这些理论是被国会的立法者、法庭上的法官所持有和应用，并且对随之而来的事实本身产生了影响。

我毫不怀疑，亚里士多德、斯多葛派、阿奎那、洛克、卢梭、康德和黑格尔的政治哲学在实践上的影响，比起对现实环境的影响，常常被夸大了。但是，对于他们思想效果的恰当方式的衡量，不能因为基于它们有时会存在的某些依据而加以否认，也不能因为基于他们的理念没有效力而加以否认。因为理论是属于有身体的人类的，拥有观念的身体部分与从事行为的身体部分的结构是不能分割的。人类的大脑和肌肉一起工作，对于社会科学来说，人类的大脑比起他们的肌肉系统和感觉器官，拥有更重要的数据资料。

我们的目的不是要发动一场政治哲学的讨论。国家的概念，像大多数被介绍成特指的概念一样，既太死板，又太依赖频繁使用而产生的争议。它是一个更容易被从侧面袭击而非正面攻击的概念。当我们说"国家"这个单词的时刻，许许多多的文化幽灵会跑出来模糊我们的视线。无需我们的观察和注意，"国家"这个概念会不知不觉地把我们吸引到对各种观点彼此之间关系的思考中，并且跳出人类活动的事实。如果可能，最好是从人类活动的事实开始，看一看我们是否因此没有被领进那些最终暗示着某种标志和符号的观点中去，而这些标志和符号表征了政治行为。

这种方法并没有什么新奇，但是非常依赖我们选择从哪里开始，也非常依赖我们是否选择最终讲明国家应该是什么，以及它现在是什么的出发点。如果我们太关心前者，那么就会有一种可能，即可能会不经意地修改我们选择的事实，以便迎合我们预想的结论。我们不应该从直接的因果力（causal force）所导致的人类行为阶段开始，也不应该寻找国家形成的作用力。如果我们这么做，就有可能身陷虚构的事实。靠说"人是政治动物"来解释国家的起源，就像是在一个话语圈子里打转，就像把宗教归因于宗教本能，把家庭归因于婚姻和父母的情感，把语言归因于自然天赋强迫人开口说话。这些理论只是在所谓成为原因的力量和成为影响的结果之间重复。它们就像说臭名昭著的鸦片使人昏昏欲睡，是因为其催眠作用。

这个警告并不是直接针对傀儡的，而是针对活生生的人类的，其目的是要将国家或其他的社会机构从心理学数据中分离出来，这个目的是合理的。诉诸群体本能的社会安排，是一个犯了怠惰错误的典型例子。人们不会像水银那样，向一个方向跑，加入一个更大的群体。如果他们这样做了，那么结果就不会成为一个国家或任何形式的人类联合体。这种本能，不管是被命名为群体性或同情心，或者互相依赖的感知，或者一方占据统治地位，一方居于卑下或从属地位，都不过是帮助共性而无助于个性。并且，它们本身被看作一种因果联系的所谓的本能和自然馈赠，代表了一种生理倾向；这种倾向通过它们那些本来应当解释的特定的社会条件，形成了人类行为和期望的行为习惯。生活在群体里的人类，养成了对他们已经变得很习惯的群体的依附关系。势必要依赖他人而生存的孩子们，慢慢地形成了依赖和服从的习惯。自卑感是从社会上获得的，表现和控制的本能仅仅是它的另一种展示。有一些组织结构就像鸟儿唱歌的器官一样，在生理学上表现为发声的组织。但是，狗吠和鸟鸣足以证明，这些本能并不能产生语言。想要变成语言，本能的发音体系需要靠外部的条件来形成，这无论是借助器官的,还是环境的:需要注意的是形成,而不仅仅是刺激。婴儿的啼哭,毫无疑问,被描述为纯粹的机体性的,但是根据他人有回应的行为结果来看,啼哭变成了名词或动词。这种回应性的行为采取的是养育和照料的模式,它们本身依赖传统、风俗和社会模式。为什么不能把一种弑婴的本能假定为一种指导和指示呢?或者,为什么不能把放弃女婴、照顾男婴的本能作为一种指示呢?

然而,我们可以采取不那么神秘的论证形式,不像当前诉诸一种或另一种社会本能那样神秘。动物的行为就像矿物和植物一样,离不开它们自身的结构,例如四足动物奔跑,蠕虫爬行,鱼儿游泳,鸟儿飞翔,它们都以自己的方式行动,这就是"动物的本性"。我们如果把结构和行为——跑、爬、游和飞——都以"本能"来解释,那么,收获不了任何东西。但是,那些导致人们参与、集合、偶遇、联合的直接的机体条件,就像导致其他动物联合聚集成群的条件是一样的。在描述人类和其他动物联合和统一的共同性方面,我们并没有触碰到在人类联合体中的独特性。这些身体条件和行为可能是人类社会的必要条件(*sine qua nons*),但也展现了无生命机体里的吸引力与排斥力。物理和化学,连同动物学,可以提供给我们一些条件,没有这些条件,人类就不可能联合。但是,它们并没有给我们提供共同体生活的充分条件及其所采取的形式。

无论如何,我们必须从所采取的行为出发,并考虑它们的结果,而不是从这些行为所假定的原因出发。我们还必须引入理智,以及将结果作为结果的观察,也就是说,要将行为和它们所展开的过程相联系。既然我们必须引入理智,那么最好以有意识的方式来这么做,而不要像欺骗海关的走私者一样欺骗读者,连同自己也欺骗了。然后,我们就能从人类行为对他人产生的后果中找到出发点,其中一些后果是能够被观察的,对这些后果的观察,可以使我们调整此后的行为:确保某些后果,而避免另一些后果。根据这个线索,我们就能区分两种后果:一种是直接影响到交互参与行为的人,另一种是影响其他一些人,这些人超出了直接的影响。在这样的区分中,我们找到了个体与公众之间不同的根源。当间接的后果被认识到,还产生一种努力来限制它们时,某些具有国家特征的东西就形成了。当主要直接参与其中的某些人的行为后果被限制或被认为限制时,这种交互的行为就变成了私人的了。当 A 和 B 在进行一场对话的时候,这个行为就是一种交互行为(transaction):两者都参与其中,在某种程度上,可以说,对话的结果就从一个人到另外一个人。因此,一个人或者另一个人,或者双方都可能被帮助或者被伤害。但是，一般来说，好处和伤害的后果都不会超出 A 和 B 的范围，因为活动只存在于两者之间，它是私人的。然而，如果这个对话的结果超出了两个直接参与其中的人，它们影响到其他人的利益，那么，这个行为就需要一种公共能力，无论这个对话发生在国王和他的首相之间，还是发生在喀提林（Catiline）和他的共谋者之间，或者是商人们计划垄断市场的对话。

私人与公众之间的区别，绝不等于个人与社会之间的区别，即使我们假定后者的不同具有一个确定的含义。许多私人行为是社会性的，它们的后果促成了共同体的繁荣，或者会影响共同体的状态和前景。从广义上来说，任何发生在两个人或更多人之间的交互行为，在本质上都是社会性的。它是一种联合行为的形式，它的后果可能会影响进一步的联合。一个人从事某项私人的业务，可能会服务其他人，甚至是服务共同体。在某种程度上说，亚当·斯密（Adam Smith）的论断是真的。他说，我们早餐桌上的产品，汇集了农场主、杂货店主和肉商们的劳动成果。我们被服务，并不是基于他们的慈善或者公益精神，而是他们经营的旨在获取利润的私人行动。共同体里一直充满了艺术和科学发明，就是因为从事这些活动的个人产生了私人的乐趣。也有一些私人的慈善家，由于他们捐赠了图书馆、医院和教育机构，使穷人和共同体作为一个整体而受益。简言之，私人行为靠间接的后果或直接的目的而产生社会价值。

因此，没有必要把一个行为的私人特征和它的非社会性或反社会性联系起来。进一步来讲，公众不可能靠社会的有用性来识别。一直以来，政治上有组织的共同体最常规的行为之一，就是发动战争。即使是最好战的军事家，他也很难争辩说，所有的战争都是对社会有益的，或者否认一些战争会对社会价值有极大的破坏性，以至于如果没有战争，那么，社会可以无限美好。公众与社会之间不等价的争论，在任何一种值得赞扬的层面上，都不能单纯地依赖战争这个例子。我认为，没有人会如此地迷恋政治行为，以至于坚持认为，他从来都不是短视的、愚蠢的和有害的。甚至有这样一些人，他们总是持有这样的假设：社会损失来自原来由私人行为可以做的事，但却由公共组织做了。有更多的人，他们反对那些对社会有害的公共行为，无论是限制或者保护性关税，或者是扩大门罗主义（Monroe Doctrine）的含义。的确，每一个严肃的政治争论都取决于：一个特定的政治行为对社会有益，还是有害。

就像行为并不因为是私人采取的，就说它是反社会的和非社会的一样，那些以公众名义采取的行为，也不必然具有社会价值。虽然这场争论并没有带领我们前行得太远，但至少它已经警告我们：不要将共同体及其利益和国家或政治性的组织化社会的利益等同起来。这种差异可能使我们更倾向于之前赞同的主张：顾名思义，私人和公众之间的界限，是基于那些很重要的、需要控制的行为后果的程度和范围作出来的，无论这种行为是抑制还是促成。我们可以区分私人建筑和公共建筑、私立学校和公立学校、私人道路和公共道路、私人财产和公共财产、个人和公务员，我们的目的是在这种区分中找到国家的本质和国家行政的关键。在语言学上，私人的与官方的界定是相反的。这一点并非不重要，私人意味着是被剥夺公共职位的人。公共包括被间接的交互行为后果所影响的所有人，并且达到一定的程度，以至于系统性地控制那些后果是非常必要的。官员们是那些留心和注意利益受影响的人。因此，那些利益没有被影响的人，不是交互行为中的直接参与者；也就没有必要找出一些人来代表他们，并确保他们的利益被留存并保护。涉及官方行为的建筑、财产、资金和其他的物质资源都是公共事务（res publica），是共同财富。由官方和实体机构组织起来，控制发生在人们之间广泛而持续的非直接后果的公众，就是平民（Populus）。

保护共同体成员的个人和财产，并且纠正他们所遭受不公的法律机构，并不总是存在的，这是一个常识。法律制度产生于早期自救权需要被考量的时代。如果一个人被伤害了，它严格地规定了他应该做什么来加以报复。惩罚对方和为所受到的伤害而实施报复，是私人事务。它们是直接牵涉其中人的事情，与他人无关。但是，受伤害的一方会迅速地获得亲属和朋友的帮助，攻击一方同样如此。因此，纠纷的后果就不会限定在直接牵涉其中的人的身上，宿怨紧随而来。见血的争端可能会涉及更大的群体，甚至涉及好几代。这一扩充性和持续性的纠纷和伤害会牵涉到整个家庭的认知，使公众得以存在。事情不再只是涉及与之相关的直接参与的双方。没有被直接影响的人就形成了公众，他们通过采取措施来防止问题扩大，并进行安抚、实施和解，以保护自身的利益。

这些事实是简单的，并且似曾相识。但是，它们似乎以一种萌芽的形式来表达和体现国家、机构及其官员的特征。这一状况说明了，试图根据直接的因果要素来界定国家的本质是错误的。它的关键点与持续的和扩大的行为后果相关，就像所有的行为过程都是最终通过对每个个体的分析一样。对于邪恶后果的认识，也会带来一些共同的利益；要维护共同的利益，就需要特定的规则和法则，并要选出某个人作为他们的保护者、代言者,如果必要,甚至是执行者。

如果这一论断是正确的,那么就可以解释我们之前提出的在政治行为和国家理论之间的鸿沟。人们总是看错了方向,试图在组织领域里、行为者行动的领域里、行为背后的意愿和目的的领域里,追求国家本质的关键要素。他们一直试图依据授权理论(authorship)来解释国家。最终,所有审慎的选择都出自特定的人,行为也是如此。所有的安排和计划都是由那些最具体的"某些人"作出的,在每一个事件中都是由特定的某人(some John Doe and Richard Roe)进行的。那么,从自愿行为的产生者的角度看,我们不可能找到公众。某些无名氏(some John Smith)和他的同侪们决定是否要种小麦和种多少、卖多少钱,决定如何投资,决定哪些路可以修建,决定是否发动战争,决定怎样通过法律,并且哪些该遵守,哪些不该遵守。个体审慎行为事实上的替代者并不是公众行为,它是由另一些个体做出的日常的、冲动的和非反省的行为。

个人在群氓(mob)或政治集会中,在共有控股公司或投票中,可能会丧失他们的认同。但这并不意味着某些神秘的集体机构可以作决定,而是意味着少数个人知道他们可以利用公众的力量,将大众引导到他们的方向,指挥政治机构,管理公司事务。当公众或国家涉及制定社会安排,比如通过法律、执行契约和商讨特许权的时候,它仍然需要通过具体的个人来实施。于是,个人就成了官员,成了公众和共同利益的代表。这个区别是非常重要的。但这不是一个单独的个体与集体的非个人意志之间的区别,而是存在于私人的和官方的或者具有代表性特征的角色之间的区别。这些体现出来的性质不是授权的理论而是权威,即由能认识到后果的权威来控制行为,使其产生或避免广泛和持续的幸福或灾难的后果。官员的确是公众的代表,但他们只是在涉及其他人安全和排除后果这些事务的意义上,才是公众的代理人。

当我们朝向错误的方向时,自然不可能找到我们所要的东西。然而,最糟的是在错误的地方寻找因果关系,而不是后果;这样,其后果就变成了独断,而不是制衡。"解释"(interpretation)也会变得肆无忌惮。因此,出现了各种冲突的理论和缺少共识的意见。有人可能会争辩说,有关国家的理论持续冲突,本身就提出了错误问题的例证。因为就像我们之前所论述的,尽管现象会随着时间和地点的不同发生巨大的改变,政治行为的主要事实即使很复杂,也没有被隐藏起来。它们是通过人类观察所认识到的人类行为的事实。大量互相矛盾的国家理论的存在,这些理论本身的出发点如此令人困惑,很好地解释了这些理论的分歧都来自一个错误的根源:将因果关系而非行为后果作为问题的核心。

如果拥有这种观点和立场,一些人在某些时候会在探究本真的形而上学的努力中,将因果关系归于本质;国家将依据在终极完善的社会目标中的人的本质来解释。其他一些人,由于受其他的看法和欲望所影响,将会发现国家需要上帝意志的授权,通过堕落的人性这一中介,按照堕落的肉身所容许的方式,产生一种神圣的秩序和公正的图景。另外一些人认为,国家是为了满足汇集在一起的个人意愿的集合,靠契约和相互忠诚的誓言来保证国家的存在。还有一些人认为,国家体现在每个个体都具有的普遍自主的和先验的意志中,这种意志本身有一种内在本质,要求外部条件的建立,使其自由的外在表达得以可能。其他人在如下事实中发现国家:精神或理性要么是现实的属性,要么是现实本身,尽管他们同情如下的看法,即精神的差异和多样性,也即个性化,是感知所产生的幻觉,或者仅仅是与理性一元论现实相反的表象。当各种各样的观点来自一种共同的错误时,一种观点和其他观点的好坏是一样的,并且教育、秉性、阶级利益和时代的主导氛围中的偶然性决定了哪一种理论被采用。理性所扮演的角色,只是为所采纳的观点找到合理性,而不是根据它的后果来分析人类行为,并制定相应的政策。自然哲学仅仅在一场理智革命之后,才开始不断进步,这已经是老生常谈了。这等于放弃了对原因和驱动力的探究,转而分析什么正在发生以及如何发生。政治哲学依然从这个教义的核心中受益匪浅。

我们没有注意到,问题在于要以一种不同的方式来感知人类行为的后果(包括忽略和不作为);并且没有注意到,问题是要采取措施和方法来控制这些后果。它们不仅仅产生了有关国家冲突的不可调和的理论。这种忽视也导致在某种程度上,我们误用了看待真实的某些人的观点。我们已经断言,所有审慎的选择和计划最终都是单独的个体的行为。这一观察中会得出完全错误的结论。仍然依照因果关系来思考,国家、公众等事实推出的结论是虚构的,这个结论掩盖了追求权力和地位的个人欲望。不仅是国家,社会本身也被撕扯成各种无关的需求和意愿的聚合物。作为一种逻辑后果,国家要么被看作一种纯粹专制的力量、纯粹压制的结果,维持欺骗;要么被看作一种进入众多力量中的个人力量的集合,在其中,个人无法抵抗。在某种程度上,它甚至是一种绝望的集合,因为每一个所能产生的生命都是无助的和残酷的,都是相互冲突的。因此,国家就呈现出两种形象,要么表现为一个被摧毁的怪兽,要么是一个需要被珍视的利维坦(Leviathan)。简而言之,在主要谬误的影响下,有关国家问题涉及因果关系,个人主义作为一种哲学就产生了。

即使这一教条是错误的,它也来源于一个事实。在个体那里,愿望、选择和目的都是一种驱动力,展示欲望、目的和意志力的行为可以从它们中产生,在它们的特殊性中前行。但是,只有在理智懒惰时才导致我们得出如下结论:既然思考和决定的形式都是个人的,那么,它们的内容、对象也纯粹是个人化的东西。甚至"意识"是完全私人的事情,就像在哲学和心理学的传统中所假设的那样,意识是对象,而非它自身也是真的。这种联合(association)在连接(connection)和结合(combination)的意义上,是现存已知的所有东西的一种"法则"。事物是独立地运动的,但它们共同起作用。没有任何一个事物被发现在完全孤立的情况下运动。每一个事物的运动,都是和其他事物一起运动的。这种关联是这样的:每一个行为都被与其相关的行为所修正。树木只能长在森林里,很多植物的种子只能在其他植物提供的条件下顺利地发芽和生长。物种的再生,依赖于带来受精卵的昆虫的活动。动物单个细胞的生命史,是与其他细胞的活动互为条件的。电子、原子和分子证实了关联行为的无处不在。

250

关于影响单个元素运动的联合或交互连接行为的事实,没有神秘性可言。知道个体如何被联合的,没有什么意义。它们本来就在联合中存在并起着作用。如果物质有任何神秘性的话,那么,这种神秘性也是宇宙是什么,以及是何种宇宙。如果不走出宇宙,这种神秘性是无法解释的。并且,如果人们需要找到另一种根源来解释它,一些逻辑学家(无需对他们的才华有过高的要求)就会评论说,在宇宙之外的人必须和宇宙发生联系,才能解释任何发生在宇宙之内的事情。我们应该停留在我们开始的地方,将联合的事实作为被接受的事实。然而,关于人类联合有一个必须弄清楚的问题:不是关于个体或单个人如何联合的,而是他们以何种方式联合的,给予人类共同体一些独特的特征。这不同于电子的组合、众木的成林、昆虫的集聚、羊群的结队和群星的荟萃。当我们考虑这些差异的时候,立刻会接触到这一事实:在联合行为的后果被观察到的时候,就会呈现出新的价值。因为注意到联合行为的影响会促使人们反省联合本身,这一行为使它成为关注和激发兴趣的对象。从联合的角度看,迄今为止,每个联合的行动都是已知的。个体仍然拥有思考、欲求和向往的行为,但他们所思考的是自己的行为对他人的后果，以及他人的行为对自己的后果。

　　每个人出生时都是婴儿，是不成熟的、无助的，依赖于他人的活动。这些依赖他人的个体能够生存下来，证明了在某种程度上，其他人关心他们、照顾他们。成熟且具备更健全的人意识到自己的行为后果会影响年轻人。这些行为后果不仅仅共同影响年轻人，而且以一种特殊的联合方式起作用；这种联合表明了，他们关心年轻人的成长，以及他们对年轻人的引导作用感兴趣。

　　承认对年轻人身心成长的兴趣，只存在于联合的一个阶段。成人同样关注他们的行为，以至于不成熟的年轻人需要以特定的方式来学会思考、感受、表达欲望和行为习惯。努力追求的结果，是让年轻人从联合行为及其后果中学会判断，表明决心和选择。事实上，兴趣经常使年轻人按照成年人的标准去相信和规划某些事情。这种事情太常见了。这种情况足够表明，尽管单独的个体以其独特性思考、期望和决定，但是他们所想和所追求的，他们的信念和目的，都是由社会（association）所提供的对象。因此，人们不仅在事实上是联合的，而且在其观念、情感和有意识行为的构成中，成为一个社会性的动物。他所相信的、期望的和追求的目标，都是联合和交互行为的结果。唯一能够给个体需要和行为联合的影响带来模糊性和神秘性的，是那种可断言的、特殊的、源初的和由社会导致的因果力的尝试，无论这种因果力是本能，是意志的命令，是个人，还是一种固有的、普遍的、实际的推理，或是内在的、形而上的社会本质（essence）和本性（nature）。这些东西无法解释，因为它们过于神秘，无法用唤起它们的事实来说明。如果星系中的行星能够意识到彼此之间活动的联系，并且用这种知识知道它们的行为，那么，它们也能够构成一个共同体了。

　　我们已经从有关国家的考量转移到了一个更广泛的社会话题。然而，这种迂回，使我们能够将国家和其他形式的社会生活区分开来。有一种传统认为，国家和完全有组织的社会是同一件事情。国家被认为是所有社会机构完整的、无所不包的实现方式。由任何一个和每一个社会组织而来的任何价值，都被看作国家的杰作。与此相反的，则是哲学上的无政府主义。这种学说认为，人类群体的形式及其属性的所有邪恶都是由国家产生的，国家的消亡将会使我们进入一个自愿友爱的人类组织的新千禧年。国家对一些人是神圣的，对另一些人则是邪恶的，这就是我们讨论的出发点有缺陷的另一个证据。一种理论和其他理论是没有差别的。

然而,有一个确定的标准来区分有组织的公众和其他模式的共同体生活。例如,友谊是非政治形式的联合。亲密和细腻的相互交流,是友谊的特点。它们有助于人们体验友谊最珍贵的价值。只有在对一种先在的理论有迫切需要的时候,人们才会把国家和作为任何一个共同体主要纽带的友谊及其附属物相混淆,或者坚持认为,前者依赖后者而存在。人类结合成群体是为了科学探究,为了宗教崇拜,为了艺术制作和欣赏,为了运动比赛,为了给予和接收指导,为了工业和商业事业。在每一个例子中,一些结合的或联合的行动已经超出了"本能的"(natural),即生物的条件,并且超出了地域的界限,产生了独一无二的后果——即那些与孤立行为所导致的截然不同的后果。

当这些后果在智力和情感上被认识到的时候,共同的利益就产生了,相互联系行为的本质就改变了。每一种形式的联合都有其特殊的品质和价值,在其感知中,没有一个人会将一种感知和另一种感知相混淆。作为一个国家的公众的特点,来自如下事实:所有联合行为的模式都可能产生广泛和持续的结果,即使不在它们直接影响下的东西也卷入其中。当思想和情感中的这些后果被认识的时候,对它们的认识就会反作用于它们所产生的条件,就会重塑这些条件。后果必须被控制,被留意。这种监督和管制不能被那些基本的群体所影响。因为使公众得以存在的后果的本质,是它们超出了直接参与其中与创造它们的主体范围的事实。随之而来,如果它们想要参与,就必须形成某些特殊的机构和方法,或者现存的团体必须开发出一些新的功能。因此,公众组织或者国家最明显的外部特征就是官员的存在。政府不是国家,因为它包括公众,像承担特殊职责和权力的统治者一样。公众通过代表它们利益的官员被组织起来。

因此,国家代表了一种重要的、独特的和受到限制的社会利益。从这个观点出发,当有组织的公众和其他的利益集团一起发挥作用的时候,在绝大部分情况下,有组织的公众既不能说他们的主张优越于其他利益集团,也无法主张他们自己在科学、艺术和宗教联合体以及友情面前完全地不偏不倚或无涉。如果结交的后果威胁到公众,那么,它就会被视作一种背叛。通常,这不关国家的事。人们彼此结成合作关系,自然是为了更有效地做一项工作,或者是为了共同防御。如果合作关系超出了某个界限,没有参加这个合作关系的其他人就会发现自身的安全和荣耀受到了威胁,这时,国家就登场了。国家不是无所不包的整体;相反,在某些情况下,它是最空洞无物的社会安排。然而,从这些情况就概括说"国家基本上没有意义"，立即会被以下的事实所挑战：家庭关系、教堂、工会、公司或者教育机构可以影响到除自身之外更多的人，这些被影响的人就形成了公众；公众会通过适当的组织努力地行动，进而将自身组成监督和管控的力量。

我找不到更好的办法来理解下列主张的模糊性，即要理解政治上被组织的社会，最好的办法就是去思考苏格拉底、佛陀、耶稣、亚里士多德、孔子、荷马、维吉尔、但丁、圣托马斯、莎士比亚、哥白尼、伽利略、牛顿、波义耳、洛克、卢梭和其他数不过来的伟人对共同体生活的影响，然后问我们自己是否将他们看作国家的代言人。任何想要扩大国家研究领域的方法，目的是要得出这样的结论，即国家只是一个包含各种形式联合的名称而已。当我们随意地使用"国家"这个词语的时候，非常有必要在政治和法律的意义上区分国家。另一方面，如果有人想要忽视或者摆脱国家，那么，他就会想起伯利克里、亚历山大、朱利叶斯·奥古斯都·凯撒、屋大维、伊丽莎白、克伦威尔、黎塞留、拿破仑、俾斯麦等。人们模糊地感到他们肯定有自己的私人生活，但与他们代表国家的行为相比，这种私人生活就显得无足轻重了。

有关国家的这种观念，并不意味着对任何特定的政治行为、政治措施和政治体系的正当性或合理性有任何信仰。对后果的观察，至少要受错误和幻觉的影响，也要受自然物体感知的影响。关于做什么和如何做的判断，像制定其他计划一样，容易出错。错误越积越多，还要把自身固化成行政管理的法律和方法，这比最初就试图控制的结果更加有害。就像所有的政治史所展示的那样，官员的职位所产生的权力和声望，使它们因其自身就值得去攫取和掠夺。统治的力量是被意外出现的偶然性或者被具备某些品质而获得职位的人分散了，而与它的代表功能毫无关系。但是，靠统治者和政治机构产生公共组织的需要仍然存在，并且在某种程度上，内化成了政治事实。这些进步就像政治史所记录的，依赖于那些重要的观点从一大堆无关的、模糊的和凌乱的事物中产生。然后，重建发生了，这些重建提供了使得组织实现更恰当的功能。进步不是稳定的和持续的。退步和进步一样，是周期性的。例如工业和技术发明创造了一些方法，这些方法改变了联合行为的模式，而这些行为又激进地改变了它们间接影响到的数量、特征和区域。

政治形式一旦建立，就会产生它自己的动力，按照自己的动力方向前进。这些改变对于政治形式来说，只是外在的。产生的新公众是远远不成熟的和无组织的,因为它不能再使用那些继承下来的政治机构了。后者如果是很精密的、运行良好的机构,那么就会影响新公众的组织。既有的政治机构会阻碍本该迅速形成的新国家形式的发展,这种新国家形式可以使社会生活更具流动性,更少政治和法律的沉淀固化。要形成新的公众组织,公众必须打破既有的政治形式。这是很难的,因为这些形式自身就是那些机构变化的常规性手段。形成政治形式的公众消逝了,但占有的权力和诱惑依然存在,虽然逝去的公众所建立起来的公众组织已经落在官员的手中。这就是为什么国家形式的改变,往往只能被革命所影响。足够有弹性和反应力的政治和法律组织的创造,迄今为止,都是超出人类智慧的。新公众的需求,被国家已有的形式所抵消。这样的时代,也是国家不断遭受蔑视和贬损的时代。通常的漠视、忽视和蔑视等情绪在各种直接行动的捷径中,找到了自己的表达方式。直接的行动不是被那些将直接行动作为口号的人所采取,而是被很多其他的利益群体所采取,被固守阶级利益的人积极地运用,他们总是宣称对既有国家的法律和秩序持有最大的尊敬。就其本质而言,国家永远是某种需要被审视、研究和追索之物。几乎是它的形式一旦被固化,它就需要被重建。

因此,发现国家的问题,并不是调查机构所进行的理论探究问题。它是一个彼此联合的活生生的人类面临的实践问题。它需要力量来感知和识别群体里个人的行为后果,并且追溯它们,找到它们的起始和根源。它涉及选择何人来作为已经感知到后果的利益集团的代表,并且限定它们应该拥有和利用的功能。它需要一个拥有声望和权力的政府组织与其实践相一致的功能来为公众服务,而不是服务于私人利益。于是,我们不必惊讶在数量和类型方面,一直存在不同意义的国家,因为有数不尽的联合行为模式产生多种多样的后果。发现后果的力量已经随着当前的知识手段而改变。统治者一直都是根据各种不同的理由而被挑选出来的,它们的功能一直都在变化,而且代表共同利益的意愿和热情也在发生变化。只有在急需一种严格哲学的情况下,才会使我们假定存在着某种"理想国"(the State)的形式和观念,它的各种程度的完满性已经在历史中多变的国家形式中实现了。我们能够作出的唯一结论是纯形式上的,即国家是一个受官员影响的公共组织,保护其成员的公共利益。但是,公众是什么,官员又是什么,它们是否充分实现了自身的功能,这是我们必须在历史中发现的一些事情。

然而,我们的概念还是给出了一个标准来判断某个特定的国家有多好,即它是国家中公众组织达到的程度，以及在多大程度上，国家中的官员被很好地组织起来，实现他们对公众利益关照的功能。但是并不存在一个先验的（a priori）规则，依据其规则，可以直接建构一个完善的国家。没有任何两个时代或者两个地域拥有相同的公众。条件的改变，使得联合行为的后果及其相关知识变得不同。而且，公众用以决定政府服从其利益的方式也发生了变化。只有在形式上，我们可以说，最好的国家是什么样的；在具体的事实里面，在具体的结构里面，没有任何可称得上最好的国家形式；在人们检验它的各种各样形式后发现，这种最好的形式至少在历史终结之前是没有的。国家的形成必定是一个实验的过程。实验的过程必然伴随着各种程度的盲目和偶然，并且会付出无规则的中断和尝试的代价，跌跌撞撞，摸索前行，无法洞察什么人在后面。甚至当一个好的国家已经建立，人们也无法清楚地知道。或者人们由于获得了实现它所需要的知识的指导，可能会更理智地前进，但这依然是实验性的。因为行动和探究的条件和知识总是在改变，所以实验必定要重试，国家必定总是被重新发现。除非有关条件的正式论述再次被满足，我们不知道历史可能会带来什么。这不是政治哲学和科学来决定国家应该是什么样的。我们做的可能就是帮助创造一些方法，使实验不再盲目地进行，在实验时更加明智，降低偶然性，以便从错误中吸取经验，从成功中获取益处。在政治固定性的概念上，某种形式的国家神圣信念来自我们祖辈和传统带来的神圣性，这种信仰是走向有序的、直接变化的道路上的绊脚石，它会引发暴动和革命。

既然论证是来回交锋的，那就可以很清楚地概括出它的步骤。联系、合并和联合行为是一切事物行为的普遍特征。这样的行为产生结果。一些人类集体行为的结果被感知，即它们以自己能解释的方式受到注意。之后，通过目的、计划、方法和手段来确保那些受人喜爱的后果，消灭那些有害的后果。因此，这种感知就产生了一种共同的利益，也就是说，被后果所影响的那些人，可以引导所有伴随他们并分享相关后果的人。有时候，后果限于直接参与其中的人，这种参与产生了后果；而在其他情况下，后果涉及的范围远远超出直接参与行为的人。因此，根据后果就产生了两种利益和行为的控制方法。在第一种控制方法中，利益和控制仅限于直接参与其中的人；在第二种控制方法中，它们扩展到非直接参与行为的人们。如果由其存在所产生、又受考虑中的行为所影响的那些利益有任何实际后果，那么，对于产生它们行为的控制必须通过非直接的方式。

如上所述,到目前为止,我们详尽地揭示了真正的、确定的事实。现在让我们来看看假设吧。为了善或恶,那些受到非直接、严重影响的人形成了一个足够特殊的群体,这个群体需要被识别和命名。对它们的命名,就是公众。公众是依靠代理人的方式被组织和影响的,无论作为习俗的守护者、立法者,还是立法者、执行者、法官等,这些代理人都通过控制个人和群体的联合行动来维护公众的特殊利益。然后,联合体使自己成为政治组织,并且形成某些政府的东西。公众就是政治国家。

对这个假设的直接确认,可以在一系列对事实确定的和可验证的观察中找 258
到。这些事实构成了那些能够充分解释具有政治生活或国家行为特殊现象的条件。如果它们能够做到的话,寻求其他的解释就多余了。总之,应该增加两个条件。前面给出的论述是一般性的,因此是概要式的,忽略了很多不同的条件,这会在接下来的章节中得到更多的论述。另一点则是论证的否定部分,攻击通过特殊的因果力来解释国家的理论,并没有否认因果关系或现象自身中的关系。这在每一点上,都是很明显的假定。如果没有因果联系,也就不可能有后果、方法来调控它们发生的模式和性质。所以说,我们否认的,只是诉诸在一系列可观察的联系现象外部的特殊力量。这些因果力在种类上,与那些促使自然科学解放自身的神秘力量,没有什么不同。充其量,它们只是那些用来解释事实相互关联的现象的一个方面。我们需要指导,使社会探究获得丰富的成果。这就需要找到一种方法,这种方法以可观察的行为及其后果之间的相互关系,作为基础向前发展。这就是我们建议要遵循的方法的宗旨。

2.
发现国家

　　如果我们在错误的地方寻找公众，那么永远也不可能定位国家。如果我们不问一下是什么条件促成或阻碍公众组织成一个带有某些特定功能的社会群体，那么也永远无法把握国家发展和变革的问题。如果我们无法觉察到这一组织和拥有官方代表的公众同样关心公众利益，那么，我们就会错失了解政府本质的线索。上次的讨论得出或者暗示了一些结论：正如我们看到的，错误的地方是在所谓的因果力方面、授权方面，以及本来应该靠一种内在的动力产生的国家方面。国家并不是有机体的联系直接产生的，就像婴儿在子宫中成熟后自然降生一样；也不是直接的有意识的目的，就像发明机器一样，有先在的目的；也不是慢慢孵化中的内在精神，无论是个人的神性，还是一种形而上学的绝对意志。当我们在如上所述的这些来源中寻求国家起源的时候，对事实的一种现实考虑，会驱使我们得出结论，即我们没有找到任何东西，除了个体的人，如"你"、"他"、"我"。除非我们依赖于神秘主义，被驱使相信公众只能在神秘中产生，并且在迷信中维持。

　　什么是公众？对于这个问题有很多答案，不幸的是，许多答案都是对这个问题的重复。因此，我们被告知：公众是作为一个整体的共同体，并且作为整体的共同体，应该是一个不证自明的现象。但是，作为整体的共同体，不仅仅包括各种联合性的纽带，以各种各样的方式将人们绑在一起；而且，所有元素是靠一个完整的原则组合起来的。这才是我们试图要寻找的东西。为什么应该有某个东西具有无所不包的和可调控的统一体的本质呢？如果我们假设有这样一个东西存在的话，那么，对于它的回答，只能是将其组织起来的人性，而不是历史上所表现出来的作为国家的那些事件。具有联合性的力量内在普遍性的概念，违背了国家的多样性。这些国家各有其边界和界限，并且对其他国家充满了漠视和敌意。形而上的一元论的政治哲学面对这一事实的最佳方式，就是忽略这一事实。或者，像黑格尔及其追随者所表现的那样，建构一种神秘的历史哲学，去弥补神秘的国家学说的缺陷。普遍性的理念利用一个个世俗的和具体的国家，将它们作为理性和意志客观化的工具。

这些考虑巩固了我们的立场，对那些后果、那些以重要的方式凸显出来并超出了直接牵涉其中的个人和联合体的后果的感知，才是公众的来源；并且，它要组成一个国家，还要受现存的具体组织对这些后果的关心和调控的影响。但是，它们也暗示了真正的国家需要展示的特征，就是具有上述的那些功能；并且，这些功能可以看作被称之为国家的任何事物所必须具有的特征。讨论这些特征，能够定义公众的本质和与之相关的政治组织的问题，也能够用来检验我们的理论。

比起上述提到的一点，即对世俗的和地方性的定位，我们可能很难挑选出一个更好的特征来作为国家本质的标志和符号。有一些联合体在形成公众的范围里太狭隘、太受限，不能成长为公众，就像有些联合体彼此之间太隔绝，很难成长为同一个公众群体一样。要发现公众能否形成一个走向国家的组织，部分的问题在于难以在这些组织之间划出界线，要么画了一条太近太亲密的线，要么画了一条太远太不相关的线。直接接壤，面对面的关系，其后果就是产生利益共同体，产生一种价值的共享，这对于产生政治组织的需要太直接、也太重要了。一个家庭里的联结与之相似，它们都是直接相熟的人和关心的事。所谓血亲的纽带，一直在社会单元的划分中扮演着这样的角色，其主要基础在于对共同行为后果的共同共享。在一个家庭里，一个人的行为直接影响着其他人，其后果立刻以一种亲密的方式被其他人感受。就像我们说，他们"回家了"。要求特殊的组织关心他们，是多余的。只有当这一纽带扩展成一个宗族里多个家庭的联合，或者一个部落里多个宗族的联合，这时成员之间的影响变得间接的时候，才需要特殊的方式来联结他们。社区大多是以家庭为模板，按同样的模式组成的。习俗与规则随机地满足着紧急的需要，同时提升了对它的调节的满意度。

想想哈德森（W. H. Hudson）描绘得如此美丽的威尔特郡（Wiltshire）村庄："每栋房子都是人类和鸟兽生活的中心，每个中心都彼此相联，就像孩子们手牵手地连成一排；所有这一切就像形成了一个有机体，感知同一个生命，根据同一

261

个意志行动,仿佛一条五彩斑斓的蛇躺着休息,将整个身体延展于地面。我想象着,村子里一个农夫,正砍着一段坚硬的木头或树桩,突然意外地,沉重而锋利的斧头落到他的脚面上,划出了一道深深的伤口。这个意外的消息口口相传,立刻传到一英里以外的村子,不仅每个村民都迅速地知道了它,而且每个人都能栩栩如生地描述他的伙伴遭遇不幸时的场面:锋利的、闪着光的斧头如何滑落到脚面上,红色的鲜血如何涌出了伤口;与此同时,他会感觉伤口就在他自己的脚面上,仿佛就是对自己身体的打击。在类似的事件中,所有的想法和感觉都会很快地从一个人传到另一个人,根本不必要靠语言的交流;所有的参与者由于同情和团结,组成了一个小的、独立的共同体。没有一个人的想法和感受对其他人来说,是陌生的。个人与整个村子的脾气、情绪、观点,都是一样的。"[①]在这样一种亲密的状态下,国家成了一种不合理的事物。

在人类历史上,有很长一段时期,尤其在古代,国家仅仅像是遥远的大人物投射给家庭和邻居的一个影子,由于宗教信仰的缘故,扩充成了巨大的形式。它统治却不管理,因为它的统治限定为只接受贡品和礼仪上的尊敬。责任存在于家庭内部,财产为家庭所拥有。个体对长者的忠诚,取代了政治服从。夫妻关系、亲子关系、长幼关系、友谊之情,是权力得以持续的纽带。政治不是道德的分支,它被淹没在道德里。所有道德品质统归于孝顺。做错事是需要惩罚的,因为它代表了一个人的血统和亲缘。官员被认为是需要回避的,让他们来裁夺家庭纠纷是不光彩的事。遥远的神权国家的价值纬度,在于它什么也不做。它的完美,被认为是和自然的进程保持一致的。因为它,四季如常轮回,土地在太阳和雨水恩惠的统治下产生丰收,邻里之间平和地达到繁荣。这种亲密的、相似的近亲群体不是一个无所不包的社会统一体,从各个方面来看,它就是社会本身。

在另一方面,有一些社会群体被河流、海洋和山峰,或者被奇怪的语言和信仰所分离;其结果,它们中的某一个群体所做的事——除了战争——对其他群体来说,没有可感知的后果。因此就没有共同的利益,没有公众,没有形成一个包容一切的国家的需要或者可能。国家的多元化是如此普遍和众所周知的现象,以至于它被看成是理所当然的。它似乎不需要解释。但是,正如我们注意到的,我们很难建立起一些可供验证的理论。除了依据被称之为国家基础的公意和理

---

① 哈德森:《小东西中的旅行者》(*A traveler in Little Things*),第 110—112 页。

性中不合理的有限性以外,对它们来说,困难是不可逾越的。退一步讲,认为共同理性不能够穿越山峰的范围,目标将会被河流所阻挡,这是很荒谬的。这个困难对很多其他理论来说,不是那么巨大。但是,只有将对后果的认知作为重要的因素的那个理论,才能在很多国家的事实里发现一个支持性的特征。无论联合行为后果扩充的阻碍是什么,事实上通过这样的行为,建立了政治边界。这一解释就像要被解释的事情一样,都是常识。

在狭隘的、紧密的和亲密的联合体与遥远的、只有罕见的、随意的联系的联合体之间的某个地方,存在着一个国家的边界问题。我们找不到,也不应该期待找到它们清晰的界限。村庄和邻里之间,无知觉地被遮蔽成了一个政治上的公众。不同的国家可能通过联邦和联盟形成一个更大的整体,带有一些国家的标志。我们根据理论所预期的这种情况,被历史事实证明了。这种在国家和其他社会联合体形式之间摇摆不定、变来变去的界限,再一次成为形成国家理论的一些障碍,因为国家暗示的是与它的概念被清晰地标识出来的具体对应物。而根据实证的后果,国家仅仅是某些应该发生的事物。有一些征服欲强的帝国,它的政治管理只存在于强制征税和征兵上面。尽管"国家"这个单词可能会被使用,但公众的特征在其中是明显缺乏的。有一些政治共同体,像古希腊的城邦,虚构的共同血统是一个非常重要的因素,每一户的神和信仰被共同体的神明、神祠和祭祀所代替:国家就存在于家庭里长期的、亲密性的和即刻的个人接触,而且被加进一种不断变化形式的、鼓舞人心的,以及多样的、更自由的、更充实的生活;而且,城邦的事务是如此庞杂,以至于相比之下,家家户户的范围是如此有限、狭隘,家庭生活是如此乏味。

对国家形式的多样性和不断转型,根据之前提出的种种假设来看,是可以理解的;根据独立国家数不清的多样性的事实来看,也是可以理解的。联合行为的后果在种类和范围上随着"物质文化"的改变而分化,尤其是在这些后果涉及原生材料的交换、产品成品的交换,以及所有在技术、工具、武器和用具的交换时。反过来,这些也被传播、运输和交流方式的新发明而即时影响着。一个靠照料一群羊和牛为生的人,比一个自由自在地骑在马上的人,更能适应不同的条件。游牧民族的一种形式是和平,而另一种通常是好战。粗略地说,工具和手段决定着所从事的事,所从事的事决定着联合行为的后果。在决定后果的时候,他们建立了不同利益的公众,并实施不同类型的政治行为。

虽然政治形式有多样性而没有统一性是一个规则,但不理会这个事实而相信国家有一个原型存在的观念,一直在政治哲学和科学里得到坚持。在判断某一个具体的联合体有资格适用国家的概念方面,在建立其特质和内在本质方面,已经耗费了很多辩证的智慧;并且同样的智慧耗费在解释这一形态类型的所有变体方面,以及(有偏好地)根据他们是否接近定义的本质而按照价值的顺序排名国家的方面。一个可以使国家变得更好或更正确的模型的观念,已经影响了实践和理论。它不同于其他任何事物,对于努力形成临时的组织机构并且施加给现成的人们,负有更大的责任。不幸的是,当这一观点被视为是虚假的时候,它被另一种观点所代替了,即国家是自己成长和发展的,而不是被制造的。这一"成长",并不仅仅意味着国家发生改变。成长意味着由于某种内在的冲动或原则,通过一般的状态向一个预定的结局而进化。这种理论不鼓励依靠对政治形式的改变,其"唯一"的方法可能是直接的;也就是说,用智慧来判断后果。和它取代的理论相同,假定某个单一的标准形式存在,用它将国家界定为有本质的和真实的物体。在和自然科学进行类比之后,人们宣称,这样一个对过程一致性的唯一的假设,才是一个可能的社会的"科学"处理。顺带地,这一理论吹捧了那些国家的自负,它们仿佛在政治上是"先进的",并且假设自己如此接近进化的顶点,并戴上了国家的王冠。

上述假设使得对政治形式和组织的改变进行持续实证的、历史的处理成为可能,超脱出任何一个无所不包的概念性的领域。而当一个"真正的"国家被假设的时候,无论它被看成有意创造的,还是靠内在规律进化而来的,那种概念都是不可避免的。来自内在偶然性的非政治的干扰,比如工业和技术,和来自外部事件的干扰,比如借贷、出游、移民、探险和战争,如此地改变了已经存在的联合体的后果,以至于新的组织和功能成了迫切需要的东西。政治形式也要服从更多的间接的改变。更好的思维方法的产生,带来了对行为后果的新观察,它们从前因为对更粗糙的工具的使用而被遮蔽掉了。快速发展的知识上的预见,也使新的政治工具的发明成为可能。虽然科学的确一直没有扮演一个巨大的角色,但政治家和政治理论家的直觉会偶然地洞察政治力量的运作过程,以至于给立法和管理带来了一种新的转机。像一个有机体一样,国家也有一个忍耐的限度。无论从哪个意义上说,方法都不可避免地要与它们被应用之后的情况相适应;因此,政治领域更进一步的多样性就被发明出来了。

简言之,公众由对间接的行为后果广泛而持久的认识而形成的这种假说,要对国家的相对性负责;同时,根据具体的因果关系而定义它们的那些理论,暗示着与事实相矛盾的绝对性。试图通过"比较方法",找到既适用古代又适用现代、既适用西方又适用东方的结构,这是劳而无功的。随着联合行为复杂的、间接的后果的扩展,以及辐射范围的不断增加,唯一不变的功能是要关心和调节公众不断增长的利益。

于是,我们可以得出结论:时间和地域的变化是一个政治组织的首要标志。当它被拿来分析时,提供了对我们的理论确定性的检测。与之相反,第二个标志和证据是在一个无法解释的事实中被发现的,这个事实就是:在一定数量范围的联合行为,产生了需要组织起来的公众。正如我们已经注意到的,如今在公众的认识和判断里面是犯罪的那些事情,曾经是私人的情感宣泄,现在被看成是一个人对另一个的侮辱。它是从一个相对私人到公众,至少从有限的公众到一个较大范围的公众。这是有趣的转变过程,这个过程可以在英格兰的"王之和平"(The King's Peace)的进程里看到。直到 12 世纪,司法公正才主要被联邦法院和上百个郡县法院所施行。任何一个拥有大量仆人和佃户的地主,都有权决定辩论的胜负和施加惩罚。国王和法院的法律制裁只是其中的一种,并且主要是和那些王室的佃户、仆人、财产和尊严有关。然而,君主们需要增加他们的税收和扩大其力量和声望。于是,各种各样的机构被创造出来,虚构之物被创设出来,靠的是国王的法院扩大司法权力。其做法就是:宣称此前地方法院所作的各种审判,与国家的和平相冲突。集中的运动一直进行着,直到国王的裁决权有了垄断地位。这一事件的意义是重大的。受王朝对权力和利益增长的欲望所驱使,通过赤裸裸的扩充,变成了一个非个人的公共功能。当个人特权变成一般性的政治过程时,同样的事情一再发生。在当代生活中,由于要处理的事不断增多,当个人的事务变得"影响公共利益"时,同样的事情也会发生。

在宗教仪式和信仰领域,从公众向私人转化的过程中,会呈现相反的事件。只要主流思想认为,虔诚或反宗教的后果会影响到整个社会,那么,宗教就是一个必不可少的公众事务。严谨地附着于惯常的宗教,是最高等的政治输入手段之一。神是部落的先祖或共同体的创建者。当他们充分地承认,他们就会与你共享繁荣。如果认为他们的利益没有被热情地满足,那么他们就成了饥荒、瘟疫的制造者和战争的授权者。自然地,当宗教行为有了如此广泛的后果的时候,寺庙就成了公共建筑，像集会和论坛；参加宗教仪式是公民的职责，而牧师成了公职人员。在神权国家消亡后的很长时间里，神术成了一种政治习俗。甚至当无信仰变得流行后，也很少有人愿意冒着风险忽视宗教仪式。

将虔诚和信仰降回到私人领域的革命，常常要归因于个人良知和对其权利的主张获得了提升。但是，这种提升也有它要归因的事情。前提是它要一直在一种潜藏的条件下，并且最后敢于将自己展示出来，去扭转事件发生的顺序。社会变化发生了，既包括知识上的，也包括内在的构成和外在的人与人关系上的，以至于人们不再将对神的尊敬和不尊敬态度与共同体的福祸联系起来。信仰和非信仰仍然有严重的后果，但这些现在被认为仅限于和人们世俗的、外在的快乐直接相关。而一旦被赋予另一信仰，迫害和无法容忍就变成无可非议的事情，就像对待任何犯罪的人们有组织的敌意一样；对于公共和平和幸福，不虔诚是所有威胁中最危险的。但是，作为共同体生活的一种新功能，社会变化渐渐地影响了个人权利的良心和信仰。

一般来说，有关知识运用的行为已经从公共领域转到了私人领域。当然，这种激进的改变是由内在的、神圣的个人权利而调整的。但是，在宗教信仰的具体例子里，很奇怪，如果这个理由被接受的话，人类一直生活在一种对这一权利的存在完全无意识的状态里。事实上，一个纯粹私人意识领域的观点，无论怎么没有外在的后果，首先都是体制改变的产物。政治的和宗教的，像其他的信仰一样，一旦建立，它就有政治后果。当允许大量的个人判断和选择参与知识结论形成的时候，共同体的利益能够更好地被满足，这种观察几乎是不被人发现的，直到社会的流动性和不统一产生了技术工业的创新和发明，直到世俗的追求成为教会和国家可怕的竞争对手。然而即便如此，在进行判断和信仰方面，宗教自由在很大程度上被看成是负面。我们同意带限制地留给彼此更多的余地，这是来自我们对负面进程产生的可怕后果的认识，而不是任何对社会正面有益的深刻的信仰。只要后面这一点没有被广泛地感知，所谓个人判断的自然权利，将只是对某种已形成的、不稳定的合理化保持适度容忍而已。这类现象（比如三K党和以立法活动管理科学的）表明，思想自由仍然是肤浅的。

如果我预约了一个牙医或者医生，这个合约首先是在我们之间发生的。它与我的健康有关，也与他的收入、技术和声望有关。但是，专业实践有如此广泛的后果，以至于个人行医的资格考核认许成为一个公共事件。约翰·史密斯从

267

事房地产的买卖,交易要影响到他自己和其他人。然而,土地对社会来说,是非常重要的东西,私人交易要遵守法律规范;交易和所有权的证据,必须被公共官员以公开登记的方式记录。选择伴侣和组成家庭,是非常私密的个人行为;但这一行为是产生后代的条件,而养育后代是共同体得以永存的方式。公共利益以一些形式表现出来,形式包括使家庭合法化和合法解除关系。一句话,这些后果都影响了超出交易所直接涉及的、更大的人群。在社会主义国家,婚姻的形成和瓦解被认为是没有公共意义的。这是可能的。但也有可能的是,这样的一个国家,可能甚至比当前其他的共同体对男女的结合更加敏感,不仅关心孩子,而且更关心男女双方的幸福和稳定。在这种情况下,婚姻的某些原则可能会放宽一点,但对健康状况、经济能力和心理相容性等保障婚姻的前提条件,实施了更严格的规定。

没有一个人能够考虑到他的行为的所有后果。所以,对他来说,规矩是非常必要的,可以限制他的注意力和预先判断。我们说,这仅仅是在他的个人事务上。如果没有现成的规矩可循的话,任何人对他计划要做的事的后果考虑得越深远,就越会迷失在无望的、复杂的胡思乱想之中。视野宽广的人也不得不在某处划一条线,他被迫划下它,在考虑到那些和他最紧密地联系在一起的人们的事情上。当缺乏客观的监管时,对那些人的影响就是他在合理的程度上所能作出的肯定判断。某些所谓的自私,只是有限的观察和想象的产物。因此,当后果涉及一个更大的群体时,这个群体如此间接地被卷入,以至于某个人不可能迅速地预知他们将会怎样地被影响;并且,这个群体组成了一个介入其中的公众。这不仅仅是说,一个群体的联合观察比单独个人覆盖更多的层面;而且,不能预言和评估所有后果的公众本身,可以设立某些渠道和通道,以便使自己的行为能够被限定在可控的范围内,只要适度预测后果即可。

因此,国家的法规和法律被看成是命令,就会产生误解。曾经深受批评的普 通法和成文法的"命令理论",是在现实里各种理论的辩证结果;这些理论是根据预先的因果关系来定义国家,尤其是将"意志"看作产生国家的因果力的理论。如果一种意志是国家的起源,那么,国家行为只能在命令和禁令中表达自己,所依据的就是主体施加给它的意志。然而,发布命令的意志的正当性问题迟早会被提出来。为什么统治者的意志比其他人更有权威?为什么后者应该服从?逻辑结论就是:服从的根据在于谁是更高等的力量。但是,结论明显是对武装比拼的邀请,去看看更高等的力量存在在哪里。而事实上,权威的观点已经被罢黜,已经被强权替代了。另一个辩证的结论是:"意志"的问题在于它是超出任何个人意志或个人意志的某种东西集合,是某些凌驾于一切的"公意"。这个结论是由卢梭得出来的,后来在德国形而上学的影响下,成为一种神秘的、超越的绝对意志的信条;反过来说,它并不能因为被等同于绝对理性而成为力量的另一个名字。对这些结论的某一种或者其他种的代替,就是放弃因果力量的理论,采纳广泛分配后果的理论。这些后果被意识到的时候,就会产生一种共同的利益,并需要某些特殊的机构为这个利益服务。

法律实际上就是有条件的制度,在其之下,个人做着彼此之间相关的安排。它们是能疏导行为的体系;它们就像限制河流流向的岸堤一样,是积极有力的力量,并且只有在岸堤命令河流流向的意义上,才能称为命令。如果个人没有表明彼此之间达成一致的条件,那么,任何一个协议或者终止于一片模糊当中,或者必须得覆盖大量的细节,结果变得无法操作和实施。而且,任何一个协议都可能区别于其他的协议,以至于从一个协议里推论不出任何和其他有关的可能的后果。于是,法律原则就陈述了达成一个合同所要满足的条件。协议的条款因此在可以实施的范围内被架构起来了,并且有可能由此及彼地推断和预言。仅仅是因为某种理论的危机,才导致人们相信有一种命令将契约设计成这种或那种形式。① 真正发生的事情是:某些条件设定了,如果一个人遵守它们,就能预知某些后果;如果他没有这么做,就不能预测后果。他可能有可乘之机,冒着不让自己有损失而让整个交易行为无效的风险。没有其他的理由可以解释刑法里的"中止令"。所有条件都是根据如果它们被破坏和践踏所产生的后果而被表述的。我们可以同样表述,如果一条河流冲破它的堤坝,可怕的后果就可能发生;如果河流能够预测这些后果,并且凭借远见来引导它的行为,那么,我们就可以在形而上学的层面上,理解这些"堤坝"为什么下禁止令。

这一论述既解释了法律中大量武断的和随机的因素,又解释了它们对理性貌似合理的认同。这是两件要考虑的事情。有很多相互行为的重要性就是:后果之所以这样,是被一些流行因素决定的,而不是被它们继承来的原则所决定

---

① 法官制定法律规则。在"意志"理论中,存在着对立法功能的侵犯。如果法官进一步界定行为的条件,则不会这样。

的。换句话说,在有限的范围里,它不在乎限定好的条件,固定了什么样的后果给它;重要的是,这些后果应当是足够确定的,能被预言的。驾驶条例典型地制定了很多原则。在固定的日落时间,或者一个具体的时间里,非法进入的条件呈现一个更严肃的本质。另一方面,正是由于法律的规则是合理的,所以"理性"才被一些人看作它们的源泉和产生的根据,正如休谟(Hume)所指出的那样。① 人类本质上是短视的,这种短视受欲望和热情的影响会变本加厉,误入歧途。"法律"造成遥远的和长期的后果。然后,它会发挥作用,有效地制止直接的欲望和利益在做决定时只考虑自我的影响。对个人来说,这种做事的方式,只有他自己的远见是完全合理的时候才做得出来。对于一个法律来说,尽管它可能是在某一情况下的某个具体行为而制定的,但却是根据其他可能的行为无限的多样性而形成的。它是一个必要的概括;因为依据一系列事实可预知的后果,它代表同一类。如果特殊情况下的偶发事件在实践中过度影响了某个法律内容,直接地,或者无意地,它将很快被否决。根据这一理论,法律作为"具象的理性",意味着它是行为中方法和程序配适好的概括,适应人们的欲望。理性表达的是一种功能,而不是一种因果源起。法律是理智的,就像一个明智的人,他选择和安排的条件有利于实现他渴望的结果。最近有一个作者,他认为是"理性"产生了法律。他说:"在理性层面,债务并不会因为时间过去而不再是债务,但是法律为它设定了期限。在理性层面,非法入侵并不因为无限地被重复,就不再是非法入侵。但是,法律表现出了一种趋向,认可在权利状态的时间范围内不可抗拒的入侵。时间、距离和时机虽然与纯粹的理性无关;但是,它们在法律秩序里扮演着它们的角色。"②但是,如果对后果来说,理性是适应后果的一种手段,那么,时间和距离就被赋予了重要的意义;因为它们既影响着后果,又影响着预见后果和按它们所行为的能力。的确,我们可以选择法律条款的有限性,作为出色的例子来说明法律包含的那种合理性。只有在理性被看成是"纯粹的",是正式的逻辑问题,上述引用的情况才表明了理性的限度。

公众组织成为国家的第三个标志。这个标志为我们的假设提供了一个检测,它关心古老的、被创建得很好的、根深蒂固的行为模式。发明是一个非常个

---

① 休谟:《人性论》(*A Treatise of Human Nature*),第二部分,第七节。
② 霍金(Hocking):《人和国家》(*Man and State*),第51页。

人化的行为，即使当大量的个人联合起来创造新东西的时候。一个新奇的观点产生于某个人的一种独特的感觉当中。一个新项目是被私人的创新性所从事和推进的东西。一个观点或计划越新，它偏离实践中已知的、已建立的东西就越多。从本质上说，创新是对习俗的背离。因此，它就越有可能遭遇反抗。我们可

以肯定的是，我们生活在一个发明和创造的时代。一般来说，创新本身也变成了一种习俗。想象力已经习惯了创新；创新随时被期待着。当创新以机器工具的形式发生时，我们会欢迎它们。但是，远远不止如此。规则对于任何新事物的出现，一直采取怀疑的态度和带着敌意，即使是一个工具或者器械。因为一种创新就是一场出发，它的火车上面带来了无法计算的、对人们长期以来习惯的、"自然的"行为的破坏。正如最近一位作者清楚地指明的，改革之路因为带来一些即时的方便而勤奋地向前。如果它们的影响，它们长效的结果，在改变行为习惯方面被预见了，那么可以肯定地说，它们中的大多数都会被当作邪恶的而毁灭，就像它们当中很多在采纳起来时很困难一样，因为它们被认为亵渎了神灵。[1] 无论如何，我们都不可能将发明看成是国家的杰作。[2]

现存的共同体在接受一个非技术及其本质的新观念时，仍然表现出犹豫。因为它们被看作扰乱了社会行为；就旧有的、已建的行为方面看来，的确是这样的。大多数人反对改变他们的行为习惯，比起他们的信仰习惯来，更是如此。一个新观念只会让已接受的信仰动荡不安，否则就称不上是一个新观念。不得不说，新观念的产生，是特殊的私人行为。要评判现存的国家，我们有关一个国家可以问的最多的就是：它是否容忍私人行为，而不加以太多的干涉？能够组织生产和传播新观念、新思维方式的国家，可能会在某些时间内存在；但这样的国家，仅存在于信仰中，现实中尚未可见。当它来到的时候，必然是因为新观念的有益后果，成了共同的信仰和声誉。的确，即使是现在，人们也可能会说，国家提供安全保证，这是私人有效地从事发明创造必不可少的。但是，这项服务只是一个副产品；问题里提到的条件实际上是由公众维持的，从这一角度来说，国家所提供

的条件与创新无关，是微不足道的。而且，如果注意到国家的核心事务并不愿意

---

① 埃尔斯（Ayres）：《科学：虚假的弥赛亚》(Science：The False Messiah)，第四章，"机器的诱惑"(The Lure of Machinery)。

② 一个明显的例外涉及发动战争的工具。在这一点上，一个国家表现出来的贪婪，就像它在发明其他东西时表现出来的勉强和迟钝一样。

思考超出技术层面的创新时，它在某种程序上被抵消了。无论如何，因为一个国家极力赞美某一种感知，就期待公众能提升平均智力水平，是非常荒谬的。

　　然而，当一种行为模式变得古老和熟悉，当一种工具理所当然地开始使用的时候，不仅给其他习俗的追求提供了前提条件，并且往往成了一个国家的范畴。个人可以规划自己的小路，但公众关心的往往是高速公路。没有个人可以随意自由行走的道路，人类可能就像荒岛上的落难者一样。运输和交通工具不仅影响着那些使用它们的人，而且影响着所有以任何一种方式依赖交通的人，无论是生产者，还是消费者。广泛利用便利和迅速的交通，意味着越来越多的产品满足了遥远市场的需要，并且大规模的生产越来越被重视。因此，一个有争议的问题是：既然铁路和公路已经成为公共生活根深蒂固的基础，那么，它们是否应该由公共官员来管理？在何种意义上，官方调控的方法应该建立起来？

　　那种把古老的、已建的东西以统一形式的方式置于国家的管控之下的趋势，有着心理层面的支持。习惯有效地利用了智慧和肌肉的能量。习惯把智力从思想中解放出来，然后自由地思考如何处理新条件和新目标。然而，要干预一个已经建立的习惯，随之而来的是不舒服和厌恶。注意到无论什么都会循环发生的有效的自由，被情绪上想要摆脱烦扰的倾向加强了。因此，有一种常见的倾向，即试图改变已经高度标准化的和统一化的代表公众的行动和活动。那样的时代有可能会到来。那时，不仅铁路的操作和管理将变成常规化的，而且现存的机器生产模式会变得普通。结果，商人不会反对公共所有权，他们将大声呼吁它，其目的在于他们可以将自己的精力贡献给涉及更多新颖性的事务中来，获得更多的机会来冒险和获利。可以想象，他们即使在一个持续普遍私有化的政权之下，也不希望被日常的工作所打扰，而希望掌管公共道路。甚至是现在，公众接管货物生产机制的问题，并不是整体的"个人主义"和"社会主义"的对峙，更多的是管理中的实验和新奇之处对习惯和旧俗的比例问题；被看成是其他事情的一个条件，对其自身的运作十分重要。

274

　　公众的第四个标志被一个观念所表明，即儿童和其他无行为能力者（如精神病患者、永久需要帮助的人）是它特有的受监护人。当任何涉及交易的群体在身份上不平等时，他们之间的关系很可能倾斜的，其中一个群体的利益会被伤害。如果后果表现得很严重，尤其是如果它们似乎无法挽回的话，公众就会来承担责任。立法机构更注意限制童工的劳动时间而不是成人的，妇女的劳动时间而不是男人的。一般来说,劳工法通常是在违背自由契约作辩护时用的,基于的立场是:其中群体的经济资源如此不同,以至于缺少真正的契约条件;国家行为被用来形成一个讨价还价可以依据的标准。然而,工会常常反对这种"家长式"的立法,其理由是:与没有积极参与行动的劳工比较起来,为确保群体利益讨价还价而形成的自由的联合,对于涉及其中的人更好。出于同样的偏见,一般的反对意见认为,家长式立法倾向于通过保留童工的地位而使那些受影响的人无法保护他们自己。然而,这里的不同不在于身份的不同所引起的公共干预的不同,而在于保护和维持平等的最好方法不同。

有一个长期稳定的趋势,即认为孩子的教育应该是国家的义务,而不顾及孩子首先应该受家庭照顾的事实。但是,教育可能到达有效程度的时期是在孩子的童年。如果这一时期没有达到好的结果,将来是无法挽回的。忽视掉的东西,难以在日后补救。那么,在这个程度上说,教育和训练方法注定对整个社会群体有重要的影响。于是,其制定的规则影响和孩子及其父母的行为,那些没有成为父母的人所交的税收来维持学校的运作——尽管斯宾塞持有与之相反的观点。另外,忽视机器工业中安全因素和环境的污染状况,后果也是非常严重的,而且是不可逆的。所以,当代公众已经对安全和健康问题提出了异议。并且,旨在要求政府支持医疗保险和养老保险的运动,阐明的是同样的原则。对最低工资实施管控,仍然是一个有争议的,有关它的争论主要在标准的制定上面。事实上,生存工资对社会有如此严重的间接后果,但并不被各方直接关注,其原因在于:当下的需求不能使一个群体有效地进行讨价还价的交互行为。

我们的上述论述没有试图制定标准,让它以预定的方式被应用,确保产生预定的后果。我们也不打算预言国家行为在未来将会采取何种具体的形式。我们一直在做的,仅仅是指出公众行为区别于私人行为特点的一些标志。单独的个人与群体之间的交互行为形成了一个公众,这时,行为的间接后果——即它们的影响超出了直接涉足其中的人——就十分重要。虽然重要的观念并不会消除其模糊的状态,但我们至少指出了一些构成重要性的因素:无论对时间还是空间的深远影响,已固定的、统一的、重现的特征及其不可补救性。这些事物的每一个都涉及一个程度问题。没有一个明确的、清晰的被划出来的界限,就像潮汐退去后留下来的印迹一样,可以毫无疑问地指明,恰恰就在那个边界内,公众得以形成并有着巨大的自身利益,以至于这些利益必须由特殊的机构或政府官员来照料和管理。因此,总有余地可以争论。在个体创新、管理行为与国家监管行为之间的那个界限,必须通过不断的实践加以解决。

正如我们随后将要看到的那样,为什么要在不同的时间和不同的地点区分出差异来,这有不可忽视的理由。公众依靠行为后果和对后果感知的事实,表明了公众和政治机构在不同的时间和地点有着怎样的不同,以及这些不同的原因,尽管公众已形成一个国家要依赖建立和雇用专门机构的能力。有一种先验概念认为,个人的内在本质和有限性是一方面,国家的内在本质和有限性是另一方面,它们一旦合作,就会产生好的结果,这种假设是荒谬的。如果国家有一个确定的本质,就像它本来应该有的一样;如果它是被确定的,由因果关系的组织所形成;或者如果个体有一个本质,这个本质一旦形成就不受联合条件的影响,那么,逻辑上的结论就会是:个人领域和国家行为最终大规模地被分割。因此,这样一个理论不能达成实践上的解决方案,其失败在于它将行为后果强调成行为本质。这样的理论需要进一步的证实。

总之,我们应该明确地指出公众、政府和国家之间的关系究竟暗示着什么。① 有关这一点,一直有两个极端的观点:一个观点是将国家等同于政府;另一个观点认为,国家在本质上有它自己存在的必要,然后要建立某些机构去形成政府,就像一个人雇佣仆人并确定他们的职责一样。当依赖因果力量理论的时候,后一个观点是正确的。某些力量,无论是公意,还是集合起来的个人的私意,能使国家得以形成。那么,后一个观点作为第二种操作手段,就要选择特定的个人,通过他来行动。这样一个理论,能够帮助那些持有它以便保留国家内在神圣

---

① 此处是一个恰当的地方,对文本中出现的那些观点应该完全理解,但对被忽略的语词清楚地进行界定。要从功能的角度来理解"政府"(government)和"官员"(officers),而不是像它们在日常使用中,映入我们眼帘时,我们所熟悉的、指向某种特殊结构的含义。在功能的意义上,这两个词在应用时,比我们说到、讲到大不列颠或美国政府和官员的含义要宽广得多。例如,在家庭中,通常会有规矩和"头领"——父母,在大多数场合中,父亲是家庭利益的管理者(officers)。与其他社会形式相比,家庭有相对的独立性。"家长制的家庭"所表现出来的特别的集中,在所有的家庭中都较少地存在。同样的评论,也适用与公众相关联的"国家"(states)一词的使用。文本中关于现代境况所提出的假设,通常都是有效的。所以,对于那些说国家是一个非常现代的机构这种明显的指责,可以答复他们:"现代性"是一种伴随国家这一名称的结构(structures)的属性,而所有的历史,或者几乎所有的历史,记录了类似功能(functions)的运用。涉及这些功能和它们运作的模式,无论使用什么词,都是为了"国家"这一简短词语的利益,就像我们可以自由地使用政府和官员一样。

性的人。大量历史表明,那些具体的政治罪恶可能存在于错误的、腐败的政府的大门前,而与此同时,国家仍然保持着它的名誉不被玷污。国家对政府的认同具有的优势是:可把注意力集中在具体的、可观察的事实上;但是,它导致了统治者和人民之间无法逾越的距离。如果一个政府只靠本身存在,为自己存在,那么为什么还要有一个政府呢?为什么还要把对它的统治的忠诚和服从作为习惯坚持下去呢?

已经提出的假设,将我们从聚集于两种定义的困惑中释放出来。联合行为持久的、广泛的、严重的后果产生了公众。就自身而言,公众内部是无组织的、无形式的。通过官员和他们具体的力量,它成为国家。形成整体并通过官员代表来执行的公众,就是国家。没有政府,就没有国家;而且没有公众,也没有国家。官员仍然是单独的个人,但他们执行着新的、特殊的力量,而这些有可能被他们私人所利用。于是,政府就是腐败的、独断的。除了故意的贪腐,除了使用特殊力量谋取私人荣誉和利益以外,头脑的愚蠢和行为的傲慢、对于阶级利益及其偏见的忠诚,都被官员所在的位置强化了。"政治就是毒药",这是最好的、最聪明的、最有经验的华盛顿政治观察者的评论之一。另一方面,一个人所占据的位置也可能扩大他的视野,刺激他的社会利益;结果,他作为一个政治家,表现出与私人生活完全不同的政治特征。

但是,既然公众仅仅是依靠和通过官员及其行为形成一个国家,既然占据官方的职位并不会发生奇迹般的变化,那么,对政治行为中的愚蠢和错误,就没有什么好奇怪的,或者甚至是失望的。引起这一奇观的那些事实,应该阻止我们产生幻想,阻止我们期待可以跟随政治组织和方法的改变而产生非凡的改变。虽然这样一个改变有时会发生,但它的产生是因为产生新公众的社会条件为它铺好了路;国家通过给作用着的力量一个确定的行动渠道,而给予它们一个正式的封锁。认为"国家"的概念就像"本身"(perse)的东西,是能在本质上说明公意和理性的某种东西;借助这种东西,它们可以展现自己。从这些理论的角度看,它们在国家和政府中间制造了明确的不同:政府可能是腐败的、有害的;而国家会保持它固有的尊严和高贵;官员可能是卑鄙的、固执的、骄傲的和愚蠢的,但他们所服务的国家的本质却不受损害。但是,既然公众通过它的政府组成了国家,那么,国家就是它的官员的样子。只有依靠公民对官员进行持久的监督和批评,国家才能保持正直和有用性。

通过增加一些说明，讨论返回到国家和社会的关系问题上面。联合体里的个人之间的关系问题——有时作为个人与社会的关系问题被提出——是无意义的。我们不妨将这个问题比喻成字母表上的字母与字母表的关系问题。字母表是字母，而"社会"是个人之间的联合，在彼此的联结中。字母彼此的联合模式，明显是一个很重要的事情；字母结合到一起，组成词语和句子，除非在一些组合中没有意义。我并不是说，后者的陈述可以直接地应用到个体中，但不能否认的是，单独的个人存在和行为在持续和变化的联合体中互相影响。这些联合行为和它们的后果，不仅深刻地影响着单独个人的外部习惯，而且影响着他们在情感、欲望、计划和价值方面的倾向。

然而，"社会"既是抽象名词，也是集合名词。具体地说，社会、联合体和拥有众多成员的各种团体之间有不同的纽带，代表着不同的利益。这些组织可能是黑帮、犯罪团伙；可能是体育运动、交际和美食俱乐部；可能是科学和专业组织；可能是政治党派和其内部的工会；可能是家庭；可能是宗教派别、商业合作和公司，如此等等，没有穷尽的名单。联合体可能是本地的、国家范围内的，也可能是跨国的。既然除了它们无限的重叠以外，没有一个单独的东西可以称为社会，那么，所有称赞性的内涵都可以附着在"社会"之上。一些社会总体上被认同，某些方面被谴责，其根据是它们对参与其中的人们的性格和行为产生了什么样的后果，以及对其他人产生了哪些更遥远的后果。所有这些，像所有人类的事情一样，本质上是混合的；"社会"是一个需要被严格、无偏见地接近和判断的东西。某种"社会化"——也就是说，愿望、信仰和工作因为在一个联合行为里要被分享而本能改变——是不可避免的。但是，就像给轻浮的、沉迷于酒色的、狂热的、思想偏激的和有罪的人定性那样，也会给有能力的探索者、博学的学者和有创造力的艺术家和好的邻居定性。

将我们的注意力限定在我们想要的结果上时，表现出来的是：没有理由将本来是所有人类联合体产生和维系的价值归因给国家。然而，同样失控的是对思维趋势的概括和固定，从而导致一个一元化论的固定社会。这个理论超越了"社会"的实体化，并产生了对国家的理想化。来自任何一种联合体的所有价值，都习惯地被一群社会哲学家归为国家。自然地，结果就是将国家放在超越批评的位置上。于是，对国家的反叛，被认为是一个不可饶恕的罪恶。有时，神圣化来自一个特殊时代的需要，就像斯宾诺斯和黑格尔认为的那样。有时，它来自一个对公意和理性的先验信仰和随之而产生的需要,想找到一些绝对精神外化的实证现象。然后,这被循环逻辑所利用,作为这种精神存在的证据。我们所讨论的纯粹的重点是:国家是一种独特的、二级的联合体形式,有具体的职责和实施组织。

大多数国家在形成之后,和初级群体之间相互影响,这种观点是非常正确的。当一个国家是好的,从事公共事务的官员真正地服务于公众利益时,这种反射影响是非常重要的。它使得带有欲望的联合体更牢固、更紧密;间接地,它阐明了共同体的目标,净化了它们的行为。如果官员们对有害的组织持漠视的态度,那么,他们的任期就会变得危险。在履行这些服务的时候,共同体给予其重要成员以极大的自由和安全:它将他们从有破坏性的条件下解放出来,否则,他们就得自己处理这些条件,将在反对邪恶的斗争中消耗大量的精力和时间。它帮助个体成员合理地考虑他人会做什么,从而有利于结成有益的合作关系。这为他人带来了尊重,也实现了自我尊重。一个国家善的程度,就是它在多大程度上将个人从消极斗争和没必要的冲突中解放出来,赋予个人积极的信心和增强他们的担当。这是一项伟大的服务,没有理由吝啬地承认历史上的国家影响了群体和个人行为的转变。

但是,这种认识不可能在立法上转化成国家范围内所有的社群实行彻底的合并,也不能将所有的社会价值变成政治价值。国家所有的本质仅仅表明,公共事务的官员(当然包括立法者)行为的目的是固定一些条件,在其之下,任何一种联合形式都能运行;它的综合的特征,指的仅仅是行为的影响。一场战争,像地震一样,可能在后果里"包括"一个给定范围的所有元素,但这种包括是通过影响,而不是固有的本质或者权利。一个有益的法律,就像共同经济繁荣的条件一样,可能会正面地影响具体区域里所有人的利益,但不可能称之为被影响的元素都是整体的一部分。公共行为的自由和确定的结果,对比其他的联合体,也不能被理解成产生了整体理想化的国家。因为国家行为通常对后者是有害的。国家的主要职能之一,在于是否发动战争和镇压持有不同意见的少数派。而且,他们的行动甚至是善意的时候,也都根据生活在一起的人们的非政治形式而预先假定了价值。然而,这些形式被公众和它的组织扩充和加强了。

我们所支持的假设和已知的国家多元化的概念,有着明显的连接点。它同时表明了一个明显的不同点。我们关于多元形式的主旨是对事实的一个陈述:

社会群体存在着多元化,像善、恶和冷漠。这并不是一个给国家行为限制了内在条件的主旨。它并不暗示着国家在安定不同群体间冲突的时候,只有着有限的功能,就像每一个组织都有他们自己固定的行动范围。如果这是真的,国家则可能仅仅是避免和纠正一个群体对另一个群体侵犯的仲裁者。我们的假设是中立的,是国家行为可以扩展到多远的一般性的暗示。它并不说明公众行为任何具体的政见。有时,一些人联合行为的后果是这样的,即当产生一个大的公共利益时,只有在组织内部进行大规模的重建,才能真正地为利益的实现创造条件。在教堂、工会、商业公司和家庭组织内部,并不比国家拥有更多的内在神圣性。它们的价值,应该被它们的后果所衡量。后果是随着具体的条件而变化的。因此,在某一时间和地点,大量的国家行动方式可以被标示;而在另一时间和地点,则采取静止和自由放任的政策。恰恰就像公众和国家随着时间和地点条件的变化而变化一样,国家所承担的具体功能也是一样。没有一个先前的、通用的立场能够被借鉴实施,因为一个国家的功能是有限的,应该被扩充的。它们的范围通过批评和实验来决定。

3.
民主国家

282　　从思想、道德的角度来看，个体是行为的中心，而且很明显是这样的。人们受到来自社会的各种影响，从而决定了他们思考什么、打算什么和选择什么。社会影响相互抵触的因素只有在个人的意识和行为的层面上，才形成单一的、总括性的问题。公众产生以后，规律一直发挥着作用。这个规律通过特定个体的媒介来作出决定、达成协议和执行决定。这些特定个体就是政府官员；他们代表一类公众群体，公众只能通过他们采取行动。在像我们自己的国家中，我们说，立法者和执法者都是公众选举出来的。这个说法也许表明，公众是起作用的。但是，毕竟是个体的男男女女在行使着公民权利；公众在这里是一个集合的概念，代表一大群个人，每个人都作为一个无名的单位进行投票。然而，作为一个被选举出来的公民，每个人都是公众的官员。他作为公众利益的代表，表达他们的意愿，就像议员或州长那样。选民的投票也许表达了他想要获得私利的希望。选民通过选举某个人或者同意某项被提议的法律来表达利益的诉求，尽管被选举者在受托代表这些利益方面常常不能使选民满意。但是在这方面，普通选民与那些确定的受委托的官员没有什么不同，那些官员经常被认为背叛了公众委托给他们的利益，而不是忠诚地代表这些利益。

　　换个说法，每个公共官员，不管他代表公众时是作为投票者，还是作为政府官员，都有一个双重的职能。有关政府最重要的问题，就从这个事实中产生出来。我们经常谈及一些作为代表的政府官员与其他人不一样，这个观点是不对的。我们假定，所有的政府都是代表性的，因为他们声称，他们在个人或团体的行为方面代表公众的利益。然而，这里并不矛盾。那些与政府相关的人也是普通人。他们保留了人类本性的普遍特征。他们也有要服从的私利和特定群体的利益，以及那些他们所属的家庭、圈子和阶层的利益。很少有人将自己全身心地沉浸在政治功能中；大多数人能做到的最好的情形是：相对于他们的其他欲望，公共利益是占主导地位的。"代表性的"政府意味着，公众绝对是带着保障这种主导地位的意愿组织起来的。每个政府官员的双重身份导致了冲突，即在他们真实的政治目标和行动与非政治角色身份之间的冲突。当公众采取特定的措施，努力地使这个冲突最小化，进而让代表性功能超越私人的功能的时候，政治机构就被称作是代表性的。

可能有人会说，直到最近，公众才意识到他们自己是公众。所以谈论他们组织自身来保护和保证他们的利益，是很荒谬的。因此，国家是近期发展起来的一个概念。其实，如果我们使用一个严格的国家定义的概念，那么，难免与将任何历史久远的国度归属为国家的做法相对立。但是，我们所下的定义建立在国家所行使职能基础之上，而非在任何内在本质或结构性本性之上。因此，关于什么样的国家和民族才被称作"国家"，就几乎是一件字面上的事情。重要的是，要承认那些将不同种类的形式显著地区分开的事实。不管是否使用"国家"这个词语，我们反对仓促地对一个很重要的事实下定论。它表明，很长一段时间以来，公众身份对于那些行使其权力以达到其他目的的统治者来说，是偶然附带的。虽然存在政府机器，但它在严格意义上讲，是受非政治性目的而被使用的，即是为了王朝的利益。因此，我们遇到了公众的基本问题：公众是否意识到自身在选举官方代表以及在规定其职责和权利方面被赋予多大的权重。对这个问题的思考，将引导我们进入对民主国家的讨论，正如我们即将看到的那样。

如果将历史作为整体看待，对统治者的选举及其权力配备，就是一件政治事务的事。被选举为法官、执行官和行政官的人，并非因为他们有服务于公共利益的能力而被选上。一些古希腊城邦和中国的考试系统显得与众不同，它们是对这个说法的例外。历史表明，统治者之所以成为统治者，是因为某个特权的职位不受明确的公共角色的支配。如果我们彻底地引入公众的概念，必须承认某些人因为独立于政治考量之外的一些特点，如天生适合成为统治者，这是毋庸置疑的。因此，在很多社会中，由男性的年长者实行那样的统治，只是由于他们是老人的事实。老人政治是一个众所周知和广泛存在的事实。毫无疑问，这里有一个推定：年龄是群体传统和具备成熟经验的一个标志，但几乎不能因此说，这个推定是有意识地给予老年人统治垄断地位的影响因素。不如说，由于他们拥有统治垄断地位，所以根据事实本身，他们拥有了这个统治权。这至少是最小的反对和抵抗的惯性原则发挥了作用，使习惯成为自然。某些方面显而易见，只有长长的灰色胡子的人，即老人具备获得政治权力的先天条件。

军事成就是影响人们选举统治者的一个不相关的因素。无论"军营是城市的真正母亲"是否正确，无论赫伯特·斯宾塞宣称的"政府发源于为了战争目的的酋长地位"是否正确，毫无疑问，在大多数社群中，一个人赢得战争的能力似乎命中注定他能够成为这个社会的民政事务管理者。没有必要去争论这两个职位需要不同的才能，以及在一个职位中有成就并不能证明适合担任另一个职位。这个事实仍然如此。我们也没有必要去寻找古代国家有效运行的证据。名义上的民主国家表现出同样的假定倾向，即一个胜利的将军有某种近乎神圣的政治事务的使命。有理由相信，政治家通常在煽动民众使其愿意支持战争方面可能是相当成功的，但在达成一个公正和持久的和平方面则缺乏行使职责的能力。但是，《凡尔赛条约》的存在表明，人事变动是多么的困难，即使情况彻底地改变了，需要持有新观点和不同利益诉求的人的时候，也是如此。"凡有的，还要加给他。"①人类本性会让人沿着最简单的路线去思考，而且无论原因是什么，当人们在国家事务方面需要强有力的领导者时会集中于那些已经重权在握的人，这一点会诱导人们。

除了老人和武士，医生和牧师也具有现有的、天然的统治者资格。在共同体的福利处于危险并依赖超自然生命恩宠的地方，那些擅长艺术的人，通过艺术表演来转移神的愤怒和嫉妒并获得上帝的欢心，这标志着这些人具有出众的能力来管理国家。然而，尽管赢得战争、擅长超自然艺术以及活至高寿在政权建立中具有标志性的意义，但从长期来看，最有决定性的是王朝因素。幸哉占有者(Beati Possidentes)。因为突出的地位和强势的权力被来自统治者所占据。地位上的卓越，很容易被当作优秀。神的恩宠依据职权，关照一个实施了足够多代统治权的家族，以至于该家族最初开拓的历史记忆变得模糊，或者成为传说。不会有人认为，随着统治而来的财富(emoluments)、繁华(pomp)和权力(power)需要被辩护为有理。这些东西不仅美化统治和给予统治以尊荣，而且被认为是获

---

① 出自圣经:《马太福音》,第 25 章。——译者

得统治地位的固有价值的标志。习俗巩固了意外事件可能引发的东西；已经建立起来的权力有使自身合法化的途径。通过与国内外其他有权势的家族的结盟，他们占据了大量的不动产、随行的朝臣侍从和使用国家的税收收入，以及实施许多与公共利益不相关的事情。这些东西在转移真正的政治功能为私人目的的同时，建立了王权的地位。

因为统治者的荣誉、财富和权力本身组成了攫取和开拓职权的邀约，随之而来的复杂情况导致这一原因发挥作用，引诱人们为名利而奋斗；这些原因以更多的吸引力，在政府权力的情况下发挥作用。换句话说，本来为服务于公共利益功能而需要的集权和职能范围成为诱饵，吸引国家官员促进私人目的。所有的历史证明，对于人类来说，铭记那些披着权力和华丽的外衣、名义上为了公共利益目的政府是多么困难。显而易见，他们使用他们的全副甲胄来促进私人和阶级利益是多么轻松。如果不诚实是唯一的或甚至是主要的敌人，那么，这个问题就会简单得多。草率地例行公事，惰息于确保公共需求，追求身居高位的光鲜夺目，对直接和可见结果的欲求成为生活的重心。我们经常听到对当前的经济体制不耐烦的社会学家说："工业应该从私人控制中走出来。"可以觉察到他们的意图是：工业不应该再被追求私人利益的欲望所控制，应该为了生产者和消费者的利益而运作，而不是维护金融家和股票持有者的优势地位。但是，不知那些信口开河说这些话的人是否问过自己：要将工业交给谁的手里？ 交到公众的手里吗？但是，唉，除了独立的个体之外，公众没有掌控能力。关键的问题是让那样的掌控行为发生转变，让它通过注重社会目的而变得生气勃勃。没有什么魔法能够达成这一个结果。同样的原因导致人们利用集中的政治力量来服务于私人目的，这些原因会继续发挥作用，诱导人们为了非公共目标来使用集中的经济力量。这个事实并不代表这个问题无法解决，它能够指出问题出在哪里，无论问题的外观是什么样的。既然公众的官员有双重的性格和能力，那么需要什么样的条件和采取什么方法，才能使公众和政治角色具有洞见、忠诚和活力呢？

这些司空见惯的考虑，是作为讨论民主政府的问题和出路的背景而提出来的。"民主"这个词有许多含义。一些含义有着广泛的社会和道德意味，所以与我们直接的主题并不相关。但是其中一个含义是明显政治性的，因为它表示政府的一个类型、一种规定的实践，用以选举官员和规范他们的行为。这不是民主的不同含义中最鼓舞人心的；它在品格上相对特殊。但是，它包含了所有与政治

民主有关的东西。现在构成政治民主的有关官员的选举及其行为的理论和实

践,都是以刚才所暗指的历史为背景的。政治民主首先要努力地通过偶然的和
非相关因素,抵消对统治权的决定性影响力,其次努力地抵消这样的趋势,即使
用政治权力来服务于个人而不是公共目的。远离其历史背景来详尽地讨论民主
政府,就是没有抓住要领,扔掉了所有明智地评论它的方法。采取明确的历史观
点,不会违背重要的甚至是优先的、作为伦理理想和社会理想的民主主张。我们
以这样一种方式限制讨论话题,以避免面面俱到,混淆那些需要有所区分的
事物。

　　民主被视为在一连串运动中展示出来的历史趋势,这些运动在过去一个半
世纪中影响了几乎全世界的政府形式。民主是一件复杂的事情。现在有一种说
法,认为这些运动起源于一个轮廓清晰的观念,并且以一种不竭的动力向前推
进,展开自身为一个注定的目的,不管是遇到胜利的光芒,还是受到致命的打击。
也许,这个神话很少被保留在如此简单和未混合的形式中。但是,不管人们怎样
绝对地赞扬或者谴责民主政府,也没有将它与替代性的政体进行比较。尽管很
少见,我们还是会发现,即使是最精心设计的政治形式,也不可能具体地表达一
些绝对的和无可挑剔的善(goods)。它们代表各种复杂的主张中的一种选择,实
现那种特别的可能性,似乎有希望带来最多的善和最少的附带性的恶。

　　而且,这样的陈述过于简单化了。政治形式不是一劳永逸的。一旦完成,最
大的改变在于,仅仅是一系列的变体和反应性调节的结果,各自对应自己特定的
情境。回头看看,可能朝着一个单一的方向,作出一个几乎稳定的变化趋势。但
是,我们再次重申:把凡是存在的(总是容易被夸张)结果归因于单一的力量或者
原则,这无疑是一个神话。政治民主作为一种对许多情况的大量反应性调整的

综合结果,这些情况中没有两两相同,但是趋向于融合成一个共同的结果。因
此,民主的融合不是特定的政治力量和机构的结果。更不能说民主是民主主义
的产物,是某种内在动因或者固有观念的产物。概括地说,民主运动的集合被发
现于一些努力中,即努力补救由于先前的政治制度而经历的恶;民主运动一步步
地前进了,在极大的程度上,在很多不同的鼓动和口号的直接影响下,每一步都
不带着对任何最终结果的预知。

　　更重要的是,要意识到补救的努力增长的条件,还有使这些努力有可能成功
的条件;这些条件在性质上,主要是非政治性的。由于恶久已存在,任何对运动

的解释一定会提出两个问题:为什么不能及早作出为了改善的努力? 而且当它们被提出的时候,为什么过去采取了那种形式? 这两个问题可以在各具特色的宗教的、科学的和经济的变化中找出答案;这些变化最终会在政治领域生效,而它们自身根本上是非政治性的和没有民主意图的。大量的问题和广泛的观点及理想,在民主运动的过程中产生。但是,关于个人和个人权利性质的理论、自由和权威的理论、进步和秩序的理论、自由和法律的理论、普遍善和总体意志的理论、民主自身的理论,都没有创造这种运动。这种运动在思想中得到反映;一旦出现,就进入随后的斗争中,并且产生实际的效果。

我们坚称,政治民主的发展代表了大量社会运动的融合;这些社会运动中没有哪一个有自身的起源或动力,启发出民主的理想,或者规划出最终的结果。这个事实,使无关痛痒的赞歌和非难都建立在对民主概念性解释的基础之上,无论它们是真是假,是好是坏,都是在思想中反映现实。无论如何,发挥过作用的历史事件是那样的错综复杂,以至于阻碍了任何在这些历史中预演它们的想法,即使一个人拥有知识和能力(实际上没有)。然而,这里需要考虑两个显而易见的问题。在反抗现行政府和国家体制的过程中,这些最终在民主政治形式中达到顶点的事件深受政府恐怖的影响,怀着限制政府权力以防止它作恶的愿望,最后以民主政体代替它。*289*

既然确定的政治形式与其他机构(特别是教会机构)有密切的关系,并且和刚性的传统和继承性信仰有密切的关系,反抗也就扩展到后者了。那么,恰好,反抗运动表达自身的知识性术语就有了消极的含义,虽然看上去是积极的。自由作为一个目的呈现自身,尽管它实际上表示从压抑和传统中解放出来。既然从理智上看,有必要为反抗运动寻求辩护,并且确定的权威是支持现有体制生活的。对于抗议民主而言,自然资源被诉诸某种从属于不可侵犯的权威。这样,"个人主义"生而具有天然的自然的权利。它是一种赋予个体独立于任何联合体权利的理论,除了那些为了他们自己的目的而故意形成的联系之外。

因此,限制政府权力的实践运动开始与约翰·洛克(John Locke)的学说相联系。该学说认为,进行限制的基础和对其的辩护在于先前根植于个人结构当中的非政治性权力。从这些原则出发,很快就得出这个结论,即政府的单一目的是保护天生有权利的个人。美国革命旨在反对已建立的政府,它自然地借用和扩展了这些学说,用它从意识形态上解释获得殖民地独立的努力。现在更容易作出想象,想象在对群体和其他非政治性联合体的权力的主张中,对先前政府形式的反叛会找到其理论表达。要求个体作为独立的和隔绝的存在,这是不符合逻辑的。在抽象逻辑中,主张一些主要的类群有国家不得非法侵入的要求,这就足够了。在那种情况下,著名的个人与社会的现代对立及其和解问题就不会产生。这个问题从形式上转变为定义非政治性群体对政治联盟的关系。但是,正如我们已经注意到的那样,可憎的是,国家在事实上和传统中密切地联系其他联合体,如宗教的(并通过它对家庭的影响力)、经济的(比如行会和公司),甚至与科学探索联盟和教育机构都有密切的相系。最简便的出路就是回到纯粹个体的时代,扫除所有与其天性和权力无关的社群,因为它们从自己的自愿选择开始,保证自己的私人利益。

这个事实很好地展示了这种运动的视野。哲学理论用与思维相一致的个人意识的形式,对自身或自我提出了要求,这是与政治理论对自然个体所发出的同一个要求,作为最高上诉法庭。洛克和笛卡尔学派无论在其他方面如何相互排斥,但在这一点上是一致的,其区别仅仅在于个体的感性或理性谁是第一性的东西。这个观点从哲学进入心理学,变成从内省的和内向的角度解释孤立的和绝对的个体意识。从此以后,道德的和政治的个人主义可以从原理上要求一个“科学的”辩解,并且使用心理学通用的术语——尽管从事实上来说,被要求作为它的科学基础的心理学是其自身的产物。

“个人主义的”运动在法国大革命的精彩记载中找到了经典的表述:它一举废除了所有形式的联合,理论上留下了纯粹的个人与国家相面对。然而必须注意到,如果不是又一个因素,几乎不可能达到这一点。新的机械器具的发明和使用,使新的科学运动成为可能——典型的是透镜——集中注意力于像杠杆和钟摆这样的工具上。尽管这些工具早就被使用了,但还没有在科学理论中形成重点。就像培根预言的那样,探究中的新发展,会在初期带来重大的经济变化。它通过机器的发明,偿付了工具的成本。随着机器在生产和商业中的使用,新的强大的社会条件以及个人的机会和需求产生了。然而,他们的充分表现受限于现有的政治和法律实践。法律规定如此地影响着对生活的各个阶段利用新的经济主体感兴趣的人,以至于阻碍和压制了生产和交换的自由运行。国家的现有惯例阻止了国家之间贸易的扩大,对国内工业也是一种束缚。重商主义的理论对国家的现有惯例有理智的表达,对亚当·斯密所写的《国富论》(*The Wealth of*

Nations)中的见解明确地加以反对。内在地,有一个从封建主义继承而来的限制措施。劳动和产品的价格不是在市场中经过讨价还价来确定的,而是由法官设定的。工业的发展被阻碍,这种阻碍来自规定选择职业、学徒制、工人从一地迁移到另一地等方面的法律。

因此,对政府的恐惧和限制其权力运作的欲望得到有力的增强,因为政府对生产、服务及商品的新的流通部门的发展怀有敌意。经济运行也许是更具影响力的,因为它不是以个人及其固有权力的名义运作,而是以自然规律进行的。关于劳动发源于自然的需求并带来财富的创造,关于现在的禁欲是为了未来的快乐并有效地积累更多财富的资本创造,关于贸易竞争自由,关于供和需的规律等等,这些经济的"规律"都是自然规律的体现。它们处于作为人为、操纵的事务的政府法则的对立面。继承而来的传统仍然很少受到质疑,它是一个自然的概念,是一种威力巨大的东西。然而,较旧的形而上学自然规律的概念被变成一个经济概念;自然的规律根植于人性之中,调节着商品和服务的生产和交换。于是,当它们不受人为的即政治干预的时候,最有可能带来社会的繁荣与进步。流行的观点很少被逻辑连续性的问题所困扰。自由放任(laissez-faire)的经济理论基于对带来个人利益与社会利益相和谐的自然规律的信仰,很容易与自然权利的学说发生融合。它们有相同的实践性含义,它们的逻辑关系又是什么呢? 因此,功利主义学派在经济学中支持自然规律的经济理论,但否认自然权利理论在个人与社会意见聚合具有影响力。

不同于实践,功利主义经济理论在发展民主政府的理论方面是一个重要的因素,值得我们花时间详细地论述。每个人都自然地寻求改善自己的命运,这只能通过勤勉来达成。每个人都是自身利益的最好裁判,如果能不受人为地强加给他的约束,他会在职业选择、服务和商品交换的选择上作出自己的判断。那么,除了意外之外,他将会通过衡量自己在工作中的表现、在交换中的精明应对以及生活的节俭中,促进自己的幸福。财富和安全感是经济利益的自然回馈。同时,勤勉、商业热情和个人的能力都能促进社会的善。在制定了自然规律、看不见的仁慈上帝之手的控制之下,资本运作和贸易操作只有遵循群体利益和个人利益协调发展的方向,人类社会才能不断地前进。可怕的敌人来自政府的干预。只有在个人意外或故意地——因为勤奋和能干者所占的有财产对游手好闲者是一个诱惑——侵犯其他人的自由和财产时,政府的监管才是必要的。这种侵占在本质上是不公正的,政府的功能是保障正义——主要是指财产保护和商业交易中的契约安全。如果不是国家的存在,人们也许会相互占用他人的财产。这种占用不仅对于劳动者个人来说是不公平的,而且造成财产的不安全,会打击所有人的积极性,进而削弱或破坏社会进步的动力。另一方面,这种国家功能的学说对于政府活动,也是一种限制。国家只有在行动起来保护正义的时候,才成其自身——刚刚所限定的这种含义。

293

这样构想出来的政治问题,本质上是发现和实施限制政府作为方法问题;该方法能够促使政府保护个体经济利益的合法职责,这种经济利益是人体在其生命和肉体的整体中所拥有的权利的一部分。统治者都想以最少的个人努力来占有财产,普遍具有贪婪的特征。如果只有他自己的话,统治者就会利用其行政职位所赋予的权力,任意地对他人的财富横征暴敛。他们只有保护私人的产业和财产不受到其他人的侵犯,才有可能获得更多的资源为自己谋利。于是,政府的基本问题就归纳为这样一点:作出什么样的安排,才能防止统治者以牺牲被统治者的利益为代价来推进他们自身的利益? 或者用相反的话来说,即通过什么样的政治手段,能够使统治者的利益与被统治者的利益相一致?

答案是现成的,特别是在詹姆斯·密尔(James Mill)[1]对政治民主性质的经典阐述中可以找到。该阐述以官员的普选举、短期执政和频繁换届为重要特征。如果公共官员的职位及其俸禄依赖于市民,那么,他们的个人利益就会与普通大众相一致——至少与勤劳的和拥有财产的人相一致。被大众投票选出来的官员会发觉,他们之所以被选举出来,是因为他们在保护民众利益方面拥有的热忱和能力。短期执政和频繁换届会保证官员清廉履职,公民投票对其政绩作出判决。对选举的敬畏,能使官员谨慎为官。

当然,这种解释,我过分地强调了被强调过的东西。詹姆斯·密尔的论文写于1832年的《改革法案》(Reform Bill)通过之前。实际上,它是关于扩大选举权的论述。当时,选举权主要在世袭地主的手中,要扩大到制造商和商人手中。詹姆斯·密尔恐惧彻底的民主。他反对将公民权扩大到妇女身上。[2] 他所感兴

294

趣的,是在将蒸汽运用于生产和贸易的影响之下形成的新"中产阶级"。他的态

---

[1] 亦译穆勒。——译者
[2] 这最后的立场,迅速地引发了来自功利主义学派首领杰里米·边沁(Jeremy Bentham)的抗议。

度在他的人生信念中很好地表达出来了。他坚信，即使选举权向下扩大了，中产阶级"给予科学、艺术和立法本身最独特的装饰物，这些是精炼和提升人性中所有东西的主要来源，也是共同体影响力的决定性因素"。然而，尽管是过分强调，而且有它独特的历史动力，但这个学说仍然声称它建立在普遍真理之上；它提供了原则上的客观描述，这些原则证明走向民主政府运动是正当的。没有必要纠结于广泛的批评。这个理论所假定的条件和随着民主政府的发展而获得的进展之间的差异，不言而喻。分歧在于一个充分的批评。然而，差异本身表明，已经发生的事情不是起源于理论，而是在于不关注理论，以及没有考虑政治方面的因素；大体说来，蒸汽动力的使用适用于机械发明。

不过，独立的个人"依其本性"，一种观点认为，在联合体外自然拥有权利，另一观点对比于政治法则是虚假的、有害的（除了被小心地列为次要地位的时候）来说，认为经济规律是自然的。如果将这两种观点看作是闲置无用的，将是很大的错误。这些观点并非徒有其名。虽然它们没有推动运动朝向平民政府（popular goverment），但是确实深刻地影响了运动所呈现的形式。或者，这样说也许更好：相对于他们宣称的情况而言（民主国家的哲学主张加强了这种观点，并施加了更大的影响），这种理论可能在事实上更忠于维持旧有的情况。结果是对民主形式的一种歪斜、偏离和扭曲。将"个体的"问题放入总体的论述中，论述必须被后来的要求所修正。我们可以说，这个新哲学所集中的"个体的"，其实正是他在理论上被拔高，而在事实上处于下降的过程中。至于声称政治事务从属于自然力量和规律，我们可以说，实际的经济情况是彻底人为的产物，从那种理论声讨的人为的意义上说。它们提供了人造的工具，通过这些工具，新的政府机构被控制和用来满足新商人阶层的欲望。

这些论述都是正式的和彻底的。为了掌握可理解的含义，必须在细节上展开它们。格雷厄姆·华莱士在他的《伟大的社会》(The Great Society)的第一章前面，引用了伍德罗·威尔逊(Woodrow Wilson)如下的这些话[来自《新的自由》(The New Freedom)]："过去和自从历史开始以来，人作为个体与其他人相互联系——今天，人的日常关系主要是与非个人组织的关系，而不是与其他个人的关系。现在无异于一个新的社会时代、一个新的人类关系的时代、一个新的人类生活的戏剧。"如果我们认为这些话包含了部分的真理，那么，它们表明，个人主义的哲学在适应新时代的要求方面是多么的不称职。它们暗示了这个理论是

295

什么意思：一个拥有欲望和要求并被赋予远见、审慎和促使自身更好的个体被形成的时候，就是个体对于社会发展的方向影响甚微的时候，也是机械的力量和巨大的非个人组织决定事情发展框架的时候。

"过去和自从历史开始以来，人作为个体与其他人相互联系"这句话是不对的。人们在生活中总是相互联系在一起的，共同行为中的关联影响了他们作为个体相互之间的关系。我们只要回想人类关系在多么大程度上被直接或间接地起源于家庭的模式，就足够了；即使处于王朝时候的国家，也是如此。但是，事实上，威尔逊先生持有与此相反的观点。早期的社会组织，主要是被库利（Cooley）先生称为"面对面"的那种类型。[①] 那些重要的、真正在形成情感和理智的倾向中起作用的，是当地的、相邻的且经常可见的群体。如果处于同一个群体，人类直接以他们在情感和信仰上所意味到的方式分享群体经验。对于日常生活而言，政府（即使是专制的政府）是遥远的、陌生的机构。除非它通过习俗和公共法则进入人们的生活中。无论它们的控制范围多么广阔，不是它们的宽阔度和包容性在起作用，而是直接地身处当地之感。基督教仪式其实真的是既普遍又私密的事情。但是，它并非通过它的普遍性进入大多数人的生活，就他们的想法和习惯而言，是通过一种直接的仪式和圣礼来达成的。运用到生产和商业中的新技术，引发了一场社会革命。缺乏目标和远见的当地共同体发现，他们的生活被遥远的、不可见的组织所控制；后者的活动范围是那么广泛，他们对于面对面群体的影响是那么普遍和持久，以至于说"一个人类关系的新时代"毫不夸张。蒸汽动力和电气化创造出来的伟大的社会，也许只是一个社会，但不是共同体。人类联合新的、相对非个人的和机械的模式对共同体的入侵，是现代生活中突出的事实面。在这些集合的活动方式中，共同体在最严格的意义上，不再是由意识层面上的志同道合者组成，也无法进行直接的控制。然而，它们是形成中央和地方政府的主要因素。对它们进行控制，目的在于要使这些国家的政府成为民主的或大众的代理者（从词汇现代的意义上说）。

那么，一个涉及那么多淹没个人行动在遥远的和不可及的集体行动的运动，为什么能够反映在个人主义的哲学中呢？这个问题没有完整的答案。然而，有两个因素是明显的和重要的。一个因素是：新的社会条件牵涉到释放之前所蕴

---

① C·H·库里：《社会组织》（*Social Organization*），第 3 章。

藏的人类潜力，尽管它们的影响对于共同体来说，是扰乱性的；但对于个人来说，是起解放作用的。它的压制性一面隐藏在未来不可穿透的迷雾之中。更正确地说，压制性的一面对群体的影响即使在更早的半封建条件下，也是消极的因素。既然他们无论如何不怎么有价值，作为传统的抽水工和伐木工，只出现在农奴制的法律意义上；新经济条件对劳动大众的影响，大多不引人注意。正如经典哲学 297 中公开的那样，作为满足共同体生活的基本条件的临时工而不是其中的成员，这仍然有效。只有逐渐地，当这些影响才会变得明朗；到那时，他们获得了足够的力量——成为新的经济制度中足够重要的因素——来获得政治解放，并且因此出现在民主国家的形式中。与此同时，对于"中产阶级"、制造者和商贸易群体，解放的效果是显而易见的。尽管物质需求的创造力和使之满足的能力并没有提高，但是限制释放权力、给予机会以获得财富和享受成果，却是目光短浅的行为。主动性、创造性和先见之明被激发出来和被确认。这种对新权力的表现，在一个大的范围里吸引了关注，结果导致个体价值的发现。这种力量习惯成自然，并在潜意识中发挥作用。对于习俗的破坏引人注目，成了"潜意识"的行动，反倒无人注意必要的和持久的联合模式。自愿归属的新模式独占了思想主流，并垄断了被观察的范围。"个人主义"的学说阐述了在思想和目的中什么是核心问题。

另一个因素是类似的。在新权力的释放过程中，个体从一大堆旧的习惯、规则和制度中解放出来。我们已经注意到，被新技术变为可能的生产和交换方法如何被旧政权的规则和习惯制约。那时候，后者感受到有不可忍受的限制性和压制性。因为它们阻碍自主的商业活动自由地进行，所以是人为的和束缚的。为了从它们的影响之下解放出来的抗争，被等同于个人自由；在激烈的抗争中，联合体和机构被指责为自由的敌人，除了当它们是个人协议和自愿选择的产物的时候。实际上，未被触及的联合体的许多形式仍然很容易被忽略，仅仅因为它们是理所当然的。其实，任何触动它们（尤其是对已有财产的家族联盟和合法机 298 构的现成形式）的努力，都被看成是破坏性的，是不允许的。把政府的民主形式识别为这种个人主义很容易。选举权代表着对迄今为止潜能的释放，而且至少在表面上，代表了在个人意志的基础上塑造社会关系的力量。

民众的选举权和服从多数的规则提供了对个体形象的想象，在他们自由自在的个人主权中组成国家。对于追随者和反对者来说，它一样呈现了这个景象，即粉碎已有的联合，成为原子的个人的欲望和意愿。这些力量是微不足道的，它们源自联盟组织和机构性组织,在表面之下控制正式由个人产生的行为。普通思想的本质是:理解外部场景,并将其作为现实。"自由的人"根据个人的意志去投票,决定他们生活在其之下的政治形式。熟悉"自由的人"的场面的赞词是这种趋势的标本,将任何容易看到的东西作为局势的全部现实。研究物质的自然科学成功地挑战了这种观念,而在人类事务中,它仍然发挥着充分的威力。

大众政府的反对者并不比它的支持者更有先见之明,尽管他们在对个人主义结局(社会的瓦解)的前提设想时展示出更多的逻辑意识。卡莱尔猛烈攻击仅仅由"金钱关系"维系的社会概念,是广为人知的。他认为,这将不可避免地走向"无政府状态加治安官"的社会。他没有看到新的工业政权锻造的社会关系,如同那些正在消失的、更广泛的关系一样的刚性——是不是欲望的关系,是另一回事。麦考利(Macaulay)是辉格党的唯理智主义者,他坚持认为,将投票权扩大到大众的范围,一定会引起无财产的民众掠夺性的冲动,他们会使用新的政治力量来掠夺中产阶级或上层阶级。他补充说,尽管不再有这样的危险,即人性中文明的部分被野蛮和残暴的部分压倒,但有可能在文明社会内部产生毁坏它的弊病。

299   我们偶尔会持有其他的信念,即在经济力量的运作中,有一些固有的"自然"和参与经济活动中应当服从"自然法"的东西,相对于政治制度的人为状态而言。这种自然个体观点认为,其自身单独拥有成长的需求,根据自己的意志消耗能量,具有现成的远见和深思熟虑的能力。这是一种心理虚构,就像在政治学中个体拥有先占权力的虚构一样。自由主义学派十分重视欲望,但是对于他们来说,欲望是一种有意识的东西,直接指向一个已知的快乐的目标。欲望和快乐是公开的和正大光明的。如果思想总是在明媚的阳光下,那么,就没有遮掩的深处,没有死角和隐瞒,没有秘密的东西。它的运作好像是一场公平的象棋游戏中的棋子,行走于棋盘,它们是公开的;游戏者没有作弊;位置发生变化的时候意图明显;根据所有事先已知的规则交换位置。计算和技巧,或者迟钝和拙劣,决定了最终的结果。思想是"意识",意识是清楚的、透明的,是自我显现的媒介,在其中,需求、努力和目的都被毫不扭曲地表露出来。

今天,人们普遍承认:行为是从条件出发的,而条件往往在不被关注的情况中;它们被发现和揭示,只能通过比在物理现象中包含的隐蔽关系更为严格的调查。人们不那么普遍承认的是:隐含行为的基本情况和变化规律是社会的,也是有机的;就表现差别的需求、目的和操作方法而言,它比起有机的更为社会的。

意识到这个事实,很明显,"自然"的经济处置和法律所假定的欲望、目标和满足的标准,都是有赖于社会条件状况的。它们是对有传统习俗的单个人的反映;它们不是自然的,也就是说,它们不是"天生的"。它们反映了文明的状态。如果可能的话,更真实的是:工作的完成和工业运行的形式是文化累积的产物,而不是个人在自身结构中原来就有的。很少有人类活动被称为工业,直到手工工具产生之后才开始积累大量的财富,而手工工具的形成是一个缓慢传承的过程。从手工工具发展到机器生产,是工业时代最典型的特征。这只有通过利用科学进行社会积累和文明传承,才成为可能。使用工具和机器的技术与需要习得的东西是同等的;没有自然的赋予,只有通过观察别人的行为,通过教学和交流而获得。

这个伟大的事实用这样的语言,显得蹩脚而苍白。当然,人类有一些有机的或天然的需要,比如需要食物、保护和伴侣。固有的结构在保护外部目标中促进这些需求,通过这些目标,需求得到满足。但是,唯有工业能改变朝不保夕的那种生活状况——通过收集可以食用的植物和动物,还要靠运气——低等类型的野蛮产生于残酷的条件中。严格地说,它们甚至不能改善这个贫乏的状况。因为无助的婴儿期现象,使得即便像那样的原始政权也必须依赖于联合行动,包括最有价值的帮助形式——学习他人。如果没有火、武器、编织物品的使用,以及所有涉及交流和传统东西的使用,原始生产还能成为什么样呢?"自然"经济的创造者所考虑的工业政权,假设了所需要的工具、材料、目标,技术和能力等成千上万种方式,也都依赖于联合行为。于是,这种学说的创造者使用了"人为的"(artificial)这个词,说明这些东西都被深深地打上了人造的烙印。他们真正想要的,是改变习俗和制度。那些致力于推进新的工业和商业的人的行动结果,导致一系列新的习俗和制度的产生;后者是一种广阔、持久的联合生活模式,如同被它们所取代的东西一样,然而在范围和力量上则更甚。

这个事实对政治理论和实践的影响是显而易见的。实际运作的需求和意愿不仅决定了联合生活的功能,而且重新定义了这种生活的形式和内容。雅典人不买星期日的报纸,也不在股票和证券上做投资,也不需要汽车。我们今天在极大的程度上,也不需要艳丽的装扮和漂亮的建筑环境。我们多半既可满意于化妆品的装饰,也可满足于丑陋的贫民巷,并也可满足于同样破陋的宅邸。我们并不"自然地"或者有机地需要它们,但就是想要它们。即使我们不直接需要它们,实际上还是需要它们。因为它们就是那些我们一直想要的东西的必要结果。换句话说,一个共同体需要(在需要的唯一可理解的意义上,是有效的需求)教养或愚昧、可爱的或卑鄙的环境、火车或牛车、股票或证券、经济利润或艺术,按照社群活动习惯性地把这些东西呈现给他们,尊敬他们的需求并提供获得它们的方法。但是,这只是事情的一半。

直接满足需求的目标的社群行为,不仅产生出这些目标,而且使习俗和制度得以形成。间接的和意外的结果,通常比直接的结果更加重要。认为新的工业政权会产生公正,并且在大多数情况下,只有这些有意识预见和锁定目标才有的结果,这个谬误是另一个谬误的对应物,即认为它特有的需求和努力是“自然的”人类的功能。它们产生于制度化的行动,并导致了制度化的行动。在工业革命的结果和那些参与其中的人们有意识想要的结果之间的差异,是联合行为带来的更重要的非直接结果,它胜过直接盘算的结果,超乎想象。它的结果是那些广泛的、不可见的人类联系的发展,那些“伟大的非个人因素——社会组织”,现在无处不在地影响着每个人的思维、意志和行为,并且开创了“人类关系的新时代”。

同样没有想到的,是大规模的组织和复杂的交往对国家的影响。我们已经标准化了可交换的单位,取代了被理论所预想的独立的、自行驱动的个人。人们联合起来,并不是因为他们自愿选择在这些形式中被联合,而是因为巨大的社会潮流把他们汇聚在一起。在地图上标示政治边界的红绿线,影响了立法和司法的活动,但铁路、邮政和电报却无视它们的存在;后者更深刻地影响了生活在合法的当地单位内的人,比起那些生活在边界线外的人来说。当今经济秩序的联合行为的形式是那么的普遍和广泛,以至于决定了公众最重要的组成部分和权力的所在。不可避免地,它们伸手要掌握政府机构;它们是立法和行政中的控制因素。这主要不是因为深思熟虑有目的地追求个人利益,尽管个人利益的作用非常大;而是因为,它们是最有能量的和拥有组织的社会力量。一句话,这归功于现代经济政权的联合行为的新形式控制了现代政治,正如王朝利益控制了两个世纪之前的政治一样。它们对思想和欲望的影响,比以前改变国家利益的影响更大。

我们似乎说过,对旧的法律和政治制度的取代是几乎彻底的。总的来说,这是一种明显的夸大。一些最基本的传统习惯几乎一点儿都没有受到影响。提到财产制度，就足以说明问题。"自然"经济学的哲学天真地忽视财产的法律地位对工业和商业的影响，以及以这种方式将财富和资产在后者曾经存在过的法律形式中等同起来。今天看来，这份天真几乎是难以置信的。但简单的事实是：技术工业的运行没有任何程度的自由。它在每个时间点上，都被限制并偏离了方向；它从未沿着自己的轨迹发展。工程师的工作要服从于经理，而经理的基本关切并不是社会财富，而是自身的财产利益，如同封建和半封建时代中那样。那么，"个人主义"哲学家真正预测到的一点，就是他们没有预测到任何事情；他们不过是澄清和简化了已有的习俗，即坚持政府的主要任务在于保护资产利益的安全。

现在指向技术工业的诉状的一大部分，可以用来批评从前工业时代继承而来的法律制度。然而，笼统地将这件事等同于私人财产问题，让人感到困惑。可以想象，私人财产也许将进行社会化运作。它在一个相当大的程度上能够做到不偏不倚，否则，它一天也不会得到支持。它的社会效用掩盖了现实生活中存在的大量严重的社会负效用，或者至少抵消了我们对它的坚持。真正的问题，或者至少应该首先解决的问题，是私人财产制度在法律和政治上运行的前提条件。

因此，我们得出了结论。带来民主政府形式、普遍选举权、多数投票选举执法者和立法者的力量，同样阻碍了社会和人文思想的产生；而其前提是：需要将政府作为包容的、友好的联合大众的真正工具来运用。没有哪个政治机构配得上"新的人类关系的时代"。在很大程度上，民主的公众仍然是未充分发展和无组织的。

4.

公众的遮蔽

时至今日，对民主的乐观已然受到了质疑。我们已经很熟悉那些贬损和批评，然而，它们用一种愤怒的、歧视的语调揭示了：它们其实是情绪化的产物。这些贬损和批评所犯的错误，和早期赞扬犯的错误一样，都假定民主是观念的产物，是单一的、恒久不变的目标。卡莱尔并不推崇民主，但是在某一时刻，他清醒地说："因为有了印刷机，民主是必然的。"他还补充说：铁路、电报、大规模生产制造的发明，以及城市中心人口高度密集出现以后，某种形式的民主政府按人们惯常的说法，变得"不可避免"。政治民主以它今天存在的形式，招来大量严厉的批评。但是，这些批评除非意识到民主政府所处的具体环境，否则仅仅是一种抱怨和怒气，或者是一种优越感的宣泄。所有睿智的政治批评，都是有相对性的。它处理的不是"全盘皆是"或"全盘皆否"的情况，而是带有实践上的选择性。那种绝对的、不加区分的观点，不论赞扬还是批评，仅仅表明它是一种情感的狂热而非思想的光辉。

美国的民主政体是由真正的共同体生活发展而来的，也即地方性的小型中心区的联合体，它们以农业为主要产业，以手工制造为主要的生产方式。它形成于英国的政治习俗和法律制度在拓荒条件下的应用。这种联合体的形式是稳定的，即使其组成部分是流动的和迁移的。拓荒条件重视个人的努力、技能、智慧、创新和适应性，以及邻里之间的交际。镇区或那些再大一点点的区域，是最小的政治单元。

政治单元。乡镇会议是政治媒介。道路、学校和社区的和平，是其政治目标。每个州都是这些小单元的总和，国家则是所有州组成的联邦国。除非凑巧，这是一个邦联国。创始者的想象，与在一个自治共同体的集合里什么可以被实现、什么可以达成理解，距离并不太远。为选举联邦的"首席执行官"所设的组织结构，就是能说明问题的证据。选举团（electoral college）假设，公民们能够先从本地区选举出最杰出的一些人；这些人聚集在一起共同商议提名一个大家所熟知的，以正直、公共精神和知识丰富而闻名的人。这一设计很快被弃之不用，我们可以从中看出，之前预想的那种局面是多么短暂。创始者们一开始的梦想就不现实：总统候选人（presidential electors）的名字对于广大投票者是全然陌生的，他们在一个安排好的、多少有点私人性质的党派会议上投票；选举团则是一个完全没有人情味的登记机构。结果，这成了一种背叛，背叛了一开始设想的运用个人的判断。这才是整个过程的重点。

我们的制度得以形成的这种区域性条件，以公共教育系统为例，它所表明的是明显"无规则的"。任何一个试图向欧洲人解释它的人，都明白这是什么意思。别人会问，比如，这一制度下面是什么样的管理方法，开设了什么样的学习课程，以及什么是权威的教学方法。这名美国人会回答：在这个州，或者更有可能的是在郡县，或者乡镇，或者甚至被称为街区的某个地方，这些问题是这样那样的；而其他一些地方，事情又是这样那样的，等等。外国人可能会认为，这个美国人在试图掩饰自己的无知；而事实上，确实需要运用真正百科全书式的知识，才能完整地陈述这个问题。要作出恰当的、概括性的回答，是不可能的。明智的话，则不可避免地要诉诸历史性陈述。早在还是小殖民地的时候，那里的居民很可能事先就彼此认识，在几乎荒凉或者相当荒凉的地方定居着。出于利益考虑和宗教传统的原因，人们希望他们的孩子至少知道如何阅读、写作和计算。极少的家庭请得起家庭教师，于是某一个地区的邻里之间（在新英格兰这些地区，甚至比镇区还小）组织起来，成为一个"学区"。他们找人修建教室，有时是自己出力；他们组成委员会雇佣教师，教师的工资由税收来支付。习俗决定了学习课程的有限性，传统决定了教师的教学方法，但这一切被可能运用的教师个人的洞察力和技巧改变了。后来，这些地区的荒野渐渐地被征服，高速公路连接成网，随后是铁路，原来分散的共同体联结了起来。大城市出现了，学习内容变得更加广泛，教学方法更仔细地被审查。作为更大一级的政治单元——州，而不是联邦政府——可以给学校提供经过培训的教师，他们的任教资格都要经过认真的调查和测试。虽然要服从州立法机构（不是国家）强加的、某些一般性的条件，但地方性的管理和控制还是主要的。共同体的模式变得更加复杂，但是并没有被摧毁。

306

这一情况对我们从英国那里借来的政治制度的重新形成和向前发展,似乎有着巨大的指导意义。

概括说来,我们已经继承了地方镇区会议的实践经验和理念。但是,我们生活、行动及存在于一个大陆的国家。我们聚在一起,不是靠政治的纽带,政治的形式在不断地延伸,法律制度以一种权宜的和即兴的方式处理着必须解决的问题。政治结构加固了以前只有非政治的工业化洪流能通过的各种渠道。铁路、交通运输、商业、通信、电报和电话、报纸,创造了人们的观念和情感的相似性,推动这个国家成为一个整体向前进,因为它们创造了人们之间的相互交流和相互依赖。早期没有预料到的是:这样的国家(不是军事帝国),竟然能拥有这样广阔的面积。像美国这样每个州号称自治的联合国家,包含这样大量的、种族上如此不同的人口,这种概念曾经似乎是最疯狂的幻想而已。以前对它的设定是:疆域不能大于城邦国家,并且只包含同一种族的人口。对柏拉图和后来的卢梭来说,这似乎是不证自明的——一个真正的国家,不可能超出其中的人们能互相熟识的范围。我们这种现代的统一国家,要归因于技术应用的结果,即技术为观念和信息迅速而又自由地流通提供了便利,在人们中间产生了持续的、复杂的交互活动,远远地超出了共同体面对面的限制。相比之下,政治和法律形式显得如此零碎和滞后,蹒跚着努力地适应工业改革。距离的消灭,等于消灭了实体政治机构存在的基础,呼唤着政治联合体新形式的产生。

因为它获得成功的几率如此之小,这个进程令人产生巨大的好奇。涌进这个国家的移民非常多,又非常不同。早期为吸收他们所创造的条件很可能干扰了表面上的统一性,就像外族人迁移性地入侵曾经干扰了欧洲大陆的平衡一样。无法获得一个切实发生的、精确地应用过的方法加以借鉴。既然机械的力量已经发生作用,那么就算结果是更机械的而非生机勃勃的,也没有理由惊讶。将大量不同的人口作为一个新元素予以接纳(这些人在国家内部常常彼此充满敌意),使得就算把他们融合成一个整体只是一种外在表现,也是一个极其了不起的壮举。在很多方面,巩固统一变得既迅速又无情,以至于忽视了不同类型的人们可能会贡献的不同价值。政治一体化的创举,也促进了社会和文化方面的统一,这是一种越来越趋向中庸的标准。观点就像外在行为一样,被统一化了。拓荒者的秉性和喜好迅速地消失了,沉淀下来的,如同人们常常提到的,只存在于原始西部的传说和电影里。白芝浩(Bagehot)称这样的现象为一个靠不停地加速而形成的"习俗蛋糕"(the cake of caustom)，这块蛋糕不但没有膨胀起来，而且湿湿黏黏的。可见，大批量生产不局限于工厂。

这种完全为结果而设的完整性，使早期民主政治的批评者们感到震惊和迷惑，就像早期民主政治的支持者如果从天上俯瞰现在的情景，也会惊讶一样。批评者们所预言的，是不完整和不稳定的。他们预见新社会的分裂，会像消融成互相排斥的不稳定的沙砾。他们严肃地将个人主义理论看作民主政府的基础。对他们而言，像古代时期那样将社会分化成阶层，每个人根据自己的固定位置去承担他必要的社会责任，似乎是稳定的唯一保证。他们不相信没有这种体系压力的人们能够聚在一起，组成统一体。因此，他们预言了政权的不断变动，即为个人组成党派，攫取权力；当新的临时组成的党派变得更强大时，又失去权力。倘若实际情况证实了这种个人主义的理论，则毫无疑问，他们是正确的。但是，就和个人主义理论的创立者一样，他们忽视了能够形成统一的技术力量。

尽管获得了统一，公众似乎在这一过程里被丢失了；也或者由于公众自身的本质原因，它被丢失了。这当然是令人迷惑的。① 政府、官员和他们的活动，对我们来说，显而易见。立法机关制定法律，同时又大量地舍弃它们；下属官员忙于实施其中的一些法律，而这是一场失败的斗争；法官们尽可能处理日益增长、堆积在他们面前的诉讼案。但是，被假定由这些官员们代表的公众到哪去了？公众比地理名词和官方名称要多出多少？仅仅在美国，俄亥俄州，纽约州，这个郡县或者那个城市，公众又是什么？就像一个愤世嫉俗的外交官曾经把意大利称为"一个地理学的表述"一样吗？哲学家们曾经试图在各种性质和特质中提炼出一种本质，因为这些性质和特质中可能存在内在固有的东西，由此而获得表面上不具有的、概念上的稳固性和恒定性。所以，哲学从我们的政治"常识"中提炼公众的目的，也许只是为了支持和拥护官员们的行为。因为要是没有公众的存在，我们不禁要绝望地问：官员怎么能成为代表公众的官员呢？但是，如果公众确实存在，它肯定对自己身处何处毫不确定，就像自休谟以来的哲学家对于自我的栖居和自身的构成不确定一样。相比本该好好行使自己神圣的选举权的选举

308

---

① 参看沃尔特·李普曼(Walter Lippmann)的《幻影公众》(*The Phantom Public*)。我受惠于这本书和他的《公众意见》(*Public Opinion*)良多，特别表示谢意。不仅是因为他讨论了这个特定的主题，而且是因为在我整个讨论中所涉及的那些受他启发、但却与他分道扬镳的观念。

者人数,利用它们的人数正在稳步地减少。真正投票的人和有资格投票人的比例,现在是二分之一。虽然在某种程度上偏向疯狂的呼吁行为和有组织的努力,但是让投票人认识到他们的优势和责任,至今为止,看起来还是失败了。一些人宣扬所有政治的无能,更多人宣扬有节制地参与非直接的行动。对投票有效性的怀疑论被公开发表出来,不仅是用知识理论的方式,而且是用粗俗的大众言语:"投票或不投票有什么不同吗? 事情无论如何还是按同样的方式进行。我的投票永远改变不了什么东西。"具有反思精神的一些人还会补充道:"这仅仅是一场有人得势、有人失势的战争。选举造成的唯一不同,就是谁得到了工作、拿到了工资、分到了政治权利。"

那些更喜欢概括的人断言,政治活动的整个体系就像一种保护色,掩盖着大财阀归根结底掌握着政治实权的事实。商业就等于日常生活秩序,任何想要阻止它或者让它偏离航程的努力,像帕廷顿(Partington)夫人试图用扫帚回收大海的潮汐一样,是无济无事的。如果将经济决定论这一信条解释给大多数拥有这种观点的人听,他们会声称自己非常震惊。但是,他们的行动在实际上,正是依赖这样的信仰。对这种信条的接受,不仅仅限于激进的社会主义者。它还暗示在那些有大的商业利益和金钱利益的人们的态度里,虽然他们将社会主义者贬低为破坏力强的布尔什维主义者。因为他们坚信,"繁荣"——一个被抹上宗教色彩的词——是这个国家最大的需要。这些人是"繁荣"的提出者和捍卫者,因此靠拥有权力,他们是政治组织的决定者。他们对社会主义唯物论的否定,仅仅是因为后者想要物质生产力和福利的再分配,而不是为了满足当权者。

无论公众这一概念存在何种问题,在提到名义上代表它的政府时,它的不恰当被展示在已经发展壮大的、超越法律的代理机构里。作为中间人的这一群体,最接近日常政治事务的管理。比较18世纪涉及描写党派的文学作品和如今被政党统治的状态,是很有意思的事情。党派之争,被所有思想家谴责为政治稳定的主要敌人。谴责的声音回荡在19世纪早期美国作家关于政治写作的各种作品里。而现在,以政党的名义扩充和巩固党派,不仅是理所当然的事情,民众也想象不出别的办法来选举官员和处理政府事务。这种集权运动已经达到相当的程度,即任何第三个党只能处于一时的、不稳定的状态。每个有私人意识的个人,不是靠个人意愿来作出有效的选择,而是浪费了公民拥有神圣权利的机会,投票给几乎完全陌生的人;这些都是党员会议这一早就有了政治倾向的秘密机器,精心地为他们完成的选择。那些宣称似乎有能力在两票之间作出选择的人们,看似正实践着高度的自由。但是,这不是个人主义信条的创立者们苦思出来的自由。"自然界里没有真空。"当公众变得像今天一样不确定和模糊不清时,他们远离了政府,老板们就会用他们的政治机器来填补政府和公众之间的真空。能拨动琴弦使老板们闻之起舞,能产生力量来推动机构运作的人,这只是一种推测出来的事物,无案可查,除了偶尔公开的丑闻以外。

然而,就算不提大财阀演奏曲子、拨动琴弦让老板们跟着起舞这样的论断,当前政党在很大程度上确实不是政策的创造者,这是真实的情况。因为政党忙于适应各种社会潮流,而不考虑他们所声称的党的原则。就像一个周刊中所写的:"自从内战结束以来,联邦法规里所有那些重要的条款都不是针对这些问题采取全民选举来实现的,都无法区分两大主要政党。"公务员制度改革、铁路监管制度改革、参议员普选改革、国家税收改革、女性选举权改革和禁酒令的颁布,支持性地证实了上面的论断。因此,它的其他评论似乎也是非常有根据的:"美国政党的政治似乎总是在把那些能让大众情绪激动起来、甚至引起激烈争论的事情,和美国老百姓分离开来。"

《童工法修正案》(Child Labor amendment)的下场,就是一个反面支持这一论证的例子。虽然最高法院否定了国会需要权力来监管童工,但是所有政党都公开宣称,肯定了这种需要。上三届执政党的总统,每一个都赞同这种观点。然而,迄今为止,已被提议的宪法修正案却根本没有保护这种需要。政党们也许能统治国家,却不能治理国家。公众被如此地迷惑和遮蔽了,以至于他们甚至不能使用政府机构,以此在政治行为和政体之间斡旋。

给予我们同样教训的是:选出的代表对全体选举人员负有责任这种理论的失败,是面对个人判断的禁止,选出的代表没有根据宣称的义务而发声的失败。它起码表明了,这些理论条目最好地满足了立法里的"分肥政治"(Pork-barrel)。在那里,一名代表可以宣称对失败负责以满足地区的愿望,或者因为在满足它的愿望时表现出的坚持和成功而获得奖励。这一理论很少在重要的事件中发生作用,尽管它在偶然情况下会起作用,但是这种情况如此之少,以至于任何娴熟的政治观察者都可以按名字列举出那些事情。个人对全体选民缺乏义务的原因,是很明显的。后者是由相当松散的群体构成的,他们的政治观念和政治信仰在两党选举中大多是不确定的。甚至在政治激动人心的时刻,只要靠人为地加速,他们的观点就会被集体的潮流所带动转移，而不是依靠独立的个人判断。一般来说，决定一个竞选人命运的，既不是他在政治上的出色表现，也不是他的政治缺点。当集体的潮流支持或反对一个政党拥有权力时，单个的候选人就会随着人潮沉浮。有时，确实存在普遍的公共情感，有确定的趋势支持"进步的立法"，或者渴望"回归正常"。但是即便如此，在相信个人对全体选民具有义务的候选人里，只有非常出色的能够成功。因为"潮汐"淹没了他们中的一些人，"山体滑坡"使一些人滑入了政府部门。在其他情况下，习俗、政党的资金、机构管理者的技巧、一本正经的候选人的肖像、他的可爱的妻子和孩子，以及大量不相关的因素，决定了这一事件。

　　写这些零散的评论，不是因为相信它们传递任何新的真理。这些事情都是大家熟知的，他们是政治场景里经常发生的一幕，它们还能被这一场景的仔细的观察者们无限地扩大。重要的事情是：熟悉滋生出了漠视，而不是蔑视。漠视是当前冷漠的证据，而冷漠表明公众是如此迷茫，以至于不能找到自己。写这些评论，也不是因为持有某种观点，想要得出一个结论。它们被呈现时带着的观点是描绘一个问题：什么是公众？如果公众存在的话，那么，什么是他们认识和表述自己的障碍？公众是一个谜吗？还是说，他们只能形成于重大的选择问题凸显的、典型的社会过渡期，例如保存原有的稳定制度，还是推进新的趋势；或者，公众只能出现在反抗专制暴虐的君主统治的行动中，还是在社会力量从农业阶层向工业阶层的转移里？

　　在当前，专家处理的是行政问题，而不是政策框架设计问题。这是一个问题吗？当前的迷惑与冷漠归因于这样一个事实，即现在真正的社会力量被一群训练有素的专家导向了非政治事务，而政治问题则由过去形成的组织和观念按照新的情况来进行处理，这种情况已经变得非常紧迫。当然，没有什么具体的"公众"会涉及寻找专业的教师、称职的医生或商务经理。不会有哪位被称为"公众"的人去干预指导医师实际的治疗，或者干预批发商对买卖关系的操作。这些行业的管理和我们时代其他行业的特点，都是由科学和伪科学来决定的。虽然可能会被争议，但严格来讲，目前重要的政府事务是如此复杂的事务，应该由专家正确地处理。如果现在的人们还认识不到发现专家并委托他们来管理的重要性，那么可以宣称，首要的困难在于还存在一种迷信思想，即认为公众可以决定总体社会政策的形态和实施。也许，选民的冷漠要归咎于这些事情的不相关的人为性,试图唤醒的是人为的兴奋。这种人为性反过来,要归咎于政治机构和政治信仰形成的那个时代——科学和技术还不成熟,还找不到一个确定的技术来解决确切的社会问题和满足社会需要。古代希伯来人关于人类起源的神话,比科学探究的结果更有权威性,也许可以用来作为一个例子,解释为什么会发生这种事情。因为当时可被接受的信条是:靠政治目的组织起来的公众,而不是在具体探究指导下的专家,是这些事情最后的仲裁者和决断人。 *313*

当前人们最关心的问题可能是公共卫生、公共健康、明亮宽敞的住宅、交通、城市规划、移民的监管和分布、人力资源的选择和管理、正确的教学方法和合格的教师储备、税收的科学调控、社会资金的有效管理,等等。这些都是技术问题,如同建造一台有效率的发动机,是为牵引和移动的目的一样。这些问题都可以通过调查事实来解决,而这种调查只能由那些具备专门能力的人来执行,那么,调查的结果也只能被训练有素的专家所应用。那么,这样的事情与数人头、让大多数人作决定和传统的政府组织有什么关系呢? 思考到这些原因,公众和出于政治目的的组织就不仅仅是一个幽灵,而且是能走能说的幽灵,以可怕的方式模糊、迷惑、误导着政府行为。

我认为,以上这些考量,虽然和具体的管理行为切实有关,但是不能涵盖整个政治领域。它们忽视了在具体的技术和专业行为发生作用之前,有些力量必须被调节及化解。但是,它们在对一个基本问题给出肯定性的要点方面,是有所帮助的。在当前的形势下,究竟什么是公众? 什么是公众被遮蔽的理由? 什么妨碍公众找到和确认自己? 他们不成熟的、无组织的总体特征,靠什么方式组织成针对当前社会需要和时机的有效政治行动? 自从民主政治理论带着确信和希望被催生出来的一个半世纪以来,究竟在公众身上发生了什么变化?

以上的讨论已经阐明了公众产生的一些条件,也解释了"新时代的人际关系"形成的一些原因。将这两方面的论述关联起来,对于回答所提出的问题提供了前提条件。相互关联和相互作用产生的间接的、广泛的、持久的、重大的结果,使公众在控制这些结果方面产生了共同的利益。但是,在机器时代,这种间接后果是极其扩张、加速和复杂的,已经形成了广泛的、稳固的行为联合,其基础是非个人而又不是一个共同体的,以至于由此而产生的公众无法识别和区分自己。从形成一个有效的组织的角度看,这个发现显然是它的一个前提条件。我们的主题就是要探讨公共理念和公众利益遭受了何种遮蔽。有太多的公众和太多的 *314*

公共关怀,要求我们现存的社会资源去处理。依照民主观念而组织起来的公众,是最首要的、也是最重要的一个知识文化问题;在某种程度上,先前的政治事务中根本没有能与之相匹配的问题。

当前,我们关心的是以发展"大社会"(Great Society)为己任的机器时代,如何侵入和肢解了之前时代的小型共同体,却没有产生出一个"大共同体"(Great Community)。我们对事实已经足够熟悉,我们的具体任务就是要指出它们之间联结在一起的困难;对于这些困难,一个民主的公众组织必须予以克服。恰恰是对现象的熟悉,遮蔽了它们的重要性,使我们无视它们与当前政治问题之间的关系。

第一次世界大战的范围为问题的讨论提供了一个既急迫又便利的起点。那场战争的程度是史无前例的,因为它牵涉的方方面面是空前的。17世纪的王朝斗争使用了同一个名字,是因为我们只有这一个词,即"战争"。词语的相同,很容易让我们忽视它们在意义方面的不同。我们认为,所有的战争都是大同小异的,只是上一个比其他的更可怕而已。殖民地被迫加入,自主国自愿加入;个人财产要为军队征税;相距遥远的国家不在乎种族和文化的差异而结成同盟,如同大英帝国和日本、德国和土耳其的例子。严格来说,地球上的每一个大陆都被卷了进来。间接影响像直接影响一样广泛。不仅是军队,而且资金、工业和舆论都动员起来,结成一体。中立成了一件危险的事情。世界历史上曾有一个重要的时期,即罗马帝国统一了地中海盆地的土地和人民。第一次世界大战就像令人信服的证据,表明以前一个地区发生的事,现在全世界发生着;只是现在没有一个无所不包的政治组织,能够囊括各个独立的又相互依赖的国家。任何一个人,甚至只要部分地目睹了这一场景,都会对"大社会"的意义有一个清醒的认识:它存在着,但是不完整。

数量不多的人的共同活动,其产生的广泛、持久、复杂和重大的间接后果能横穿地球。扔进池中的小石子,排成一排的九柱戏,点燃了一场森林大火的小火星,这些比喻与现实比起来都太苍白。战争的蔓延,就像失去控制的自然灾害一样。一个封闭的、名义上独立的民族国家里人们联合起来,影响着世界上其他国家里的团体和个人。这种联系和联结,把一个地方的能量传送到地球上各个地方,是无法触摸和可见的。它们不像有边界的政治国家那样明显。但是,战争表明,这些联结是真实的,而且它们不是有组织的和被管理的。这暗示着,在处理这一情况时,现存的政治和法律形式及设置是没有能力的。因为后者是现存的政治国家和不适应政治形式的非政治力量运作的产物。我们不能期待产生疾病的各种原因有效地联合起来,去治愈它们所导致的疾病。我们需要的是:非政治力量自己组织起来,改变现存的政治结构,使分裂的、处于困境中的公众能达到完整。

总的来说,非政治力量表达的是:技术时代被强行地注入继承来的政治体系中;这种体系,让非政治力量的操作偏离方向和扭曲了自己。由工业和商业之间的联系创造的局面,如战争呈现的那样,这种联系在小事和大事中一样明显。这不仅表现在对原材料和国外市场的争夺上,不仅体现在令人震惊的国债上,而且体现在本地不很重要的现象里。例如,出门在外的游子发现,他们甚至在不参加战争的国家里,也无法变现银行的凭证。一方面,股票市场关闭了;另一方面,奸商们积累了巨额的财富。想要说明国内事务,一个例子可以被引用。自从战争发生以来,农民的困境造成了国内的一个政治问题。战争导致对食物和其他农业产品的大量需求产生了,价格上升了。为迎合这种经济刺激,农民们通常成了政治劝说的目标——要提高农作物的产量。通货膨胀和短期的繁荣接踵而至。战争后果来临了:贫穷的农村无力购买和支付达到战前水平的食物;税收大大地增加了;汇率贬值;世界的黄金储备集中在这里。战争和国内奢侈品的刺激,导致工厂生产更多的东西,堆积了大量的商品。农业器具的价格和工人的工资上涨了。而当通货紧缩来临的时候,能找到的却是紧缩的市场和上涨的生产成本,以及农民们背负着在一个疯狂扩充的时期很少能估计到的抵押贷款。

这个例子实际上没有被引用,因为把它和已经发生的其他后果作参照,是非常重要的,尤其是在欧洲。和它们相比较,用以唤醒战争以来到处可见的所谓落后国家的民族情感,则相对并不重要。它表明,我们复杂的、相互依赖的经济关系的不同后果;它表明,很少有先见之明和监管的存在。农业人口很难在行动时认识到这种基本关系所产生的后果,尽管他们已经置身其中;他们可能作出一个短暂的、临时的决定,但无法管理和适应他们的事务,以应付这一切。他们在控制性的操作行为中充当了不幸的主体,他们对此束手无策,就像无法控制气候的变化一样。

我们不能以这个例证依赖于战争时期非正常的态势而反对这种论调。战争本身就是一个潜在的、不完整的社会状态的一种正常表现。地方性面对面的共同体已经被入侵,那些力量如此巨大、起始如此遥远、范围如此广泛、操作如此复杂又间接,以至于从地方性的社会单位成员的角度看,它们是未知的。人类,如同人们常说的那样,不管是否与同胞相处,都会有很多问题,甚至在邻里之间。当其他人在远处以一种他看不见的方式行动时,这个人不见得就能和他们合得来。不成熟的公众只有在间接的后果被感知,并且有可能设立管理他们的机构时,才能成为一个组织。而当前,很多后果只能被感觉到而非被意识到;这些后果令人痛苦,但是还不能称之为"了解"它们,因为它们不被经历其中的人们认识到它们的根源。于是,更不用说建立引导社会行为的潮流并据此管理它们的机构了。因此,公众是无形的和无法言说的。

曾经有一段时间,一个人可能乐于接受一些一般的政治原则,并且很自信地运用它们。如果一个公民相信国家权力或者一个中央集权的联邦政府,相信自由贸易或者贸易保护,那么,不需要太费脑筋就可以想象:他可能把自己的命运扔给了这个党或者那个党,从而可以表达他的观念,甚至参与到政府中去。今天,对于一个普通的投票者来说,关税问题是一个有着无穷细节的、复杂的混合物,包括无数的东西在不同时间里从量和从价税率的明细表,很多东西是他叫不出名字的,因此他不可能形成一个判断。也许,一千个人里面也不会有一个人看得懂几十页详细的税率,而且即使他这么做了,也不会变得更聪明一点。一般人会把它当作一件麻烦的事情而放弃。选举的时候,受一些陈词滥调的口号的吸引,他会激发出一个临时的观念,认为自己对一些重大的问题充满了信心。但是,除了制造商和经销商们会时不时地在关键时刻涉及一些利益,其他人则不能将信念和个人关心的事务联系起来。工业真是太错综复杂了。

再举一例。投票者可能依据个人喜好或者继承来的信念,想扩大地方政治的权利范畴,而强烈地反对权力集中的罪恶。但是,他特别坚定地相信,社会罪恶都在酒后驾驶里。他发现,他所在的地区、镇区、郡县和州因为能从外面进口酒精饮品而让禁酒令形同虚设,现代交通使这样的事情变得很容易。所以,他支持国家修正案赋予中央政府更大的权力去监管致瘾饮品的生产和销售。这就不可避免地导致联邦官员和联邦权力的扩大。因此,在今天,全国禁酒令和沃尔斯特法案的主要支持者是南方相信州权力的传统家庭。说不清有多少投票者仔细地思考过他们所宣称的一般原则和在禁酒问题上所处位置之间有什么样的关系:这样的人可能没有多少。另一方面,终身不渝的汉密尔顿主义支持者们,也即地方排他自治权危险性的倡导者们，宣称反对禁酒令。他们是借杰斐逊主义者的长笛，演奏了自己的曲子。然而，前后不一致的嘲笑，使它们自身很容易落后于时代的潮流。社会形势已经被工业时代的因素改变得太多了，以至于传统的一般原则没有什么实际意义了。他们的坚持只能是情绪上的呐喊，而无法成为理性的观念。

同样交错关系的事件发生在铁路监管上面。反对强大的联邦政府的人们发现，现有的铁路价格对一个农民或者运输者来说太高了。他们还发现，铁路不太在意州与州之间的边界，而边界线曾经使地方成为这个大系统里不可分割的部分；州的法规和管理无法有效地达成自己的目的。所以，他呼吁全国性的监管。然而，另一方面，一些中央政府权力的支持者发现，作为股票和债券的投资者，他们的收入可能会受到联邦政府行为的不利影响，于是他们迅速地反对这种可恶的趋势，呼吁国家的帮助；在他们的眼里，已经变成了愚蠢的家长制。工业和商业的发展使事务变得复杂化了，那种一刀切的、普遍适用的判断标准在现实中变得不再可能。只见树木不见森林，或者只见森林不见树木，都是不对的。

有关各种信条的真正宗旨，换句话说，也就是应用中的后果的转换，一个令人震惊的例子出现在个人主义信条的历史发展过程中。个人主义一般被解释成标志着政府对工业和贸易的最少干预。一开始，"进步分子"提倡这种观念，他们反对通过继承而来的法律和管理的政权统治。相反，既得利益者则主要支持旧有的状态。今天，政权带上了工业属性后，个人主义的信条成为反动和保守分子的知识壁垒。他想要不被干涉，就喊出了"自由"的口号，寻求个人生产、繁荣、契约和金钱回报的自由。在美国，"自由"这个词作为党派的名称，仍然指代政治事务上的进步分子。然而，在大多数其他的国家里，"自由党"代表了既得的商业和财政利益团体，反对政府的监管。历史的讽刺在其他地方，都没有"自由主义"概念在实际应用中的转换来得这么明显，尽管自由主义在理论上仍然维持着书面上的持续性。

319

政治冷漠，作为当前的政治实践和传统政治机构之间差异的一种自然产物，尾随一个人在其具体事务中找不到自己的无力感。在当今生活的巨大复杂性里，这两者已经很难发现和定位了。当传统的口号不再成为与它们相融的、切实可行的政策时，它们就会被当作废话一样迅速地抛弃。仅仅是习惯和传统，加上要尽自己公民义务的模糊信念而非理性信仰，使得坚持投票的人达到50%的规模。一般的情况是：这些投票中的大部分人反对某些事或某些人，而不是反对任何事和任何人，除非权力当局制造了某种恐慌。旧有的原则已不适应当前生活的时代，但它们很好地表述了它们所产生的那个时代的重大利益。无数的人感到了自身的空虚，即使不能准确地描述他们的感觉。政治活动的规模和后果带来的迷惑，使人们开始怀疑政治行为的效率。谁是为这些事做好准备的人？人们感到，他们被卷进了巨大的、扫荡一切的力量中，既不能理解，也不能掌控。思想停止了，行动麻痹了。甚至专家们也很难追踪到因果关系链，而只能在事情发生之后、向后看之后才发挥作用；而与此同时，社会活动已经向前推进，影响着事务的最新状态了。

相似的考量也能解释民主政治行动机构的贬值，以及相比之下，对专业管理人员需要的升值。例如，战争的副产品之一，就是政府在马斯尔肖尔斯（Muscle Shoals）①投资建立氮的生产企业。氮是一种既对农业很重要、又对战场上的军队很重要的化学产品。工厂的配置和利用已经变成了政治讨论的问题。这一问题涉及科学、农业、工业和财政，是高度技术性的。多少投票者们有能力衡量以上所有的因素来达成一个结论？而且，就算他们在研究它们之后变得有能力，又有多少时间投入进去？这个问题不会径直来到全体选民面前，但是其技术困难却反映在处置这个问题的立法人员迷惑不解造成的麻木不仁里。混乱的局面由于其他更廉价的生产氮的方式的发明，变得更加复杂了。再举一个例子。水力发电及超强能量的快速发展，是公众关心的一个问题。从长远来看，很少有在重要性方面能超过它的问题。但是，除了与它有直接利益的商业公司和一些工程师以外，多少公民拥有数据或能力去评估解决它所涉及的全部元素？一个更进一步的例子如下：地方性公众最密切关注的两件事情是公路和铁路运输，以及食物产品的市场。但是，在大多数情况下，市政政策的历史表明，在强烈的兴趣之后，接下来就是一段时期的漠不关心。而后果，则直接进入大多数人的家里。但是，都市人口的规模、差异性和流动性、对大量资本的需要，以及工程问题所涉及的技术特征，这些很快就会使一般的选民感到厌倦。我认为，这三个例子是相当典型的。社会事务在公众面前是如此广泛、如此复杂，卷入的技术问题是如此专业，细节是如此繁复又多变，无论给公众多少时间，也不能识别和掌握它们。这

---

① 地名，美国阿拉巴马州下属的一个城市。——译者

里并不是没有公众，而是没有大规模的人群对社会事务的后果有共同的兴趣而已。这里有一个太多的公众群体，他们太分散，构成上太复杂。这里还有太多的公众个体，他们的联合行动有间接的、重大的、持久的后果，他们多种多样，无法进行比较。他们中的每个人都和其他人有交叉，产生自己的群体，但不太容易被影响，从而这些不同的公众联合起来组成一个整体。

如果不考虑很多有切身政治利益的对手，这幅图景是不完整的。政治考量 321
当然总会有强大的竞争对手。大多数人一直致力于当下的工作和娱乐。所以，用“面包和马戏团”的力量把公众的注意力从政治事件转移开，已经过时了。现在工业化形势下的公共利益不但扩大化、复杂化了，而且成倍地增加了，其可怕的对手也增强了。在那些以前拥有最成功的政治生活的国家里，独立出来一个特殊的阶级，他们把政治事务转化成了自己的商业事务。亚里士多德所设想最有资格处理和他人相关的政治事务的人，必须是超脱的人，本身没有被任何事情所羁绊，尤其是被谋生所羁绊。直到最近，政治生活才证明他是对的。那些积极参与政治生活的人往往是“绅士”，他们拥有足够多的财富和金钱，而且拥有足够多的时间，以至于如果再追求这些东西的话，显得低俗，降低了他们的身份。而今天，工业洪流的扫荡是如此巨大和有力，超脱的人往往是无所事事的人。人们都有自己的事要做，“事务”也有它自己精确的、具体的意义。因此，政治趋向成为另一种“事务”，成为老板和机器管理者们的特别关切。

娱乐在数量、样式方面的增长和廉价，代表了人们的注意力从对政治的关切转移了。不成熟的公众成员们有太多的方式娱乐和工作，以至于在组织有效的公众形式方面无法提供什么想法。人类是消费型、娱乐型的动物，也是政治性的动物。重要的是，当今通往娱乐的各种途径越来越容易，也越来越廉价，超出了以往的任何东西。当前所谓的“繁荣”时代，可能不会长远。但是，电影、广播、廉价的读物和汽车，以及它们所代表的东西，在人们的生活中已经不可或缺。它们并不是有意要把人们的注意力从政治利益上分散开来，但是其效用并未在那个方面削弱。人类本性里的政治元素，也即有关公民身份的一些东西，已经被挤到一边去了。在大多数圈子里，忍受一个政治话题是很难的事情；一旦开始，人们
很快会在哈欠声中解散。要是话题围绕着介绍各种汽车的制造原理或功能，或 322
者女演员们各自的优点，对话就会在活跃的氛围中向前推进。应该提出的事情是：这条通往娱乐的廉价、多样化之路，是机器时代的产物；同时被商业传统所强

化,提供了愉悦的消遣时间的方式（成为最有利可图的职业之一）。

　　一个技术时代在运行的某一阶段,带着它对自然力前所未有的控制能力,如同上面所暗示过的,需要明显的注意力。过去的公众在当地的共同体里,一部分人和其他人是相同的,就算一个阶段过去了,他们也没有什么变化。他们当然有所改变,但是除了战争、灾难或大的迁移以外,他们的变化是渐渐的、缓慢的,甚至经历其中的大多数人对此难以觉察。如今,新的力量创造了流动的、多变的联合形式。对于家庭生活瓦解的抱怨,在此处可以作为一个证据。从乡村到城市的流动,也是这种变动的结果和证明。没有什么东西有长久的期权,即使是商业和工业得以进行下去要依赖的联合也没有。对运动和速度偏执的追求,成了不安的、不稳定的社会生活的一种症状;反过来,这种偏执又加剧了它产生的原因。在建筑上,钢铁代替了木头和砖石,钢筋混凝土又取代了钢铁,一些新的发明可能带来进一步的革命。马斯尔肖尔斯那个地方被要求生产氮气,新的方法让本来更多地对水力的需求变得过时了。任何精心挑选出来的解释都说明不了问题,因为有大量不一样的例子可以被选择作为反例。我们可能会问:当公众实际上在一个地方不存在的时候,怎么能够被组织起来呢？只有富有深度的事件,或者被制造出来能表现这些的事件,能够在所有变动的、不稳定的关系中找到一种普遍共性。依恋(attachment)是不同于情感的一种生命功能。只要心脏在跳动,情感就能持续下去。但是,恋情需要的东西,要超出机体的原因。刺激和强化情感的那些东西,可能恰恰破坏着恋情。因为恋情产生于宁静的稳定之中,要在恒久的关系中滋养。流动性的加速,会从根本上打扰它们。如果没有长久的恋情,那么,所有的联合都会太短暂、太动荡,导致公众无法定位和识别自己。

　　我们所处时代的新的人际关系,被远方的市场所进行的大规则生产、网络和电话、廉价的印刷品、铁路和轮船打上了烙印。哥伦布只是在地理上发现了一个新大陆。过去的几百年,才真正产生了一个新世界。比起我们时代之前影响人类关系的力量,蒸汽和电力在改变人们联结在一些的条件方面,贡献要大得多。有些人把我们对时代所有罪恶的谴责,都归因于蒸汽、电力和机器。让一个魔鬼或一个救世主来承担本该人类承担的责任,确实是很方便的。而事实上,问题恰恰来自技术发挥作用的过程中,与之相连的人类的观念或观念的缺席。精神、道德信仰和理想的改变,要比外部条件的改变慢得多。如果与我们文化传统里更高级生活相联系的理想被破坏了,那么,错误就会伴随着它们而来。如果理想和标准在形成过程中不考虑它们得以实现、化为肉身的方法,那么必然是薄弱的、摇摆不定的。既然机器时代创造出来的目标、愿望和目的与传统无关,就会产生两种敌对的理想;它们中,有实际手段可供支配理想的那一种才有优势。因为这两种理想是对立的,也因为旧的那种理想在文学和宗教领域保持着魔力和情感上的魅力,新的理想必然是粗糙的、狭窄的。旧的理想生活的象征仍然参与思想,并唤起人们对它的忠诚。条件的确已经改变,但是生活中的每个方面,从宗教到教育,到财产和贸易,都表明在观念和理想里,没有任何接近改革的东西发生。象征可以控制情感和思想,而新时代没有和它的活动相匹配的象征。有利于有组织的公众的形成所需要的知识媒介,和它可见的手段比起来,还是太不充足。要把人们的行动组织起来,所需要的纽带应该是大量的、强有力的和微妙的。但是,它们往往又是无形的、无法触摸到的。我们现在有了以前从来没有过的实体的交流工具,但与它们一致的思想和抱负却没有通过它们得以传播。没有这些传播,公众将持续被遮蔽、不成形,虽然偶尔地会追寻自己,但是抓住和拥有的只能是它的影子,而不是它的实体。公众一直会被遮蔽,直到"大的社会"被转化成"伟大的共同体"。传播本身就能创造出一个伟大的共同体。我们的"巴别塔"(Babel)不是一种修辞,而是一种象征和符号;没有它,任何经验要分享,都是不可能的。

324

5.
寻找伟大的共同体

325 　　之前，我们有机会探讨了民主作为社会观念和政治民主作为政府体制的不同。当然，这两者是有联系的。民主作为一种观念，是贫瘠的、空洞的，除非将它化身到人类关系当中。然而，在讨论中，它们必须被区分开来。民主的观念即使将它体现在最好的国家体制中，也不过是一种更为广泛和充分的观念。要真正地实现它，必须影响到所有形式的人类的联合体，如家庭、学校、工业、宗教。甚至就整个政治安排而言，政府机构不仅仅是一种机制，确保产生有效运行的一种理想渠道。的确很难说，对政治机构的批评可以让民主观念的信仰者们不为所动。只要它们是有根据的——诚实的信仰者不会否认，它们中的很多实在太有理据了——就会唤醒信仰者激励自己；结果，民主的观念可能找到一个更充分的机构借以运行。然而，信仰者坚持认为，观念与其外部的组织与结构是不一样的。我们反对仇视现存民主政府的敌人们的普遍性假说，认为对它的指控碰触到了潜藏在政治形式下面的社会和道德的抱负和理念。有句老话说，能治愈民主疾病的，就是变得更加民主。如果这句话意味着民主的疾病能够依靠通过引进更多同类型的机构来治愈，或者依靠改善或完善现有的机构来治愈，那么，这句话是不恰当的。但是，这句话可能也表明返回到民主观念本身，澄清和加深我们对民主的理解，以及用我们对民主观念意义的理解去批评和改造其政治制度表现的需要。

326 　　如果暂且把讨论限定在民主制度的层面，那么，无论如何，我们必须重拾对一种假说的反对，这种假说认为，是民主观念本身促进了在民主国家里获得政府的实践，比如普选制、选举代表制、多数人决定原则等等。民主观念确实影响了具体的政治行动,但并没有引起政治运动。之所以能从忠实传统的那些人所支持的家庭和王朝政府过渡到民主政府,主要是技术发现和发明的结果,由此而改变了人们一直赖以维系在一起所依的习俗。这并不能归因于教条主义者们的信条。在民主政府里,我们所习惯的种种形式代表着大量事件积累后的影响,其政治影响是不可预料的,后果也是不可预测的。在普选制、轮选制、多数人原则、议会和内阁制中,没有神圣不可侵犯性的东西。这些东西不过是随着洪流前进的方向进化出来的一些构想而已,每个波浪都在它产生冲击力的时候涉及一点点对先前的习俗和法律的脱离。这些构想服务于一个目的,这个目的仅仅是为了满足眼前过于强烈而无法被忽略的需要,而不是为了推进民主的观念。要是不考虑这些构想所存在的这些缺陷,它们在实现其身的目的方面做得很好。

往后看的时候,就算事后追溯的经验能够给予一些帮助,对最聪明的人来说,也还是很难设计出一种框架;在它的下面,各种需要都能很好地予以满足。然而有可能,在回头一瞥里,我们看到了伴随这种框架的理论表达是多么地不充分、片面,肯定是错了。事实上,这些理论没有超出政治口号,仅仅是被用来煽动一些当下的政治骚乱,或者被用来证明某些特殊的政治组织为被承认而进行斗争的合法性,尽管这些理论声称它们是人性或道德的绝对真理。这些信条服务于一种具体的、地方性的、现实的需要。但是,它们对当下环境的适应,常常不适合在现实层面上满足更长远、更广泛的需要。于是,它们的存在越来越阻碍政治立场,妨碍进步,因为它们被人宣称,这不是一种指导社会实践的假说,而是一种终极的真理和教义。难怪它们急迫地呼吁要进行修订和置换。

然而,洪流已经稳定地设置成了一个方向:通向民主形式。政府的存在是为了服务共同体。这个目的不能被实现,除非共同体本身参与政府官员的选举,并且制定它们的政策,这是事实留给我们的经验。就我们目前所见,它们永远伴随着教义和形式而来,不管后者是多么的短暂。它们不是整个民主观念,但在政治层面上表达了民主观念。政治层面的信仰不是神秘主义的信仰,就像相信某个统治一切的,关心儿童、酒鬼和其他不能自理者的上帝一样。它标志着一种来自历史事实的、已被论证的结论。我们有理由相信,在现存的民主机制里,无论什么样的改变发生,都是一种改变,从而确保公众的利益成为政府活动至高无上的指导和标准,使公众更权威地形成和展示其目的。从这个意义上说,治愈民主疾病的确需要更多的民主。就我们已经看到的,主要的困难在于必须探究一些方法，通过这些方法，使分散的、流动的、多样的公众能够识别自己，并表达自己的利益。在政治体系里，这一探究过程必须优先于任何机制内的基本变化。因此，我们对于提出建议以使民主的政治形式得到改进并不关心，因为很多方案已经被提出来了。宣称对这些改进的考虑在当前不是头等重要的事情，并不是要贬低它们的相对价值。问题是更深层的，首先是一个智识问题，即找到一些条件，在这些条件下，让"大的社会"变成"伟大的共同体"。当这些条件形成的时候，它们能够产生出自己的形式。而考虑什么样的政治机构适合它们，在它们形成以前，在某种程度上来说，纯粹是无效的。

在寻找条件以便现存的、不成熟的公众在其之下民主地行使功能的过程中，我们可以从民主观念在其一般社会意义上所具有的本质的表述出发。① 从个体的角度来看，它包括个人要分担责任，根据个人的能力去帮助和指导他所在的群体的活动，并根据群体价值的需要参与其中。从群体的角度来看，群体成员的潜能的解放要与群体的共同利益和善和谐一致。既然每个个体是很多群体里中的一员，那么，在不同的群体和其他群体相联系的过程中，能够灵活、充分地相互作用，否则，上述规范是不能实现的。一个盗窃团伙的成员，既能以一种与所在团伙相一致的方式去表现他的力量，又能被团伙其他成员的共同利益所引导。但是，他这样做的确要以压抑自己的一些潜能为代价，而这些潜能在其他群体里、在和其他人的关系中才能实现。盗窃团伙不可能和其他群体灵活地相处，它只能把自己孤立开来。它必须防止各种利益的操作行为，除了那些将自己限制在分离状态里的利益以外。但是，一个好的公民，作为政治团体里的一员，他会发现，通过参与家庭生活以及工业生产、科学和艺术联合会的活动，自己的行为丰富多彩。这就是一种自由的"给予"和"索取"：因为不同的群体之间的牵扯与回馈强化着彼此的关系，并且他们的价值一致，因此，完整的人格是有可能获得的。

民主作为一种观念，不是对其他原则的联合生活的一种代替，而是共同生活观念的本身。它是一个理想在可理解的层面上的一种理想，也就是说，它是某些被放到它最后的边界，被看作完整的、完美的事情的趋势和运动。既然所有事情都没有获得这样的成就，而是在现实中被偏向和干扰了，那么在这个意义上，民

---

① 我认为，有关这一观念最恰当的讨论，可以在托马斯·弗诺·史密斯（T. V. Smith）的《民主的生活方式》（*The Democratic Way of life*）一书中找到。

主就不可能成为事实，而且永远也不会成为事实。在这个意义上，当前不存在、过去也没有出现过这样一个东西——它是各个维度都完满的共同体，是不被外来元素所混淆的共同体。然而，共同体的观念或理想即使脱离了限制和干扰的因素，体现的也是联合生活的实际状况，并且被认为达到了它们发展的极限。无论在哪里，只要那里的联合活动的结果被每个参与其中的个体看成是好的，或者那里善的实现激发出一种积极的意愿和努力，而且它的好能够被所有人分享，那么，到了这个程度，一个共同体就出现了。对于共同生活在其全部意义上的清晰的意识，构成了民主的观念。

只有当我们把共同体作为一个事实并由此开始出发，在头脑里抓住这个事实以弄清、强化它的组成部分的时候，我们才能走向一种不是乌托邦的民主观念。与传统的民主观念相联系的概念和信条，只有当它们被解释成一个联合体的标志和特征，并且能够识别一个共同体的定义性特征的时候，才有真正的、直接的意义。友爱、自由、平等都是从共同生活里概括出来的毫无希望的抽象概念。这些抽象概念各自的论断，会导向情绪化的感伤主义，或者过度疯狂的暴力行为，最后击溃它自己的目标。于是，平等成了机械的信条，它不可能实现。想要实现平等的努力，只会把人们聚集在一起的重要纽带分裂开来；就目前它所提出的问题看来，结局只会是一种平庸，"善"只会在平庸里变得平均和庸俗。于是，自由被看作脱离于社会纽带的独立物，最终导致分裂和无政府状态。在一个拥有友爱之情的共同体里，要切断友爱之情的观念，倒是更困难的事。因此，要么在用个人主义辨别民主的行动里，将它直接忽略；要么给它贴上一个情绪化的标签。在与其他的共同经验恰到好处地连接起来的时候，友爱之情是"被人有意识地欣赏的好"的代名词，这些"好"是从一个所有人都能分享的联合体里获得的，从一个能给每个人的行为以指导的联合体里慢慢地积累起来的。自由是个人潜能的安全释放和充分地实现，这只能发生在一个人和其他人组成的丰富的、多样的联合体里；它是一种力量，既要实现个人化的自我，为联合体作出独特的贡献，又能以自己的方式享受联合的果实。平等表明的，是共同体里每一个成员对联合行动的成果无障碍地分享。这种分享之所以是平等的，因为它根据需要和使用的能力来衡量，而非靠掠夺一个人以方便他人占据和拥有的那些外部因素来衡量。婴儿在家庭里与其他人是平等的，不是因为他事先拥有了和其他成员一样的身体上的属性，而是因为他的被照顾和成长的需要，不是以牺牲其他人

329

更强的力量、财富和成熟的能力为代价的。平等并不意味着数学或物理上的等
式,依据任何一个元素都能被其他元素所代替。它表明的,是要有效地尊重每个
人的独一无二性,而不考虑身体和心理上的不同。这不是一个自然的成果,而是
当一个共同体的行为被其作为共同体所拥有的特性而指导产生的成果。

联合行动或者共同行动是创建一个共同体的条件。但是,联合体本身是有
实体的、有机的,而共同生活是关于道德的,也就是说,是靠精神、文化和意识来
维系的。人类在行为上的联合,就像原子、星体物质、细胞那样,是直接的、无意
识的;也像它们那样,直接地、无意识地彼此分离和排斥。人类这样做,是由他们
身体结构的本质决定的,就像男人和女人的结合,就像婴儿找到奶头,乳房会自
动地满足他的需要一样。人类这样做,是因为外部的环境,压力来自无形,就像
原子在电荷前结合或分开一样,或者像绵羊挤在一起抵御寒冷一样。联合行动
不需要解释,事情本该如此。但是,并非集体的行为本身汇集到一起,达到一定
的量,就构成了一个共同体。人类能观察,会思考,其思想会因为冲动而变成情
感和利益。对人类来说,"我们"像"我"一样,是不可避免的。但是,只有当联合
行动的后果被感知并成为意愿和努力的目标时,"我们"和"我们的"才会存在,就
像只有在共同行为里,个人独特的部分能够被有意识地声明和宣称时,"我"和
"我的"才会出现。人类的联合体可能曾经在一开始时是有机的,在实行上是牢
固的,但只有当其后果被知道是值得尊敬和有意追求的时候,它们才会在人类的
意义上发展成社会。即使那样的"社会"被一些作者看成是一种有机体,也不能
算是真正的"社会"。相互作用、交互影响的确发生了,随之产生相互依存的结
果。但是,对行为的参与和对结果的分享都属于附加的条件。社会需要把交流
(communication)当作前提条件。

联合行动发生在人和人之间,但是在没有其他事情发生的时候,它们就不可
避免地过渡到别种模式的相互关联的活动中,就像铁和水里的氧分子之间发生
作用一样。所有发生的事情,可以用"能量"这个概念来描述,或者当我们提到人
类相互作用的时候,应该说"力量"。只有当活动及其后果有了标记和符号,这种
变化从未知里看得出来的时候,才能吸引人们的注意去考虑和评估,并加以监
管。闪电划过天空,劈开了一棵树或一块岩石,劫后的部分残留着,继续着相互
活动的过程;当这个过程的各阶段有迹可循的时候,一个新的媒介就可以插足进
来。既然象征符号之间是彼此关联的,那么,一连串事件里的重要关系就可以被

记录,并且根据意义保存下来。于是,回忆与预测变成了可能。这种新的媒介有助于评估、计划和一种新的干预行为,我们可以根据远见和愿望而干预所发生的、能改变事情走向的事。

象征符号反过来,依赖和加强了交流。共同经验的结果被思考、被传递。虽然事件不可能从一个传到另一个,但是意义却可以通过符号的形式而达到共享。欲望和冲动附着在公共意义上,既然它们暗示着公共的、能够相互理解的意义,代表的是新的纽带,并且把共同的活动转化成利益和努力的共同体,那么,它们就能被转化成欲望和目的。于是,比喻地说,可能会产生概念上所称之的共同意愿(general will)和社会意识(social consciousness):代表共同活动的个人欲望和选择,通过符号的方式,与所有涉及其中的人交流和分享。因此,共同体呈现了能量转化成一种意义,参与联合行为的每个人都喜欢这种意义;并且,这种意义在每个人参与联合行为时,会向其他人提起。"力量"没有被消灭,而是被思想和情感通过符号的方式改变了使用的形式和方向。

联合行为实体的、有机的阶段向行为共同体转化,这不是一次发生的,也不是完整地发生的。这种行为共同体被在可分享的意义方面的共同利益融合和调节,那些结果以符号的方式被翻译成理念和渴望的目标。在任何给定的时间里,它都是提出问题,而非标志一已经获得的成就。我们是生而为有机的人,和其他人联系在一起,但不是生而为一个共同体里的成员。教育给年轻人带来有共同体特征的传统、视野和兴趣——也就是通过不停地教导和学习明显有关的现象。每一个独特的人都是学来的,而不是天生的。当然,如果没有与动物区别开来的人类的原本结构,就无法学习。要以人类的方式、基于人类的作用学习,不仅仅意味着通过原始能力的精炼,获得新的能力。 *332*

学习成为人类,就要通过交流过程里的"给"和"拿"发展出一个有效的观念——如何成为共同体里的独特个体。作为共同体的一员,理解和欣赏共同体的信仰、欲望和方法,并为有机力量进一步转化成人类资源和价值作出贡献。但是,这种理解永远没有结束的时候。人类的原罪感,或者说人性里冥顽不化的东西,总是存在着的。在那些获得结果的方法是暴力而不是交流和启蒙时,原罪感就会出现。而且,当人类共同生活产生的知识和使用工具的技能被用来服务愿望和冲动,而无法调整成能分享的利益时,原罪感表现得更巧妙、更深入、更有效。"自然经济"认为,商业交而会产生一种相互依赖,而和谐在其中自然地产生。对这种自然经济的信条,卢梭曾给予了充分的回答。他指出,相互依赖提供的情形,使强者或更有能力者有可能或者值得为了自己的目的剥削其他人,从而使其他人处于被当作有生命的工具来利用的从属状态。他建议,解决的办法就是回到隔离的独立状态。这种办法几乎是毫无意义的,但这种方法的孤注一掷表明了问题的紧迫性。它的负面特征,等于投降于任何解决问题的希望。通过对比表明,唯一可能的解决办法的特征是:完善意义的交流手段和方式,以便相互依赖的行为后果里真正的、可共享的利益可以激励欲望和努力,从而指导行动。

这个问题是一个道德问题,依赖于智识和教育,这就是这个陈述的意义所在。我们已经在先前的陈述里面充分地强调了技术和工业因素在创造"大的社会"里所扮演的角色。之前所说的似乎已经暗示:接受了对历史和制度进行经济方面解释的权威版本。忽视和否认经济因素,是愚蠢和无效的。经济因素并不会因为我们拒绝注意它们,或者因为我们用情感的理想化去污蔑它们,就停止其作用。正如我们所注意到的,也正如它们的结果所示,经济因素产生着行为的明显的外部条件,这可以在各种不同程度的富足里被感知到。在工业力量的后果里,真正发生的事情要依赖于对后果的感知和沟通的存在与否,要依赖于预见和它对欲望和努力产生的作用。只有当经济的能动部门(economic agencies)在物质层面上执行它们自己,或者在那个层面上随着共同体积累的知识、技能和技术被不平等地、偶然性地传递给它的成员,经济的能动力量被改革的时候,才能产生出一个结果。而在有关后果的知识被平均地分配,行动被共享利益的充分知情的、活跃的感觉所激活的程度上,它们才会有一个不同的结果。按照通常所表述的,经济解释的信条忽视了意义影响下可能的转变;它通过新媒介进行沟通,从而调解在工业和其最终的后果之间的紧张关系。它沉迷于削弱"自然经济"的幻觉:这个幻觉来自没有注意到行为导致的不同,即其真正后果的感知和感知结果的表述两种行为之间的不同。经济解释的信条思考的是前因,而不是后果;是起源,而不是终结。

通过明显的迂回,我们返回到以前所集中讨论的核心问题:在什么样的条件下,大社会才有可能更近距离、更有活力地接近伟大的共同体的状态,并因此在真正民主的社会和国家里拥有形式? 在什么条件下,我们才能理性地构思一幅公众从它的遮蔽状态重新浮现的图景?

这项研究是知识上的、假设性的。没有人会试图表述必要条件怎么样才能存在,也不会预言它们将会发生。这些分析的目标旨在表明,除非有明确的操作条件被意识到,否则共同体不可能被组织成民主的、有效用的公众集合体。虽然没有声明这些被注意到的条件是充分的,但至少它们是必要的。换句话说,我们应该对比之前被历史发展证明是无效的那些信条,努力去设定一个使民主的国家能够站立起来的假说。

回忆一下,组成先前理论的两个基本成分是两个概念:一个是每一个个体必334须具备必要的智慧,才能在个人利益的驱动下,参与政治;另一个是普选、官员轮选、多数人决定原则确保选举出来的统治者能够实现公众的欲望和利益。如我们所见,第二个概念在逻辑上,是和第一个概念绑定在一起的,并随之同进共退。这一结构的基础是李普曼称之为"全能的个人"的观点,即个人有能力去设计政策,判断它们的结果;有能力在各种情况下,为了他自己的善呼吁政治行为;有能力加强自己的善的观念,并通过自己善的观念来反对相反的力量。随后的历史证明了,这一假设里存有幻想。要不是因为一个错误心理对人的误导性影响力,幻觉可能事先就被察觉了。但是,当前的哲学认为,观念和知识是通过与其他客观物体分离的方法而产生的头脑和意识的功能。事实上,知识是联合和交流的一种功能。知识依赖于传统,依赖于社会上相互传递、发展和认可的工具和方法。有效的观察、反应和产生渴望的能力,是在社会文化和社会制度的影响下后天习得的习惯,而不是继承已有的力量。人类行为来自带有粗糙的智慧的情感,来自习惯,而不是来自理性的思考,这一事实现在已经是众所周知了,以至于人们不太容易认识到,另外一种观念是基于经济和政治哲学的基础才被严肃地提出来的。它所包含的真理的标准,来自相对小的、精明的商人群体的观察,他们通过计算和财务来运作公司;来自小的、稳定的、区域共同体里的公民的观察,他们非常熟悉区域里的人和事务,以至于能够根据自身所了解的情况来制定标准,再根据标准的意义作出适当的判断。

习惯是人类行为的主要动力,大部分习惯是在一个群体风俗的影响下形成的。人类的有机体结构也要为习惯的形成承担责任,因为无论我们希望与否,无论我们是否意识到,每一个行为都影响着观念的修正,从而指引未来的行为。习335惯的形成依赖于制定风俗和制度的群体的习惯,这是婴儿期无奈的自然结果。习惯的社会后果曾经被威廉·詹姆斯(William James)彻底地陈述过:"习惯是社会的大飞轮,是社会最珍贵的传统的影响力。它独自将我们保持在法令的限定里,使富有的孩子免于穷人的叛乱。它独自阻止着最难、最令人排斥的工作,免于被生来陷入其中的人所抛弃。它让海上的渔夫和水手忍过冬天;它让矿工甘于黑暗;它将乡下人固守在小木屋里,一个人孤独地干农活,度过所有下雪的月份。它保护我们不被荒凉和寒冷地区里的人们入侵。它让我们认命地沿着我们出身的线路或者早期选择的线路为生命奋斗下去,争取在这个不适宜的追求中做到最好。因为对我们来说,没有其他更适合的东西,而从头开始已经太晚了。习惯维持着不同的社会阶层,使他们彼此不相混淆。"

习惯的影响是决定性的,因为所有独特的人类行为都是学习来的,而学习所依赖的那个心脏、血液和肌肉却是习惯所创造的。习惯将我们约束进有秩序的、已经建立好的行为方式里,因为它们能产生舒适感,发展出做事的技能和事情里的利益,我们对这些已经从小到大习惯了;因为它们能把恐惧赶跑,让它们走向不同的路;因为它们让我们没有能力再去实验它们。习惯不排斥思想的运用,但是决定着想法运作的通道。思想藏匿在习惯的缝隙里。水手、矿工、渔夫和农夫会思考,但是他们的思想陷入他们习惯的职业和关系的框架里。我们梦想着超出习惯的限制,但是只有很少的幻想真的变成打破限定的行为的来源,数量少到我们把那样的人定义为有魔力的天才,或者他们身上发生的是奇迹。思考本身沿着某些线路,变成了习惯,变成了一个具体的职业。科学家、哲学家、文学家都不是打破习惯束缚的男人女人,才让没有被习惯污染的、纯粹的理性和情感通过他们发声。他们是专业的、罕见习惯的人。因此,认为他们对自身的善有智慧的、深思熟虑的考量,并且这种考量能够打动人类的观念,纯粹是一种神话。即使自爱的原则在激励着行为,但是人们发现,能够把他们的爱展现出来的客体(objects)、包含着他们具体利益的客体,仍然被反映社会风俗的习惯所设定,这仍然是真实的。

这些事实解释了为什么新工业运动的社会理论家们很少预见到跟随它的后果而来的是什么,解释了为什么事情改变得越多,它们越变得一样。也就是说,它们解释了这一事实,即根本没有期待中来自民主政治机器的、扫荡一切的革命,有的主要是既得利益从一个阶级向另一个阶级的转移。一些人,不管他们是不是自身真正的利益和善的好的判断者,他们对涉及金钱利益的商业行为,以及新的政府机器怎样被用来服务于他们的目的,都有充分的判断能力。或许需要一个新的人类种族,用他们有限的期望、欲望和需要,在政治形式的使用中,逃离

336

根深蒂固的习惯的影响,逃离旧制度和习惯了的政治身份的影响。这样一个种族,除非具有像天使一样无实体的体质特征,否则只会在人类假定它的出现要在像类人猿一样的条件下去承担这个任务。尽管有突发的、摧毁一切的革命,历史根本的持续性还是得到了双倍的保证。不仅是习惯和习俗发生作用下的个人欲望和信仰,而且为人类行为提供来源和工具的那些条件,和它们的有限性也即障碍和困境一起,都成为历史的沉淀物,无可选择地持续着它们的控制和权力。为了建立新秩序而创立的心灵白板说(tabula rasa)变得如此不现实,以至于它既让活跃的革命者的希望付之东流,也让胆小的保守分子的胆怯化为乌有。

然而,改变在发生着,同时积累着特征。就他们能被识别的后果进行的观察,唤醒了反应、发现、发明和实验。当积累的知识、技术和工具达到了某种状态,改变的进程就会加速到如我们今天所见,外在地表现出某种明显的特征。但是,在与之对应的观念和愿望的改变过程中,会有一种典型的滞后。观念的习惯在所有的习惯中,是最难改变的;当它们变成第二天性,理应被扫地出门的时候,就会再一次爬回来,像第一天性那样秘密而坚定。当它们被修改的时候,这种修改由于使旧的信仰变得不完整而首先是负面地表现它自己,仿佛要被浮动的、不稳定的、偶然攫取的观念所代替。当然,人类所拥有的知识的总量已经有巨大的增长,但是这并不等于进入循环的错误和片面真理的量也有所增长。尤其在社会和人类事务方面,有鉴别力的判断所需要的、至关重要的感觉和区分判断方法的发展,跟不上粗心的报道和故意误导他人的动机增长的步伐。

然而,更为重要的是,如此多的知识不是一般词语意义上的知识,而是"科学"。这里的引号不是代表不尊敬,而是暗示着科学材料的技术特征。门外汉把日常生活中的某些结论看成是科学。但是,科学调查者懂得,知识是否包含科学,必须和得出它们所使用的方法联系起来。甚至当它们是真实的时候,并非因为它们的真实性而成为科学,而是因为获得这些知识所应用的手段。这些手段如此地专业,以至于要获得使用和理解它的能力所需要的努力,远远地超过要获得能力使用和理解人类所拥有的任何其他仪器所需要的努力。换句话说,科学是一个高度专业的语言,比任何自然语言更难学。它是一种人工语言,这并非说它是假的;而是说,它是一种复杂艺术的杰作,服务于具体的目的,并不能以学习母语的方式被获得和理解。的确,可以设想设计一些指导方法,能够让门外汉读懂、听懂科学材料,甚至当他们自身并不把科学作为一种手段的时候。倘若那样，这种指导方法在很大程度上，可能会变成学习语言的学生称作一种被动而非主动的单词表。但是，那个时候在未来。

除了科学工作者，对于大多数人来说，科学是初学者无法掌控的神秘的东西。后来，由于跟随着固定的仪式，将乌合之众排除在外之后，余下的人成了熟知科学的人。他们很幸运，能够对复杂的方法产生共鸣式的欣赏，这些方法是：分析法、实验观察法、数学公式演绎法、恒定精密的检测法。对大多数人来说，手段的真实性仅仅体现在它的实际事务中，在接触生活的机械设备和技术的实施方案里被找到。对他们来说，电只能在他们使用的电话、电铃和灯光中被感知，在他们驾驶的汽车发动机和磁发电机里被感知，在他们乘坐的电车里被感知。他们所熟悉的生理学和生物学，就是他们所学到的对细菌的预防和来自他们的健康所依赖的医生那里的知识。本来应该离他们最近、离人性最近的科学，对他们来说，却成了一个深奥难懂的谜，直到它被应用到广告、销售以及人员选拔和管理中；并且，直到通过精神病学，通过对神经的压迫、偏执的发病形态和常见的形态使人们很难彼此相处，同时也跟自己过不去时，这个谜才得以解开。直到现在，大众心理学还是一堆空话、一坨混乱的泥；在医务人员最繁荣的今天，仍然是一种迷信。

与此同时，科学作为复杂的机制在技术上的应用，已经革新了联合生活继续前进的条件。这一点可以在一种主张里，作为事实被陈述出来，并且被赞同。但是，在人类对它理解的层面上，却不能被人们所知。当他们通晓他们操作的某种机器的时候，他们不懂这一点；或者当他们通晓电灯和蒸汽机车的时候，也不知道这一点。他们不理解变化怎样持续地发生着，也不理解它怎样影响着他们的行为。不理解变化的这些"怎样"，他们就不可能使用和控制它的表现。他们承受着结果，也被结果影响着。他们不能管理它们，尽管一些人足够幸运——这通常被称为"好运"——能够为了个人利益而利用这一过程的某些阶段。但是，甚至是最精明且成功的人，也无法以分析的、系统的方法去了解这个他们操作在其中的系统；这种分析的、系统的方法，值得和他在更小的事情上靠经验获得知识的方法相比较。技术和能力在一个不是我们创造、我们也不能理解的框架里发生作用。一些人占据着战略地位，这种位置给了他们足以影响市场的力量的前瞻信息；并通过训练来的或者天生的转向能力，他们获得了一种特殊的技能，能让他们利用非个人力量的潮流，去转动他们个人利益的轮子。他们可以在这里把潮流堵上,在那里把潮流放开。而潮流本身超出了他们的预想,就像曾经在河流的旁边,一些聪明的技工利用他们所接受的知识开设工厂,能用不是他们自己种植的树木生产木板一样。在各种事务中受到限制还能成功的那些人,毫无疑问,他们拥有知识和技能。但是,这样的知识比起那些有能力、有技术的机器操作者,相对来说,只拥有较小的进步空间。然而,他总能充分地利用面前的条件。技术让他能够以这种方式或那种方式改变他所生活的区域里事情的潮流,但他无法控制潮流。

为什么公众和它的官员们,即使后者被冠名为前者的代言人,都应该是更聪明和更高效的呢?民主意义上组织起来的公众的前提条件,是一种知识和目前还不存在的洞察力。在它缺席的时候,想要试着分辨它如果存在会像什么样子,是极其荒谬的。但是,如果它存在,就必须实现条件中的一些,这还是可能被阐明的。我们可以从科学精神和科学方法里借用一些东西,即使作为一个专业化的工具,我们对它非常无知。最明显的需要,就是社会探究的自由及其结论传播的自由。人类在思想里是自由的,甚至当他们不表达和不传播思想的时候。这个观念一直被人们孜孜不倦地扩散着。它的源头在于一种观念,即人们认为,思想能完善自己,能从行动和物体中分离开来。这种意识事实上代表了被剥夺一般功能的思维的奇迹,因为它被现实和真正的思维相连的现实所迷惑,被驱使返回到孤立的、虚弱的幻想状态。

要是没有涉及公众各种后果的充分宣传,就不可能有公众。妨碍和限制着宣传的那些东西,同样限制和扭曲着公共观念,阻止和扭曲着对社会事务的思考。如果没有表达的自由,甚至不会有社会探究方法的发展。因为工具只有在操作中,在应用于观察、报告和组织实际内容的时候,才能被改进和得到完善。只有通过自由的、系统的交流,这种应用才可能发生。物理知识的早期历史、希腊关于自然现象概念的早期历史证明,最好的、最有天赋的思想里的概念被详细描述时,如果脱离了与它们声称要表述或解释的事件的最紧密的联系,将变得多么无用。今天,人类科学的主流观念和方法处于大致相同的条件。它们的改良也是基于全部过去的观察,远离它们在新观察材料的流通里的持续使用。

仅仅因为曾经一度获得的法律限制现在被废除了,就认为思想及其传播现在是自由的,这种信仰是荒谬的。它的传播还处于社会知识的初始状态,因为它模糊了我们对核心需要的认知,就是去拥有那些能被用来作为直接探究工具的概念,拥有那些被测试过、修正过并在实际使用中引起发展的概念。没有人或思想仅仅在独处时才获得解放。官方限制的废除,仅仅是消极的自由;主动的自由不是一个陈述,而是一种行为,它包含控制条件的方法和工具。经验表明,有时感知到外部压迫,比如审查制,就像一种挑战,能唤醒知识能量并激发勇气。但是,信仰并不存在的知识自由,仅仅有助于在虚拟的奴役里的满足,有助于马虎、肤浅和对感知的依赖,把它们当成是观念的替代品——这是我们当前的社会知识财富的标志性特征。一方面,被剥夺了其一般过程的思想在学术专业化的领域里找到避难所,以它自己的方式与所谓的经院哲学进行比较。另一方面,如此大量存在的宣传实体机构,被以某种方式利用,这种方式包含了宣传的大部分现实意义:广告、布道式的宣传,私人生活的入侵,以及违背持续运动逻辑的方式和对过往事件特征的提取,留给我们的是孤立的入侵和震惊,这些就是"感知"的本质。

仅仅想依靠有破坏力的公开的力量,去识别限制事实和思想自由传播和交流的条件,识别能由此引诱和滥用社会思潮和社会探究的条件,本来就是一个错误。那些有能力为了自己的好处去操纵社会关系的人,必须被认真地处理。这种人有一种奇异的直觉,能觉察到哪怕是遥远的、威胁到侵占他们控制的知识浪潮。他们发展出一套独特的机制,通过运用干预自由探究和表达的技术,把懒惰的人、偏激的人、民众里拥有情绪化的党派偏见的人都征召到他们的一边。我们通过雇佣宣传代理人作为推广观念之人,似乎正在接近一个有政府的国家。但是,更可怕的敌人却深深地隐藏在暗处的防卫工事里。

大多数人的情感习性和文化习性,创造了情感和观念的挖掘者们能够利用的条件。人们已经习惯运用实验方法来解决物理与技术问题。但是,他们还是害怕把它运用在人文关怀上。这种恐惧是有效的,因为像所有深度的恐惧一样,它被各种各样的理性化所覆盖和伪装。它最常见的形式之一,就是对各种已经建立的制度真正地宗教理想化并给予尊敬。例如,我们自己政治中的宪法、高等法院、私人财产、自由契约等等。当这些事情一经被讨论,"神圣的"、"神圣性"这些词汇就会瞬间来到我们的唇间。它们证实了保护这些制度的宗教光圈。如果"神圣"只是意味着某些东西既不能接近也不能碰触,除了举行仪式进行预言的时候和特殊的神圣人员,那么,我们当前政治生活里的这些东西确实是神圣的。当超自然的物质被渐渐地、高高地、单调地留在与世隔绝的沙滩上的时候,宗教图腾的现实存在越来越多地聚在一起表征现世的制度,尤其是那些和民族主义国家相关联的制度。[①] 精神病学家已经发现,精神错乱最常见的原因之一是潜在的恐惧,不是主体意识不到深藏的恐惧,而是恐惧让他们从现实里撤退,不愿意把事情想得明白。有一种社会病理学,有力地反对那些对社会制度和条件的有效质询。它用上千种方式表现自己:牢骚抱怨、无力的随波逐流、不安地抓紧令人分心的事物、长久以来建立的理想化、肤浅的乐观主义、对事情本来样子放肆地颂扬、对反对者的威胁。这些方式能够有效地压抑和驱赶思潮,因为它们采用的是精巧的、无意识的劝说。

社会知识被分化成独立的、彼此孤立的分支学科,这标志着它的倒退。人类学、历史、社会学、道德、经济学、政治科学,都走在它们各自的路,彼此之间没有持续、系统和富有成效的相互作用。自然知识仅仅在表面上有这种分化。实际上,在天文学、物理、化学和生物科学之间,有连续的互相借鉴。新的发现和改良后的方法被如此多地记录和组织起来,以至于持续的交流和沟通发生着。人文学科之间彼此的孤立,与它对自然知识的冷漠是分不开的。人们在头脑里仍然把人类生活的世界和世界里的人类生活划出了明确的界限,这个界限反映在人类身上就是肉体和灵魂的划分,这在当前应该知晓,并区别对待。在过去的三个世纪里,主要精力本应投入自然探究里,从那些离人类最遥远的事情开始,例如天体,这是一直被期待的事情。自然科学的历史揭示了其自身发展的某些特定的顺序。新的天文学建立之前,数学作为工具必须被拿来使用。当和太阳系联系在一起而产生出新的观念被用来解释地球上的事情时,物理学就向前进了一步。化学跟随物理学前进的步伐,生命科学需要物理和化学的材料和方法去发展。只有当生物学和生理学的结论可供应用的时候,人类心理学才不再主要是猜测性的观点。所有这些都是自然的,似乎是不可避免的。和人类利益连接最远、最不直接的那些事情必须在某种程度上被掌握,各种探究才可能汇聚到一起关注人类本身。

然而,发展的进程使处于这个时代的我们陷入困境之中。当我们说一个科学科目在技术上是专业的时候,或者说是高度"抽象"的时候,实际上意味着它对

---

① 民族主义所具有的宗教性性格在卡尔顿·海耶斯(Carlton Hayes)的《论民族主义》(on Nationalism)一书,特别是第四章中,得到了强有力地说明。

人类生活的意义不值得被考虑。所有单纯的自然知识都是技术性的,都是用技术性的词语来表达的,只能面向少数人。甚至的确影响人类行为的自然知识,的确改变我们所做的和所经历的事情的自然知识,也是技术性的,在某种程度上,遥远到它的意义不被理解和使用。阳光、雨水、空气和土壤总是以看得见的方式进入人类的经验;原子、分子、细胞和大多数其他科学家们全身心研究的东西,影响着我们,但是却看不见。因为它们是以非感知的方式进入生活和改变经验的,它们的后果无法被认识;关于它们的解释都是技术性的,靠特殊的符号交流。那么,人们可能会认为,一个根本的、可操作性的目标就是将在自然条件下关于某个主体物质的知识,翻译成能被普遍理解的概念,翻译成符号来标识呈现的后果是否服务于人类。因为最终进入人类生活的所有后果都依赖于自然条件;只有当后者被考虑进去的时候,它们才能被理解。那么,就人类自身的活动而言,任何事物的状态如果倾向于在周遭环境上不被了解,并且基于人们自己的活动和遭遇而不能被相互交流,那么,都会被看成是一场灾难,这将被认为是无法忍受的;只有在任何给定的时间里都不可避免的时候,才会被接受。

但是,事实正好相反。物质和材料这样的词语,在很多人的头脑里传递的是一种轻视。它们被看作生活中渗透着理想价值的宿敌,而不是表现这些价值和维持它们存在的条件。由于这一区分,它们在事实上的确变成了敌人,因为无论什么始终与人类价值分离的东西,都会压抑思想,并使价值变得稀薄和不稳固。甚至有些人把唯物主义和现代生活里商品化的统治地位,看成是过度投入自然科学的结果;而没有看到,人类与自然人为地分开是传统造成的,这一传统起源于人们把自然条件理解成人类活动的媒介之前。这才是导致僵化的因素。最具

影响力的分离后果,就是理论科学与应用科学的分离。既然"应用"(application)表明的是与人类经验和福祉的相关性,那么,追求"纯理论"的荣耀和对"应用"的蔑视,就会产生不同的后果,即一种疏远的、技术的、只能对专业人员沟通的科学和一种危险的、偏激的、不公平地分配价值的、参与人类事务的行为。在调控社会方面,作为对知识的替代而应用的,就是愚昧、偏见、阶级利益和意外事故。科学只有在实际应用上,在荣耀而显著的层面上,才能被转化为知识。否则,它就是不完整的、盲目的、扭曲的。于是,当它被应用的时候,解释它的不利层面的词语常常是"实用"和"功利",顾名思义,为了经济利益而使用它。

当前,自然科学的应用适应人文关怀,而不是应用进了人文关怀。也就是

说,它是外在的,它的应用后果是为了满足处于占有地位的、贪婪的阶级的利益。自然科学在生活上的应用,表明科学被吸收和传播;表明它是共同沟通和深入交流的工具,而沟通和交流是真正的、有效的公众存在的前提条件。科学对于工业和贸易的调节作用,一直平稳地进行着。17世纪的科技革命,是18世纪和19世纪工业革命的先驱。结果,人类遭受了大肆扩张的自然科学的控制力量的冲击,而没有相应的能力来控制自己和有关自己的事情。知识即不完整的、加上人为分割的科学,反过来对知识本身造成了损害,在造成男人、女人和孩子的奴性上发挥着作用;在工厂里,他们就像是照料着冰冷机器的活体机器。肮脏的贫民窟,迷茫的、不满的职业,折磨人的贫穷和过度的富有,和平时期粗鲁的自然开发,战争时期的烈性炸药和有毒气体,一直存在着。人类在理解自身方面还是一个孩童,把手放在拥有不可估量的能量的自然工具上面,像孩子一样,玩耍着这些工具;无论其效用有害还是有益,都是大大的偶然事件。工具变成了致命的主人,仿佛拥有自己的意志——当然,不是因为它真的有意志,而是因为人类没有意志。

在这种情况下,"纯粹的"科学的荣耀使逃避变得合理化。它标志着一个避难所的建立、一种责任的逃避。知识的真正纯度并不是在没有与使用和服务相联系而污染时才存在。这完全是一个道德问题,一个涉及诚实、公正、探究和传播的意图是否具有慷慨的宽度问题。知识的弄虚作假并不是因为它的使用,而是因为既定的偏见和歧视,因为观点的片面性,因为虚荣,因为对占有和权威的自负,因为在它的用途里对人文关怀的蔑视和漠视。人文知识不像曾经所想的那样,是一切事物形成的终点;而是一个偶然发生的微弱的东西,在宇宙广袤的延伸里也许只是一个片断。但是,对于人类来说,人是利益的中心,是重要性的标准。以人类为代价的自然领域的扩充,其实是一种放弃、一次逃离。使自然科学成为人类的对手实在太糟了,因为它形成了一种几乎无法承受的能量偏移。但是,邪恶不会就此停住。最终的伤害在于:当自然知识不再和它作用于人类的功能相联系时,人类对于自身事务的理解以及指导自己事务的能力从根本上慢慢地被消耗了。

我们可以看出,自始至终暗示的一点,即知识既是交流,也是理解。我清楚地记得,一个没有接受过学校教育的人在谈到某种事物时,是这样说的:"有一天,它们会被发现,不仅被发现,也会被了解。"学校可能会假设,一个事物当它被发现时,即是被了解了。而我的老朋友认为,一个事物只有被出版、分享,在全社会自由传播的时候,才能被充分地了解。记录和交流对知识来说,必不可少。禁锢在私人意识里的知识,只是一团谜。而社会知识尤其依赖传播,因为只有通过传播,知识才能被获取或者被检验。共同生活没能广泛传播使其成为一个共同拥有的事实,是一个明确的反面例子。这里的传播,不是任意地播散。播种并不是指随意地把种子扔出去,而是为了使之扎根和有机会成长而进行分配。社会探究结果的传播与公共舆论的形成,是一回事。这标志着最早的适合政治民主的理念之一,将是最晚被实现的之一。因为公共舆论是被组成它的公众所形成的,是对公共事务的判断。这两个层面中的任何一个,在现实中施加了很难满足的条件。

有关公众的意见和信念,预先假定了有效的、成系统的探究。除非有方法能测量到正在发挥作用的能量,能通过错综复杂的交互网络追踪到它们的后果,否则,那些所谓的公共舆论只不过是贬义的"意见",而非真正公共的,无论这种意见是多么广泛。从把错误当事实的人的数量和共享一个错误信念的人的数量,就可以估量出错误的力量有多大。偶然形成的意见,以及形成于与所相信的谎言有重要关系的人的指导下的意见,只是名义上的公共的意见。以这个名字称呼它,接受这个名字作为一种保证,是放大公共舆论迷失行为方向的能力。越多的人分享它,其影响就越有伤害性。公共舆论即使碰巧是正确的,也只能是短暂的,因为它不是持续发挥作用的工作调查和工作报告的产物。它只能在危机中出现。因此,它的"正确"只关乎当下的紧急情况。持续性的缺乏,使公共舆论从事件发展的角度看起来,是错误的。这就像一名医生能够处理疾病爆发的那一刻,却不能治疗疾病所引起的潜在状况。那么,他貌似"治愈"了这个疾病,也就是说,让疾病的危机症状平息下来,但并没有治其根本。甚至,他的治疗可能致使症状变得更糟。只有持续地探究,不断地被关联,才能够提供有关公共事务持久意见的材料。

有一种理论认为,即使在最有利的情况下,"意见"而非知识,是使用起来正确的术语——顾名思义,在判断的意义上说,就是估计。因为在严格的意义上,知识仅仅是指已经发生或已经完成的事。而将要做的事涉及对充满变数的未来的预言,既然它涉及对可能性的各种预期,就不可能逃避在判断里承担错误的责任。甚至当政治计划产生于相同的事实知识的时候,对于所追求的政治极可能有诚恳的分歧。但是,除非能从知识里获得信息,否则,真正的公共政治不可能产生;并且除非有系统的、完善的、设备良好的调查和记录,否则,这样的知识是不存在的。

进一步来说,探究必须尽可能地接近现在,否则,它只能是历史研究者的兴347趣。但是,历史没有带来事件的真实场景,留下了一个沟壑,只能仅仅依靠猜测其间的事件来影响有关公众利益的判断。这种对现存的社会科学的限制,太明显了。它们的材料总是来得太晚,离事件的发生太远,不能有效地进入公共意见的形成当中,因为这些意见都是有关当下的公共关怀。

对于这一情势的初步了解,我们发现,对世界上正在发生的事情进行自然方法和外部手段收集信息的方法,已经远远地超过对其结果的探究和组织的智力阶段。电报、电话、现在的无线电、经济快捷的邮件、印刷机都能以低成本快速地复制信息材料,而且都获得了显著的发展。但是,当我们问哪种材料被记录下来,它是怎样被组织在一起的,以及材料被呈现的知识形式的时候,故事就会被讲得五花八门了。"新闻"指刚刚发生的事情,之所以"新",意味着它不是旧的、带有规律性的。但是,新闻的意义取决于它所导入的关系,以及和它产生的社会后果的关系。这种导入无法被判断,除非新的信息与已经发生的、被整合进事物过程里的信息材料相联系。没有协同性和继发性,事件就不是事件,而仅仅是偶发事故,突然地侵入而已;事件暗示着,其来自以前发生的事情。因此,即使我们排除私人利益在获得压抑、保密、曲解方面的影响力,我们在这里,对于所发生的新闻具有的琐碎性和轰动性,还是可以作出解释的。那些灾难的东西,即犯罪、事故、家庭纠纷、个人冲突和矛盾,是持续性断裂最明显的形式。它们提供的震惊元素是最严格意义上的感觉;它们是最引人注目的事物。即使只有报纸上的日期才能告诉我们这些事去年还是今年发生的,它们还是完全从它们所联系的事物中脱离开了。

我们如此习惯于这种收集、记录和呈现社会变化的方法,以至于那种说法,即真正的社会科学应该在每日的报纸上体现其真实性,而学习的书本和文章提供并改进了探究的工具,听起来可能是荒谬的。但是,本身就能提供知识作为一348个公共判断的前提条件的那种探究,必须是当前的、每日的。社会科学作为一个专业化的探究工具,本来应该更先进一些;但是,只要它们远离对新闻进行不懈的编译和解释的应用,就可能在指导公共关注事务的意见上面相对无能。另一方面,只要社会探究工具远离当前的事件,并在某些地方被伪造,就会变得笨拙。

我们一直说,与公众有关的意见和判断的形成,类似于知识的传播,传播能使知识成为公众的有效财富。这个问题的两个方面的任何分离都是人为的。然而,对宣传活动和宣传制度的讨论需要用单独的一卷,而且只能由比本书作者更有经验的人来执笔。宣传可能相应地被提到,并附有评论:当前的情况是历史上前所未有的。民主的政治形式和有关社会事务的、貌似民主的思维习惯已经导致大量的公共讨论,至少促成了为作出政治决策而进行广泛的征询意见的程序。代表公众的政府在面对公共信念的时候,必须至少看起来是建立在公共利益上面的。政府不需要假装明白被统治者的愿望才能采取行动的时代,已经过去了。在理论上,被统治者的同意必须被保证。在旧的形式下,没有必要迷惑政治事务观念的源头,因为没有能量流从它们那里流出。今天,关于政治事务普遍形成的判断是如此重要,以至于除了考虑各种负面的因素以外,对于影响它们形成的所有方法要付出额外的费用。

最有效的控制政治行为的路径,就是控制思想。只要经济利益能够产生力量,只要公众还没有定位和识别自己,为了这些利益,他们就无法抗拒作用在其身上的新的政治行为。恰如在工业和交易行为里,一般的技术因素会因为经济原因而被偏离甚至打败一样,这种情况在政策宣传中尤其明显。有关公众意见素材的收集和销售,是现有的经济体系中的一部分。正如工程师基于真正的技术基础所从事的工业生产,可能与实践的工业生产非常不同。因此,如果真正的报道者被允许自由地发挥作用,那么,新闻的收集和报道也将是非常不同的。

这个问题的一个方面尤其关心传播。我们常说,随着真相的多种表现形式,探究的自由和完美不会有任何特殊的效果。因为有争议说,大多数阅读的公众对于学习和吸收精确的调查结果并不感兴趣。但是,除非这些调查结果被阅读,否则,不可能影响公众的思想和行为;而只能与世隔绝地躺在图书馆的壁龛里,被少数知识分子研究和理解。如果不将艺术的力量考虑进去,人们一定很容易接受反对的意见。一种专门的、高雅的表现形式,只能吸引文化修养较高的人;而对大众来说,还是新东西。表现形式在根本上是很重要的,也是一个艺术问题。一份报纸,如果类似社会学或政治科学季刊,那么毫无疑问,只可能拥有有限的发行量和狭小的影响力。然而,即使在这样的情况下,这种报纸的存在和流通,也可以产生一些可调节的影响力。但是,我们所期待的远不止这些。这种材料具有如此巨大的、普遍的人类意义，以至于它赤裸裸存在的本身，也是一种不可抗拒的邀请，想对大众展示它本来应该具有的广泛的吸引力。艺术家在其文艺表现中的自由，就像社会探究的自由一样，是对公共事务展开充分的、有价值的意见表达的前提条件。人类拥有观念和判断的有意识的生活，常常是在一个肤浅的、微不足道的层面上进行的，而他们的生活本身到达了一个更深的层面。艺术的功能一直在于冲破传统的、循规蹈矩的意识表层。常见的事物，如一朵花、一束月光、鸟儿的歌声，并不是少见的、遥远的事物，它们都是更深层次的生活被碰触的方式，以便在这个层次上能够产生渴望和思想。这就是艺术的过程。 *350* 诗歌、戏剧、小说都是证据，表明艺术所呈现的问题不是不可解决的。艺术家一直是真正的新闻供应者，因为新闻不是指外部发生在它身上的事件是新的，而是通过它所点燃的感情、知觉和鉴赏所引发的意义。

我们稍微地触及了从一个大的社会向伟大的共同体转变所必需的一些条件；在这个社会里，联合行为无限扩张的、复杂多样的后果将在"社会"这个词的意义上被充分地理解，以便有组织的、清晰的公众得以形成。最高级、最困难的探究和一种微妙的、精致的、生动的、机智的交流艺术，必须拥有传递和循环的实体组织结构，并为它注入活力。当机器时代完善了它的组织结构的时候，探究将会变成一种生活方式，而不是一个暴政的主人。民主自然而然地就会到来，因为民主是自由的、能够充分交流的生活的一个名字。它就像沃尔特·惠特曼（Walt Whitman）所预言的那样。当自由的社会探究不可分解地融入丰富而动人的交流艺术中的时候，民主将会达到完美。

6.
方法问题

也许对于大多数人或很多人来说，上述陈述公众能够从遮蔽中显现所依赖的条件，近似于否定认识到民主公共观念的可能性。但是，它的确指出了，几个世纪以前，自然科学的崛起所遭遇的巨大困难，以此作为一个证据，说明希望既不会全部绝望，信念也不会全部破灭。但是，我们不关心预言，而是关心分析。如果问题已经得到澄清，如果我们已经看到公众的突出问题是发现和识别自己，如果我们已经成功了，无论如何在探索着方法，理解着解决问题所需的条件，那么，它对于当前的这些目的已经做得足够了。我们的结论是：应该对方法作出一些暗示和推论，虽然这样做不是解决问题的方法，但再一次成了理解这个方法的知识前提。

要使社会问题得到富有成效的讨论，首要的一步应当克服某些障碍，这些障碍寄身于我们当前的社会探究方法的观念里。在这个过程中所碰到的障碍之一，似乎是一种根深蒂固的观念，即认为必须解决的首要问题是个人与社会的关系问题；或者说，突出的问题是决定个人主义和集体的相对价值，或者是它们之间达成共识的相对价值。事实上，这两个词——个人和社会——的模糊性，是令人失望的。而且，这种模糊性永远存在，只要我们用对立的概念来思考它们。

在粗略的层面上，任何事情都是个人的，个人作为一个个体单位在行动和行为。在一般意义上，个体在特定空间上的分离，就是个体性的标志。一个事物就是指：当它作为单个的整体，无论站立、隐藏或者移动时，都不依赖其他事物；无论它是一块石头、一棵树、一个分子、一滴水，还是一个人。但是，甚至是普通的常识，也能立刻指出某些本质。树的站立仅仅是因为它的根扎在土壤里；它的生死取决于与阳光、空气和水相联系的方式。那么，树也是相互作用的各个部分的集合。树比细胞更像一个完整的个体吗？从表面看，一块石头的移动显然是单独的。但是，它的移动离不开其他事物的作用；它在移动的过程中，不仅取决于原始的推动力，而且离不开风力和地球引力。锤子落下来，曾经的石头就变成了一堆灰尘颗粒。化学家用灰尘颗粒做实验，它立刻消失进了分子、原子和电子里。然后呢？我们现在成为独立的却不是单个的个体了吗？或者，也许一个电子单独或联合的行为模式也依赖于它的各种联系，就像我们前面说的石头一样？或者，它的行为也是一种既包罗万象又相互影响的功能？

另一方面，个体作为存在，作为行动和行为的联合体，我们对它的粗略概念要更加准确化。我们不仅必须考虑它的联合和纽带，还要考虑它的行动和行为的后果。我们不得不说，就一些目的、一些结果而言，树是一个个体；就其他目的、其他结果而言，树是细胞；就第三个目的和结果而言，树是森林和景观。一本书、一张对开的纸、一个段落，或者一台打印机，是一个个体吗？书的封面或者其包含的思想，赋予个体以完整性，让它成了一本书吗？或者，所有这些事情根据具体情况下相关的后果，是个体的定义吗？除非我们能将自己全身心地托付给常识，把所有问题作为无用的争吵而摒弃，否则，我们似乎不可能不考虑从前的和当下的联系所导致的不同而判断一个个体。如果这样的话，一个个体，无论它是或不是其他什么东西，都不仅仅是空间上独立的事物，像我们的想象力通常倾向于认为的那样。

这样的一场讨论既不会进行到某一具体的高度，也不会进行到某一特殊的深度。但是，它至少可以让我们对仅仅因为分离性就定义为"个体"的做法保持警觉。一种独特的行为方式和其他独特的行为方式相结合和相联系，不是一种自闭的行为，独立于其他任何事物。这是我们要指明的方向。任何一个人都是联合体的一个方面，包括大量过着自己生活的单个细胞。像每个细胞的活动都被其他与它相关联的细胞所限定的条件一样，我们坚持认为，优秀的个人因为与其他人的联系而被改变和受到限制。他所做的事，他的行为及其后果，包括他的经历所包含的东西，不可能被孤立地描述，更不用说被解释。

但是，尽管如我们已经注意到的，相关行为是一个普遍法则，但与这些行为相联系的事实本身并不创造一个社会。诚如所见，这需要对共同行动后果的感知，以及对创造它的每个元素特有部分的感知。这样的感知形成了一种共同利益,这种利益涉及联合行为的每个部分,也涉及其中的每个成员对它的贡献。于是,才会存在真正的社会性的、不仅仅是关联性的东西。但是,假设一个社会放弃自己成员的特征以便凌驾于它们之上去反对它们,这是荒谬的。仅仅当这些特征和像它们一样的特征表达在其他联合体里的时候,社会才会反对它们。水里的氧分子可能表现出某些不同于它在其他化学合成过程里的特征;但是,作为水的一个元素,它按水的方式行动着,只要是水。唯一可了解到的不同,在于氧气在不同关系里的表现不同,在于水在各种条件下的表现不同,而不在于水和在水里与氢结合的氧气的不同。

当一个单身的人进入婚姻,作为这个社群里的一员,他就在关系里变得与他单身时不同了,或者与他在其他联合体里时不同了。他有新的权利和义务,有新的责任。他可以与他在其他关系里的行为进行对照。他还可能在这个联合体里,与他的妻子在各自的角色里被比较和对照。但是,作为联合体里的一个成员,他不可能被看成与所属的联合体是相对立的。作为联合体里的一个成员,他的特征和行为明显地是基于该联合体才具有的;同时,完整的联合体所具有的特征和行为,又要基于他在联合体里的身份。我们看不到这一点,或者说被有关它的描述困惑的唯一原因,是因为我们很容易将一种关系里的这个人,跳到另外一种关系里的那个人,那个人不是作为丈夫,而是作为商人、科研人员、宗教人士或者公民。在这些关系里,他的行为及其后果明显地不同于婚姻里的行为及其后果。

对这一事实和当前困惑最好的展示,可以在合资股份有限公司这一案例里找到。这样的一个公司,是包括来自其他关系里单独个体的力量、权利、义务和责任于一体的完整的集体行为组织模式。在这种组织模式中,不同的人员构成有各种各样的身份——例如,公司股票的持有者既有公司董事,也有某些重要官员。如果我们在脑子里对某事物没有一个稳定的认识,就很容易——就像现在经常发生的一样——产生人为的问题。既然这个公司可以做很多的事情,是它的成员在公司以外的其他联合关系中不能做的,那么,问题就提出来了,比如合作的、集体的联合对这些个人的关系。作为公司成员,这些个体本身是不同的。与他们不是它的成员、他们在其他形式的联合组织里所具有的比起来,拥有不同的特征、权利和责任,这一点被忘掉了。但是,每个个体可以合法地作为公司成员,在他们各自的合作角色里做公司所要做的事,反之亦然。一个联合体可能被

354

看成是个体的，或者被看成是集体的，当被看成是集体的时候，它是独特的个体成员的联合；当被看成是个体的时候，它是从属集体的，在集体内进行分配。在独特性层面和集体层面建立对立是说不通的，个体不可能反对他作为其中完整一部分的联合体，而联合体也不能被设计来反对使它成为整体的成员。

但是，群体可能会反对群体，个人可能会反对个人。个人作为不同群体里的成员，会在自身内部进行分裂，在真正的意义上拥有冲突的自我，或者成为一个相对不完整的个人。某人可能既是教会成员，又是商务人士。这些不同可能如同被限定在防水的隔间里，或者，类似内部冲突形成分裂的某个因素。面对这些事实，我们有必要在对照社会和个人关系的基础上建立联系。这样，"社会"就变成了一个不真实的抽象概念，"个人"也变得同样不真实。因为个体能够脱离这个、那个或者其他群体。如果一个人不需要结婚，不需要成为一个教会成员或一名投票者，或者属于一个俱乐部或科学组织，那么，人们的头脑里就会产生个体不属于任何一个联合体的印象。从这个前提，仅从这个前提，发展出一个不真实的问题，即个体如何在社会和群体里形成联合：个体和社会彼此对立，它们之间不可调和。同时，真正的问题是如何调节群体和个体适应彼此。

就像一个新形成的工业群体带着新的特殊需求和能量，发现自己和旧有的、已建立的政治制度及其需要求生冲突一样，在其他的联合里，在社会急剧变化的时代里，正如我们已经注意到的，虚构的问题变得尤其尖锐。然后，很有可能忘掉真正的问题是重建人类在联合行为里团结到一起的方法和形式。这种情况代表着，这样的个人从这样的社会中解放自己，宣称他那与生俱来的、自然的、自我拥有的权利。当经济联合体的新模式发展壮大，给其他群体施加自负的、压迫力量的时候，旧的错误依然存在。问题现在已经被看成是：要把这样的个人置于作为群体的社会控制之下。这仍然被看作一个重新调整社会关系的问题；或者，从单个性方面来看，这应该是确保所有群体的所有成员的力量有一个更平等的自由问题。

因此，我们跟随讨论的旅程回到"方法"这一主题上来，正是这一旅程强化了"方法"的意义。对社会事务的讨论相对是贫乏的，一个原因在于太多的知识能量随意地浪费在个人主义和集体主义关联这一假设性问题上，而且二者的对立影响了太多的实际问题。因此，思想产生于这些实际问题，产生于对这些客观事实的调查，变成了对概念的一场讨论。权力的概念与自由的概念的关联、个人权利的概念和社会义务概念的关联,这种包含性的、对实证的事实解说性的问题,代替了对特定的自由和权威在给定的条件下的分配后果的探究,代替了对如何改变才能使分配产生更理想的后果的探究。

如同我们之前对公众主题的考量中所见的,哪些交易应该尽可能地根据自愿自主和合约被保留下来,什么应该被置于公众的监管之下,这样的问题是一个有关时间、地点和具体条件的问题,必须通过仔细的观察和能够反映问题的调查研究为人所知。因此,方法问题关系到后果及其性质,以及感知它们、按它们行动的能力,并随着工业和知识力量的改变而发生作用。某一时刻的解决方案或对分配的调整,完全不适用于其他的情况。从集体主义到个人主义,或者反过来的那种"社会进化论",纯粹是一种假想。它一方面存在于持续的社会整合的再分配中;另一方面,存在于个人能力和能量的再分配中。个人会发现,自己的潜能一直被制度化的、占优势的某种形式的联合所吸收,从而受到束缚,感到压抑。他们可能认为,他们强烈要求的是纯粹的个人自由,但他们所做的是形成一个能够被其他联合体分享的更大的自由。唯有如此,他们的个人潜能才能更多地被释放,他们的人生经历也会更多地被丰富。生命的被耗尽,不是由于一个公众统治个人的"社会",而是由于一种形式的联合体的统治,比如家庭、部落、教会、经济制度,超越其他实际和可能形式的组织。另一方面,实施对个人的"社会控制"问题,在现实中就是指监管一些个体的行为及其结果,其目的是使更多的个体有更加全面、深入地发挥自身的潜能。既然两种结果在理解方面只能通过实际的操作模式和后果才能获得,那么,或许可以自信地声称,由于存在许多落后于时代的方式或方法,有关公共事务的社会思潮的主要敌人是无知和无能,而且浪费了如此多的智力资源。

关于方法的第二点是与此紧密相关的。政治理论一般来说,分享着哲学的绝对特征。这就意味着更多的绝对理念。甚至是公然的实证哲学,也在它们的理论里假定了某种终极和永恒。它们的表达是说,它们的理论没有历史特征。他们已经把主题从它的联系中隔离开来,任何形式的主题在某种程度上的分离都变得不合时宜。在处理人性的社会理论里,某个固定的、标准的"个体"一直在被假设,从他假定的特征里,社会现象可能被推论出来。因此,密尔才会在他的道德逻辑和社会科学的探讨中说:"社会现象的法则是,可能仅仅是,一个社会状态里联合在一起的人类行为和激情的法则。然而,社会状态里的人类仍然是人类,他们的行为和激情要服从个体人性的法则。"①很明显,在这样的陈述里,被忽视的是,由于个体生活中的社会媒介的原因,个体人类的"行动和激情"存在于他们的行为和情感里,存在于所包含的他们的信仰和目标里;被忽视的是,他们被当前的媒介文化彻底地影响着,不论是同意,还是反对。属于同一种属的、任何地方都相同的东西,充其量只是人类的有机结构及其生物组成。尽管能考虑到这一点,明显是重要的;然而,同样明显的是,人类联合的显著特征没有一个能够从中推论出来。因此,尽管密尔厌恶形而上学的绝对性,但他的重要的社会概念在逻辑上却还是绝对的。某些标准的、规范的社会定律,在所有时期和所有恰当的社会生活的条件下,都被假定是存在的。

进化论的信条只是表面上改良了方法论的观点,因为"进化"本身常常被理解成是非历史性的。也就是说,它假定了社会发展必须走过的固定阶段的命定程式。在这些从自然科学时代里借来的概念的影响下,人们想当然地认为,社会科学无论是站立,还是倒下,都是由固定的统一标准决定的。现在,用这样的逻辑对自由实验的社会探究,都是致命的。对实证性事实的调查已经着手进行,但是其结果必须适应已有的成果和二手的习俗。甚至当客观事实和定律被感知和使用的时候,社会变化也会发生变化。在这种情况下,现象和定律并没有改变;但是,基于它们的发明则改变着人类的处境,因为立刻会有一种努力来监管它们在生活里的冲力。例如,疟疾的发现没有在知识上改变它存在的原因,但它的确最后改变了疟疾滋生的渠道,所用的方法是排水或者往沼泽里加油,再加其他的预防措施。再如,如果经济周期性扩张和萧条的循环定律被理解了,那么,人们很快会找到方法,就算不消灭这种起落,也要缓解它。当人类了解了社会能动力量是如何工作及其结果是如何形成的,就会努力地设计方法去按愿望来保证后果,并且避免不希望的后果出现。我们能观察到很多这样的事实。但是,不常被注意到的是,它们用社会和物理一致性来达成对社会认同,这是多么有害。社会生活的"定律",当它真正充满人性的时候,就像工程定律一样。如果你想要某种结果,就必须找到和应用某种方法。这种情形下的关键是对想要的结果和对获得它们的技术有一个清晰的概念,当然还需要把想要这些结果而不是其他结果的渴望和热盼结合起来。所有这一切,反映了这段时期里流行文化的功能。

① 密尔:《逻辑学》(*Logic*),第6卷,第7章,第1节,斜体是我所加的。

社会知识和艺术作品的落后，当然与人文科学的知识即心理学发展的缓慢紧密地联系在一起。然而，那种认为成熟的逻辑心理科学将会控制人类行为，就像自然科学已经获得了对自然力量的控制一样，是非常荒谬的。因为增长的有关人类本性的知识，将直接地、以非预言的方式改变其自身起作用的方式，并且导致对新的调控方法的需要，如此往复，循环不息。宣称心理学首要和主要的影响将在教育领域里显现，这是一个分析问题，而不是预言问题。粮食和猪的数量的增长和疾病的增多，现在被看成是政府资助和关注的热点话题。然而，为提高年轻人的体格和心理健康而建立的、类似调查性质的辅助机构的建设还处于初级阶段。我们花费大量的金钱在学校的建筑及其物质配备上面，但对于影响儿童精神和道德发展条件的科学调查所投入的公共财政系统性的资金支出，才刚刚开始；并且对于这个方面的大量增加的资金需求，遭到一些人的怀疑。

医院和收容所再一次被报道说，有更多的床分给了精神错乱者和智力低下的病人，增长数量超过其他所有增长的总和。公共支出慷慨地付钱来照料由恶劣条件造成的后果，却没有引起相应的关注，政府也不愿意花费更多的资金去调查这些问题的原因。导致这些不正常现象的原因，已经足够明显。人们不相信人文科学已经发展到足够先进，能够给这些活动提供值得耗费资金的公共支持。心理学和同类学科的标志性发展，或许可以改变这一状况。我们以上一直在说教育的前提条件。要实现这幅蓝图，在充分共享的人文知识方面，我们必须认识到，父母的观点和教师的观点是存在差异的。

但是，这样的教育发展尽管在本质上是极其珍贵的，但与已经获得的自然资源相比，还不能实现对人类资源的控制。想象一下，它要做的只是在非生命物质层面上，简单地减少人们对机械操纵单调事务的控制；它使人类的教育变得像对跳蚤、狗和马的训练。产生障碍的，不是所谓"自由意志"一类的东西；而是这样一个事实，即在教育方法上的改变，这种改变将会释放新的潜能，使各种排列和组合变得可能。这些都能对改变社会现象产生影响，而反过来，这种改变将会以持续的、不停歇的进程影响人性和教育的转型。

换句话说，人文科学对自然科学的影响，仅仅代表着绝对逻辑论的另一种形式、一种自然绝对论。一开始，我们并不怀疑控制精神生活和道德生活的自然条件的可能性。生物化学，也就是提升神经系统的知识以及腺体分泌的过程和功能的知识，可能会在人类达到无可救药以前，帮助我们处理情绪和智能障碍的现象。但是，控制这些条件并不能决定人类把他们的潜能投入使用。如果有人认为可以这样做的话，那么，让他考虑让一个处于野蛮文化环境的人和处于现代社会状态的人同时接受这样的治疗和预防措施。只要社会媒介的条件维持基本不变，每个人将仍然拥有他的经验和他储存能量的方向；这个方向被人类环境的客体和工具所影响，被那个时代当下人们所称赞和珍视所影响。士兵和商人的结合，可能成为更好的士兵和商人，更有效率；但是，他们仍然是士兵和商人。

这些考量暗示着，一个简短且对当前教育方法和目标的绝对逻辑有影响的讨论，不仅具有学校教育的意义，而且涉及有关共同体尝试形成其成员的性格和信仰所使用的方法。甚至当教育的过程不是定位于现存制度不变的延续时，人们仍然会假设：必须有一幅对个人和社会能够实现的精神蓝图，而其前景确定可以控制教育过程。改革者和保守者都接受这一信念。列宁与墨索里尼的信徒在竞争资本主义社会的领袖时，试图形成能够达成他们预先设目标的特征和信念。如果两者有不同的话，其不同在于，前者是更有意识地前进。一个实验性的社会方法，可能首先会说服自己折服于这种信念。应该用各种物质的和社会的条件去关心年轻人，这些条件能够引导个人潜能的释放，达到扩展自由知识的深度。由此而形成的理念，将有助于把未来社会的需求和发展的重任委托给他们。然后，只能是然后，所有有效的社会力量才能代表更好的共同生活的资源有效地运作。 361

我们定义的绝对逻辑，就社会事物的方法而言，以对概念的讨论和探寻其彼此之间的逻辑关系作为代替而结束了。无论它假设了何种形式，都会导致教条统治的加强。它们的内容或许会改变，但是教条主义持续着。一开始，我们在关于国家的讨论中注意到的，是寻求因果力的影响。很久以前，自然科学抛弃了这种方法，接受了检测事件之间关系的方法。我们的语言和思维仍然充满着"现象要遵守定律"的观念。但是，在实际的程序中，科学研究者只把自然事件看作一种简单稳定地发生变化的规律、一种对现象的陈述方式。一种现象，或它的某些方面或某个阶段，会随着其他一些特别的现象改变而改变。"因果关系"是历史序列问题，是发生一系列变化的决定性因素。抽象地说，知道了原因和结果，相应的规则就发生了变化；具体地说，也就知道了某种具体事件里的历史问题。任意地诉诸因果力量，总体来说，不仅错误地将探究引向社会事实，而且会严重地影响目的和政策的制定。持有"个人主义"或者"集体主义"信条的人,都已经提前确定了他的计划。在这种情况下,对他来说,不是找出需要完成的具体事情和具体环境下完成它最好的方法,而是用一种强大的、快速的理念来完成的事情,这个理念在逻辑上来自他对终极结果的自然预想。他被免除了在历史事件中发现实际变化的责任,以及从复杂的工作中探求事物规律的责任。他事先就知道哪种事情必须做,就像古代的自然哲学思想家预先就知道什么一定会发生一样,以便他必须做的事情能应用一个包含定义和分类的逻辑框架。

当我们说思想和信念应该是实验性的而非绝对性的时候,已经在意识里有了某种方法上的逻辑;而不是先有了某种实验的操作,像实验室里的那样。这样一个逻辑包含以下一些因素:首先,对任何系统知识都必不可少的概念、一般原则、理论和辩证法的发展,都应该作为探究工具被形成、被检测。其次,有关社会行为的政策和提议应该被看成是一种假设,而不是必须严格遵守或执行的程序。它们是实验性的,也就是说,它们将乐于服从对其执行后果的观察,并根据观察到的后果,迅速、灵活地进行修订。如果这两点得以实现,那么,社会科学将成为一个工具,指导调查和记录并解释其结果。这个工具将不再被作为知识而采纳,而是会被看作发现有社会意义的现象和理解其意义的知识手段。从这种意义上来说,即使遵循最好的理论,尝试最好的政策,不同的观点和判断将仍然存在。但是,对于缺乏证据所形成和持有的信念,将在数量和重要性方面被缩减。根据具体情况而产生的观点,也不再被僵化成绝对的标准,并伪装成永恒的真理。

这个层面的讨论,可能会被认为是关于民主社会的公共关系的专家得出的结论。先前论争的政治民主的负面意义,已经大大地失去了它的力量。因为它是基于对王朝和寡头的贵族阶级的敌意,而这些已经被权力所剥夺了。现在占统治地位的寡头政治,属于经济阶级。它声称,统治的权力不是根据出身和血统身份,而是根据管理能力和它所承担的社会责任,根据职位赋予他的合法权力。无论如何,它是一个多变的、不稳定的寡头政治,正在快速地改变着其成分,或多或少地处于他们无法控制和技术发明的侥幸之中。因此,如今的情况完全不同了。一般认为,这个特别的寡头政治的压迫力量,源于他所属的知识贵族,而不是关注无知的、易变的大众,他们的利益被认为是肤浅的、琐碎的;只有社会伤害过重而无法忍受的时候,大众的诉求才会从难以置信的轻视中得到关注和解决。

人们可能论证说,民主运动在本质上是短暂过渡。它标志着从封建制度向工业化的过渡,伴随着权力从与教会当权者结盟的土地所有者那里向工业资本家转移,其所处的条件正是大众从以前围困他们的法律限制里获得解放。但是,它在影响力方面有争议,把法律上的自由转化为信条(dogma),即宣称从旧有的压迫里获得释放,赋予被释放者以文化和道德品质,使他们共享管理国家事务的权力,这种观点是荒谬的。该观点认为,民主信条的根本错误在于,它是一个历史运行规律的概念,这个概念影响重大,其可取之处来源于限制;这种限制,是一种存在于不受拘束的规则中的统治能力,或者能力的证明。但是事实上,二者之间没有共通的因素。这种明显的替换,是智力超群的专家利用专业知识进行控制。

被称为"国王"的哲学家柏拉图的思想复活比以往更引人注目,因为专家的观念代替了哲学家的观念;而且,哲学已经变成了类似笑话的东西。而专家的形象,他们在运作方面的专业,由于自然科学的兴起和工业行为而被广为人知。一个愤世嫉俗的人可能会说,这种观念是一种空想、一种知识阶级满足自己的空想,以补偿对理论和实践分家、专业技业和实际生活脱离的无能为力的后果。在鸿沟上架桥的,不仅有知识分子,还有工业领袖所雇佣的发明家和工程师。当一个人说,这种论证证明的大多是自己方面的考虑,这个人就更接近了真实。如果公众在知识上像它的前提所暗示的那样无可救药,那么,无论如何,他们拥有太多的愿望和太多的权力,不会允许专家获得统治。当前的公众充满了无知、偏见、轻浮、嫉妒和不稳定,没有能力参与政治事务,适合被动地服从知识分子的统治。经济阶级的统治,可能脱离公众;而专家的统治,则可能无法覆盖所有的阶层。只有当知识分子成为经济利益最大化的推动力量的时候,规则才可能奏效。否则,他们就必须和公众结成同盟,而这就再一次意味着与后者分享政府权力。

一种更为严肃的反对意见认为,专家统治更容易在专业技术事务方面获得成功,比如管理和执行这类事务。它们假设公共政策已经令人满意地被设计出来了;假设专家的政策是既明智又仁慈的,也就是说,真正保护了社会各方的利益。贵族统治之路致命的缺陷,就是缺少公众方面明确的发声,最好的已经不再是最好的,明智的也不再是明智的,自视甚高的人已经不可能再确保被他们垄断的知识应用到对公共事务的监管上。在这个程度上讲,他们变成了一个专业阶层,他们人为地关闭了知识本应该服务于社会需求的大门。

当前最有说服力的观点能够代表甚至如此初级的民主政治形式,如投票、多数决定原则等等,在某种程度上,它们涉及协商和讨论,揭示了社会的需求和问题。这一事实是政治账簿上最大的资产。托克维尔(De Tocqueville)在一个世纪前,就把它写进了他对美国民主前景的调查中。他指责民主是一种趋势,宁愿平庸的人被选为统治者。他承认,它(民主)嗜好热情的品味和对于愚行的开放。在实施中,他指出,影响政府受欢迎程度的是教育,而其他的政治模式没有这种情况。托克维尔也承认,公众之间有一种对共同利益的认知,即使对于它们是什么的认知是令人迷惑的;而开展讨论和宣传,能够对它们是什么得以澄清。只有穿鞋的人,才最清楚鞋是否夹脚和哪里夹脚,即使专业鞋匠能用最好的判断来解决鞋子存在的问题。公共政府至少确立了公共精神,即使它在鼓舞那种精神方面的成功一直不是巨大的。

365   一类专家将不可避免地从公共利益中排除出去,因为他们变成了私人利益和私人知识的代表,他们的知识对解决社会事务方面的用处不大。全民选举常被说成是对党内选举的代替。但是,更重要的是,按对人头计数迫使人们向以前的讨论、商讨和说服等方法求助,而诉诸暴力的本质则是尽可能不采用这些方法。多数决定原则,被它的批评者指责是愚蠢的方法。但是,它永远不仅仅是多数人统治那么简单。正如实践经验丰富的政治家塞缪尔·蒂尔登(Sammuel J. Tilden)早就说过的,"多数人意味着形成多数人是比其他事情更重要的事情"。如为满足少数人,通过讨论而修改意见,使他们相对满意,就有机会使其在下一次成为多数。思考一下"少数人的问题"在某些欧洲国家的意义,并且把这个问题和拥有公共政府的国家少数派的地位进行比较。所有有价值的、新颖的观念都开始于少数人,你也可能是少数人中的一个。重要的考虑在于,这种观念被扩展并且被大多数人所拥有的概率。专家统治的政府,如果大多数人没有机会向专家表达他们的诉求,那么只会出现一个寡头统治,代表少数人的利益进行管理。启蒙运动前进的方式是:必须强迫管理专家考虑公众的诉求。世界遭受到的伤害更多地来自领袖和当权者,而非大众。

换句话说,基本的需求就是改进辩论、讨论和说服的方法和条件。这是公共的问题。我们前面已经讨论过,这种改进在根本上,依赖于自由探究的过程及其结论的传播。事实上,探究是一项要转让给专家的工作。但是,他们的专业不是展示在设计和执行政策方面,而是在于发现和认识前者所依赖的事实。他们在科学调查和展示专业的层面上,是技术专家。对于这些专家,我们并不需要其中很多人必须拥有知识和技能从事调查；而真正需要的，是他们有能力判断其他人提供的有关公共关怀的知识。

这就很容易夸大呈现这种判断所需要的智慧和能力，以满足他们这种有目的的判断。首先，我们很有可能根据当前的条件，形成自己的评估。但是，毋庸置疑，当前的巨大困难是好的判断缺乏数据的支持，也没有天生的能力能弥补事实的缺乏。直到保密、成见、偏见、误解和虚假的宣传，连同纯粹的愚昧，被探究和公开的宣传所代替，否则，我们没有办法分辨大众现有的智慧有能力是否能够判断社会政策。这一点，当然不应该止步于现在的阶段。其次，人的实际智力并不是原始的、天生的馈赠。无论先天的智力是多么不同（允许天才出现），真正的智力还是要依赖于社会条件影响下的教育。正如体现在工具、用具、设备和技术中的专业理念和过去的知识一样，虽然不可能生产它们的智力等级，但其中很多现在能够智慧地使用它们。因此，公共知识会伴随着时代大潮，进入社会事务领域。

呈现出来的智力所决定的行为水平，一直是至关重要的。在拓荒时代，一个优秀的人的地位比他的同胞优越，但他的知识和判断在很多方面远远不及在发达文明时代一个先天资质平平的人。能力受到手里的物品和工具的限制。他们还是更依赖于流行的关注和兴趣，而这些与传统制度和风俗习惯密切相关。意义能够在作为思想和交流工具的语言所形成的通道中运行，这是最重要的。一个技师可以谈论欧姆定律和安培定律，而牛顿在他的时代里却不能如此。很多摆弄过收音机的人能够判断的事情，而法拉第（Faraday）不曾梦想过这一点。抛开以下这点不谈，牛顿和法拉第如果生活在当今，那么，业余人士和技师与他们相比，不过是小儿科水平。这种反驳仅仅需要指出：这种不同，主要是因为对事物的思考方式不同和在传播中的意义不同而造成的。在一个处理社会事务更智慧的国家里，人们掌握的知识越多，智力受到的影响就越直接。这可能没有提升一个人的天赋，但会提升所有人的智力运行水平。这个水平的高度，对于公共关注判断的重要性，要远远大于智力方面的差异。正如桑塔亚那所说："一个更好的体系在我们的生活里流行，一个更好的秩序就会在我们的意识里建立它自己。如果没有敏锐的感觉、个人的天赋，或者来自外部世界恒定的秩序，人类已多次跌回野蛮状态和愚昧时代。这就需要高尚的品质、良好的榜样和好的政府。"智力是一种个人天赋或个人学识，这种理念是知识阶层最自负的幻想，就像商业阶层幻想财富是改变和主宰世界的东西一样。

在结论中，有关我们的观点超越了知识方法的领域，也阻碍了社会条件在实践上的重建问题。在它最深刻的、最丰富的意义上，一个共同体必须总是保持面对面的沟通。这就是为什么家庭和邻里之间尽管有各种各样的缺陷，但一直能成为主要的自然单位。一个伟大的共同体，在自由的、充分沟通的基础上，是可以构想的。但是，它从来不会包含地方共同体的所有特点。它将做它最后的工作来组织关系和丰富区域联合体的经验。后者的生活被外来的、无法控制的力量入侵和部分摧毁，是当前时代不稳定、不完整和不安定特征的源头。罪恶被不加批判、不加区分地放在了工业化和民主权力的门口，它们被认为与地方共同体的错位和不安定脱不了干系。一些至关重要和有活力的合作，只有在必要的限制范围内，通过亲密的相互交流，才能获得成功。

对于地方共同体来说，能够做到保持稳定而不停滞，走向进步而不仅仅保持流动吗？地方联合体可转化的、巨大的、无法计数的、复杂的洪流，能够被筑坝拦截和引导，以致将潜在包含的、慷慨的、丰富的意义灌输进更小的、彼此之间即时联系的人类的亲密的联合里吗？恢复更小的共同组织的实体，并且用一种地方共同生活的感觉浸染它们的成员，这可能吗？目前，至少在理论上，有一种行动从有边界的组织原则转移到有"功能的"组织原则，也就是所说的职业化的组织。确切地说，旧形式的有边界联合体已经不能满足当前的需要。通过共同的工作而形成的纽带，无论称作所谓的工业，还是所谓的行业，现在都真正地具有了它们从前不曾有的力量。但是，这些纽带能够被指望成为一个持久的、平稳的组织，同时是灵活的、流动的组织，只能在它们的发展超过即时的交流和依附的时候。这一理论，就它依赖遥远的和不直接的联合体来说，如果让其产生影响，将很快遭遇当前形势的种种困难和邪恶。没有什么东西能替代近距离的、直接的交流和依附的活力和深度。

对于世界和平来说，我们很有必要了解外国土地上的人们，这种说法据说是对的。我好奇的是：我们对于我们的邻居究竟了解多少？人们一直说，如果一个人不爱他看得见的同胞，就不可能爱他看不见的上帝。如果没有亲近的邻里之间的经验带来的洞察力和理解力，那么，向遥远的人们展现有效的尊重的机会似乎也就不会太多。一个在日常生活中表现得并不突出的人，也可能会被激发出尊敬、竞争、奴性服从、狂热的党派之争、英雄崇拜等情绪，但如果缺少爱和理解，那么除了可以影响附近的联合体以外,其他的影响将会很小。民主必须开始于家庭,而家庭就是一个和谐的共同体。

超出我们讨论范围之外的,是重建面对面共同体的前景。但是,人性自身的深处有一些东西,朝既定的关系方向延伸。惯性和趋于稳定的趋势,如同公众的情感和欲望。这样一种充满了满足和平和的愉悦,只有在与其他人持续的关系纽带中找到;它们达到如此的深度,以至于进入意识经验的表面之下,形成不被干扰的基础。没有人知道,生活中有多少空虚的激动、动机的偏执、发狂的不满、人为刺激的需求,表现出来的是疯狂地搜寻某种东西,以填补当前身处共同体中人们联系在一起的关系松散所引发的空虚。如果说人的心理中有一些东西能够被指望,那么可能被驱策出来的是:当人类厌烦了不停地追求遥远的、可望而不可及的东西时,人的精神将会返回到追求自身的安宁和秩序。这一点,我们再次强调:只有在当下的共同体里,才能找到重要的、稳定的、深层次的相互关系。 369

然而,心理倾向只有当它和客观事件和谐结合的时候,才能表明它自己。如果试图弄清事件的走向是否正在远离分散的能量和运动的加速度时,则会陷入困境之中。当然,条件已经在客观上创造了集中,以乡村为代价的城市人口的发展,企业聚集财富的过程也即企业各种发展形式成长的过程,就是足够的证据。但是,大量的组织能够包容形成区域共同体纽带的破坏,能够包容非个人的纽带带着对稳定充满敌意的变动来替换个人的联合。我们城市的特征、有组织的商业特征和无所不包的联合的本质特征正在消失,也证明着这一事实。然而,也有相反的标志。"联合体"和联合行动正在成为有影响力的名字。区域最终是宇宙的,尽可能接近绝对存在。人们很容易指出,很多迹象表明,无意识的能动力量和深思熟练的计划正在使本地共同体具有丰富的经验,这些经验有助于其关注共同体成员的兴趣、利益和忠诚。

无法回答的问题是:这些趋势将在多大程度上重建家庭、教堂和邻里之间的不完整性留下的空白。我们无法预言结果,但可以充满自信地宣称:在这些力量里,没有任何内在的东西可以影响标准化、流动性和无形的关系。这些问题如果解决不好,将致命地破坏共同体运行的结果返回到当地那些不够和谐的家庭。一致性和标准化可以为个人潜能的分化和解放提供一个潜在的基础。它们可能 370
会降至无意识的习惯层面上,在机器时代,这被看成是理所当然的;并且,它们能培育出一种土壤,在那里,个人脆弱的感情生活和禀赋深厚的土壤相结合,可能

公众及其问题 **295**

开出绚丽的花朵。流动性最后可能会提供方法。遥远的、间接的相互作用和相互依赖的成果,靠它们流回到地区生活里,保持地区生活的弹性,阻止隐藏于过去稳定性里的停滞性,用各式各样不同色彩的经历丰富它。组织可能不会再被看成是自我结束。随后,它将不再是机械的和外在的,会妨碍艺术天赋的自由表现,给男人和女人套上统一的链条,引起所有不适合一个自给自足的共同体的自治行为的让位。组织作为一种达到目的手段,通过增强个性,共同体安全地使用自己无力到达的范围外的资源来延续自己,从而实现其独立的目的。

无论未来可能发生什么,有一件事情是肯定的。除非当地的共同体生活能够被重建,否则,公众不可能充分地解决他们面临的最急迫的问题:找到和识别自己。但是,如果它能够被重建,那么,它将以完满的多样的和自由的形式出现,享有以前带有边界的联合体所无法知道的意义和商品。因为它将是有活力的、有弹性的、稳定的,能够对它所卷入的复杂多变的世界范围的场境作出机敏的回应。本地区的人,将不会再是孤立的。共同体中众多的关系将提供永不枯竭和永远流动着的意义的储备,带着对它的蓝图充满自豪的确信。有边界的州和政治界限还将持续;但它们将不再是障碍,不会通过切断跟随者而使人类的经验变得枯竭;它们将不再是强硬的、快速的划分,通过外部的分割,转化成内部的嫉妒、恐惧、怀疑和敌意。竞争还将继续,但将会有更少的对手想获取物质财富,有更多的区域群体用欣赏性、愉悦性的知识和艺术财富来丰富直接经验,彼此进行赶超。如果技术时代能够提供给人类一个稳固的、充分的物质安全基础,那么,它会被人文时代所吸收,作为一个可共享和交流经验的工具而占有一席之地。但是,没有经过机器时代这一过程,人类对于什么是一个自由的、灵活的和多彩的生活的前提条件的把握就会变得危险和不公正,以至于必须通过激烈的竞争才能获得;同时,为了达到激励和宣传的目的,共同体对已经获取的成果会疯狂地使用,且会永远持续下去。

我们已经说过,对民主共同体和明确的民主公众产生的具体条件的考量,已经把我们带出了知识方法问题,进入了实践程序问题。但是,这两个问题并不是截然分开的。如何保证发散的、创新的智力,这一问题只有在地区民主生活变成现实的层面上,才能得到解决。标志、符号和语言都是交流的方法;通过它们,如兄弟般可以共享的经验才得以维系和传承。但是,在即时交流里,那些如同长了翅膀的沟通词汇有很重要的意义,不像书面语言词汇那样固定和不易改变。对影响联合和书面传播的所有条件进行系统、持续的探究,是创造一个真正的公众的前提条件。但对于目前的情况进行探究,毕竟只是共同体形成的基础。它们最后的结果,在面对面的关系中,通过直接的给予和获取得以实现。实现的逻辑重新回到了这个词——对话(dialogue)的首要的意义。不能交流、分享和在表述中重现的观点,只能是独白;而独白只能是断裂的和不完美的思想。像物质财富的获得一样,它标志着通过转移某些努力创造的财富来达到交换私人物品的目的。只不过,这更加彬彬有礼,也更加高尚而已,但在本质上没有区别。

总之,通过对共同体知识财富的积累和传递这些财富使基于无知、偏见和轻率基础上的指控变得没有意义,个人的理解和判断得以扩展和增强,这一切只有在个人与本地共同体交流的过程中才能实现。听觉与重要的、外向的思想和情感的连接,要比视觉的连接更亲近和丰富多彩。视觉是一个观察者,而听觉却是一个参与者。出版是局部的,就是被它的结果片面地赋予信息,得以形成的公共意见,除非它传递的意义能够口口相传。个人的智力禀赋的自由扩展和巩固没有限制,它们可能源于在地方共同体的交往中,通过人与人之间的言谈传递的社会智识流。这样,并且只有这样,才能使公共意见成为现实。如同爱默生所说,我们浸淫于浩瀚的智识中,但那种智识是沉寂的,它的传播是时断时续、模糊不清和微弱的,直到它拥有地方共同体作为其媒介。

杂　记

《公众及其问题》1946 年导言[①]

这本书是在 20 年前写的。我在那个时候提出了这个理念：干预性事件确立了对公众的态度，以及对公众和作为人类关系的政治性组织的国家之间的关系的态度。最明显的原因，可以见诸第二次世界大战在弱化我们称之为"孤立主义"情况中的作用。第一次世界大战在这方面的作用已有足够的效果，以至于形成了"国际联盟"。但是，美国拒绝加入。并且，尽管完全的国家主义是导致美国拒绝加入国际联盟的首要因素，但一个强烈的信念也增强了它的拒绝。这个信念说到底，即国际联盟的主要目的是为了保护欧洲战胜国家的胜利果实。我们没有必要讨论这个信念到底有多么正当，因为这不过是重复旧的争论而已。这个问题的重要事实是：正是这样的情况，导致美国拒绝加入国际联盟，这是一个强烈的驱动性原因。第二次世界大战之后，美国的态度有所转变，并加入了联合国。

书中所采取的对于公众及其与社会政治生活层面关系的立场，到底受这样的事实什么影响呢？具体说来如下：孤立主义的这种衰落（尽管可能不是未来很长时间的闭塞）就是证据，能够证明这样的感觉正在形成——国家之间的关系呈现出这样的特质，它构成一个公众群体，因此需要某种政治组织的措施。这个措施是什么，以及政治权威能延伸到什么程度，仍然是争论的问题。有人一直会坚持这个问题，将其发挥到联合国在旧金山所采纳的规则上面，以制定在可能的范

---

① 首次发表于《公众及其问题：关于政治探究的论文》（*The Public and Its Problems：An Essay in Political Inquiry*），芝加哥：盖特威出版社，1946 年，第 iii—xi 页。

围内最严格的规则。也有另一些人,他们敦促改变这些规则,因为只有这样,才能为一个有更广泛政治权威的国际联盟提供可能性。

讨论哪一方的态度是正确的,这是被考虑问题之外的事情。正是因为存在两派,有积极的争论,因此能够证明:这个过去曾经宣称和践行单一主权的国家间关系的问题,现在绝对地进入了政治问题的领域。这本书指出,在国内事务中,公共的范围和领域,以及公共领域在哪里结束、私人领域在哪里开始,一直是关键的政治问题。最终,在国际单位之间的关系方面,同样的问题正在积极地提出;而在过去,这些国际单位没有哪一个会承认自己对其他国际单位的政策负有政治责任,只是有过对道德责任的承认。但是,同样的事情在私人的和非政治的关系上却是有效的;主要的不同之处在于,在国家之间的关系上,道德责任更容易解脱。正是"主权"的学说,才是对政治责任一种完全的否定。

这个问题在政治讨论的范围中,也引申出文章中的另一个观点。问题的关键,绝对不在于是"社会的"还是"非社会"的、道德的还是非道德的。毫无疑问,就某些人而言,认为关系到国家间关系的道德责任应该被更严肃地对待,这种感受有助于强调这些关系的后果要求某种政治组织这个事实。但是,只有那些极端的愤世嫉俗者,才会否认某些道德责任的存在。关于这一点,充足的证据可见诸这样的事实:为了在实际的战争中引起任何真正的现代民族国家中公民的兴趣,完全有必要发起一个运动,以证明高级的道德要求可以为战争政策提供支持。态度的转变在根本上不是一个道德转变的问题,而是从顽固的无道义转变到对正义所要求的认知。这个结果来自对战争实际后果的认知。而且,这种认

知反过来主要归功于以下事实,即现代战争绝对是具有毁灭性的,这种毁灭的地理范围比过去更加广泛。争论战争能否带来积极方面的好处,已经没有可能。最多可以说,战争是一种对道德上积极的恶的选择。

国家之间的政治关系问题现在已经进入政治性讨论的范围,这个事实确认了本书强调的另一个观点。私人考虑的事务和那些政治性裁决二者之间的界限到底是什么,这个问题在形式上是一个具有普遍性的问题。但是,就这个问题所采取的实际内容而言,它总是具体的。也就是说,它将事实的后果具体化,而绝非内在地自决,或者交由具体理论方面的决定来处理。就像服从观察和规范的所有事实一样,它们是有时空条件的,而不是永恒的。"国家"纯粹是一个神话。并且,就像在文中所指出的那样,国家的概念是作为普遍的理想和标准,这个概

念就在一个特定的空间-时间结合点当中,服务于非常具体的目标。

例如关于联邦的观点,距离孤立的帝国统治十分遥远。假设这个观点被接受为一个实际的原则,一些事情被解决了,但这样的问题还没被解决,比如哪些事务是在联邦政府的裁决范围以内的,哪些被排除在外、留待国际单位来决定等等等等。什么应该包括、什么应该排除在联邦权威之外的一些问题,将会变得尖锐起来。并且,在这个问题上明智地作出决定,与在预见的基础上作出决定的程度是相似的,具体的结果很可能由于采取替代性的政策而产生。正如与国内政治事务中的情形一样,在不同单位的特殊利益的冲突之间,会发现新的共同利益。友谊并不是产生那些服务于不同单位普遍利益安排的原因,而是这些安排的结果。一般的理论也许确实有帮助;但是,只有当它被用作预测事实上的后果的辅助性工具的时候,才能服务于明智的决策,而不是本身(*per se*)就可以直接地作决定。

到目前为止,我都保持在本人认为是事实的领域内进行讨论,这些事实足够明显,以至于任何关注它们的人都可以注意到。现在我要开始说的观点,进入重要的、未被解决的假说领域。在文中的第二章中,提到"物质利益"的变化作为塑造具体条件的重要因素,这些条件决定了被归为"公共"种类的、导致某种政治干预的后果。如果现在还有任何对人类社会中重要的成果,对科技因素的意义有怀疑的话,那都已经过去了。科技发展的重要性并没有被局限在国内事务中,尽管在这个领域中,它的确很重要。前面提到,大大提升的战争的毁灭性是现代科技发展直接的后果。而且作为战争直接起因的摩擦和冲突,是由于不断增长的和错综复杂的民族之间的交往而产生的;这些接触点反过来,是科技进步的直接结果。

迄今为止,我们仍然处于可观察的交往事实的界限之内,这些交往发生在国家之间的方式,与它们发生在一个给定的国内单位的成员之间的方式是一样的。这个未解决的问题作为未来不可抑制的冲突隐约可见,它从属于测量具体后果的经济因素的实际范围。如果查阅《经济力量和政治》的目录,可以看出,现代生活经济方面所发生的巨大影响受到了关注。但是关系到国家之间的政治关系,这个问题就与一些具体的事情有关了,比如关税、最惠国待遇、报复等等。认为经济是影响政治组织整个范围的唯一条件,以及当前产业迫切需要某种单一类型的社会组织,这个观点由于马克思著作的影响而成了理论问题。尽管苏俄发生了革命,但并不是一个当下的国际政治的实践问题。现在,它正在明确地变成那样一个问题,并且有标志表明,它在支配未来国际政治关系上,是一个首要的问题。

认为经济是调节政治组织的唯一因素,认为社会生活的所有阶段和方面,包括科学、艺术、教育和所有公共交流的机构,都被流行的经济类型所决定,这些立场与"极权主义"的名称所能恰当地运用到其上的那种生活是一致的。考虑到只有一种形式的经济组织能够满足社会状况,地球上所有国家已经在一定程度上获得了对那个状态的看法,因此存在一个使其他相形见绌的实践问题。

因为苏俄现在达到了一种具有实力和影响力的状况,所以它在本质上是极权主义的哲学从理论领域到了国家实践的政治关系领域。由于只伴随一个真理,它是确定的、绝对的,因此不容许质询和公共讨论。为了使自由探索和开放讨论受到相当大程度的信任,并成为和平协商社会冲突的一个基本方法,调节国家关系使其充分的民主化,成为现在的关键问题。尽管社会进步的界限在这两个立场之间应该划在哪里,我的看法与绝大多数民主国家的看法相一致,我也不关心它的是非、真假问题,但我还是忍不住指出世界局势是如何证明这个假说的;假说的内容,即相互协调的人类交往的实际后果的范围、幅度及其严肃性,是影响那些带有十分明显、无法忽略的政治性质的社会行为的决定性因素。因此,从政治上发现和实施共同利益的问题是迫切的。

还有一个问题需要引起注意。文章中很多地方指出:第一,对后果的解释,是除了后果发生本身之外的一个必不可少的条件;第二,这个解释(在任何事情上,都像是一个精确的范围)取决于这个时期知识的状态,尤其取决于被称作科学的那些方法被运用于社会事务的程度如何。我们当中的一些人坚持这个观点,已经有一段时间了。他们认为,科学与文化之间的关系,恰恰和它与被认为是技术的这些事情的关系一样(就像在这种情况下的发明状态,比如工具的和机器的,或者艺术中所达到的进步)。我还认为,现代生活中相当数量可补救的恶是由于科学方法的不平衡状态所造成的,一方面是由于其在物质事实上的运用,另一方面是由于其对特定的人类事实的运用。离开这些恶的最直接和有效的方法,是努力地发展就人类交往来说被称为科学方法的那种有效的智识。

我们关于这一点的理论阐述不可能有很多的成效。具有理论阐述性质的事件后果的相对重要性,公开地将其自身强加于人们注意力的那些事件的相对重要性,已经被很好地展示出来了。它的结果令人印象深刻,以至于不仅有关于自然科学的大声叫嚷,声音高得接近通天塔;而且有为了社会福利而进行的科学控制的一些方面,如今已经进入政治的舞台——进入政府的讨论和行动。很明显,指出这些已经足够了,即当这些书页被写出来的时候,美国国会正在进行关于控制下的市民参与军事的辩论,以及国联正在进行关于需要控制的总体上最好方法的争论。

自然科学中的道德地位问题,伴随着我们很长时间了。自然科学的后果尽管对工业来说,有着无法测量的重要性,并且工业对社会整体具有无法测量的重要性,但还是没有获得那种将科学状态带入具体政治领域的观察。为了提升战争的毁灭性而使用这些科学,这件事被带到一个耸人听闻的程度,以至于这个政治问题现在无论如何都摆在我们的面前。

有些人不仅坚持采取排他性的科学道德主义观点,而且坚持以一种极端片面的方法那么做。他们把对罪恶的责怪推到自然科学的身上,好像它是一个随意的实体本身,而不是一个占优势的人类机构向其强取的产品。然后,他们运用那些罪恶、那些明显使科学服从于他们所理解的道德理想和标准的罪恶,罔顾事实,抛开劝诫。除了设立某个具有绝对权威的机构之外,没有完成这种附属的方法——这是恢复那种冲突的可靠方法,这冲突曾经是教堂企图控制科学探究的标志。如果他们的立场被采纳的话,其结果将是不顾政治或公共利益,使科学从属于理想的道德目标,而是政治专制主义的产生,同时伴随所有参与那种类型的社会组织的道德罪恶。

科学作为人类的建设手段,就像任何其他的技术进步一样,服从于人类的使用。但不幸的是,在"使用"中,存在误用和滥用。保持科学为一种单独的实体,就像现在区分科学为"纯粹的"和"被使用的"的时候所做的一样。然而因为社会的罪恶而归咎于它,如同经济失调和战争毁坏所带来的社会罪恶一样,带着一种将科学从属于道德理想的观点,这是没有积极意义的。相反,这样只会转移我们的注意力,使我们从使用知识和在执行它们所能做的工作中最具竞争力的观察方法上分散注意力。这部作品是对社会政策和制度安排的后果的有效预见。

在巴恩斯基金会上的献词①

382　　　　在刚才所读的两封电报中，一封电报提到了今天我们正在致力的教育工作，被称为"不朽的"；另一封电报称它为"划时代的"。这些电报都来自水域的另外一边。尽管我不应该说他们例证了一条老谚语，关于一位先知和他在故乡的荣誉，但是我认为，他们都表明，有时候，比起我们这些在近处的人，在远处的人往往能从一个更加真实的视角看问题。所以，我希望表达我对于荣誉的赞赏，这份荣誉与今天以任何方式发起这项真正不朽的、划时代的事业相联系。我要表达我的信念、我最深刻的信念。我们今天在这里庆祝这个国家最重要的事情之一，是为了图画或造型艺术，为了教育的艺术，也为了贯穿在整个教育领域里真正前进的东西。今天的这个机构，像任何一个重要的机构一样，既看到未来，也看到过去。副教育主任已经告诉你们一些刚刚过去的事情，以及对未来的预期。我想，今天来这里的大多数人，看到这些图画以及听到它们被如何使用时，都会在很大的程度上，将目光转向未来。他们会非常自然地将此看作一个开始、一个开端、一个发起。但是终究，如果我们不能回忆过去数年历史的话，几乎很难理解这个开端和发起到底是什么。这些年向我们展示的，与其说是一个开端、一个全新的开始，我们今天在庆祝它，倒不如说它是一个扩大、一个延续、一个对想法和活动的延伸，因为它在过去已经实施很长时间了。

383　　　　一方面，这座建筑、这些图画与现任基金会工作人员建立的商业之间有一些

---

① 首次发表于《巴恩斯基金会期刊》，第1期（1925年5月），第3—6页。杜威于1925年3月19日发表于宾夕法尼亚梅里恩。

联系。它不仅仅是通过一些做生意的人的活动赚的钱,使这场探险成为可能;而且,活动是想法、经历、理想、预期和计划的源泉,它们在这里得以升华,并且在很大程度上,它们是对曾致力于这项事业的人们过去的工作的纪念。从一开始,我就提到前面的发言者所讲的话。在这个发展过程中,有过结合,也即权力、行动和成就的"三位一体"。

这些漂亮的地面和树(这个基金会教育工作的真实部分)是对爱和情感的纪念。对这些爱和情感,威尔逊(Wilson)队长致力于特定的、对自然的审美已经很多年了。幸运的是,植物园的进一步发展将继续享受威尔逊队长的经验的好处,因为他是托管人之一。另外,地面的艺术用途和科学用途由巴恩斯太太进行特别的管理,她是基金会的副主席。在她的领导之下,周围的美景对内部的美景来说,是有价值的设置,尽管整个工程还有待于完成,但是室外的设施将变成基金会教育资源的一部分。

在我的心里,这项事业、这个基金会有资格被称为"划时代的"、"不朽的"原因之一,在于——它不仅仅是一座专为收藏图画和传播图画知识而存在的建筑——确切地说,它表达了一个深刻的理念,即所有日常生活的活动、生活中必要的业务和商业活动,在本质上都是有意义的。对于那些从事它们的人来说,它们可以作为乐趣的来源。这样,人们能够将他们所有的一切,不仅仅是双手和大脑的一部分,还有感觉和情感,都投入他们正在做的事情中。并且,尽管我们不能怀疑激励来自发现者本身,但是如果不是由于下面这些,结果本来是不可能的:一个人的同事的激情和智力,很多年来与他一起共享满足感和试图那样做的人,一起试图做那些即使不是非常独特、在社会生活中也算是独特的事情——对一项业务继续推进——这项业务作为一项业务来说,是很成功的,它使用智力而不是纯粹的武力和机械效率;它回馈所有从事它的人,不仅通过金钱的酬劳,而且通过对自己灵魂的塑造。

我认为,很重要的是,你能够在这个画廊里面找到非洲艺术最好的收藏。这些东西记录了个体的人的审美活动,他们的名字没有人知道,也许几个世纪以来都没有人知道。这里所暗示的是属于非洲民族的黑人种族的成员,他们在构建那些活动中发挥了很大的作用;那些活动在这项美丽而伟大的事业中达到了顶点。我知道,这个有时看起来是复杂的,甚至是几乎绝望的问题——种族关系,对于它的解决,这个机构的成员所作的贡献与一些象征性的贡献同样重要。两个种族可以成功地一起来进行工作,这种工作能从我们的黑人朋友那里提取出某些艺术的兴趣和品味,是他们作出的十分适合他们本身气质的贡献。关于这些东西的证明,在像今天这样的庆祝会上应该进行深思。对于任何曾经以任何方式被压迫或被视作卑劣的种族,对于每个对他们艺术能力的证明,我们都有充分的理由感到高兴。它是对这种能力的证明,即有能力做美丽的、重要的工作。这些工作则是对于所有人的根本素质和平等的最好证明。就如同电报中所说的那样,它服务于让来自世界各地的所有人有更大的和谐。

其他人会谈及将要在这里展开的那些活动。但是事实上,如果我没有说清楚这一点,那就是说得非常不好。这一点是:这不是在那种狭隘的、排他的词语含义上的一项艺术的或审美的教育事业,那种词语含义考虑艺术和绘画的方式,就像将星期天和平日、工作日联系起来的方式一样。艺术不是分离的东西,不是少数人的,而是应该给予生活中所有的活动以意义和完满的最后修饰。所以,我确定,这项工作不仅会像我们今天听说它正在传播的那样,在大学和学校里传播,它还会影响公立学校。很多人同意这一点。我们公立学校教育系统中最薄弱的环节是:尽管它在机械的、技术的事情上给予了一些训练,尽管它传达了一定数量的有用信息和观点,但它在名字上仍然主要是"公共的"。它还没有获得最普遍的、最根本的、最严格要求的公共认同——在所有的人类活动中,对于这些东西所占据的地位的欣赏:作为艺术的精华的、智能的方法和作为艺术存在的结果无拘束的、快乐的方法。

尽管尝试预言家的角色总是危险的,但我感到自信的是:我们能够看到未来的数年中,看到从这个机构即基金会的工作中显现出来的影响力。它将在最大的意义上影响教育。我认为,在一定的程度、范围和深度上,它将会给全国的青少年、男人和女人们的思想和情感的发展带来影响,将会成为我们所生活的时代中最重要的教育行为、最深远的教育事迹之一。

文学还是数学？ ^①

雷蒙德·威克斯（Raymond Weeks）的《男孩的算术》（*Boys' Own* *386*
Arithmetic）是文学、数学，还是幽默游戏？三者都是毫无疑问的，但对于明智的
读者来说，它是具有合理教育学意义的概要。它真正的主题比数值问题更广泛。
它是一种对抗，反抗将"主题"与人类生活和活动相分离的方法。尽管表达得很
幽默，却依然有效。如果它还包含一些讽刺，以那些人为代价，那么，那些人试图
以一种不自然的、人造的方式将特定的主题与人类生活联系起来。虽然这样，它
一点也不逊色。

---

① 首次发表于《学校和社会》（*School and Society*），第 21 期（1925 年 6 月 27 日），第 786 页。

《哲学的故事》前言①

387　　在享受特权，提前阅读杜兰特博士的《哲学的故事》的副本之后，我非常高兴，能够有机会评论这样一部内容和文体都极好的、有智慧的作品。哲学思想者都习惯于对哲学的人文价值提出高的要求，将其作为对生活的综合调查、对基本原则的分析。但是，哲学作品经常太过专业和需要技术，以至于受教育的读者除非受过专业的训练，否则，都被拒斥而不是被吸引。杜兰特博士吸取了一系列重要作家的基本思想，以一种人文的、可读的方式将其呈现出来。尽管这是一部通俗化的作品，但是远远地超过那种通常被理解的通俗化。这部作品是彻底地学术的。杜兰特博士参考的都是原始著作，而不是二手的资源。他选取了具有良好的判断力的作者。他的阐述既精确，又清楚。他的个人评论总是明智的，以及有用的。他在选取典型的、能代表作者风格的、具有可读性的语录方面，有惊人的技巧。总而言之，他使得哲学的故事人性化，而不仅仅是作了普及。我很高兴做任何事情，帮助更多的人知道这样一本完全有用的书。大学教师和学生，以及一般的读者，能够从这本书里学到很多东西。

---

① 首次发表于威廉・詹姆斯・杜兰特（William James Durant）的《哲学的故事》（*The Story of Philosophy*），纽约：西蒙-舒斯特出版公司，1926年，第五部分。

经院哲学①

作为一个非经院哲学家,你对经院哲学有什么看法?

我将作下面的陈述来回复你非常有趣的来信:

现在,对于非经院哲学家对经院哲学的态度,我们很难作出任何全方位的概括。忽略经院哲学,部分是由于心理学和教育学上的原因,而不是逻辑学的原因。当然,也有某些方式,在思想和其他事情上都使用严苛的术语,并且对经院哲学体系的忽略多多少少是由于这个事实,即天主大教堂之外的思想者和作者们对经院哲学基本涉及的问题和事情没有现时的兴趣。不过,在我的印象中,现在出现了一股日渐增长的兴趣,这部分与复兴现实主义理论知识有关,部分与不断增长的对亚里士多德的研究,以及随之而来对中世纪思想者与亚里士多德体系关系的兴趣有关。

引起不关心而非积极的不友好的主要原因有这些:(1)这个事实,即非经院思想家主要是在新教传统中长大的,几乎是无意识地将经院哲学等同于神学教条;而那些东西,他们是不接受的。教师本身就是在这些影响之下受教育的。新教赞助的机构所开设的哲学史课程中,强调希腊思想和自培根以来的现代运动而非经院哲学。因此,忽略的习惯就保持下来了。(2)我认为,一个更客观的关于这种心理态度的原因是,如果不真的信仰它,那么,对于基督教启示的内容的

---

① 作为三十三篇回应之一,首次发表于《当今的思想家和新经院哲学:国际研讨会》(*Present-Day Thinkers and the New Scholasticism*,*An International Symposium*),圣路易斯:B·赫尔德图书公司,1926年,第29—31页。

急切的兴趣就会衰落。(3)经院哲学的方法看起来太过于理性主义,不够经验主义地来吸引一种现代思想的流派,尽管那些理性主义倾向的人好像现在都喜欢跟随近代数学设立的模式。(4)自从经验主义哲学的主要原理被明确阐述之后,自然科学的发展,以及似乎不可能在这种科学发展的观点,与经院哲学的立场之间找到一致,是另外一个原因。而且,比起经院主义哲学所关注的问题,由现代科学发展(在方法和结果上)所引起的新问题受到更广泛和强烈的赞赏。(5)许多新的社会和政治问题出现,而对于它们,经院哲学似乎不能提供任何线索,因为经院哲学是在这些问题出现之前就产生的。

对此更好的理解,使我想起与这个问题相关的唯一的建议,即希求有一个对经院哲学主要观点的陈述。除去一定的对教堂的神学信条的参考以外,还有一个更有共鸣的、对至少是现代经验主义和理性主义哲学家的问题的兴趣,就像某些在经院主义视角下的作品中所展示的那样。我的意思是:这是我偶然地在这些作者中观察到的一种趋势,他们认为,真理最终已经清楚地在经院哲学中被阐释出来了,所以,大多数现代哲学任意和不正当地偏离了正轨。现在,尽管还有不断增长的,对18世纪、19世纪哲学结果的不满,但也许没有一个非经院哲学的思想家不相信,这些哲学所代表的是一种应对真正问题的真诚努力。

附　　录

价值和思想过程[①]

戴维·怀特·普劳尔　著

　　就其本身的性质而言,我的一篇关于价值的主体[②]的文章,杜威先生在对其作出的评论[③]中特别地提出一些问题;这些问题在我看来,有些毫无根据。不过,正如他所说的那样,对于它们的回答,毫无疑问,将有助于这个问题的解决。但是,杜威先生的第一句话——"严格地讲起来,不存在价值那样的东西。"——这句话很中肯,以至于最初我可能因为添加了一个对我来说很重要的评论而被原谅;因为这个评论在杜威看来,也很有必要。事物从来都不是价值,据说它们拥有价值,因此价值就是对事物的从属。但是,这对杜威来说,好像意味着:在最严格的意义上,价值是不存在的;因为他是这样强调的,而且,当他说广泛地来看没有价值那样的东西时,事物看起来就是在最广泛的意义上被使用,意为实体、现实、个体。当然,没有那样的作为价值而存在的东西;但是却存在着那样的实体、那样的现实、那样的价值的个体形式。如果没有那些东西的话,单单避而不谈论这个他自身主要局限的问题,将显得十分愚蠢,正如杜威先生可能认为的那样——我这里不是很清楚他的想法。这个问题就是:是什么导致或者引起事物具有价值的事实? 在论述中,最严格意义上的价值就是实质,它们没有存在物。但是有存在和实体,这就是说,它们是性质、特征或品质,也就是实

[①] 首次发表于《哲学杂志》,第21卷(1924年2月28日),第117—125页。这篇文章是普劳尔对杜威《价值、喜好与思想》(《杜威中期著作》,第15卷,第20—26页)一文的反驳。杜威对普劳尔的反驳,见本卷第69—77页。

[②] 《哲学杂志》,第20卷(1923年),第23期,第617—622页(《杜威中期著作》,第15卷,第20—26页)。

[③] 《哲学杂志》,第20卷(1923年),第5期,第128—137页,(《杜威中期著作》,第15卷,第338—348页)。

质,如果我们要使用如同柏拉图、莱布尼茨、斯宾诺莎那样的逻辑学家那样的术语,或者桑塔亚那先生那样的术语的话。

394　　的确,柏拉图将实质作为一种超越的存在;莱布尼茨尽管努力地将实质看作一种纯粹的可能性,但是仍然在上帝的存在以及作为一种有价值的存在而要求引起注意的权利中,给它留了一席之地。一种现实的、因自身而存在的趋势,"每种可能之物都有权宣称与自身所涉及的完满成正比的存在。[①] 斯宾诺莎将这种区别保持得更加清楚。例如,属性被智能看作物质的实质的东西,但是对于那样的物质,在其存在中,甚至在它所有的实质中,智能一定无法感知。物质的实质关乎它的存在,这是真的;但是,物质的情况是独特的,并且在每个存在的事物中,真正的定义关系到的只是它的性质——也就是说,关系到的只是它的实质,使它的存在完全是不能解释的。[②] 桑塔亚那先生仍然对这个区别很坚持;这正是从《理性的生活》的开头就被坚称的:"任何时候存在的东西,如果你阻止和命名它,它就会使结果变成某种逻辑性实质的具体化,正如论述可能界定的那样。"[③]这只是我曾经试图作出的对价值的定义;但是,那样的界定对我来说,似乎是重要的。

　　据我所知,我在使用价值时总是非常小心,作为我所理解的适当的抽象名词。杜威先生认为,在一种更宽松的意义上使用这个词是合法的,而不是如我所想的,在任何讨论中被担保的那样,表示"事物是有价值的"。正是通过使我对这个词的使用具有这种意义,而对于这种用法,他现在和当时都是容许的,他才非常慷慨地在我的文章中注入一种他认为说得通的含义。他一直不愿意相信我想采取这种"完全未经证明的和就事实而言难以想象的立场",这种立场在我的推理中明显地表现出来,直到我坚持说我确实采取了这样的立场。然而,通过那么慷慨地让我享受到歧义的好处,他非常容易地就展示出他认为我们之间存在的最主要问题是什么。这一点,他几次都精确地阐述过。这个问题在这样的前提条件中循环,这个前提即:判断是价值绝对的构成要素,如同它是"一种具体化了的最小程度的思想的欣赏"、"一种排除了思想的爱好"、"猪对泔水的喜爱"一样,如果你选择的话。

395　　对于这个问题,杜威先生当然已经说清楚了,而且我同样的清楚。这对我来说,不是"唯一的可以用智力了解的讨论主题"。更进一步说,尽管我确实——而且确实

---

① 莱布尼茨:《单子论》(*Monadology*),第 51、54 页。
② 斯宾诺莎:《伦理学》(*Ethics*),第一部分,命题 8,注释 2。
③ 斯宾诺莎:《伦理学》,第一卷,第 24 页。

曾经如同杜威先生的引文中表明的那样,我在他讨论过的文章中——不仅承认,而且很特别地坚持了这一点,那就是判断在事物获得其可以获得的价值①的过程中,可能有所帮助。我不承认在单独价值出现的非常复杂的情境中,判断能发挥由排除了判断的态度所发挥的那种作用。这对杜威先生的观点来说,是离题的;但对我来说,却是一个可理解的和重要的坚守。如果它是陈腐的和明显的,那么就不是被普遍承认的。这是现在这篇论文中重复出现的唯一理由。

不过,在我回答杜威先生特别的问题之前,先让我把一个命题说得毫不含糊。这个命题就是上述我所说的杜威先生解决了问题的命题,问题就是判断和自然的喜好一样,是价值绝对的组成部分。在这里,"是……的组成部分"的意思是"构成",即作为整体情境中一个基本的要素或部分。价值只有抽象的含义——也就是一个抽象名词的含义;而且当我使用复数形式的各种价值时,是指这同一个抽象名词的复数形式。一个人会说颜色和颜色的复数、红和红的复数、红色和红色的复数、美丽和美丽的复数;这些术语当然频繁地被用来指称"具有"这些属性的事物。但是,复数形式同样准确和非常重要地被用来表明:(a)这一属性的许多情况,或者如果这个术语包含一般的共同属性的许多属性的话,用来指(b)不同种类(不是数量)的表现中的属性。在 a 条件之下,我的钢笔和打印机有不同的价值;通常来说,不仅应该有数值上不同的价值的情况,也应该有不同种类的价值。那么,在 b 条件之下,有道德的、伦理的、审美的价值还是用复数表示,而且还是不表示事物。所以,这个复数形式需要不包含歧义。如果我在用这种方式、使用这个术语的时候说的话显得模棱两可,具有歧义,那么,即使那种用法是翻译时候的大方提供了机会,我也十分抱歉。价值不是钢笔或打印机本身,也不是道德行为,而是这些东西据说具有的价值,因为一本书据说拥有自己的风格,作者拥有不同的风格;如果风格就是人,必然就是他的品格或实质;不是他的存在,而是他的存在方式、他的品质。

现在我已经作了大体上的回答,下面我想说得更具体一些。首先有三个问题,杜威先生在第 621 页(《杜威中期著作》,第 15 卷,第 25 页)最底部的地方说到过。对于这些问题,他特别要求给予回答。那个他觉得充满歧义、要求回答来澄清歧义的句子,达到了下述的效果:"我的理论的价值,所有价值观念具有确保将它们纳入价值一词之下的共同要素或特点,我们可以表明它们是在受感情驱动的关系中构成的,而这种关系构成了直接价值。"我认为,对这些标了序号的问题的回答,已经足以表明这些

396

---

① 价值对我来说,并不是一种令人愉悦的创新,至少在此处是不必要的。

问题是什么。(1)一开始,用斜体表示的复数的"价值"跟单数的"价值"拥有同样的意义。(2)"直接价值"这个术语所指称的含义就是价值,是精确地拥有同样含义的一个单词。(3)"构成"是在"存在"的含义上被使用的。因为我坚持认为,受感情驱动的关系构成了价值,并且因为我认真地解释了这个句子"在这种关系的发生中,价值……发生了"——杜威先生引用了这个从句——我觉得,我可以自由地说,这种关系构成了价值;同时,我认为,对情境的分析使得我的意思更加清楚。这种关系是指情境,与出现的两个术语构成关系。更进一步地说,这种关系不能在主体态度缺失的情况下出现,虽然对另一个术语来说,任何客体都可以;对于任何客体来说,什么都可能被想象地喜欢,虽然仅仅带有特别态度的特别种类的主体有这种喜好。因此对我来说,喜好——关系构成了价值的说法,不是特别地具有歧义。至少,我希望在我目前的陈述中没有歧义。

"但是,一个关系怎么能成为一种品质呢?"杜威先生提问道。"将品质与关系等同起来的做法,看起来好像无意义;价值不是……环境……的相关术语的一种,它是构成相关事物的情境的一种品质。"我的回答是:具有关系的这两种事物是一个动物有机体,是有机体对其作出反应的某种事物。正是当这种反应发生的时候,这种关系才被建立起来;并且,这种有机体将它当作客体的东西,才可以说在通常用语上拥有了价值。随着杜威先生在第 620 页(《杜威中期著作》,第 15 卷,第 23—24 页)上阐明了对我可接受的选择,同样的问题也被涉及。这里不仅是我的论点需要的含义,正如他看到和注解的那样,而且还有特别的含义,杜威先生说他不理解这种含义。因为我们在这件事上达成一致,都涉及同样的三个要素,也就是一个主体、一个客体,以及一个与它们相关联的态度。那么,这个问题就变成了态度究竟是什么,以及判断是否包含在其中的问题。我的主张是:判断不包含在其中;对于价值的发生或者产生,以及价值在发生本身中产生,都必须有态度。但是,同时我想说,这个态度就像猪对泔水的态度一样——不是一个有所思想的态度,就像杜威先生对于他所从事的问题的态度一样。

但是在这里,杜威先生将我对态度的描述理解为"沉思性的喜好",所以他觉得很容易指明我真正的困难在哪里。因为这个困难毫无意义,所以,他才会觉得无法克服。"如何,"他问——这个问题很明显,是个修辞的问题——"如何才能使沉思毫无沉思性;怎样让它剥离判断?"对此,我甚至要莽撞地尝试去澄清,因为这个问题对我来说,是相较其他问题来说最要紧的。杜威先生更大的兴趣在于引起事物拥有价值的原因是什么,在他对这个问题的解决中,我赞同他的看法;只可惜我觉得他那么强调判断和思想，其实是过度强调了它们的重要性，也就是逻辑性和实践性活动的重要性。据我所知，导致任何事物具有价值的原因，在很大程度上就是他在文章最后一句话中所提出的那种思考；但是，我想强调的是一种费时间的、非智能性的活动。既然他承认两种活动的重要性，我们之间就没有严重的理论分歧了。当然，杜威先生的实践性判断像他自己说的那样，是"授给"价值过程的大部分，如同他之前所表述的那样。然而，既然欲望、喜好、无遮盖的感情驱动也能起作用，那么，我不明白的是：为什么他会觉得"作出评价（valuing）"区别于"评价活动"（valuation），是一个不成功的词。也许，在他的语境中是这样一种情况；可对我来说，在我的语境中不是这样。不过，他说他希望解决的这个问题还是悬而未决的，在这一点上，他是对的。这个问题就是关于"欣赏到底……包括还是不包括反思性理解的一个要素"的问题。如果"反思性"意味着思想性或逻辑性或判断性，那么，我认为，那样一个要素是不包含在内的。如果我关注过的话，那么，这就是我必须弄清楚的事情。

那么，问题就来了：价值-属性的出现存在于什么之中？如果价值出现在发生之中，那么，发生的事情的性质是什么？我们同意谈论的情境的要素是什么？

当然，如果定义一定总是采取莱布尼茨式的形式的话——红是一种颜色，要回答这个问题，就是要定义难以确切描述的事物。但是，总是有另外一种经验主义者使用的定义。这种定义采取这样的形式——这是红色，伴随着指向某个红颜色的东西的动作。正是仅仅在这种意义上，红色才存在；而且是在这种意义上，价值才存在。我认为，自然本身的主体，也就是我们在其中撞到其他混乱要素的一个活动的混沌状态；在它确实存在的这种意义之上，上面的两种都不存在。如同桑塔亚那先生说的那样，没有既定的东西存在。很久之前，我就决心相信那一点。但是，我还没下决心相信经验主义的定义的不可能性，不相信这种不可能性就是那种制定非正式的法律和描述功能，以至于谈话变得可理解、可交流和有用处。所以，我说，价值在于上述描述的关系形成的地方。价值在于这种空间——时间发生的品质。只有当一个动物感到高兴或不高兴的时候，价值才存在于那里。那么，如果你愿意的话，价值是在取向中形成的。对于价值而言，存在就是被感知；那种价值观是被感觉到的，有任何感觉的动物的感觉就是有价值的情境的全部所需，因为感情只有在对刺激的反应中才可能产生，而刺激是从一个独立的实质的源头中来的——也许存在于动物自身的躯体之中——它的存在根本就不是被感知，但它的品质却经验主义地是它的品质，因为刺激是其之所是，动物的态度是其之所是。

杜威先生的猪和泔水的举例与任何的例证一样好，尽管我必须给予"沉思"这个词语一个含义,我应该更喜欢阳光下的猫和反刍的牛的例子才对。真幸运,对于"沉思的"这个词,我们有同义词。在人类当中,态度是一个在习惯上更实际的和具有思想的动物的态度,但它仍然保持着一种动物的态度;反刍的牛,牛咀嚼的食物,以及它接受而不是摆脱的感情,这种感情维持了牛的咀嚼,这些组成了一个非常好的价值发生的情境的例子。随着牛不断地咀嚼,价值不断地重现——我希望,这是一种审美的价值;因为我觉得,牛不是在磨碎预先消化的玉米,把它变成牛奶,甚至也不是为了保持自身必要的力气准备供给。在每次咀嚼中,牛都享受着基本的审美愉悦,或者更严格地说,在每次继续咀嚼、反刍、沉思的冲动中;就如一个婴儿在咀嚼磨牙的橡皮圈时就有这样的享受,或如亚里士多德的上帝在沉思宇宙时一样。即使这种沉思与心理过程近似,亚里士多德的上帝也肯定不是在作杜威先生有这样的享受一样。[1] 如同泰勒先生翻译的那样,上帝不是在真正地思考,而只是"想起了思想",以一种"固定的活动"。[2] 的确,他怎么可能在思考? 整个变化的宇宙,他都能记得,能够立刻在他的脑海中出现。他看宇宙的时候,用的是纯粹的直觉,并且是在没有固定知识的情况下,也就是根本就没有知识的情况下。我觉得,实际运动的所有相对性都丧失了,整个关于不移动的移动者的悖论在此基础上,好像是一个貌似可信的、不可理解的想法。将会不可理解,而且总是不可理解的,就是一个移动着的移动者。什么东西可以唤起在那样的情况下的思想呢? 柏拉图在《斐德罗篇》中描述过同样令人激动却欠考虑的思考。蒙田(Montaigne)先生对性交的永恒快乐的优雅悼词,约翰逊(Johnson)博士同样恰当的完美生活的理念,其内容就是与漂亮女人一同驾车,以及勃朗宁(Browning)感性的但却野蛮的"最后的旅程",都给予我们同样的关于天堂的概念。那是一个不用思考的地方;天堂中没有判断;最后的审判已经被作出。甚至基督上帝都已经停止了思考,只有竖琴弦音不受时间限制的音乐是永恒的,它不需要禁止。

价值是瞬间产生的。它的产生对抗逐字的分析,但是语言可以象征性地表明,也即指出它的那种发生是什么。

如果这是一个"完全未被证明的"观点,因为它不能令人信服地被证明,那么,除非通过这种小心的指示。而且,如果它"事实上不可思议",那么对于所有那样的发生来说,这都是真的,不管是品质的发生,还是对于被称作价值的某种特定品质的性质

---

[1] 参看《我们如何思维》(*How We Think*),第 9 页,(《杜威中期著作》,第 6 卷,第 188 页)。在此处,杜威先生说,每一个反思行为都涉及"一种困难的、犹豫的和可疑的状态"和"探究的行为",等等。

[2] 泰勒(A. E. Taylor):《亚里士多德》(*Aristotle*),第 50 页。

的哲学观点的发生。杜威先生能够不通过指出它，就证明发生吗？还是他能够——或者逻辑自身能够——使得翻译可以想象？价值的发生，是品质发生的一种情况。关于翻译因此不夸张，是可以想象的。

但是，要说得更简单一些——从心理学的角度来说。杜威先生说，我需要证明的是沉思的喜好排除了思想。我明白他的意思，这一点会有效地驳斥他。在第 617 页底部（《杜威中期著作》，第 15 卷，第 20—21 页）的那些主张中，他坚持判断是"具有价值的全部复合情境的一个构成部分"。我不否认他的主张的另一部分，上面已经说得很清楚了。但是，为什么在沉思的喜好中需要有判断呢？当我们听音乐的时候，有时候，我们的注意力集中在足够强的旋律中，所以是在真正地听音乐，而没有思考——没有问题；没有必要去思考；没有"引发思想的情形"来强迫我们接受。我们在最裸露的感觉中放松。我们像猪一样轻松，如果没有其他猪抢在前面争泔水，如果猪不用完成那么多困难的实践性操作来吞食泔水，那么，猪就会对放在它面前的泔水轻松自在。但是，我们也像亚里士多德的上帝一样静止——不动摇的，不思考的，或者像在美人面前的凡人一样。一个人不会沉湎于思考艺术作品，除非他要用另外的媒介去重新表达它们，或者要对它们说点什么，或者试着记住他人已经说过的东西。人们往往被它们困住了，被形式本身；艺术要么立刻感动我们，要么根本感动不了我们。我们要花很多年，才能形成非常复杂的美的东西；但是当我们看到了，就只需要一眼，喘息之间的时间就够了。所以，审美的沉迷被误认为是永恒的[1]。诗人们，现在至少是意大利的哲学家，他们已经清楚地看到，诗歌本身是关于某一事物的抒情。这就是为什么歌德说，对我们中的大多数人来说，艺术就是碎片。只有伟大的头脑，才能展示出只有对诗人本身才能展示出来的整体。这种类型的经验是完全未被证明的，而任何经验都必须成为经验，这才是我所说的沉思的喜好的内涵。

如同伍德沃思（R. S. Woodworth）先生认为得那样[2]，如果感觉是身体的瞬间冲动，要么接受，要么摆脱，那么，这就暗示着从根本上对审美的思考进行心理学的解释。但是，我不是在解释它如何发生，而是努力地解释发生本身的性质是什么——通过指出它来定义它。

杜威先生对我的文章进行了认真的思考。也许拒绝他通过我的"歧义"而给出的

401

---

[1] 一个很小的现代的例子是鲁伯特·布鲁克（Rupert Brooke）的诗：《餐厅里的茶》（*Dining-Room Tea*）。

[2] 伍德沃思：《心理学》（*Psychology*），第 177—178 页。

施舍,是不礼貌的;但是据我所见,我们之间分歧的中心点才是最重要的。我们之间的差距非常之大。因为我发现,杜威先生将思想和判断嵌入价值,甚至嵌入使一种事物比另一种事物更有价值的过程。这种嵌入有一个他叫做评价的过程——我不禁认识到,这里有一个含义,即价值不是非理性偏好的产物,而在根本上是理性的。我的确说到了偏好和价值观;如果人类能够通过感知和感觉的训练来形成所有的东西,那么,就能自然地拥有或者欣赏那些偏好和价值观。这里使"正义"这个词具有某些含义并不困难,它确实拥有某些含义。相反,只有承认偏好,将其作为理性和正义的开始,人才能够成为一个自然主义者,或者成为道德科学的学生。这是因为,如果进化意味着某些含义,如果生物科学有效或有价值,那么,思想是在自然中发生的,理性是在非理性中产生的;在成为其他事物或者为了成为其他事物之前,它是一种非理性的存在。开始从来都不是可想象的,虽然与休谟相反,所以理性的开始只能是不理性的东西变得理性,一个明显"不可思议"的事件发生。让思想进程成为它所是的东西的第一步,不是沉思的一步。它是一种动物的态度,因为觉得外表好或坏而接受或拒绝它们。价值是先有的。

402   但这里不是详述理性及其秩序世界这一主题的地方,它们都漂浮在一个不可思议的、宽阔的非理性和未知的关于各种可能性的混沌状态之中。我只希望杜威先生觉得,我想要保持这个不可思议的姿态,这种姿态在我运行良好的潜意识中所采取的地方,与我业已表达的论点中所采取的一样多——我将其视作我的自然灵魂,它在我所有的思考和理论活动中起着作用。杜威有一个问题,我没有回答。怎么会有无价值的价值观呢?这是不可能有的。但是会有不喜欢和喜欢,因此就会有消极的和积极的价值观。杜威先生可能发现,在目前的交谈中,只有前面一种类型的价值。但是,对我来说,我至少表明了,我要表达一些不具有歧义的东西;我所表达的大多数东西,都不涉及接受杜威先生关于评价判断的学说。除了这个表明那些判断是价值自身发生的统一整体的学说以外,我所表达的内容都受到价值性质的影响。然而,不可定义的价值可能因为是一个最终的种类,或者仅仅是一个事件。特定的某种品质的发生,或者更严格地来说,呈现给思想的某种特定的品质,作为被标明的无思想的情形的实质。

注　释

下列注释以页码和行数的方式标识出来,但在标准资源中无法找到相应的引用。　

179.18　　　　Mr. Beck] 詹姆斯·蒙哥马利·贝克(James Montgomery Beck),是
　　　　　　一个费城的律师,曾在 1900 年至 1903 年任美国总检察长助理,稍后
　　　　　　成为宾夕法尼亚州的众议院代表(1927—1934 年),他是伍德罗·威
　　　　　　尔逊(Woodrow Wilson)政策最主要的共和党批评者。1917 年,美国
　　　　　　国会通过的移民法案覆盖了威尔逊总统的第二次否决票。该法案依
　　　　　　据经度和纬度创造了一个"禁区",以阻止所有的印度人作为移民进
　　　　　　入美国。贝克将沃伦·G·哈丁(Warren G. Harding)的当选,看作
　　　　　　是保守主义的胜利。在 1922 年,贝克作为哈丁政府的副检察长期
　　　　　　间,美国最高法院批准了排除亚洲人移民法案。受到羞辱和困惑的
　　　　　　印度人,将美国的民主称作伪善。直到 1946 年,国会通过印度移民
　　　　　　和归化法案后,这种情况才得以好转。

183.32 - 33　　Nishihara Loans] 日本首相寺内正毅(Terauchi Masatake)企图借助
　　　　　　日本在第一次世界大战后的迅速发展,通过向中国贷款购买日本武
　　　　　　器的方式来扩大日本在中国的利益。从 1916 年到 1918 年,中国和
　　　　　　日本签署了价值 8 千万美元的贷款合同。日本和中国的秘密谈判,
　　　　　　是由内政毅的旧友、当时韩国银行的总裁西原龟三(Nishihara
　　　　　　Kamezo)操办的。西原由此得以绕开日本政府的渠道,例如日本外
　　　　　　务省和横滨正金银行。当贷款条约被公之于众时,在日本国内造成

了负面的宣传效应。甚至当时在北京的日本首相也指责说:在贷款一事上,他和他的政府被绕过了。此事极大地影响了日本对中国的政策。

伍德罗·威尔逊对此的回应是:鉴于西原借款过快的增加,决定撤销美国之前的决定,并容许美国的财团参与对中国的贷款,以抵消日本的金融活动。

西原借款是提供给中国北洋军阀相互征伐的借款,它被谋求民族独立的"少年中国"(a Yong China)看作一种倒退和帝国主义。

在日本,西原借款被看成是一次财政灾难。由于这些贷款毫无保证,因而被借款人所挥霍;在 20 世纪 20 年代,中国并未履约,这笔贷款成了坏账。此外,由于日本索要贷款的利息,使中日之间的关系极大地恶化了。

218.38 - 39　The Great Society] 杜威使用的这个词,来自格拉汉姆·华莱士 1914 年题献给沃尔特·李普曼的同名著作。作为 20 世纪 20 年代这一理智论争的三方之一,在这篇文章之前,杜威为李普曼的《幻影公众》撰写了书评。6 个月之后,杜威还在《新共和》杂志上撰文分析了华莱士的《思维的艺术》(参看本卷第 231—234 页)。

文本研究资料

文本的校勘原则和程序

弗雷德森·鲍尔斯(Fredson Bowers)　　著

这套《杜威全集·晚期著作》(1882—1898)大致依照年代顺序编排,为读者奉上 407 杜威所发表作品的一个权威的校勘文本。

当某个文本具备以下条件时,可以被称作权威文本或定本:(1)编者就确定所有包含那个有待稽核的作品其中的那些遗存文献在整体上或部分上的权威性,已经竭尽所能;(2)文本基于该作品发表的历史中所产生的最具权威性的文献;(3)所有那些适用文献的完备文本资料都有案可查,它们与被选为范本(copy-text)的版本(被编辑的文本的底本)之间的所有分异都有充分的交待,以便研究者复原在准备该被编辑的文本过程中所使用的任何一个文献的一些有意义的(实质性的)异读。

当一个文本具备以下条件时,可以被称作"校勘"文本:编者不是满足于忠实不变地重印任何单一的文献,而是有所介入:要么依凭自己的权威纠正范本中的缺陷和偏差,要么参考晚于选作范本的那个版本或稿本而出现的某个权威版本的订正和修正,对范本加以更正。[①]

确立某个校勘文本的第一个步骤是:确定那些文本在早期版本中的确切形式,明确有关它们彼此关系的事实,而且务必旋即在"版本"与"印刷"或"印次"之间作出重要的区分。从技术上讲,"版本"由某个特定的排版构成,与这个排版或印版在不同时 408

[①] 此处用来描述文本校勘原则与操作的各种术语在弗雷德森·鲍尔斯的下述论文中有详尽的论述:《定本与权威版本》(Established Texts and Definitive Editions),载于《语言学季刊》(*Philological Quarterly*),第 41 期(1962 年),第 1—17 页;《文本批评》(Textual Criticism),载于《现代语言和文献中的目标与学术方法》(*The Aims and Methods of Scholarship in Modern Languages and Literatures*),第二版,詹姆斯·索普(James Thorpe)编,纽约:美国现代语言协会,1970 年,第 29—54 页。

间的印次无关。①

最常见的文本变动情况,往往出现在出版社因为这样或者那样的原因重新排版的时候,因为在通过自动排字机把文字从原稿转化为某种新形式的机械过程中,出现某些变动是不可避免的。其中的一些变动如果出自作者本人抓住新版机会来订正或修正自己的著作,那么就是有授权的变动;除此之外的变动则是没有得到授权的,因为它们可能源于出版社的校对员或排字工,范围从体现出版社常规印刷风格的变动到无心却十足的差错,不一而足。

为了确立用于当前版本的那些文本,我们对于及至 1952 年杜威去世时的所有实际版本都进行了校勘,对于它们的实质变动都记录在案,并且就总体上看,某些新版本是含有作者的修订,抑或只不过是在一系列无人负责的重印中常规可期的变动,都一一作了决断。一旦某些新版本有证据表明,的确得到了作者的修订,那么,我们旋即致力于把作者自己的订正、修正与源于出版社和印刷商的、没有授权的变动区分开来。在通常情况下,杜威不会纯粹为了文采而修订其作品,而是为了澄清、扩充甚或更改他的意思。是故,凭借所出现的那些变动的性质,通常足以确定杜威本人是否修订了一个新版本。

另一方面,在准备加印更多副本的时候,印版可能会有各种各样的更动,从而形成一次新的印次或新的印刷。这些变动通常源自出版社。出版社的校对员倘若在早先印次中发现了印刷错误,以及其他实际的或自己认为的错误,就会趁机修版。虽然这些校正可能证明是如此必要和如此可嘉,以至于某个编者也希望予以采纳,但是倘若并非出于杜威本人的授意,那么,当然缺乏基本的权威性。况且可能发生这样的情形,即印刷商在按照出版社所要求的更正来重排一行文字的过程中,可能因为粗心大意而另外出错;而针对修版改动之处,通常是随便地校对一下。这种惯常的做法难以发现此等错误。

此外,纯粹的机械原因也可能造成类似的错误,比如,印版在两个印次之间的储存过程中的损坏,或者印刷商试图对过度磨损的印版进行修整,在不告知出版社或作者的情况下重排整页或一页中的部分内容,结果形成新的印版,或者使旧印版大幅度地改动。出版社校对人员所进行的那些订正有别于修订,几乎不可能与作者进行的

---

① 在目前这一版中,诸如"版本"、"印次"(或"印刷")、"版次"和"版前印本"等文献术语的用法,都遵循弗雷德森·鲍尔斯在其下述著作中所提出的使用建议:《文献描述原理》(*Principles of Bibliographical Description*),普林斯顿:普林斯顿大学出版社,1949 年;罗素和罗素出版社胶印本,纽约,1962 年,第 379—426 页。

订正区分开来,除非看起来与出版社特有的风格很不吻合——在这种情况下,它们的非授权性质是显而易见的。另一方面,有意义的修订,比如1889年和1891年重印《心理学》时,杜威授权的那些印版修订,因其特殊的性质和范围总是可以识别出来。

有一点,编者必须考虑到,就是在作者的有生之年,不仅每一新的版本,甚至每一印次都具有作者进行订正或修订的可能性。因此,确立目前这个文本的第一步是:搜集每本著作已知的所有版本和印次情况,然后通过考察文本的内外证据来决定它们的顺序和关系。也就是说,出版社的标识可以表明不同印次的次序,就像在"美国图书公司"《心理学》的数次重印中所发现的那样;不过有时却没有可用的外在证据,抑或外在证据并不可信(比如忘记在扉页上更改日期),那么就必须使用基于印版磨损和退化上面的内在证据,并结合对它们的修复情况,把无法区别的印次彼此区分开来,从而决定其在该版次印刷史上的次序。

编辑部已经获得了这样的证据。编辑们借助"西门校对机"细致地稽核了每一已知版本的现存副本,得以发现印版在其印刷史上发生的一次次变化。所有这些变化都被记录了下来,以便这样的证据成为编辑部使用的事实整体的一部分。获得杜威任一作品的版次和印次关系全图,以及它们的次序证据,为进而探索文本变动及其发展序列的完备证据,奠定了必要的坚实基础。就决定某个给定版本或印次中的那些变动的权威性而言,这是一项至关重要的工作。 *410*

在编辑作者某个文本的某个版本的过程中,为力图从每个角度确立其权威性,现代校勘者已经在如下方面形成共识:就总体的权威性而言,印刷商使用的手稿拥有不可替代的地位,因为它与作者意图具有最密切的关系。根据这部手稿制作的印刷版本在权威性上,唯有在一种情况下胜过作者的手稿,那就是有证据表明作者在其上作了特定的修正,而这向我们透露了作者最终的、修订了的意图。编者的任务是:把这些修订意见与其他变动,比如由排版工人造成的、在校对过程中没有发现的那些差错,区分开来。尽管在作者的清样修订与排版工人对文本的润色之间作出区分并非易事,但是对手稿和印刷文本之间的大量实质性的变动进行校勘上和文献学上有根有据的考察,通常会达到令人满意的结果。

就是说,一旦涉及意义,就能作出甄别。但是,就像手稿和印刷版本之间在拼写、标点、大写和断词方面数以百计、有时甚至数以千计的变动情况那样,倘若没有涉及意义,那么一个不可避免的假定就是:作者本人没有时间来作如此大量的校样改正工作,人们通常可预期的出版社常规印刷风格有时肇端于出版社的校对人员,但总是完工于排版工人。

因此，发展出文本词汇即"实质用词"（substantives），是与这些词汇在拼写、标点、大写或断词方面的呈现形式即文本的"偶发拼读"（accidentals）之间的一种区别。① 编者的校勘工作可能是尝试评估实质用词的权威性，但他必须认识到：与印刷商手中的手稿相比，付印的版本在偶发拼读方面并不拥有充分的权威性。

另一方面，有的作者，比如杜威，就常常如此，因为对于那些不规则拼读相对漠然，寄希望于印刷商在出版的时候"拨乱反正"，所以对于在手稿中拼打出偶发拼读极不在意。于是，在某些方面司空见惯的是：印刷版本的偶发拼读方面的形式，就前后连贯性甚至准确性而言，可能胜过手稿。然而，每位作者，无论有意还是无意，无论前后一致还是前后不一，的确都把其文本的偶发拼读作为"传情达意"的方法来使用。比如，杜威经常大写那些他希望人们当作概念对待的一些词汇，如此使它们在意义上区分于相同词汇的非大写形式。他在这方面固然前后不一，但是这改变不了他使用这种手法这个事实。对此，编辑必须予以尊重。

由此可见，就无时不在的可能性——已出版本中的实质性变动可能代表作者的清样修订而言，印出的初版中的词汇较之文本手稿中的那些词汇，具有总体的优先权威，虽然不是独一无二的优先权威。另一方面，只要其在正确性和连贯性上切实可行，作者在手稿中的偶发拼读比在印刷版本中的形式具有优先权威，因为后者是经过校对人员和排版工人处理过的。

在这些情况下，一个校勘文本可以说是一个择优文本，它致力于通过采用某个文本两个主要因素（手稿偶发拼读和印本实质变异——译者）的最佳形式而糅合各自的权威性；其中，尽管编辑出于恢复真正的权威性或纯洁性而作出的干预可能使之出现必要的改动，但是两个主要因素的最佳形式各自都是以其在接近作者本人习惯或意图方面具有独一无二的优先程度的形式呈现的。

这个编辑原则可以从逻辑上扩展到以下情形：在作者的手稿没有保存下来或者已经无法使用的情况下，唯一直接来自作者手稿的初版必然取代作者的手稿而具有首要的权威性。假如作者没有介入随后某个印次或版次中的那些变动，那么，初版在该文本的两个要素方面仍然是唯一的权威；因此，尽管它要接受编辑校订，

① 瓦特·格雷格（W. W. Greg）爵士在《范本的理据》[载于《文献学研究》（*Studies in Bibliography*），第 3 卷（1950—1951 年），第 19—36 页]中首倡这些术语，并且应用于作者文本的不同部分拥有不同的权威性这个编辑原理。如需进一步的扩展和附加阅读，请参阅弗雷德森·鲍尔斯的《当前的范本论》（Current Theories of Copy-Text），载于《现代语言学》（*Modern Philology*），第 68 卷（1950 年），第 12—20 页。

但是必定成为权威文本的范本或底本。后来的那些印次或版本可能未经作者授权而改动，甚至订正文本；除非作者本人授意这些改动，否则，它们不具有权威性，只是向编辑提示可能的订正而已。的确，在这种情况下，一个文本的历史，通常就是历史地蜕变为错讹更多的一些异读的历史。

另一方面，在后来的印次或版本中，如果作者自己确实进行了修订和订正，则这些变动表明作者改变了的意图。对此，编者必须加以接受。这些较早的异读应当记录在案，因为它们在作者思想发展的过程中具有历史价值，但是显然必被定作者的最终意图所取代。这样，某个修订印次或版本中的实质性异读，相对于之前的那些形式，具有普遍的优先权威。

早先的编辑倾向于把作者某个作品在有生之年发表的最后版本当作范本。其假定是：只要作者修改或修订过，那么，这个版本就具有最高的权威。这套程序已经不再流行，因为它卸除了编辑稽考作者是否确实有过任何修订这个必须的步骤，通常导致编辑（在没有作者介入的情况下）重印错讹最多的版本。即便在之前的出版史上有过授权修订，幼稚的编辑也会把最后版本中的所有实质变动作为作者的修订而接受下来，结果产生出一个真正的修订与某次重印不可避免的讹误共存的非学术性版本。

因此，任何未经校勘就接受某个版本（无论其有否修订）的所有实质性异读的做法，不符合现代学术性的文本校勘标准。评估一个文本在历史上累积的所有变动，并且基于校勘学和文献学的证据来甄选显然出于作者的异读，摒弃那些显然出自印刷商的错误异读，本是编者职责所系。[①]

然而，如上所述，在手稿已经不可复得的情况下，初版的偶发拼读必然在总体上比任何一个后来重印本的偶发拼读更有权威性。初版中的偶发拼读固然已经部分带有出版社特有的印刷风格，但是这些偶发拼读毕竟直接源于作者的手稿，这个事实通常会影响到排字工对手稿形式的采纳。无论如何，它们必定比任何一个重印本都更代表接近手稿形式的偶发拼读；重印本源于另一个印刷版本，只是一个进一步带着出版社特有印刷风格的印刷本而已。在作者要求的一个修订本中，偶发拼读的可能变化固然无法析取；但是，必定少于实质性改动，毕竟实质性改动才是作者干预的主要理由，像杜威这样的作者尤其如此。

---

① 纳撒内尔·霍桑（Nathaniel Hawthorne）的《有七个尖顶阁的房子》（*The House of the Seven Gables*）初版可以引为例证。在这个例子中，经过编辑的细致研究确认，手稿和初版之间那些实质性变动中，有三分之二在印刷时没有得到授权，应当予以拒斥。参阅《霍桑百年纪念版》，第2卷，哥伦比亚：俄亥俄州立大学出版社，1965年，第 xlvii—lviii 页。

所以,根据现代校勘学上的"分离权威"原则,本版《杜威全集》范本的采信稳定在最接近作者最早授权的版本,通常是第一版。① 所以,在手稿不可得的情况下,杜威文本的偶发拼读之确立,其根据基于手稿印刷第一版中的那些偶发拼读形式。只要确定在后续印次或版本中没有作者的修订或订正,那么,第一版对于实质用词而言,仍然是最终的权威版本。另一方面,当后来的印次或版次中有实质性修订的时候,编辑部认定具有作者授权的那些修订优先于第一版中的那些异读而得到采纳,如此这般确立起一个择优文本;择优文本的实质用词选自该文本的那些修订形式,偶发拼读选自该文本最接近手稿的那个版本,体现了这两个方面最高权威的一种结合。简言之,本版《杜威全集》范本仍然采用第一版;但是,在其偶发拼读的形式中,插入了甄定代表杜威变化了的意图的那些修订异读。

　　在编辑过程中,我们贯彻了以下原则:在偶发拼读方面,各个作品都被当作独立的单元来对待。也就是说,各个单元都有自己的范本难题:印刷商的原稿本质与出版社特定印刷风格所赋予它的本质存在不可避免地发生变动,其变动范围从各种杂志 *414* 中发现的那种变动,到不同的书籍出版商所要求的那种变动。因此,虽然我们力保每个单元之内编辑结果的一致性,但是在目前这个版本中的那些独立作品之间,仍然会有某些特征差异。例如,倘若属于偶发拼读方面的拼写或其他某个特征在给定作品之内有所出入,那么,编辑部力图根据杜威手稿中的确凿风格来减少这些出入,以达到一致。

　　另一方面,倘若在一个编辑单元中的某个这样的特征方面不存在出入,即便我们明明知道其与杜威本人的惯例不符,该范本也要予以维持。亦即编辑部采用了狭义

---

① 杜威的绝大多数手稿没有保存下来,而那些保存完好的手稿有些在私人的手里,无法拿来重新编辑。那些得以研究或利用的手稿表明,交付印刷商的原稿在可读性和风格上彼此可能有很大的出入。按照其助手的说法,杜威用打字机写作的时候,通常把页边空白留在左边,鲜有留在右边的情况,结果有些单词会打在打字机的压纸卷筒上,而不是打在纸张上。(杜威的)打字机习惯上设定为每空两行打字,然后把修订和增添打在空行里,以至于最终的页面看起来好像本来没有空行似的。(更有甚者)机打材料上不仅添有手写注释,而且添有对机打材料的手写修订。

　　杜威在拼写方面的漠然态度是出了名的;标点符号的使用也是零零星星,甚至完全不加标点符号。同事们曾经谈及应杜威之请对其手稿进行加工,弄成可供印刷商使用的形式。亨利·霍尔特出版社长期负责杜威著作的那些编辑中的一位曾经说:"……我一次又一次地尝试'改进'他的文风,但是每当我作出实质性改动的时候,便发现随之改变了其原意。因此,我不得不重新恢复其原文。我确实与他一起反复推敲过许多段落,他作了改进。杜威固然允准我们使用本社特有的印刷风格,但我们还是尽可能地保持其原有的样貌。"(引自 1964 年 6 月 25 日,查尔斯·A·麦迪逊(Charles A. Madison)的信函,现存于卡本代尔的南伊利诺伊大学杜威中心)。

的权威观,除非变动本身表明可以还原到具有授权的常规,或认定的错误需要订正,否则不在这些方面改动范本。除了罗列的少量默认变更之外,在所选定的范本中的任何编辑改动及其直接来源都一一记录在案,而且提供了最初范本中实质用词方面或偶发拼读方面的异读。整个说明见诸各个校勘列表。

在拥有重印史的绝大多数文本中,某些变动是十足的差错或未经授权的不必要改动。对此,本版编辑部不予采纳。所有此类实质性变动,无论发生在那些新印次中,还是发生在那些新版次中,都予以记录在案。此外,在印版历史上所有发生在范本版本中的偶发拼读都记录在案,以便这些材料的研究者能够最大限度地掌握这些信息;编者则借此来评估这些偶发拼读变异是否经过作者授权。[①] 然而,当文本在一个新版本中彻底重排的时候,过多的偶发拼读难以一一列出。此外,鉴于编辑部届时将把所有得到授权的偶发拼读变动纳入"校勘表",倘若再罗列出版社或印刷商对文本进行的数以百条计的规范处理,则没有多少帮助。

415

鉴于上面提到的那种未被采用、但值得记录在案的变动[②]数量相当有限,所以没有给予单独列表,而是整合到相应的校勘列表中。在校勘表中,页码前的星号所表示的是:此条中记录的校勘或不予校勘的理由,都在该表之后的"文本注释"中得到了讨论。在一些特殊情况下,文本材料内的单独列表可能部分取代"校勘表"。例如,在第一卷的早期论文中,单词大写之价值在于表示其作为概念的含义与非概念不同,这需要相当大的编辑校勘工夫,从前后不一致的范本使用来订正所要表达的意义。引发研究者注意这些已经得到校勘的关键词含义之重要性的最好方法,就是单独开列一份列表;否则,要是把它们混杂在立意不同的总校勘表中,就有可能被忽视。同样,在一些文本中,对标题的某些改动或修正似乎也有必要单独地开列出来,就像《心理学》重新制作的标题体系中的情况那样。正如下文所述,本系列中有几卷提供了全面而准确的引文列表,以作为对"参考书目"的补充。

编辑部对范本已经作了许多默认改动,主要关涉文本的机械再现,与含义没有什么关系,否则就会记录在案了。

这些默认改动中最普遍的一类,与杜威在正文中、脚注中抑或他可能附列的授权列表中的参考书目体系有关。我们不仅就这些参考书目的准确性进行了核验,而且

416

---

① 为了纠错而造成的印版中的变化,本应通过编辑介入在文本中予以默认处理(参阅后面);但是出于完整性的考虑,仍然予以记录在案。

② 晚于范本的那些版本中的此类未被采用的异读,有别于因偏爱随后的修订或订正而未被采用的范本异读。对于后者,这些异读当然都有校勘记录。

为方便读者起见，大写、标点和文献出处的细节都得以规范。当参考书目在正文之内的时候，其形式可能沿用杜威自己的浓缩样式；读者若希望获得进一步的信息，则可以去权威典籍附表中检索参考书目。除了我们提到的那些默认校勘和校勘表中出现的变动之外，杜威的脚注仍然以最初的形式和位置保留下来，因为它们的参考书目已经完备地收录在附加的"参考书目"中。

在所编辑的杜威的文本中，所有引文都依照杜威书写的原样保留了下来，因为它们虽然不尽准确，却是杜威的观念奠基于其上的那种形式。"引文勘误"部分提供了完整准确的引文，有助于读者从精确或有出入的引文形式去断定：杜威究竟是从面前打开的文献来源引述，还是仅仅凭借自己对文献的记忆落笔。

脚注或正文（以及未被采纳的范本异读）中出现的所有与言下作品中涉及的要点有关的参考书目（无论向前参考还是向后参考），在目前全集的版本中都有适当的页码编号，取代了适用于范本本身的原有页码编号。

第二大类默认改动涉及杜威在英国发表的论文。英国印刷商以自己的方式，使美式拼写、标点体系以及其他的偶发拼读或再现形式带上了自己的风格。从逻辑上说，依照把各个孤立文本作为独立单元来对待的原则，编辑部本可以保留这些作品的英式风格；但是，为了方便美国读者起见，而且作为在某种程度上自动复原印刷商用作原稿的那些手稿的确凿特征之手段，他们代之默认把这样的范本中不符合那些可以确立的杜威用法的英式要素进行美式化。于是，诸如单词"emphasise"和"colour"便默认更改为"emphasize"和"color"，而且与引号相关的标点位置也改成了美式用法。

417所余默认更改是机械方面的，涉及对不至于误为真正异读的那些排印错误的订正，比如理顺不合规范的排印习惯或字体使用，扩充绝大部分的缩写，等等。一些典型的例子包括：去掉标题后面的句点和破折号，把"&c"扩充为"ect."；为了符合逻辑体系，变更了罗马字体或斜体单词（或斜体段落）后面的句法标点；扩展诸如"教授"或"州长"这样的称呼；补充外来单词中的重音符号，比如在法语标题中大写"E"，德语的"ue"无论大小写都规范为"ü"；章节标题中的罗马数字默认改为阿拉伯数字，就像涉及它们的所有参考书目的情况那样。

上述这些介绍，关涉的是目前版本中绝大多数文本的一般性处理。当特殊情况需要特殊处理的时候，在有关文本注释的特别说明中，将予以通权达变或有所添加。无论从大处还是从小处进行编辑处理，抑或进行文本信息的记录，本版本的立意都是为广大读者提供清晰的阅读文本，并且附有清晰的专业化材料，以期为研究者提供查考之便。

　　总之,我们想以最具权威的形式逐字逐句地确定杜威的最终意图,使杜威著作远离无论在范本中还是在随后的那些印次或版次中存在的文字错讹。在这个至关重要的目标之余,我们力图在一个合乎逻辑地构想出来的偶发拼读系统(受控编辑理论,根据保留下来的各个作品的文献证据,尽可能地逼近确立起来的最具权威性的形式)之中,再现杜威最终的字面意图。

418

1982 年 1 月

文本注释

以下注释以本卷中的页码（边码）和行数为索引，列出文本中有问题的内容。

40.14　　　Althusius]在杜威的句子结构中，"前者"指的是拉斯基(laski)。然而，这里的前者，杜威很清楚是指向更早的法学家——约翰内斯·阿尔瑟修斯，他是德国的法学家，建立了一套连续团体的等级国家理论。拉斯基的观点是对阿尔瑟修斯理论的扩充和偏移。

47.23　　　causal]根据上下文，《哲学和文明》中的这个修订不可避免地要被拒绝。杜威论证的是感官的性质并不会决定心理的特征，但"感官"意味着使周围的情境出现某种性质，而非产生内容的本质。因此，当说起感觉、可感的或感官性质的时候，杜威并没有指涉因果或机运，而是指向某种偶然的情境。

51.23　　　organ.]基于打字稿的"器官"后面有空格，并且紧接着的"Red"是大写，而不是逗号，编辑在此处作了一个修订，尝试恢复杜威原初的意图。

51.38　　　is signified]在这个句子更前面部分的修订中，"is"可能被不小心忽略了。因此，依照可能的句法惯例，在底本中补上了"is"。

54.17　　　"of".]根据句子的上下文以及之前的介词，很明显，杜威的意思是重复"in"和"of"。

54.33　　　settlement.]杜威打字稿中的变化的意思是：在这一点上，他结束了前面的段落。后来，他用 x'd-out 和"哥伦比亚大学"的字样来表示自己的签名。由于不均衡的结构和较淡的笔迹，这个句子很明显是杜威事后的思考。

54.37   causal]根据杜威在此讨论的形而上学问题,文章最后这个版本所作的实质性改动不能被接收。由于内容的原因,用"偶然"代替"因果性"是不能被接受的。

63.6   in quality]在杜威的打字稿和这个词最初的来源——查理·顿巴·布劳德的《科学的思想》中,都发现了"in"这个词。因此,可以肯定,在《哲学杂志》刊登的文章中遗漏了"in"。

66.35-36 presentness]根据在66.34处和68.2处的使用模式,并根据上下文,杜威讨论的是时间的要素,"现在"包含在现在性中。

370.25-26 inexhaustible]在1946年杜威的著作重版的时候,"exhaustible"的前缀缺失的问题并没有解决。根据这个句子所表达的意思,这个前缀的缺少可能是由于疏忽造成的。

文本说明

《杜威晚期著作》(1925—1953)第二卷包括 1925 年到 1927 年间的 34 篇作品。杜威在 1925 年撰写的《经验与自然》没有收录在内,1926 年撰写的著作都收入其中,也包括 1927 年的专著——《公众及其问题》。本卷中,24 篇是论文,其中的 22 篇之前发表在期刊上。其他两篇发表在《观念史研究》上,这是哥伦比亚大学哲学系为了增进文化历史方面的研究所办的期刊。其余的文章是 4 篇书评和 5 篇杂记,包括杜威在阿尔伯特·巴恩斯基金会上的献词和《公众及其问题》1946 年版的导言。

本卷中有 9 篇文章不止一次地出现在出版物中,但并不存在复本的问题。其余的 25 篇文章只发表过一次,在这一版之前,它们的权威形式都以底本的方式出现。尽管之前只存在一个版本,消除了文本的问题,但对这些文章中数篇的源起和内容进行说明,有助于揭示杜威在 1925—1927 年的写作活动,也有助于在这些文章和杜威其他著作之间建立联系。据此,我们将首先讨论和说明这些文本的选择。

在 1919 年到 1921 年访问日本和中国时,杜威在《新共和》上写了一组文章,对东方文化进行比较。这组文章中的最后两篇是《相当虚假的小谎言》和《中国是一个国家,还是一个市场?》,这两篇发表在《新共和》1925 年的 4 月 22 日和 11 月 11 日。社会和政治评论家沃尔特·李普曼在一封信中称赞杜威的观察:"在我看来,你为《新共和》所写……的内容,是政治报告所应是的模版。而宣传家们之前所写的东西,使美国人对远东的态度日益变得困惑和缺乏耐心。"①

---

① 李普曼写给杜威的信,1921 年 6 月 14 日,李普曼文集,耶鲁大学图书馆,特别收藏,纽黑文,康涅狄格州。

1926 年 5 月 1 日发表在《调查》杂志上的《美国和远东》一文，以及 1926 年 5 月发表在《中国学生月刊》上的《我们应该像国家对国家那样对待中国》，标志着杜威完成了他对东方的分析。这 4 篇有关日本-中国的文章范本，最早出现在这三本杂志上。约瑟夫·拉特纳编辑的杜威文集《性格和事件》（纽约：亨利·霍尔特出版公司 1929 年），重印了杜威有关东方和土耳其的所有文章，但未经杜威本人的修改，因此没有版本的权威。

1920—1921 年在北京的时候，杜威肯定见过新任的美国驻华大使查尔斯·R·克兰。[①] 克兰是 1919 年在土耳其的盟国托管委员会的一员，也是在君士坦丁堡的美国女子学院信托委员会的主席。他说服并资助杜威在 1924 年去土耳其旅游了 2 个月。在土耳其公共课程指导部长西法·贝（Sefa Bay）的邀请下[②]，杜威对土耳其的教育体系进行了评估。[③]

杜威从土耳其返回之后，在《新共和》上发表了另外一系列文章来回应土耳其快速变化的生活。有关土耳其文章的最后一篇是《土耳其的问题》，发表于 1925 年 1 月 7 日，也被收入了本卷。[④]

本卷中的 4 篇文章曾在杜威的文集《哲学和文明》（1931 年）中重印过。杜威将其理论总结为"在做中学"首次发表，就是在《美国实用主义的发展》这一范本中，这篇文章首次发表在由杜威的哥伦比亚大学哲学系的同事主编的《观念史研究》（1925 年）上。

《法人人格》是另一篇在《哲学与文明》中重印的文章。这篇文章最初在 1926 年 4 月，以"公司法律人格的历史背景"为标题，发表在《耶鲁法律杂志》上，这也是本卷所

---

① 克兰是一个银行家和芝加哥生产阀门及其配件的制造商，他后来成为世界旅行家和慈善家。由于克兰对亚洲的兴趣，伍德罗·威尔逊在巴黎和会时任命他为东方事务顾问。参看《新世界》（*New World*），1923 年 4 月 8 日。

② 1924 年 9 月 23 日，罗伯特·M·斯科特给国务卿查尔斯·伊文思·休斯的信，华盛顿特区，国会档案馆，外交分支（《杜威中期著作》，乔·安·博伊兹顿主编，第 15 卷，第 418—420 页，卡本代尔：南伊利诺伊大学出版社，1983 年）。

③ 在土耳其时，杜威并未发表所准备的《关于土耳其教育的预备报告》，参看《杜威中期著作集》，第 15 卷，第 301—307 页。他稍后确定了一份 30 页的报告，起名为《关于土耳其教育的报告与建议》，发送给土耳其公共课程指导部长（《杜威中期著作》，第 15 卷，第 273—297 页）。这个报告于 1939 年在土耳其首次发表，又在 1952 年重印。英文本在 1960 年以《杜威报告》为题发表，第 1—27 页。

④ 之前有关土耳其生活的 4 篇文章，全部发表在《新共和》上。参看《杜威中期著作》，第 15 卷，《神权国家的世俗化》，第 128—133 页；《安卡拉，新首都》，第 134—138 页；《土耳其的悲剧》，第 139—143 页；《在土耳其的外国学校》，第 144—149 页。

用的范本。

本卷中第三篇重印在《哲学与文明》中的文章,是《自然主义的感觉-知觉理论》。《哲学与文明》所用的版本是基于 1925 年 10 月 22 日首次发表在《哲学杂志》上的文章。目前版本所用的范本是杜威最原始的打印稿,该稿收藏在纽约哥伦比亚大学图书馆的珍稀图书和手稿本的哲学收藏品中。

《有情感地思考》是第 4 篇在《哲学与文明》中重印的文章。该文之前出现过两次,最初是以"逻辑和绘画中有情感地思考"为题,发表在 1926 年 4 月的《巴恩斯基金会期刊》上,稍后又在巴恩斯基金会的文章合集《艺术和教育》中重印(1929 年)。此处所用的范本是该文的首次发表。

杜威和巴恩斯基金会创始人的深厚友情,可以追溯到 1917—1918 年。当时,阿尔伯特·C·巴恩斯 45 岁,他参加了一个杜威在哥伦比亚大学的研讨班。巴恩斯非常爱好法国艺术藏品,他通过发明一种硝酸银的工艺——弱蛋白银(Argyrol)起家,在宾州建立了巴恩斯基金会。巴恩斯聘请杜威担任基金会的教育顾问和咨询师。[①]
1925 年 3 月 19 日,杜威在巴恩斯基金会庆典上的献词也收入了本卷的杂记中。这篇献词只在《巴恩斯基金会期刊》上发表过一次,因此也成了唯一的范本。

同一年的夏天,杜威陪巴恩斯短暂地逛了欧洲艺术博物馆。在他和另外一个法国绘画收藏家列奥·斯坦(Leo Stein)的通信中,杜威描述了巴恩斯对他的影响:"巴恩斯极大地提升了我对绘画要素的认识和表述,使我能够客观地评价绘画的价值——这个信念要归功于去年夏天在卢浮宫(和普拉多)听他谈论绘画,以及阅读他的书。"[②]

杜威所说的书指的是巴恩斯于 1925 年出版的《绘画的艺术》。巴恩斯将这本书献给杜威——"他关于经验、方法和教育的概念激发了这本书,同时也构成了本书基础的一部分。"[③]

1925 年 12 月 4 日,在将《有情感地思考》一文转发给《巴恩斯基金会期刊》出版后,杜威回应了巴恩斯的称赞:

---

① 乔治·戴奎真(George Dykhuizen):《杜威的生平和思想》(*The life and Mind of John Dewey*),卡本代尔:南伊利诺伊伊大学出版社,1973 年,第 221—222 页。
② 杜威写给斯坦的信,1926 年 1 月 9 日,詹姆斯·罗兰·安杰尔文集,耶鲁大学图书馆,特别收藏,纽黑文,康涅狄格州。
③ 巴恩斯:《绘画的艺术》,1925 年,第 v 页。

你过分地夸大了我寄给你的文章和你的书(《绘画的艺术》)之间的关系。我在绘画中所获取的知识完全是由你而来的,我只是将它们和我从其他地方获得的观念作了联结。我正在写一个逻辑理论的导论,这是我正在上的一门课。在其中,我试图总结关于这一主题发散的想法,并且很偶然地尝试着把讲座当作获取主要观点的基础。一开始,我使你几乎是全部地离开上下文。当我解决我称之为思想的生理基础时,准备了这个材料;并且通过它,我感到,与你对绘画的处理有真正的共同之处。换句话说,我的脑海中,这两种经验相互混合。我感觉,自己并没有花时间很好地解决这个联系。因此,我很高兴,文章的这两部分使你感到它们是合理地联结的。我想,这看起来可能是一种外在的联结。不过,我感觉,这两者存在着一种真正的联结。①

在杜威和斯坦继续讨论艺术的审美时,他进一步澄清了他有关《有感情地思考》的意图:"对经验的心理学分析,应该成为(审美)的基础,虽然现在还不是。我在一篇小文章中试图建议另外一种方法的模式,即从利尼亚诺的推理心理学出发。这篇小文章将在《巴恩斯基金会期刊》接下来的一期中刊登。"②

杜威在《个性和经验》一文中,继续探究生命和艺术的关系。这是本卷中可能不止一个范本的 9 篇文章中的第五篇。这篇文章首次出现在 1926 年 1 月的《巴恩斯基金会期刊》上,这篇也被选作范本。此文在《艺术与教育》中重印,杜威的文章和巴恩斯的文章、艺术权威劳伦斯·布依尔迈耶尔(Laurence Buermeyer)和巴恩斯基金会教育总监维奥莱塔·德·玛兹亚(Violetta de Mazia)的文章,为我们提供了一个有些小改动的版本,可以作为范本。

425

在这些年中,另一个占据杜威注意力的主题是价值理论。在 1913 年到 1918 年间,他发表在《哲学、心理学和科学方法杂志》上的文章都是关于这个问题以及价值的对象。③ 这些文章被知名哲学家戴维·怀特·普劳尔注意到了,他当时在加州大学

---

① 杜威给巴恩斯的信,1925 年 12 月 4 日,拉特纳/杜威文集,南伊利诺伊大学莫里斯图书馆特别收藏,卡本代尔。杜威和巴恩斯都授权拉特纳影印巴恩斯-杜威的通信。这封信的原件并不在巴恩斯基金会。这里所有的引用都来自拉特纳/杜威文集。
② 杜威给斯坦的信,1926 年 2 月 22 日,安杰尔文集。
③ 《价值问题》发表于《哲学、心理学和科学方法杂志》,第 10 卷(1913 年 5 月 8 日),第 268—269 页;《评价的对象》,同上,第 15 卷(1918 年 5 月 9 日),第 253—258 页{《杜威中期著作》,第 7 卷,第 44—46 页;第 11 卷,第 3—9 页}。

伯克利分校任教。1921 年,普劳尔写了一篇论文,批评杜威与判断相关的价值概念。① 杜威对普劳尔的第一篇回应是《评价与实验知识》,②这篇文章激起了两人之间从 1923 年到 1925 年在《哲学杂志》上的一系列辩论。③ 杜威对普劳尔最终回应的文章是《价值的含义》,发表在 1925 年 2 月 26 日的《哲学杂志》上,也被收入本卷。这篇文章终结了杜威-普劳尔在公共印刷品上的争论,杜威自己却终其一生都在寻找一种更加完善的价值哲学。

《事件和未来》首次发表在 1926 年 5 月 13 日的《哲学杂志》上,现在的版本使用的是分裂的范本。杜威收藏在哥伦比亚大学图书馆珍稀图书和手稿的哲学收藏品中的打字稿,作为范本,但只有前面一半;《哲学杂志》发表的版本作为剩余部分,作为另一个范本,从 67.4 部分开始。杜威在不完整打字稿中的一些修改,不管是用手修改的,还是用打字机修改的,都保留在《事件和未来》的打印稿异体字表中。

剩余三篇有多个范本的文章可以放在一组讨论,因为它们具有相似的出版历史。从 1926 年 7 月 5 日到 8 月 21 日,杜威在墨西哥城的墨西哥国立大学暑期学校,为超

过 500 名美国学生作了六次演讲。美国总领事亚历山大·W·维德尔像国务卿弗兰克·B·凯洛格报告说,杜威的演讲是"论高等教育问题和当代哲学思想"。④

杜威将美国和墨西哥的学生和教授,还有当地的教育者和政治家相联系,导致了发表在《新共和》上的一组文章:《墨西哥的教会和国家》(1926 年 8 月 25 日,本卷第9—10 页),《墨西哥的教育复兴》(1926 年 9 月 22 日,本卷第 116—118 页),《来自一个墨西哥人的笔记》(1926 年 10 月 22 日,本卷 239—241 页),这三篇文章的范本都第一次出现在这里。毫无疑问,《新共和》的编辑是热烈欢迎杜威的,他们在"美元书系列"(Dollar Book series)中的《苏俄印象和革命的世界:墨西哥-中国-土耳其》(纽约:新共和出版公司,1929 年)中重印了这三篇文章,为了本卷的出版,杜威稍微修改了这三篇文章,他的修改和校订作为范本被接受了。

《新共和》的财务主管丹尼尔·梅宾(Daniel Mebane)特别将《墨西哥的教育复

---

① 《价值理论研究》,加州大学出版社,哲学 3(1921 年),第 179—290 页。

② 《哲学评论》,第 31 期(1922 年 7 月),第 325—351 页(《杜威中期著作》,第 13 卷,第 3—28 页)。

③ 普劳尔的反驳包括:《为捍卫一种无价值的价值论作辩护》,《哲学杂志》,第 20 期(1923 年 3 月 1 日),第 128—137(《杜威中期著作》,第 15 卷,第 338—348 页);杜威的回应:《价值、偏好与思想》,《哲学杂志》,第 20 期(1923 年 11 月 8 日),第 617—622 页(《杜威中期著作》,第 15 卷,第 20—26 页);普劳尔的反驳:《价值和思想过程》,《哲学杂志》,第 21 期(1924 年 2 月 28 日),第 117—125 页(《杜威晚期著作》,第 2 卷,第 393—402 页)。

④ 维德尔给凯洛格的信,1926 年 6 月 10 日。

兴》一文送给卡尔文·库利奇(Calvin Codidge)总统,并附上一封信:

> 杜威博士在我们国家的崇高地位被如此普遍地认可,以至于我毫不犹豫地可以替他作保:呈送在您桌前的关于墨西哥教育进步的报告,是值得一读的。您和库利奇夫人最关心人们在公共教育方面如何提升自己,我很有信心,墨西哥的例子就是所需要感受和理解的。①

事实上,杜威的三篇文章描述了墨西哥在普鲁塔尔科·埃利亚斯·卡列斯(Plutarco Elias Calles)总统的领导下改变国家生活的状况。卡列斯是在杜威到达前两年被选为总统的。

尽管保守力量反对,卡列斯还是打破了土地财产的垄断,提高劳工权利,扩大和改革教育,限制外国商业和工业利益,并严格地限制天主教神职人员在墨西哥的活动。②

正如杜威之前在《新共和》上反思自己在中国和土耳其的旅行一样,他也在《新共和》上发表的最新系列文章中,反思墨西哥国家发展的复杂因素。很明显,他同情发生在墨西哥的革命运动。根据他女儿简的记述,他在墨西哥的经验,"使他确立了自己对教育必要性的信念,教育确保一种可以为个人带来益处的革命性的变化。因此,他们不能仅仅改变国家文化的外在形式"。③

1926 年夏天,爱丽丝·杜威陪同丈夫一起去了墨西哥,但疾病迫使她中途不得不返回纽约。杜威从墨西哥回来之后,在为《新共和》写稿的期间,他要照料爱丽丝不断恶化的健康。1927 年春天,为了照顾妻子,杜威从哥伦比亚大学请假离职。

自从 1921 年起,杜威开始代表美国战争非法化委员会写文章。作为对国际联盟无法通过禁止战争的反应,他的文章受到了长久以来的好友、芝加哥律师萨蒙·O·列文森的鼓励。④ 1925 年 3 月 8 日,列文森写信给杜威:"我的确希望你能将在你的头脑中反复考虑的文章《什么是法律》写出来……在某种程度上,我们感觉在基督教

---

① 梅宾给库利奇的信,1926 年 9 月 22 日。
② 乔治·戴奎真:《杜威的生平和思想》,第 232 页。
③ 简·M·杜威(Jane M. Dewey):《杜威传记》,载自《杜威的哲学》,现存哲学家图书馆,埃文斯顿:华盛顿大学出版社,1939 年,第 1 卷,第 42 页。
④ 杜威的写作还包括 1921 年为《战争非法化》宣传册所写的序言(《杜威中期著作》,第 13 卷,第 411 页)。这个宣传册是由列文森创立的美国战争非法化委员会出版的。列文森是总部设在芝加哥的战争非法化运动的领导。杜威在纽约成立了支部,列文森和杜威之间有大量的通信。

所假定的圣战的压力下,我相信这样一篇文章比以往任何时候都更加合适。"①

随后,在 1926 年 12 月 23 日,杜威的文章《美国的责任》发表在《基督教世纪》上,敦促立即实行由参议员威廉·E·博拉提出并采纳的美国实践的理想主义的非法化战争体系的提案。② 这篇文章的范本唯一出现在这里。编辑所加的标题可能有助于确定杜威的关注点,因此予以保留。

有两篇文章是受社会和政治评论家沃尔特·李普曼的刺激所写的。李普曼开始是战争非法化运动的支持者,后来成为这个运动最强大的反对者。③ 在他们就战争非法化这个议题发生分歧之前,杜威在 1922 年 5 月 3 日就李普曼的《公众舆论》一书在《新共和》上发表书评④,说"他没有在任何一本书上花如此多的时间,以及提出如此多的建议"。⑤ 杜威对李普曼接下来的一本书——《幻影公众》的书评是《实践的民主》,在 1925 年 12 月 2 日发表在《新共和》上,这篇文章也收入本卷。杜威评论的李普曼的这两本书,现在仍然在他个人的图书馆里,⑥上面有众多的下划线和边注。杜威之前被战争非法化运动激发了对法律问题的兴趣,这两本书明显地激起了杜威对美国政府不断变化的性质的兴趣。事实上,杜威在《幻影公众》的书评中,总结到李普曼对民主制弱点的评论——他说,"需要更进一步的分析……我希望稍后能够回到这个议题上来"。⑦

这个观念自然演进的结果就是《公众及其问题》一书。在 1927 年 2 月 24 日,杜威写信给哥伦比亚大学的同事赫伯特·施耐德:"我刚给霍特出版社公司寄去了长达5 万字的书稿,名字是《公众及其问题》,这是基于我去年在凯尼恩学院(位于俄亥俄州的甘比尔,杜威在 1926 年 1 月在拉威尔基金会作了几次演讲)的演讲稿修改而成

---

① 列文森给杜威的信,1925 年 3 月 18 日,列文森文集,约瑟夫图书馆,芝加哥大学,特别收藏。
② 1923 年 2 月 14 日,博拉在和列文森接触多次以后,在参议院提出了一个支持战争非法化原则的提案。
③ 李普曼的文章;《战争的非法化》,发表在《大西洋月刊》,第 132 期(1923 年),第 245—253 页(《杜威中期著作》,第 15 卷,第 404—417 页)。杜威回应的文章《战争的非法化不是什么》和《战争与法律法规》,发表在 1923 年 10 月 3 日及 1923 年 10 月 24 日的《新共和》上(《杜威中期著作》,第 15卷,第 115—121、122—127 页)。这两篇文章变成了一个 16 页的宣传册,由美国战争非法化委员会以"战争非法化:它是什么和不是什么,回应李普曼"为标题出版(芝加哥,1923 年)。
④《新共和》,第 30 期(1922 年),第 286—288 页(《杜威中期著作》,第 13 卷,第 337—344 页)。
⑤ 杜威写给李普曼的信,1922 年 5 月 4 日,李普曼文集。
⑥ 杜威文集,特别收藏,莫里斯图书馆,南伊利诺伊大学,卡本代尔。
⑦ 参看本卷第 219—220 页。

的。在这本书中,我试图以一种流行的方式说明本人对政治及其方法的观点。"①

杜威将哲学应用到政治上,受到评论家的热议。② 他们发现,《公众及其问题》是令人兴奋的和有说服力的,同时"具有鲜活的历史感",解释了"一个有趣的基于人性及其习惯的社会发展的概念,并且避免了过度的经济决定论和个体全能论"。③

还有一些值得注意的评论,比如"杜威教授之前写过不少有启发性和说服力的文章,但没有一篇比这本书更好",④最典型的评论要数威廉·恩斯特·霍金在《哲学杂志》上的评论了:

> 杜威总能远超其标题所规定的内容……对杜威来说,治疗民主的疾病是……更加民主——而不是更加机械。在这个意义上,才能更好地把握这个观念。我们的公众并不理解,伟大的共同体必须由更多的社会上日复一日的显著真相的知识来引领,由现今社会上对知识自由地探究和传播来引领,由在科学的自我认知中,在厌倦了眼前的利益之后所获得的艺术来引领。这些都是达到目的的恰当方法,因为杜威……坚持认为,这很简单,因为这是"共同体生活自身的观念",并且不能被抛弃。⑤

正像人们所期望的那样,《新共和》探究了沃尔特·李普曼对杜威关心当代民主问题的影响。罗伯特·洛维特(Robert M. Lovett)通过说明杜威为民主的共同体生活确立了必不可少的条件来总结他的评论:"通过这么有说服力的论述,对其他人来

---

① 杜威写给施耐德的信,杜威文集。

② 出现了如下的书评:R. E. Park, American Journal of Sociology, 34(1928):1192 - 1194; Boston Transcript, 12 November 1927, p. 8; Alfred Stiernotte, Humanist 7(September 1947):96 - 97; Stephen C. Pepper, International Journal of Ethics 38(1927 - 1928):478 - 480; William Ernest Hocking, Journal of Philosophy 26 (6 June 1929):329 - 335; O. de Selincourt, Mind, n. s. 37 (July 1928):368 - 370; Monist 40 (October 1930):640; Robert M. Lovett, New Republic 52(24 August 1927):22 - 23; Virgil Michel, New Scholasticism 2(April 1928):210 - 212; Sterling Lamprecht, New York Herald Tribune Books, 27 November 1927, p. 4; Robert Luther Duffus, New York Times Book Review, 23 October 1927, p. 15; Thomas Vernor Smith, Philosophical Review 38 (March 1929):177 - 180; Harold J. Laski, Saturday Review of Literature 4 (15 October 1927):198 - 199; Henry Neumann, Survey 59(1 November 1927):162 - 163; William B. Munro, Yale Review 17(April 1928):610 - 612。

③ 塞林科特(De Selincourt):《心灵》,第 37 期(1928 年 7 月),第 370 页。

④ 芒罗(Munro):《耶鲁评论》,第 17 期(1928 年 4 月),第 611 页。

⑤ 霍金:《哲学杂志》,第 26 期(1929 年 6 月 6 日),第 329、333 页。

说,它们变成了一种重生的信仰和鲜活的希望的基础,同时也是信念和行动的指南。"①

哈罗德·拉斯基在《星期六文学评论》上的文章注意到了李普曼"巨大的影响",他评论《公众及其问题》是"极其具有启发性的"。同时,"我也很幸运地知道,我喜欢这本书的一切,这是极其困难的。"②《调查》的评论人亨利·诺伊曼(Henry Neamann)观察到"杜威教授用冷静的理智来分析国家这个之前被过分夸大的重要概念,同时在民主方面带来了更新的悲观主义"。③《纽约时报书评版》中,罗伯特·达弗斯(Robert Duffus)说,任何想要处理"如此困难的讨论"的读者都通过"这位最清楚的思想家之一,尽管他并非是写得最清晰的作家……得到很好的回报"。④

12年之后,杜威在给他的学生胡适写信时说:

> 我的著作中最平衡的可能就是《公众及其问题》,这本书也是最"工具主义的",至少其含义如此,因为它采用了更多的相对性原则……但不幸的是,我并没有清楚明白地把我的意思说出来,读者也没能看出来……我的意思是……强调——这可能在我之前的表述中是隐含的,并非明晰表述的——在决定政府政策的过程中,民主行动的绝对重要性——因为只有通过"民治的政府",才能确保"民享的政府"。⑤

胡适将杜威的信复印了一份给拉特纳,他也是杜威的学生。拉特纳回应说:"事实上,《公众及其问题》的最后章节可能是任何其他人写的……在这些章节中,杜威事实上过于受到李普曼《公众舆论》的影响。"⑥然而,尽管拉特纳很高兴杜威最终进展到了一种真正的工具主义的国家理论,人们的行为变成了解决社会问题的工具,但他还是总结说,"《公众及其问题》的第二章比他知道的写得更好"。⑦

1927年,亨利·霍尔特出版公司出版了《公众及其问题》,并且用一个单独的底

---

① 洛维特:《新共和》,第52期(1927年8月24日),第22—23页。
② 拉斯基:《星期六文学评论》,第4期(1927年10月15日),第198页。
③ 诺伊曼:《调查》,第59期(1927年11月1日),第162页。
④ 达弗斯:《纽约时报书评版》,1927年10月23日,第15页。
⑤ 杜威写给胡适的信,1939年10月27日,拉特纳/杜威文集。
⑥ 拉特纳写给胡适的信,1939年11月12日,拉特纳/杜威文集。
⑦ 同上。

版保留了印刷本 14 年。所有这本书的副本都只有版权日期,而没有更多的印刷版出现。1941 年 10 月 21 日,霍尔特出版公司的查尔斯·A·麦迪逊写信给杜威说:"我们很抱歉地通知您,我们无法再保留《公众及其问题》的底版了,但您应该可以理解,除非一本书总是畅销,否则,我们不可能持续地保留底版。"①

1942 年 5 月 6 日,《公众及其问题》不再印刷,杜威回复麦迪逊的信中表达了他的愿望:"由于……你们决定不再印刷,那么,是否能请你告诉我如何保存底版,并且如何正确地使用它"。② 亨利·霍尔特出版公司通知杜威,底版可以用 15 美金来购买,并且同意将《公众及其问题》的所有版权都转给杜威。③ G·P·达顿出版公司的埃尔勒·H·巴赫(Earle H. Balch)在其中斡旋,协商将书的版权从霍尔特出版公司手中转给杜威。巴赫写信说,杜威"问我是否能照管底版,因为他没有地方储存它们,我们都很高兴为他做这件事"。④

1946 年,盖特威出版公司配合杜威新写的序,用这个底版重新印刷了《公众及其问题》,这个序言也收入本卷。目前,这版本的底本用的是底版 A996499;它和之前《公众及其问题》的底版进行了小幅的校对,文字基本一致。

正如之前所提到的,杜威将之前出版的一些文章结成文集《哲学和文明》出版(纽约:明顿-鲍尔奇出版公司,1931 年)。这些文章无论修改还是校正,都有一些实质性的改变,这反映了作者数年之后的意图和角度。

《美国实用主义的发展》首先发表在《观念史研究》中。6 年后,在《哲学与文明》中重版;与第一版相比,现在的版本总共有 75 处改动。

为了准备重新出版,杜威作了很多修改,比如 10.25 - 27 完全重写了句子,4.32、9.29、9.31、15.36、18.17 处变斜体强调;8.4、8.5、8.18 和 10.8 处改变了时态;在《哲学与文明》中,修改了《观念史研究》中的两个错误:18.11 处"as"改成"is",21.11 处"on"改成"to"。在 12.32 和 21.21 处,为了强调,杜威改变了句子的结构。其他实质性改变都是为了使效果更清晰,例如:在 7n.13 处,杜威将"explanation"改为

─────────────────

① 麦迪逊写给杜威的信,1941 年 10 月 21 日,霍尔特出版公司档案,普林斯顿大学图书馆,普林斯顿。

② 杜威写给麦迪逊的信,1942 年 5 月 6 日,霍尔特出版公司档案。

③ 1942 年 5 月 13 日,布里斯托尔(H. G. Bristol)写给杜威的信,霍尔特公司档案。1919 年,杜威在北京和霍尔特公司签署出版他在日本帝国大学的演讲稿——《哲学的重建》时,他可能同时签订了未来著作的出版协议。

④ 鲍尔奇给 H·G·布里斯托尔的信,1942 年 5 月 25 日,霍尔特出版公司档案。

"interpretation"，在 8.40 处将"greatly"改为"indenfinitely"，在 9.31 - 32 处将"terms"改为"concepts"，在 12.10 处将"because"改为"when"，在 14.13 处将"constitute"改为"establish"。

432 《法人人格》最初发表在《耶鲁法律杂志》(YL)上，在《哲学与文明》(PC)上重版的时候，杜威做了 51 处的修改和校正。这包括在 33n.5 处改变了动名词搭配，从"wars confer"变成"war confers"；修正了 YL 版上的一个印刷错误和两处拼写错误：在 30n.8 处将"the"改为"that"，在 33.25 处将"ecclesiatic"改为"ecclesiastic"，在 40n.19 处将"Hobbessian"改为"Hobbesian"。杜威在修改中改变意思的例子比如：在 24.19 处将"it"改为"him"，在 28.16 处将"less"改为"more without"，在 36.18 处将"conceded"改为"promoted"。在 36.20 处有一个实质性的改动，改变了底本的读法，PC 版不正确地插入了"it"，改变了句子的结构和杜威的意思。由于引用法条的准确性和连续性，大小写字母和期刊名称的缩写，以及文章页码和引用的位置都保持不变，尽管它们在风格上可能与杜威平常所使用的不同，并且几乎可以肯定是一个较早的编辑提供的。

《自然主义的感觉-知觉理论》首先发表在 1925 年 10 月 22 日的《哲学杂志》上(JP)，并在《哲学与文明》中重版。和初版相比，现在的版本在打印稿(TS)上有 56 处修订。PC 版的文章和 JP 版的文章在实词变化上保持一致，这说明杜威选择了第一个版本作为 PC 版的底本。

PC 版和 JP 版的修改变化主要是为了更加清楚和妥帖，很少改变内容。在 46.26 处的修改稍微改变了意思，将"accepting"替换为"taking"，在 47.19 - 20 处将"because of"替换为"through"。PC 在 44.22 插入了一个句号，改变了强调部分，这个改变作为权威的改动保留了下来。然而，在 47.23 和 54.37 处，PC 版将 TS 版和 JP 版中的"causal"改为"casual"，应该是印刷错误，不予接受。在 47.17 - 18 处，JP 版和 PC 版都有一个省略——"leads to difficulties in statement and which"——可能是杜威自己修改的，TS 版上将"obscure"改为"obscures"以保持语法一致，这些改变都作为修订接受下来了。在 51.37 - 38 处，杜威在 PC 版上修改了 JP 版上的"implication, of"，并且在"sign"之前增加了"a"，在"mark"后面增加了一个逗号，但没有注意到 TS 版本上省略了"is"；PC 版的最终修订被接受了，"is"也从 TS 版上恢复了。

《自然主义的感觉-知觉理论》的校订表也可作为一个历史的校订表，因为它包括三个可能版本的变化。杜威在写作过程中广泛地使用异体字。在 JP 的编辑改稿和出版之前 TS 的修改中，主要是加标点、斜体以及增加和删除字符，这些都出现在《自433然主义的感觉-知觉理论》打印稿的异体字表中。

《有情感地思考》在 1926 年 4 月以"逻辑和绘画中有情感地思考"为题,最初发表在《巴恩斯基金会期刊》上。这篇文章是《哲学与文明》(PC)重印的第四篇文章。PC 版本有 8 处修订,其中包括在 105.32 处用分号取代了"and",在 106.34 处用"recurrence"取代了"repetition",在 107.31 处用"means"取代了"marks"。此外,在 107.39 处为了保持时态一致,改变了"re-shaping natural conditions"这句的位置,在 107.1-2 处澄清了杜威的意思。在《艺术与教育》中的重版中,没有任何实质性的改变。

《个性和经验》最早也发表于《巴恩斯基金会期刊》,第 2 期(1926 年 1 月),第 1—6 页。在巴恩斯基金会于 1929 年结集出版《艺术与教育》时再版。这一版有两处修订,一处是换位,另外一处是标点。

杜威关于墨西哥的文章首次都发表在《新共和》上:墨西哥的教会和国家发表于 1926 年 8 月 25 日,本卷第 9—10 页;《墨西哥的教育复兴》发表于 1926 年 9 月 22 日,本卷第 116—118 页;《来自一个墨西哥人的笔记》发表于 1926 年 10 月 20 日,本卷第 239—241 页。它们都在《苏俄印象和革命的世界:墨西哥-中国-土耳其》(ISR)一书中重版,总共有 8 处修订,5 处在《墨西哥的教会与国家》中,1 处在《墨西哥教育的复兴》,还有 2 处在《来自一个墨西哥人的笔记》中。所有的修订都是最初版本的修订。其中包括 195.20 和 206.5 中为了清晰而插入的日期,在 195.9 处将"Carrazana's"改为"Carranza's"的拼写错误,在 195.10 处为"Juárez"增加重音。此外,在 206.22 处,ISR 还将撇号从"childrens'"改为"children's"。

B. A. W

校勘表

对范本所进行的所有实质用词和偶发拼读方面的校勘被记录在下表中,只有后面描述的形式方面的变化除外。每一篇文章的范本都在该文的校勘表的开头列出。对于那些经过再版而在这里首次进行校订的文章,我们补充了相关的出版信息和符号。左边的页-行数出自现行版本;除页首标题外,所有印刷行数都包括在内。方括号左面的字符出自现行版本。括号后面是第一次出现校勘的原文出处的缩写。W 表示著作(Works),即现行版本的著作,并且用于在此所作的首次校勘。对限于标点法的校勘来说,波纹线～表示与括号前面的词相同的词。脱字符∧表示缺了一个标点符号。

我们已经作过形式或细节上的许多改动,这些改动是:

1. 著作和文章的标题采用斜体;文章和著作的章节加了括号。著作和文章的标题已经列出,在必要的地方,作了扩充。

2. 我们使杜威的文献资料形式一致:卷数用大写的罗马字;后面是出版日期;章节用阿拉伯数字标注;对缩写作了规范化处理。

3. 从词项到杜威的脚注,上标数字均循序排列;星号仅用于编者注。

4. 如果单引号里没有被引用的内容,单引号就改为双引号。如果必要,我们已提供并记下开引号或闭引号。

5.《公众及其问题》一书中的章节标题被删除了阿拉伯字母,以每一章的具体标题所取代。

下面这些拼写由编辑规范成杜威特有的用法,列在半个方括号的左边:

centre(s)〕 center	304.11, 304.23, 345.11, 369.30	
common sense (noun)〕 common-sense	30.22, 31.3	
cooperate (all forms)〕 coöperate	179.2 – 3, 203.21, 280.11, 384.21	

coordinate (all forms)] coördinate	204.18, 239.25, 347.27
coordinate (all forms)] co-ordinate	15.4, 17.8
meagre] meager	300.17
naïveté] naiveté	127.16
preeminence] preëminence	253.13, 285.17
preempted] preëmpted	105.16
preexisting] preëxisting	264.38
reechoed] reëchoed	309.36
reestablish] reëstablish	369.32 – 33
reenforce (all forms)] reënforce	280.14, 280.37, 291.22, 294.31, 328.20, 370.15, 371.27
role(s)] rôle	5.18, 10.16, 18.13, 51.7, 51.8, 118.13, 123.6, 148.28, 265.5, 283.12, 283.29, 284.7, 286.27, 302.10, 332.34, 353.35, 354.26, 385.13
zoology] zoölogy	243.22

《美国实用主义的发展》

范本首次发表于《观念史研究》,哥伦比亚大学哲学系,纽约:哥伦比亚大学出版社,1925 年,第 353—377 页;重版于《哲学与文明》(纽约:明顿-鲍尔奇出版公司,1931年),第 13—35 页(PC),25 处修订首次出现。

436

3.8	avoiding] PC; avoids
3.9	their aims] PC; of their aims
4.1	especially interested,] PC; especially
4.2	concerned,] PC; ~∧
4.19	or else] PC; or
4.30	Make Our] W; *Make Our* PC; *make our*
4.31	doctrine. Peirce's effort was to] PC; doctrine in the efforts which he made to
4.32	*experience*] PC; [*rom.*]
5.23	concepts. Pragmatism] PC; concepts. [¶] Pragmatism
5.25 – 26	life. [¶] It] PC; life. It
5.30 – 31	the greatest generality of meaning] PC; the most general meaning
5.36	narrow] PC; too narrow
6.4	"practically."] PC; ∧~.∧
6.18	neo-Kantian] W; neo-kantian
7.23	term "truth,"] PC; term,
7n.2	211] W; 210
7n.4	Anglo-Saxon] WS; ~∧~
7n.6	acts] WS; facts
7n.13	interpretation] PC; explanation

8.4	is] PC; was
8.5	are] PC; were
8.7 – 8	educator and humanist] PC; educator
8.14	of] PC; in
8.18	is] PC; was
8.40	indefinitely] PC; greatly
9.29	*meaning*] PC; [*rom.*]
9.31	*value*] PC; [*rom.*]
9.31 – 32	concepts] PC; terms
10.8	cherishes] PC; cherished
10.16	than do] PC; than
10.17	should] PC; would
10.25	all such proof. Above] PC; all evidence of this nature, and above
10.27 – 28	choose... his] PC; choose, his
11.23	reasoning] PC; resasoning
11.32	any] PC; the
11.33	led] PC; brought
12.10	when] PC; because
12.23	failure] PC; fail
12.29	empiricism, but] PC; empiricism
12.32	action. And] PC; action, and
437 13.33	as yet mere] PC; mere
13n.3	lead to] PC; become
13n.6	recently] PC; just recently
14.13	establish] PC; constitute
14.16	it] PC; that it
14.29, 31, 35	neo-Kantian(s) W; neo-kantian(s)
14.36	Kantianism] W; kantianism
14.40	are, more or less,] PC; are
15.25	is among some] PC; is in one
15.25	pages] PC; aspects
15.29	discrete] W; discreet
15.36	*a-priorism*] PC; [*rom.*]
16.21	Effects] W; Rôle
16.31	on] PC; by
16.31	by] PC; under some
17.6	and there] PC; there
17.12	the] PC; its
17.13	of its] PC; in its
17.14	the] PC; its
17.23	predicate] PC; attribute
17.23	possible] PC; corresponding
17.24	habit] PC; the habit

17.24	manner] PC; the manner
17.24	should] PC; must
17.28	original] PC; same
18.1	neo-Hegelian] W; neo-hegelian
18.3	object] PC; own object
18.3 – 4	necessary] PC; possible
18.11	is] PC; as
18.17	*reconstituting*] PC; reconstituting
18.18	it] PC; them
18.22	true in its place] PC; true
18.23 – 24	judgment.] PC; judgment in its place.
18.25	things] PC; facts
18.30	This] PC; The
18.30	more and more] PC; more
18.38	should be] PC; is
18.39	continues] PC; merely continues
20.21	on our practices] PC; in our thought
20.36	and] PC; and of
20.39	∧ by "a] W; "∼∧∼
21.8	indispensable] PC; sole and indispensable
21.10 – 11	he only reacts] PC; he need only react
21.11	to] PC; on
21.21	pursue. It] PC; pursue, but it
21.29	all men] PC; all

438

《法人人格》

范本首次发表于《耶鲁法律杂志》，第 35 期(1926 年 4 月)，第 655—673 页;重版于《哲学与文明》(纽约:明顿-鲍尔奇出版公司,1931 年),第 141—165 页(PC),51 处修订首次出现。

22.1	Corporate Personality] PC; THE HISTORIC BACKGROUND OF CORPORATE LEGAL PERSONALITY
23n.6	lawyerlike] WS; lawyer-like
23n.7 – 8	*Has... Corporations?*] W; *Theory of Corporations in Common Law*
23n.12	Maitland, 3 *Collected*] W; 3 Maitland, *Collected*
24.19	him] PC; it
24.30	sphere∧ so that] PC; sphere, until
24.38	whatnot] W; what not
25.17 – 18	unconsciously led] PC; been a controlling principle although usually made unconsciously, leading
26.5 – 6	adopted... "organism,"] PC; adopted all the extreme analogies with an "organism" into his corporate unit,

26.10	for the writing] PC; the writing	
26.14	may] PC; will	
26.36	right-duties. And] PC; right-duties, and	
26n.1	Maitland,... Gierke] W; Gierke, *Political Theories of the Middle Age*	
26n.2	1900] W; 1902	
26n.2	xxvi.] W; xxvi (translated and prefaced by Maitland).	
26n.3	*personnalité morale*] W; *Personnalité Morale*	
26n.4	5] W; 1	
28.16	more without] PC; less	
28n.1	*Love,*] W; ~ ∧	
29.24 - 25	their having] PC; having	
29.29	and produce] PC; or have	
29.33	to decide what] PC; what	
29.34 - 35	while it is] PC; but it becomes	
30.4	reference] PC; recurrence	
30.11	"beings." Certain] PC; "beings." It is true that he adds "will" as a secondary defining element. Certain	
439	30n.9	that] PC; the
	30n.19	*volitions* from] PC; *volitions from*
	30n.21	*personnalité juridique*] W; *Personalité Juridique*
	31n.7	Kant's] PC; the latter's
	32.9	are] PC; is
	32.22	Middle Ages] PC; middle ages
	32.25	of] PC; between
	32.25	with] PC; and
	32n.10	A] PC; One
	33.3	particularly upon] PC; particularly
	33.25	ecclesiastic] PC; ecclesiatic
	33n.5	war.] PC; wars.
	33n.5	war confers] PC; these wars confer
	33n.6	affects] PC; affect
	33n.17	1198] WS; 1196
	33n.17 - 18	*A History of Political*] W; *Political*
	34.23	that goes] PC; going
	34.25	Middle Age] PC; middle age
	34n.1	*deutsche*] W; *deutches*
	34n.1 - 2	*Genossenschaftsrecht*] W; *Genossenschaftrecht*
	34n.13	hypostases] W; hyspostases
	35.12	this claim] PC; its claims
	36.10	that of] PC; as far as
	36.10 - 11	the power] PC; power
	36.11	bodies.] PC; bodies is concerned
	36.15	*legal power*] PC; [*rom.*]

36.18	promoted] PC; conceded
36.20	might] *stet* YL; it might PC
37.1	respect of] PC; respecting
37.10	on] PC; as
37.21	it was] PC; the corporation was
38.12	from] PC; which arise from
38.17	unity] PC; line
38.18	throughout] PC; through
38.35	all] PC; both
39.3	power$_\wedge$] PC; power, as
*40.14	Althusius] W; the former
40.19	so as to] PC; to
40.20-21	held that] PC; in
40n.19	Hobbesian] PC; Hobbessian
41n.12	*Overtoun*] W; *Overtown*
41n.14	Vinogradoff] W; Vinagradoff
41n.20	alternative possibility omitted] PC; omitted alternative possibility
41n.24	State] WS; state
42.21	stated] PC; said
42n.5	205-6] W; 205
42n.8	(1924-1925)] W; (1924)
43.9	had] PC; has
43.10	to deny] PC; in order to deny

440

《自然主义的感觉-知觉理论》

范本首次发表于《哲学杂志》,第 22 期(1925 年 10 月 22 日),第 596—605 页
(JP);重版于《哲学与文明》(纽约:明顿-鲍尔奇出版公司,1931 年),第 188—203 页
(PC)。56 处修订首次出现。

44.1-2	A Naturalistic Theory of Sense-Perception] W; A Naturalistic Theory of Sense$_\wedge$ Perception PC; THE NATURALISTIC THEORY OF PERCEPTION BY THE SENSES. JP, TS
44.9	specify] PC, JP; specifiy TS
44.9	acts] PC, JP; other acts TS
44.10	However$_\wedge$] TS; ~, PC, JP
44.11	the traits] PC; special traits JP, TS
44.13	employed instrumentalities] PC, JP; instrumentalities employed TS
44.15	question] PC; questions JP, TS
44.21-22	blindness] PC, JP; blindnesss TS
44.22	muscular] PC; of muscular JP, TS
44.22	refraction] PC; of refraction JP, TS
44.22-23	lens.... how] PC; lens, and in general the participation of

	44.23	interact with] PC; with JP, TS
	45.11 – 12	employed] PC; of its occurrence JP, TS
	45.12	produced, yet its] PC,JP; produced. Its TS
	45.14	"sense"] PC, JP; these TS
	45.17	sense-*organs*,] TS; ~-~∧ PC, JP
	45.18	connections∧] TS; ~,PC, JP
	45.19	there] PC; this JP, TS
	45.27	quality] PC,JP; qualities TS
	45.29	all perception] PC; perception JP, TS
441	46.2	occurs] PC, JP; ocurs TS
	46.24	thing?] PC,JP; thing?[1] TS
	46.26	accepting] PC; taking JP, TS
	46n.7	*ueberhaupt.*] PC,JP; ~.. TS
	47.3	velocity] PC, JP; veleocity TS
	47.4	tracks∧] TS; ~, PC, JP
	47.14	is∧ however∧] TS; ~, ~, PC, JP
	47.17 – 18	underbrush which obscures vision.] PC, JP; underbrush which leads to difficulties in statement and which obscure vision. TS
	47.19 – 20	because of] PC; through JP, TS
*47.23		causal] JP, TS; casual PC
	47.26	"intelligible"] PC, JP; "intelligble" TS
	47.27	kinds] PC; kind JP, TS
	47.32; 48.8	sense∧ organs] TS; ~-~ PC, JP
	47n.1 – 2	*Journal of Philosophy*] W; Journal PC; JOURNAL JP; JOURNAL TS
	48.7	that] PC; which JP, TS
	48.8	the generation of which] PC; whose generation JP; whose generration TS
	48.8	play] PC; have JP, TS
	48.9	pervasively] PC, JP; prevasively TS
	48.9 – 10	ambiguity. This] PC; ambiguity which JP, TS
	48.16	through] PC,JP; though TS
	48.24	*etc.* Now] PC,JP; *etc.*. Now TS
	48n.4	not to denote an] PC,JP; to denote not any TS
	48n.7	sense-organs] TS; ~∧~ PC, JP
	49.5	water∧] TS; ~, PC, JP
	49.14	ways.] TS; ~: PC, JP
	49.15	arrangements] PC, JP; arrangments TS
	49.37	when] PC; which when JP, TS
	49.38	while when] PC; when JP, TS
	49.38 – 39	it presents] PC; presents JP, TS
	49.40	like] PC; which is JP, TS

50.5	connection.] PC, JP; ~∧ TS
50.6	"appearance∧"] TS; "~," PC, JP
50.20	fact] PC; facts JP, TS
50.20	is] PC; are JP, TS
50.24	conditions∧] TS; ~, PC, JP
50.32	physical] PC, JP; phsycical TS
50.33	interpretation∧] PC, JP; ~, TS
50.36-37	to signify] PC, JP; as signifying TS
51.5	perception∧"] TS; ~," PC, JP
51.5	like] PC; as JP, TS
51.16	perceived;] PC,JP; ~;; TS
*51.23	organ.] W; ~, PC, JP; ~∧ TS
51.23	Red∧] TS; ~, PC, JP
51.23	a quality] PC, JP; quality TS
51.28-29	the compound] PC, JP; as complex TS
*51.37	of a sign, mark, to] PC; of implication, of sign, mark∧ to JP; of implication, or of sign, mark∧ and TS
*51.38	is signified] *stet* TS; signified PC, JP
52.32	structures∧] TS; ~, PC, JP
53.5	event:] TS; ~; PC, JP
53.19	interaction] PC, TS; interacton JP
53.26	"common-sense∧"] TS; "~-~," PC, JP
53.27	to that] PC; to the JP, TS
54.9-10	grasping] PC; grasping does not JP, TS
54.10	case, does not] PC; case, JP; case,, TS
54.14	that,] PC, JP; ~, — TS
*54.17	"of."] W; "at." PC, JP, TS
54.35	familiar] PC, JP; familar TS
*54.37	causal] JP, TS; casual PC
54.37	qualities.] PC; qualities./COLUMBIA UNIVERSITY. JOHN DEWEY. JP; Columbia University John Dewey TS

442

《个性和经验》

范本首次发表于《巴恩斯基金会期刊》,第 2 期(1926 年 1 月),第 1—6 页;重版于《艺术与教育》(巴恩思基金会出版社,1929 年),第 175—183 页(AE)。2 处修订首次出现。

56.31-32	"technique":] AE; "~:"
56.35	boys∧] W; ~,
57.38-39	"authority";] AE; "~;"

《事件和未来》

范本的一部分(62.1—67.3)作为打字稿,收藏在哥伦比亚大学图书馆珍稀图书和手稿的哲学收藏品中;另一部分(67.4—68.14)发表于《哲学杂志》,第 23 卷(1926年 5 月 13 日),第 253—258 页(JP)。

443	62.2	word] JP; word an
	62.14	"Suppose] *stet* TS; "suppose
*63.6		in quality] *stet* TS; quality
	63.32	correspondence] JP; correpsondence
	64.3	Pickwickian.³] JP; Pickwickian.³³
	64.7	Chapter] JP; Chpater
	64.21	mean] JP; means
	64n.1	recognised] WS; recognized
	64n.2	p.81] *stet* TS; 81
	64n.4	together] JP; toegther
	65.1	to N,] JP; to,
	65.2	one-to-one] JP; ∼∧∼∧∼
	65.27	from] JP; to
	65.29	nothing";] W; ∼;"
	65.31	for ever] WS; forever
	66.17–18	towardness] JP; towardsness
	66.18	direction,is] *stet* TS; direction, it
	66.26	out-of] JP; ∼∧∼
	66.32	On... is] JP; It is on this basis
*66.35–36		presentness] W; presence
	66.36	recall] JP; recal
	67.1	can] JP; [*not present*]
	67.14	event'"] W; ∼'∧
	67.26	analysable] WS; analyzable

《价值的含义》

范本首次发表于《哲学杂志》,第 22 卷(1925 年 2 月 26 日),第 126—133 页。

73.3	in] WS; by
74.6	subject] W; subjeect
74.23	mine).] W; ∼.)

《价值、客观指称和批评》

范本首次发表于《哲学评论》,第 34 期(1925 年 9 月),第 313—332 页。

78n.2	442] W; 389
79.19	symbolisation] WS; symbolization
79.25	generalisation] WS; generalization
79.28	colour] WS; color
80n.1	3] W; II
80n.2	Value," pp. 179 – 290;] W; Value;"
80n.2	pp.77 – 103] W; p.77
80n.3	Value";] W; ~;"
80n.3	37] W; 36
80n.3 – 4	Defense] W; Defence
80n.4	Value";] W; ~;"
80n.4	pp.117 – 25,] W; [*not present*]
80n.5	Thought-Process] W; ~ ∧ ~
80n.6	*Contributory*∧] W; ~,
84.4 – 5	unanalysable] WS; unalyzable
84.11	symbolise] WS; symbolize
84.18	"good";] W; "~;"
84.20	respect.)] W; ~).
84.25	*this*";] W; ~;"
89.3	"immediate";] W; "~;"
89.38	"liking";] W; "~;"
92n.2	Vol.] W; Pt.
93.1	recognise] WS; recognize
93.6	any one] WS; anyone
94.9	Santayana] W; Sanatayana
95.16	there is] W; there are

《有情感地思考》

范本首次发表于《巴恩斯基金会期刊》,第 2 期(1926 年 4 月),第 3—9 页(BF);
重版于《哲学与文明》(纽约:明顿-鲍尔奇出版公司,1931 年),第 117—125 页(PC)。
8 处修订首次出现。

104.1	Affective Thought] PC; Affective Thought in Logic and Painting
104.11	arts] *stet* BF; art PC
105.11	this would] PC; this JOURNAL would
105.32	that] PC; which
106.34	thought;] PC; thought and,
107.1 – 2	control... conditions,] PC; control of re-shaping natural conditions exercised by emotion,
107.9	structures] W; structure
107.31	recurrence] PC; repetition

107.35   means] PC; marks

107.39   "click"] PC; "clicks"

108.27   eye$_\wedge$ activities] W; ~-~

《教育中的艺术——和艺术中的教育》

范本首次发表于《新共和》,第 46 期(1926 年 2 月 24 日),第 11—13 页。

111.11, 12   specialised] WS; specialized

《教育怎么了？》

范本首次发表于《描绘者》,第 107 期(1925 年 10 月),第 5—6、78 页。

116.1   Is] W; is

116.1   Matter] W; matter

116.22   lowest] W; lost

《柏拉图的"苏格拉底的对话"》

范本首次发表于《观念史研究》,哥伦比亚大学哲学系编(纽约:哥伦比亚大学出版社,1925 年),第 2 卷,第 1—23 页。

124.6, n.9   Sophists] W; sophists

124n.5   *Σωχράτιχoς*] W; *Σωκράτικoς*

125.28   identifications] W; indentifications

127.19   them"] W; ~;"

127.20   logic"] W; ~;"

127.22   conception"] W; ~;"

129n.1   the] W; [*ital.*]

132n.1   *Republic*,] W; ~$_\wedge$

133.19   utilitarian,] W; utiliatarian

138.12 - 13   *Republic*,] W; ~$_\wedge$

138.38   Cyrenaic] W; Cyreanic

《约翰·洛克哲学中的实体、力量和属性》

范本首次发表于《哲学评论》,第 35 期(1926 年 1 月),第 22—38 页。

144.26   explicitly] W; explicity

145.25, 154.14   co-exist] WS; coexist

146.6; 152.12, 20; 153.17, n.7; 155.9   colour] WS; color

146n.1   Book III, Chap. VI] W; Same chapter

146n.6	every thing] WS; everything
146n.10 – 11	essence,] W; ～ˌ
147.9	other —] WS; ～;
147.17	Relation] WS; relation
147.17	Change] WS; change
148.5	colours] WS; colors
148.6,7	&c.] WS; etc.
148.11	amongst] WS; among
150.12	change,"] W; ～,ˌ
153n.6	connexion] WS; connection
153n.10	malleable'] W; ～ˌ
153n.10	of this] WS; fo this
154.2	*Connexion*] WS; *connexion*
154.3	*Ideas*] WS; *ideas*

《威廉·詹姆斯在 1926 年》

范本首次发表于《新共和》，第 47 期(1926 年 6 月 30 日)，第 163—165 页。

161.16	bitch-goddess, Success] WS; bitchˌgoddess, success
161.34	centered] WS; centred

《布朗主教：一个基础主义的现代主义教徒》

范本首次发表于《新共和》，第 48 期(1926 年 11 月 17 日)，第 371—372 页。

163.6	the *New Republic*] W; these columns

《美国的责任》

范本首次发表于《基督教世纪》，第 43 期(1926 年 12 月 23 日)，第 1583—1584 页。

167.17	welfare] W; welware
168.19	Isles] W; isles
171.31	warˌsystem] W; ～-～

447

《美国和远东》

范本首次发表于《调查》，第 56 期(1926 年 5 月 1 日)，第 188 页。

174.18	Burlingame] W; Burlinghame

《相当虚假的小谎言》

范本首次发表于《新共和》，第 42 期(1925 年 4 月 22 日)，第 229—230 页。

176.1	Highly∧Colored] W；~-~
178.22	Outer] W；outer
178.22	Inner] W；inner

《中国是一个国家，还是一个市场？》

范本首次发表于《新共和》，第 44 期(1925 年 11 月 11 日)，第 298—299 页。

| 183.32 - 33 | Nishihara] W；Nishahara |

《我们应该像国家对国家那样对待中国》

范本首次发表于《中国学生月刊》，第 21 期(1926 年 5 月)，第 52—54 页。

185.5 - 6,20	Chiang Kai-shek] W；Chang Kai∧Shek
186.4	another's] W；anothers'
187.24	mistaken —] W；~∧

《土耳其问题》

范本首次发表于《新共和》，第 41 期(1925 年 1 月 7 日)，第 162—163 页。

| 193.11 | strategic] W；stragetic |

448

《墨西哥的教会和国家》

范本首次发表于《新共和》，第 48 期(1926 年 8 月 25 日)，第 9—10 页；重版于《苏俄印象和革命的世界：墨西哥-中国-土耳其》(纽约：新共和出版公司，1929 年)，第 113—119 页(ISR)。5 处修订首次出现。

195.9	Carranza's] ISR；Carrazana's
195.10	Juárez] ISR；Juarez
195.14	results] ISR；impressions
195.20	July 3, 1926,] ISR；July 3,
195.38	however] ISR；previously
197.38, 198.1	Díaz] W；Diaz

《墨西哥的教育复兴》

范本首次发表于《新共和》，第 48 期(1926 年 9 月 22 日)，第 116—118 页；重版于《苏俄印象和革命的世界：墨西哥-中国-土耳其》(纽约：新共和出版公司，1929 年)，第 119—129 页(ISR)。一处修订首次出现。

| 199.24, 200.38 | Díaz] W; Diaz |
| 203.23 | industries.) In] ISR; industries. (In |

《来自一个墨西哥人的笔记本》

范本首次发表于《新共和》,第 48 期(1926 年 10 月 20 日),第 239—241 页;重版于《苏俄印象和革命的世界:墨西哥-中国-土耳其》(纽约:新共和出版公司,1929 年,第 168—180 页(ISR),2 处修订首次出现。

| 206.5 | August, 1926,] ISR; August, |
| 206.22 | children's] ISR; childrens' |

《实践的民主》

范本首次发表于《新共和》,第 45 期(1925 年 12 月 2 日),第 52—54 页。

| 217.4 | Mr. Lippmann's] W; Mr_∧ Lippman's |

449

《变化着的理智气氛》

范本首次发表于《新共和》,第 45 期(1926 年 2 月 17 日),第 360—361 页。

222.9 - 10	generalisation] WS; generalization
222.16	scrap-heap] WS; ∼_∧∼
225.30	require] W; requires

《打开新世界的钥匙》

范本首次发表于《新共和》,第 46 期(1926 年 5 月 19 日),第 410—411 页。

| 228.23 | Nursery-School] WS; ∼_∧∼ |
| 229.38 | makes] W; make |

《思想的艺术》

范本首次发表于《新共和》,第 47 期(1926 年 6 月 16 日),第 118—119 页。

| 232.1 | interracial] WS; inter-racial |
| 234.3 | hands] W; hand |

《公众及其问题》1946 年导言

Copy-text for this work is the copyright deposit copy A 996499 (New York: Henry Holt and Co., 1927).

239.7	corporations,] W; ~_∧	
244.16	Catiline] W; Cataline	
261.11	centre] WS; center	
261.12	centres] WS; centers	
261.15	many-coloured] WS; many-colored	
270n.3	*of*] W; *on*	
272n.1	Ayres] W; Ayers	
288.12	made it] W; it made	
450 295.12	every-day] WS; everyday	
295.13	organisations] WS; organizations	
295.26	ever] WS; even	
311.1	Constitution] W; constitution	
314.6	has] W; have	
320.24	mobility] W; nobility	
326.23	*post*] W; *posto*	
335.12	countryman] WS; country-man	
335.12	log-cabin] WS; ~_∧~	
341n.1–2	Carlton] W; Carleton	
359.35	permutations] W; premutations	
* 370.25–26	inexhaustible] W; exhaustible	

《在巴恩斯基金会上的献词》

范本首次发表于《巴恩斯基金会期刊》,第 1 期(1925 年),第 3—6 页。

384.13,22	Negro] W; negro	

异体字表

下面两个列表呈现的是杜威在《自然主义的感觉-知觉理论》和《事件和未来》两篇著作中的打字稿和手写稿的变化。除了强调某个单词以澄清意思之外，在杜威写作和修改过程中所有的变化都在这里列出，即打印单词的错误、同一单词的错误开头、某些清晰单词的变体，以及一些不容易辨认单词的修正都包括在内。以括号标出的单词是最初的打字稿。如果打字稿被修改了，或者拼写发生了变化，那么就会在本卷所用的校勘表号码之前用♯标示出来。

这两篇文章最初都是发表在《哲学杂志》（JP）上的，打字稿包含一些杂志编辑修改的墨印，用 JP 标出。这些异体字非常明显地和杜威自己用很浓的墨水、更大的笔点以及圆形的字体形式相区别。JP 修改稿包括一些额外的标点符号，有一些下划线、不连续的转型，以及句末引用标注。因为 JP 通常将单引号改成双引号，这些形式的变化没有出现在本列表中。

此外，《事件和未来》的打字稿缺少最后一页。很明显，这是在 JP 出版之后一段时间遗失的。这个不完整的打字稿和本卷中的第 62.1—67.3 部分相一致。

因此，杜威和 JP 的异体字以右括号的形式出现。缩写为 *del.* 的，通常表明是用钢笔改过的，除非特别提及是铅笔；任何标示为增加的异体字也是用钢笔，除非特别说明是铅笔。在删除的手写稿中，用 *x'd-out* 表示。*alt.* 这个缩写用来表示从一个较早的形式改写的异体字，如果是用手写的，那么将会写上工具；如果没有表明工具，那么就是打字机。*Ov.* 意味着直接覆盖，而不是写在行间的；*ab.* 意味着写在行上间距，并且没有脱字，除非特别标明脱字；*bel.* 意味着写在行下间距，并且没有脱字，除非特别标明脱字。当行间只有一个简单的加字时，用 *intrl.* 或者 *intrl. w. caret* 表示。当在行间删除某一个位置的时候，不用 *intrl.*，而直接用 *ab.*、*del.*、*'xyz'*；*w.*

caret、*ab.*、*del.*、'xyz'或者 *ab. x'd-out* 'xyz'来表示。所有的脱字符都是手写的，当一个脱字符和打字一起出现在行间的时候，通常是用钢笔写的，除非特别标示出是铅笔。当脱字符是手写的异体字时，它们用的是同样的工具。

总之，关于工具，只有 *del.* 这个缩写和 *added*、*caret* 总是用钢笔的手写变体，除非特别标出是用铅笔。所有其他的示例——*ab. ov. Intrl. Insrtd. alt. bel bef. aft.*——除非特别说明，这些变化的工具都是打字机。绝大部分的增加都是行间，因此工具通常都是 *intrl. In ink or instrl. In pencil*。只有 *inrl* 的时候，行间修改使用的工具通常都是打字机。

《自然主义的感觉-知觉理论》异体字

♯44.1-2	THE NATURALISTIC THEORY OF PERCEPTION BY THE SENSES.] *underl. in ink three times; period del.* JP
44.3	In] 'I' *circled;* 'n' *underl. in ink three times* JP
44.4	objects] *aft. pencil del.* 'certain'
44.4-5	bodily] *aft. pencil del.* 'specified'
44.5	*etc.*] *underl. in ink*
44.7	the] *intrl. w. caret*
44.7	nature of] *in ink ab.* 'perceiving'
44.7	perceiving] *bef. x'd-out* 'as an act'
44.7-8	conveys information] *intrl. w. caret aft. intrl. del.* 'it'
44.8	of perceiving] *intrl. in ink w. caret*
44.9	phrases] *bef. del.* 'take writing, ['w' *in ink*] painting, engraving as acts and'
44.9	tools] *aft. x'd-out* 'the'
♯44.9	other acts] *bel. in ink w. guideline aft. del.* 'they'
44.10	place.] *bef. x'd-out* 'The connection between'
44.10	However] *intrl. in ink*
44.10	in each case] *moved from bef.* 'modified' *w. caret and guideline*
44.10	the] 't' *ov.* 'T'
44.11	by] *bef. pencil del.* 'the'
♯44.11	special traits] *in ink w. caret ab. del.* 'character'
44.11	organs and] *intrl. w. caret*
44.12	which] *aft. x'd-out* 'employed'
44.13	results?] *aft. x'd-out* 'outcome'
44.14	led] *alt. in ink fr.* 'lead'; *bef. pencil del.* 'directly'
44.16	their] *alt. fr.* 'there'
44.17	but] *bef. pencil del.* 'the'
44.17	mechanical] *aft. pencil del.* 'the'
44.18	Similarly,] *comma added*

44.19	ears,⌉ *comma added* JP
44.19	*etc.,*⌉ *underl. in ink; period and comma added* JP
44.19	in⌉ *bef. x'd-out* 'per'
44.20	functions⌉ *aft. x'd-out* 'consequence'
44.23	external⌉ *intrl. w. caret*
44.25	all⌉ *aft. pencil del.* 'note that'
44.28	the nature of⌉ *intrl. w. caret*
44.29	or⌉ *alt. in ink fr.* 'nor'
44.29	peculiar⌉ *bef. pencil del.* 'in their kind'
44.30	about⌉ *w. caret in pencil ov.* 'in'
44.30	them.⌉*bef. pencil del.* 'They are problems of the interaction ['with one another' *intrl.*⌉ of natural conditions in generating certain results.'
44.31	prefixed⌉ *aft. x'd-out* 'also'
45.1	Colors⌉ 'C' *in ink ov.* 'c'; *aft. del.* 'Hence'
45.2	*etc.,*⌉ *underl. in ink; comma added* JP
45.2	named⌉ 'nam' *ov.* 'cal'
45.2	"sense-qualities."⌉ *period and quot. transposed* JP
45.2	Here⌉ 'H' *in ink ov.* 'h'; *aft. del.* 'But'
45.6	usage⌉ *alt. fr.* 'use'
45.6	house⌉ *bef. x'd-out* 'is'
45.7	that⌉ *aft. pencil del.* 'of course'
45.7	the operation⌉ 'the' *in pencil ov.* 'an' *aft. x'd-out* 'a process'
45.8	is misled⌉ *ab. x'd-out* 'would be'
45.8	word⌉ *aft. x'd-out* 'phrase'
45.9	or⌉ *aft. x'd-out comma*
45.11	means⌉ *bef. pencil del.* 'or condition'
♯45.12	Its⌉ *ab. x'd-out* 'The'
45.12	uses,⌉ *comma added*
45.13	when⌉ *in ink ab. pencil del. illeg. word*
45.13	produced are⌉ *in pencil w. caret ab. pencil del. illeg. word and* 'quite'
45.16	short,⌉ *comma added*
45.17	sense-*organs,*⌉ *comma added*
45.20	this⌉ *alt. fr.* 'the'
45.21	in any natural sequence⌉ *ab. x'd-out* 'with any natural event'
45.21	a⌉ *in ink ov.* 'the'
45.22	interacting⌉ *aft. pencil del.* 'the'
45.24	lies⌉ *aft. x'd-out* 'may be'
45.24	epistemological⌉ *aft. x'd-out* 'theory'
45.24 – 25	sense-perceptions;⌉ *semicolon added*
45.30	one⌉ *aft. pencil del.* 'always'
45.31	the⌉ *aft. del.* 'and'

454

45.31	between] *insrtd. in pencil w. caret and guideline*
45.34	say] *bef. pencil del.* 'that'
45.35	water.] *w. guideline bef. del.* 'a cat or dog, land or water, perceived. It is'
45.35	The] *intrl. in pencil*
45.35	is] *intrl. in pencil w. caret*
45.35	one] *ab. del.* 'the *concrete* object or'
45.35	factual] *aft. x'd-out* 'subjec'
45.36	subject-matter] *aft. x'd-out* 'object'
45.37	that] *in ink ov.* 'a'
45.38	perception] *aft. x'd-out* 'sense-'
45.38	is] *in ink ab. del.* 'being'
45.39	because of] *in ink w. caret ab. del.* 'by'
45.40	and hence the] *intrl. in ink w. caret*
46.1	in kind] *in ink ab. del.* 'in generic nature and not just in specifiable relationships'
46.1	a] *in ink ov.* 'an'
46.1	problem] *aft. del.* 'inevitable'
46.1	is] *aft del.* 'of adjustment or reconciliation' *and x'd-out* 'presents'
♯46.2	ocurs] *intrl. in ink w. caret*
46.2	in] *aft. del.* 'applies with equal inevitableness and greater force ['force' *x'd-out*] problematic force'
46.2	contrast] *aft. del.* 'the'
46.2	things] *aft. x'd-out* 'obje'
46.2	as] *aft. x'd-out* 'in'
46.3	(or reflectively determined)] *parens. added*
46.3 – 4	in... objects,] *intrl. in ink w. caret*
46.4	In] 'I' *in ink ov.* 'i'; *aft. del.* 'While'
46.4	theory] *in ink w. guideline bel. del.* 'case'
46.4	and,] *comma added* JP
46.5	say,] *comma added* JP
46.7	perception;] *semicolon in ink ov. comma* JP
46.8	on] *in ink ov. illeg. word* JP
46.8	theory,] *in ink ab. del.* 'case'
46.9	reality,"] *comma and quot. transposed* JP
46.9	else] *intrl. w. caret*
46.10	the one] 'the' *in ink aft.* 'of'
46.10	that of] *intrl. w. caret*
46.12	is,] *comma added* JP
46.12	therefore,] *comma added* JP
46.13	question.] *period in ink*
46.13	Until] 'U' *ov.* 'u' *in ink; aft. del.* 'and'
46.14	problem] *aft. x'd-out* 'question'

46.16	Is] 'I' *ov.* 'i'; *aft. x'd-out* 'Does'
46.18	traits] *aft. pencil del.* 'specific'
46.18	of the] 'of' *aft. pencil del.* 'of'
46.20	to... pictures?¹] *ab. del.* 'to red perception and green perception'; 'etching' *alt. fr.* 'etched' *aft. x'd-out* 'an'; *comma added*; '1' *in ink w. guideline*
46.22	"sensory"] *intrl.*
46.22	affecting] *alt. fr.* 'affected'
46.22	qualifying] *alt. fr.* 'qualified'
46.22	throughout] *bef. x'd-out* 'by'
46.23	the being] *aft. x'd-out* 'being'
46.23	thereby] *intrl. in pencil w. caret aft. del.* 'thus'
♯46.24	thing?¹] '1' *in ink w. guideline*
46.25	question is] 'question' *aft. x'd-out* 'problem'
46.26	factual] *intrl. w. caret*
46.26	assigned] *aft. x'd-out* 'usually'
46.29	need] *in ink w. caret ab. del.* 'will here'
46.30	affairs] *in ink w. caret ab. del.* 'facts'
46.31	place] *insrtd. in ink bef.* 'in'
46.31	an] *intrl. w. caret aft. x'd-out* 'these'
46.31	image] *final* 's' *x'd-out*
46n.1	¹The] '1' *w. guideline*
46n.1	not] *intrl. w. caret*
46n.3	nature] *aft. x'd-out* 'exact'
46n.6	added] *underl. in ink*
46n.7	effect] *intrl. in ink w. caret aft. del.* 'consequences'
47.1	a] *in ink ov.* 'the'
♯47.3	veleocity] *ab. x'd-out* 'rapidity'
47.4	removal;] *semicolon in ink ov. comma*
47.4	etc.,] *underl. in ink; period and comma added*
47.4–5	to... illusions.] *intrl. w. caret*
47.8	difficulties".²] '2' *in ink w. guideline*
47.11	unique] *aft. x'd-out* 'kind of'; *del.* 'a'
47.12	meaning, as here used,] *intrl. in ink w. caret aft. del.* 456 'here not being qualities of objects as such but'
47.14	Discussion] 'D' *in ink ov.* 'd'; *aft. del.* 'The'
47.15	diverse] *intrl. w. caret*
47.15	theories] *bef. x'd-out* 'of'
47.16	inherited] *aft. del.* 'that we have'
47.16	This paper] *in ink* ['T' *ov.* 't'; *aft. del.* 'Hence'] *ab. del.* 'So I shall reserve' ['discussion of' *intrl. in ink w. caret, then del.*] the factual consideration until'
47.16	is given to] *intrl. in ink w. caret and guideline*
47.17	effort] *bef. del.* 'has been made'

#47.17	underbrush... and] 'which' *in ink ov.* 'that'; 'in' *in ink ab. del.* 'of'; 'and' *bef. del.* 'to'
47.17	which] *in ink w. caret ab. del.* 'that'
#47.17–18	obscure] *alt. in ink fr.* 'obscures'
47.20	persisted] *aft. del.* 'is'
47.20	that] *in ink ov.* 'which'
47.20	had] *alt. in ink fr.* 'have'
47.22	*sensible*] *underl. in ink*
47.23	of] *bef. x'd-out* 'rer-'
47.24	metaphysical] *aft. x'd-out* 'cre' *ov.* 'the'
47.24	once] *intrl. in ink w. caret*
47.24–25	obtained,] *comma added*
47.25–26	distinction] 'ion' *intrl. in ink w. caret*
47.28	set] *in ink ov.* 'was'
47.28	the] *aft. x'd-out* 'and intrinsic' ['c' *ov. final* 'i']
47.29	of nature] 'of' *intrl. in ink w. caret*
47.30	*qua*] *underl. in ink*
47.31	natural] *intrl. in ink w. caret*
47.31	animals, including man,] *w. caret ab. x'd-out* 'man'
47.33	sense] *aft. del.* 'the'
47.34	into] *in ink ov.* 'as'
47.34	sensory] *intrl. in ink w. caret*
47.35	forms,] *comma added*
47.35	hand,] *comma added*
47.37	premises] *alt. in ink fr.* 'premisses'
47n.1	²Durant] '2' *in ink w. guidelines*
47n.1	Durant] *aft. del.* 'Dr.'
#47n.1	JOURNAL] *underl. in ink twice*
48.3	causality"),] *quot., paren. and comma added*
#48.8	whose] *in ink ov.* 'the'
#48.8	generration] *first* 'r' *in ink w. line-end hyphen*
48.8	sense] *aft. del.* 'of which'
48.8	to be] *intrl. in ink w. caret*
48.9	things,] *aft. x'd-out* 'thing'; *comma added*
48.11	candle-flames,] *comma added*
48.11	*etc.*] *underl. in ink* JP
48.12	qualities] *aft. del.* 'the'
48.14	(or] *paren. added*
48.17	brain,] *comma added*
48.17	in turn] *solidus in ink betw. words*
48.19	words,] *comma added*
48.19–20	organism,] *comma added*
48.22	The] 'T' *in ink ov.* 't'
48.22	true,] *comma added*

457

48.22	course,] *comma added*
48.24	of] *aft. x'd-out* 'of/of'
48.24	images,] *comma added*
♯48.24	*etc., etc..] underl. in ink*
48.24	moment's] *apostrophe added* JP
48.25	tree] *aft. x'd-out* 'tress'
48.25	finger,] *comma added*
48.25	such] *intrl.*
48.25	objects] *bef. x'd-out* 'which'
48.25	as] *intrl.*
48.26	can not] *solidus in ink betw. words*
48.27	things,] *comma added*
48.27	the] *in ink. ab. del.* 'their own'
48.28	of the epistemologists,] *intrl. w. caret; comma added*
48.28	groups] *aft. x'd-out* 'on'
48.29	of] *intrl. w. caret*
48.29	equivalent] *alt. fr.* 'equivalents'
48.29	"images."] *period and quot. transposed* JP; *aft. x'd-out* 'ing'
48.30	Locke's] *apostrophe added*
48.30	language,] *comma added*
48.32	from] *in ink ov.* 'to'
48.32	order,] *comma added*
48n.1 – 9	³Locke,... 19.] *separated fr. text w. guidelines; comma added;* 'footnote' *insrtd. in ink twice*
48n.1	for example,] *intrl. w. caret; comma added*
48n.1 – 2	qualities,] *comma added* JP
48n.2	retains the older terminology,] *ab. x'd-out* 'sensible'
48n.2	qualities,"] *comma and quot. transposed* JP
48n.4	uses] *alt. in ink fr.* 'use' *aft. del.* 'does not'
♯48n.4	to] *aft.* 'not' *intrl. in ink w. caret and del.*
♯48n.4	not] *intrl. in ink w. caret*
♯48n.4	any] *alt. in ink fr.* 'an'
48n.4	existence,] *comma added*
48n.9	"reflection."] *period and quot. transposed* JP
48n.9	*Essay] underl. in ink* JP
49.1 – 3	And... qualities.] *intrl. in ink*
49.4	The] *aft.* '(1)' *in ink then del.*
49.4	a] *in ink ov.* 'the'
49.4	quality] *aft. del.* 'sensible'
49.4	as] *aft. x'd-out* 'is, in other words,'
49.5	tree,] *aft. intrl. w. caret then del.* ', in other words,'
49.5	*etc.,] underl. in ink; period and comma added*
49.5 – 6	disturbances.] *period alt. in ink fr. comma*

458

49.6	The latter] *intrl. in ink w. caret aft. del.* 'which'	
49.6	contrasted] *bef. x'd-out* 'not only'	
49.6	with] *intrl. w. caret*	
49.6	thing,] *comma added*	
49.6 – 7	the finger,] *intrl. in ink w. caret*	
49.7	color] *in ink ab. del.* 'sense'	
49.7	quality.] *period added bef. x'd-out* 'a fact of which the phenomenal idealist always is ready to take advantage against every form of 'representative realism'.'	
49.10	distortion,] *comma added*	
49.11	from a distance as] *ab. x'd-out* 'possibly'	
49.13	or other] *intrl. in ink w. caret*	
49.14	the] *added*	
49.14	(1)] *added*	
49.14	molecular] *aft. x'd-out* 'physical'	
49.15	in] *intrl. in ink w. caret*	
49.17	form] *ab. x'd-out* 'object'	
49.18	"real"] *quots. added*	
49.18	(physical)] *parens. added*	
49.19	they and it] *in pencil w. caret ab. del.* 'all'	
49.19 – 20	"appearances"] *quots. added*	
49.20	due] *aft. x'd-out* 'of'	
49.20	physical,] *comma added*	
49.21	"Appearance"] 'A' *ov.* 'a'; *aft. del.* 'And it is hard to say ['see' *intrl. in ink, then del. ab. del.* 'say'] that'	
49.21	here] *aft. del.* 'has'	
49.21	has no] *in ink. w. caret ab. del.* 'any'	
49.22	effects used,] 'effects' *alt. in ink fr.* 'effect'; 'used' *aft. del.* 'which are'; *comma added*	
49.22	as] *aft. x'd-out* 'howver'	
49.22	inquiry,] *comma added*	
49.23	their cause.] *aft. x'd-out* 'the causes'	
49.23 – 24	problems] *aft. del.* 'only'	
49.24	involved] *intrl. in ink w. caret*	
49.29	full] *intrl. w. caret*	
49.30	placed] *alt. fr.* 'places'	
49.37	placed] *aft. del.* 'it is'	
49.38	form,] *comma added; bef. x'd-out* 'in'	
49.38	when] *insrtd. in ink*	
49.38 – 39	presents] *aft. del.* 'it'	
49.40	form] *bef. x'd-out* 'with'	
49.40	narrow] *aft. x'd-out* 'stra'	
50.2	round] *aft. x'd-out* 'flat and'; *solidus bef.* 'round'	
50.2 – 3	the entire] *in ink w. caret ab. del.* 'a a particular'	

459 (margin, at line 49.23)

50.3	as] *bef. x'd-out* 'there'
50.3	some] *intrl.*
50.4	random,] *comma added*
50.4	or] *intrl. in ink w. caret*
50.4	jumble,] *comma added*
50.4	are] *aft. x'd-out* 'may b'
50.5	principle] *aft. del.* 'a common'
♯50.5	connection] *in ink w. guideline ab. del.* 'reference'; *aft. intrl. and del.* 'serial'
50.6	"appearance"] *bef. del. dash*
50.8	and] *alt. in ink w. caret fr.* 'an'
50.9	formula] *bef. del.* 'or principle' *and x'd-out* 'or'
50.10	"It,"] *comma and quot. transposed; underl. in ink, then del.* JP
50.12	can not] *solidus betw. words*
50.12	a] *added* JP
50.15	mode,] *comma added*
50.17	others] *alt. in ink fr.* 'other' JP
50.19	others] *alt. in ink fr.* 'other' JP
50.24	*etc. ,*] *underl. in ink* JP
50.24	their] *in ink w. caret ab. x'd-out* 'antecedents'
50.24	conditions] *bef. x'd-out comma*
50.25	physical] *intrl. in ink w. caret*
50.25	other,] *comma added*
50.29	, say,] *intrl. w. caret; commas added*
50.30	*vice-versa* ,] *underl. in ink* JP
50.31	by] *intrl. w. caret*
50.31	considering] *aft. del. and x'd-out* 'from'; *solidus betw. words*
50.32	from] *in ink ov.* 'to' JP
♯50.32	phsycical] 'h' *intrl. w. caret*
50.33	from] *in ink ov.* 'from' JP
♯50.33	interpretation,] *comma added*
50.33	arises] *intrl. in ink w. caret and guideline*
50.33	if] *intrl. bel. w. guideline*
50.36	Let] *aft.* '¶'
♯50.37	signifying] *intrl. w. caret aft. x'd-out* 'meaning'
50.37	effects,] *comma added*
51.1	"appear."] *period and quot. transposed* JP
51.2	signifies] *w. caret ab. x'd-out* 'means'
51.2	of,"] *comma and quot. transposed* JP
51.2	physical] *intrl. w. caret*
51.3	or] *aft. x'd-out* 'oor' [*second* 'o' *ov.* 'f']
51.3	is the "appearance"] *intrl. in ink w. caret*

460

51.4	signifies] *aft. x'd-out* 'means'
51.4	immediately] *intrl. w. caret*
51.5	in contrast] *solidus betw. words*
51.7	coin,] *comma alt. fr. period bef. x'd-out* 'Then the shifting from'
51.7	a] *in ink ov.* 'the'
51.7	particular] *intrl. in ink w. caret*
♯51.7	rôle] *circumflex added* JP
♯51.7-8	the... actor.] *in ink w. caret ab. del.* 'the human being who is the actor'; *circumflex added to* 'rôles' JP
51.9	idea] *aft. x'd-out* 'pro'
51.10	"real,"] *comma and quot. transposed* JP
51.13	¶ In] *aft. del.* 'these distinct types of relations; the confusion generates the/epistemological problem of perception.'
51.13	place,] *comma added*
51.14	psychological] *aft. x'd-out* 'the'
51.15	simple] *aft. x'd-out* 'those'
51.15	sensed] *in ink w. caret and guideline bef. intrl. then del.* 'perceived' *ab. x'd-out* 'seen before'
51.15	before] *insrtd.*
51.16	or] *bef. x'd-out* 'velee'
♯51.16	is perceived;;] *intrl. in ink w. caret bef. undel. semicolon*
51.17	orange] *aft. x'd-out* 'etc.'
51.17	color] *intrl. w. caret*
51.17	etc.] *underl. in ink* JP
51.18	surrendered,] *comma added*
51.21	discriminated] *intrl. w. caret; underl. in ink*
51.22	perceptual] *intrl. in ink w. caret*
51.22	discrimination] *bef. del.* 'in perception'
51.26	which] *intrl. in ink w. caret*
51.27	chemical] *intrl. w. caret*
51.28	simple] *aft. x'd-out* 'distinct from water'
51.28	different] *aft. x'd-out* 'distin'
♯51.28-29	from water as complex.] *intrl. in ink w. caret*
51.29	a] *intrl. bel.* JP
51.31	it] *in ink ov.* 'he'
51.31	colors;] *semicolon alt. in ink fr. comma*
51.31	learns] *in ink w. caret ab. del.* 'usually comes'
51.32	marks,] *bef. x'd-out* 'or means'
51.32	is] *alt. fr.* 'as'
51.32	means of] *solidus betw. words*
51.34	homogeneity] *aft. x'd-out* 'homh'
51.34	of] *bef. del.* 'the'

461

51.34	perceptual] *intrl. in ink w. caret*
51.34	objects] *aft. del.* 'the'
51.34	is] *aft. del.* 'which are perceived by use of the senses'
51.36	assumes] *in ink ab. del.* 'takes'
51.36	proper] *intrl. in ink w. caret*
#51.37	implication,] *in ink ab. del.* 'simple and complex'
#51.37–38	, or... signified.] *added*
51.39–40	perceived by means of] *ab. x'd-out* 'perceived through'
51.40–52.1	epistemology.] *aft. del.* 'psychology/or'
52.1	whereabouts] 's' *intrl. w. caret*
52.2	clincher] *bef. x'd-out* 'in case'
52.3	character of] *bef. x'd-out* 'sense some'
52.4	imaged] *aft. x'd-out* 'tree'
52.5	when] *aft. x'd-out* 'in'
52.6	It] 'I' *ov.* 'i'; *aft. x'd-out* 'And'
52.6	suggested] *bef. x'd-out* 'to defin'
52.7	defined as] *solidus betw. words*
52.8	and] *aft. x'd-out* 'with'
52.8	to,⁴] *comma added;* '4' *in ink ov.* '#'
52.10	to] *aft. x'd-out* 'to'
52.11	"where,"] *comma and quot. transposed* JP
52.11	for example,] *intrl.*
52.14	event,] *comma added*
52.14	interaction,] *aft. pencil del.* 'an'; *comma added in pencil*
52.14–15	interaction entails] *intrl. in pencil w. caret*
52.15	of] *bef. x'd-out* 'field'
52.15	*field*] *bef. pencil del. illeg. word*
52.15	No] *bef. pencil del. illeg. word*
52.16	the energies] 'the' *intrl. in ink*
52.17	interaction] *bef. x'd-out* 'are'
52.17	any] *intrl. in ink w. caret aft. x'd-out* 'the'
52.18	limited] *bef. x'd-out comma*
52.19	degree;] *semicolon alt. in ink fr. comma*
52.19	it can] *in ink ab. del.* 'but'
52.19	be] *intrl. in ink w. caret*
52.19	located] *intrl. in ink w. caret*
52.19	with] *bef. pencil del.* 'any' *and x'd-out* 'pre'
52.20	most] *aft. x'd-out* 'greatest intensity'
52.20	*intense*] *underl. in ink*
52.20	disturbance in] *ab. x'd-out* 'disurbance of'
52.23	are] *bef. x'd-out* 'evidently'
52.25	existentially] *ab. x'd-out* 'actually'
52.27	correct,] *comma added* JP
52.27–28	theoretically,] *comma added* JP

462

52.30		literally] *bef. x'd-out* 'a file a'
52.32		structures] *aft. x'd-out* 'menchanisms'
52.32		and] *bef. intrl. then del.* 'that of the'
52.32		a refracting] 'a' *added; aft. x'd-out* 'the structure', *del.* 'of the', *x'd-out* 'molecular reflecting'
52.33		organism,] *comma added*
52.33		"at"] *aft. x'd-out* 'a'
52.33		spot] *aft. x'd-out* 'spatian'
52.34		place] *aft. x'd-out* 'situs'
52.34		rays] *aft. x'd-out* 'rights'
52.34		the] *bef. x'd-out* 'th'
52.36		may] *in ink w. caret ab. del.* 'my'
52.37		structures] *first* 't' *added* JP
52.37		forming the] 'the' *insrtd. in ink*
52n.1		⁴Essays... p.61.] *separated fr. text w. guidelines;* '4' *in ink ov.* '#'; 'Essays in Critical Realism,' *underl. in ink, comma dded* JP; 'p.61.' *added*
53.5		location] *bef. del.* 'in the case of any event which is constittuted as an interaction'
53.5		a relationship to a] *intrl. w. caret and guideline aft. intrl. then x's-out* 'due to a'
53.5		further] *aft. x'd-out* 'a'
53.8		occurrence,] *comma added*
53.8		is directed] *in ink w. caret ab. del.* 'centres'
53.11		is] *alt. in ink fr.* 'was'
53.13		measures] *bef. x'd-out* 'would'
53.15		while] *intrl. in ink w. caret*
53.15		is] *in ink ov.* 'be'
463 53.15		in Florida] *solidus in ink betw. words*
53.16		The] 'T' *in ink ov.* 't'; *aft. del.* 'Thus'
53.19		taking] *aft. x'd-out* 'foun'
53.19		From] 'F' *in ink ov.* 'f'
53.20		"common-sense,"] *comma and quot. transposed* JP
53.21		the] *ab. x'd-out* 'at what'
53.21		at which] *ab. x'd-out* 'should'
53.21		should] *intrl. w. caret*
53.23		in ordinary usage] *intrl. w. caret and guideline*
53.23		contains] *ab. x'd-out* 'denotes in ordinary usage'
53.24		commonplace.] *period alt. in ink fr. comma*
53.24		But] 'B' *in ink ov.* 'b'
53.28		attain or prevent certain results] *in ink w. caret ab. del.* 'deal with it'
53.29		That] *intrl. w. caret*
53.29		a thing] 'a' *ov.* 'A'

53.29	away in front,] *ab. x'd-out* 'way,'
53.31	raise] *in ink w. caret ab. del.* 'lift'
53.32	procure] *intrl. in ink w. caret aft. del.* 'control'
53.33	instances] *bef. del.* 'which deal with'
53.33	of the] 'of' *intrl. in ink w. caret*
53.34	intrinsic,] *comma added*
53.35	effecting] *alt. in ink fr.* 'effects'
53.36	which is] *intrl. w. caret bef. intrl. then del.* 'all'
53.38	the refraction of light occurs] *ab. x'd-out* 'the stick reflects light'
53.38 – 39	under] *in ink ov.* 'in'
53.39	unusual conditions.] *solidus in ink betw. words; in ink ab. del.* 'two different media'
54.6	conditions] *bef. del.* 'of the coordination of the optical and manual factors in an [*intrl.*] act, the'
54.6	of the] *insrtd. in ink*
54.6	acts of] *intrl. in ink w. caret*
54.7	reaching] *bef. del.* 'as acts'
54.7	in locating] *intrl. in ink w. caret and guideline*
54.8	can not] *solidus in ink betw. words*
54.8	located] *in ink ab. del.* 'placed'
54.8	space] *alt. fr.* 'spaces'
54.9	that] *intrl. in ink w. caret*
54.9 – 10	grasping] *bef. del.* 'does not without pains and practice, fit into the general system of habits which customarily determine the seat, residence or situs of a [*alt. fr.* 'an'] complex interaction.'
♯54.10	case, ,] *first comma added* JP; *bef. del.* 'fit', *undel. comma* 464
54.10	practice,] *aft. x'd-out* 'tro'
54.10	fit] *intrl. in ink w. caret*
54.12	an affair,] *in ink w. caret ab. del.* 'that which'
54.12	the latter being] *intrl. in ink w. caret*
54.13	literally] *aft. x'd-out* 'ei'; *bef. del. illeg. word*
54.13	covering] *aft. x'd-out* 'occupying'
♯54.14	that, —,] *first comma and dash added* JP; *bef. x'd-out* 'spring', *undel. comma*
54.15	"of"] *underlining del.* JP
54.16	quite] *intrl. w. caret*
♯54.17	"at."] *period and quot. transposed* JP
54.17	theory] *bef. x'd-out* 'con-/tained in'
54.17	thus] *ab. x'd-out* 'also'
54.17	also] *intrl. in ink w. caret*
54.21	terms,] *comma added*
54.22 – 23	but ... field.] *intrl. in ink w. caret*

54.23	If⌉ 'I' *in ink ov.* 'i'; *aft. del.* 'and'	
54.23	terms,⌉ *comma added*	
54.24	correct⌉ *intrl. w. caret*	
54.25	handling, *etc.*⌉ *comma added, underl. in ink* JP	
54.28	mistakes⌉ *bef.* *x'd-out* 'that/affect the'	
54.33 – 34	settlement.⌉ *ab.* *x'd-out* 'Columbia University', 'John Dewey'	
♯54.34 – 37	When ... Dewey.⌉ *added*	
54.34	remain⌉ *in ink ab. del.* 'is'	
54.35	the⌉ *alt. in ink fr.* 'there'	
54.35 – 36	residual problems concern⌉ *in ink w. two carets ab. del.* 'are the'	
54.36	matters,⌉ *in ink w. caret ab. del.* 'problems of the'	
54.36	such as⌉ *intrl. in ink w. caret*	
54.37	and the⌉ 'and' *bef. del.* 'of'	
♯54.37+	Columbia University.⌉ *period added, underl. twice w. guideline* JP	
♯54.37+	John Dewey.⌉ *period added, underl. twice* JP	

《事件和未来》异体字

62.2	word⌉ *in ink w. caret ab. del.* 'term'	
62.3	term⌉ *intrl. in ink w. caret aft. del.* 'one'	
62.4 – 5	an order of scientific conceptions⌉ *in ink w. caret and guideline ab. del.* 'the' *and illeg. word*	
62.5	employed⌉ *bef. del.* 'in/order'	
62.5	replace,⌉ *comma added*	
62.6	with⌉ *bef.* *x'd-out* 'the'	
62.7	fact,⌉ *bef.* *x'd-out* 'is found'	
62.8 – 9	*Scientific Thought*⌉ *underl. in ink* JP	
62.11	in."⌉ *period and quot. transposed* JP	
62.14	Again,⌉ *intrl. in ink w. caret*	
62.14	"Suppose⌉ 'S' *in ink ov.* 's'; *quot. added*	
62.20	whole."[1]⌉ '1' *in ink ov.* '♯' *w. pencil guideline and brkt.* JP	
62.21	indispensable⌉ *bef.* *x'd-out* 'trait'	
62.22	namely,⌉ *bef.* *x'd-out* 'the'	
62.23 – 24	requires duration⌉ *aft. del.* 'which'; *solidus in ink betw. words*	
62.24	in⌉ *aft.* *x'd-out* 'to'	
62.24	If⌉ *aft.* *x'd-out* 'Even is'	
62.25	have⌉ *aft. del.* 'also' *and pencil del.* 'not'	
62.26	duration,⌉ *comma added*	
62.27	like⌉ *alt. in ink fr.* 'alike'	

465 appears in left margin at line 62.5

62.27	earlier,] *comma added*
62.27	be] *in ink ov.* 'is'
62.27 – 28	memory,] *comma added*
62.28	state] *ab. x'd-out* 'state'
62.28 – 29	can not] *solidus in ink betw. words*
62n.1	¹Broad] '1' *in ink ov.* '♯' JP
62n.1	*Scientific Thought*] *underl. in ink* JP
63.1	Unfortunately, however,] *intrl. in ink w. caret aft. del.* 'But'
63.2	*not*] *underl. in ink*
63.2	regard] *bef. del.* 'such'
63.2	to be] *in ink w. caret ab. del.* 'as'
63.4	homogeneous] *alt. in ink w. caret fr.* 'homogenous'
63.6	Now] 'w' *intrl. w. caret* JP
63.8	homogeneous] *alt. in ink w. caret fr.* 'homogenous'
63.12 – 13	fundamental] *aft. x'd-out* 'scientific'
63.13	laws."²] '2' *in ink ov.* '♯'; *period and quot. transposed*
63.14	try to] *intrl. w. caret*
63.15	the] *alt. fr.* 'there'
63.19	"history,"] *comma added; comma and quot. transposed* JP
63.20	"divided."] *aft. x'd-out* 'divided'; *period and quot. transposed* JP
63.24	homogeneous] *alt. w. caret fr.* 'homogenous'
63.28	*changes.*"] *underl. in ink; period and quot. transposed* JP
63.29	throughout] *aft. x'd-out* 'throught'
63.30	time."] *period and quot. transposed* JP
63.30	such that] *intrl. w. caret*
63.30	eternal] *aft. x'd-out* 'with which the'
63.31	in] *bef. x'd-out and del.* 'some'
63.31	with them,] *intrl. w. caret and guideline*
63.31	on] *intrl. w. caret aft. del.* 'on'
♯63.32	correpsondence] *intrl. w. caret and guideline*
63.32	eternal objects] *bef. del.* 'they'
63.33	"throughout."] *period and quot. transposed* JP; *solidus betw. words*
63.33	There] *aft. x'd-out* 'In this case, '; 'T' *ov.* 't'
63.34	them] *bef. x'd-out* 'qualitatively'
63.34	homogeneous] *solidus betw. second* 'o' *and* 'g'
63.36	short,] *comma added*
63.37	logically] *alt. w. caret fr.* 'logical'
63n.1	²*Ibid.*] '2' *in ink ov.* '♯' *w. guideline and brkt.; underl.*
63n.1	403,] *comma ov. period*
63n.1	italics mine.] *added*
64.2	While] *aft. del.* 'In short, '; 'W' *in ink ov.* 'w'
64.3	emphasis] *aft. x'd-out* 'import'
64.3	Pickwickian] *aft. del.* 'to be'

466

#64.3	Pickwickian.³] '3' *added in ink aft. undel. footnote* '3' JP	
#64.7	Chpater Two] *initial letters capitalized in ink*	
64.8	by] *aft. solidus in ink*	
64.8	he] *aft. solidus in ink*	
64.9	all,] *marked to close up in ink*	
64.9	no] *aft. solidus in ink*	
64.10 – 11	history."] *period and quot. transposed* JP	
64.12	stages] *aft. x'd-out* 'different'	
64.16	that by] *solidus in ink betw. words*	
64.17	which,] *comma added*	
64.17	course,] *comma added*	
64.17	heterogeneity —] *comma del., dash added*	
64.18	stages."] *period and quot. transposed* JP	
64.19	the] *aft. x'd-out* 'because'	
64.22	alleged to be] *intrl. w. caret*	
64.23	whole] *bef. x'd-out* 'withou'	
64.23	can not] *solidus in ink betw. words*	
64.24 – 25	And without ... "event"?] *added*	
64.25	"event"?] *bef. del.* 'A means of difference and without them there is no history.'; 'No¶' *intrl. in ink, circled*	
64.25	But where] *in ink w. caret and guideline ab. del.* 'If'	
64.26	stages] *bef. x'd-out* 'in an event'	
64.26	every] *aft del.* 'then'	
64.26	or history] *intrl. w. caret*	
64.27	event] *bef. x'd-out* 'is composed'	
64.27	comprises] *ab. x'd-out* 'of'	
64.28	itself] *intrl.*	
64.28	event.⁵] '5' *in ink ov.* '6' *in ink ov.* '#'	
64.29	The] *aft.* '¶' *in ink*	
64.29	speak of] *solidus in ink betw. words*	
64.29 – 30	adjacent] *bef. x'd-out* 'changes'	
64.30	stages] *alt. fr.* 'states'	
64.30	is] *bef. x'd-out* 'by compar'	
64.31	*other*] *underl. in ink*	
64.31	taken] *ab. x'd-out* 'found'	
64.31	stages] *alt. fr.* 'states'	
64.32	*M*] *underl. in ink*	
64.33	*M* as to] *underl. in ink* JP; *in ink w. caret ab. x'd-out* 'it'	
64.33	stages] *alt. fr.* 'states'	
64.33	*N,*] *underl. in ink* JP	
64n.1	³Contrast] '3' *in ink w. guideline bel. del.* '3'	
64n.2	events,"] *comma and quot. transposed* JP	
64n.2	*Principles of Natural Knowledge*] *underl. in ink* JP	
64n.2	was,] *comma added*	

467 is printed at left of line 64.27.

64n.2	course,] *comma added*
64n.4	hangs] *alt. in ink fr.* 'hand'
64n.5	then] *intrl. in ink w. caret bef. del.* 'at the same time'
64n.5	events,] *comma added*
64n.6	the] *alt. in ink fr.* 'these.'
64n.6	above.] *added*
64n.7	[4]*Op. cit.*] '4' *ov.* '#'; *brkt. w. guidelines; underl. in ink*
64n.8	[5]Whitehead] '5' *aft. brkt. w. guideline;* '6' *in ink del.*
64n.8	*The Principles of Natural Knowledge,* p.61,77.] *added; underl. in ink* JP
65.1	an identical] *ab. x'd-out* 'corresponding'
65.1	(or some part of it)] *intrl. in ink w. caret aft. del.* 'M'
♯65.1	to] *bef. del.* 'it'
65.1	and,] *comma added*
65.2	by] *ab. x'd-out* 'may break'
65.2	setting] *alt. w. caret fr.* 'set'
65.2	between] *aft. x'd-out* 'between its port'
65.3	M,] *underl. in ink* JP; *comma added*
65.3	it,] 't' *in ink ov. illeg. letter*
65.3	in spite] *solidus in ink betw. words*
65.3	its] *aft. x'd-out* 'the'
65.4	themselves] *intrl. in ink w. caret*
65.5	fact.] *bef. del.* 'But this fact does not justify us/in ignoring its complex relational character.'
65.5	But] *intrl. in ink w. caret*
65.5	to] 't' *in ink ov.* 'T'
65.5	a] *underl. in ink*
65.6	a] *intrl. in ink w. caret*
65.6	N,] *underl. in ink* JP; *bef. x'd-out* 'in'
65.6	to] *aft. x'd-out* 'simply'
65.7	α,] *added and underl.* JP; *comma added*
65.7	which] *bef. x'd-out* 'in turn'
65.8	M,] *underl. in ink* JP; 'M' *in ink ov.* 'N'
65.8	in turn] *intrl. w. caret and guideline*
65.9	β, γ, δ,] *added*
65.9	M.] *underl. in ink* JP; 'M' *in ink ov.* 'N'
65.10	something] *intrl. in ink w. caret*
65.11	it] *aft. del.* 'and'
65.11	and] *in ink ov.* 'or'
65.12	if] *aft. solidus and opening paren. in ink*
65.12	be] *in ink ov.* 'is'
65.15	event,"] *quot. added*
65.22	become"] *bef. del. period*
65.22	p.] *slash to indicate lower case*

468

65.23	past] *aft. x'd-out* 'the'
65.23	events] *bef. del.* 'both'
65.23	exist,] *comma added*
65.23	*have*] *underl. in ink*
65.26	character] *aft. x'd-out* 'event'
65.26	status] *aft. x'd-out* 'radically'
65.28	all"] *bef. del. period*
65.28	p.] *slash to indicate lower case*
65.29	defined] *aft. x'd-out* 'succeeded by nothing at all'
♯65.29	nothing;"] *semicolon and quot. transposed*
65.29	"there] *aft. x'd-out* 'there'
♯65.31	forever"] *bef. del. period*
65.31	p.68] *slash to indicate lower case*
65.36	his] *in ink ov.* 'the'
65.37	lot] *aft. x'd-out* 'so'
65.38	termed,] *comma added*
65.38	nevertheless,] *comma added*
66.2	argument] *aft. del.* 'to Broad's'
66.3	come] *aft. del.* 'become or'
66.3	existence.] *period alt. fr. semicolon;* 'they become, but are not becomings.' *intrl. in ink w. caret, then pencil del.*
66.3	if] *bef. x'd-out* 'the event is'
66.3	becoming,] *comma added*
66.4	it] *aft. x'd-out* 'there are not related as'
66.4	event;] *semicolon alt. in ink fr. comma*
66.4	or] *in ink w. caret aft. del. illeg. word* [*intrl.*] *ab. del. illeg. word*
66.5	if] *alt. fr.* 'is'
66.6–7	throughout] *close-up signal betw. syllables*
66.7	itself.] *intrl. in ink w. caret*
66.7	event] *aft. x'd-out* 'an'
66.8	an] *aft. x'd-out* 'th'
66.9	is conceived of as] 'is' *ov.* 'as'; *intrl. in ink w. caret*
66.9	*not*] *underl. in ink*
66.9	event] *comma del.*
66.10	Broad] *aft. del.* 'That'
66.10	carries] *alt. in ink fr.* 'carry'; *aft. del.* 'is shown to'
66.10	"event"] *quots. added*
66.13	and the future] *intrl. in ink w. caret*
66.13–14	evident.] *bef. del.* 'If becoming./is of events, Broad's conclusions as to past, present and future may [*in ink*]/ logically follow. But'
66.14	If] 'I' *in ink ov.* 'i'
66.14	existences] *aft. x'd-out* 'things are events or'

469

66.14	are] *aft. x'd-out* 'or hisot'
66.15	on] *aft. x'd-out* 'alive and all'
66.17	pastness] *alt. w. caret fr.* 'past'
♯66.17–18	towardsness] 'to' *in ink ov. illeg. letters bef. x'd-out* 'or'
66.18	or] *intrl.*
66.18	*its*] *underl. in ink*
66.19	*its*] *underl. in ink*
66.20	something,] *comma added*
66.21	involves] *bef. del.* 'a'
66.21	a series of] *intrl. in ink w. caret*
66.21	transitions] *alt. in ink fr.* 'transition'
66.21	which,] *comma added*
66.21–22	taken distributively,] *intrl. in ink w. caret*
66.22	belong] *alt. in ink fr.* 'belongs'
66.22	"into,"] *comma and quot. transposed* JP
66.22	form] *intrl. in ink w. caret*
66.23	"through."] *period and quot. transposed* JP
66.25	"moment."] *period and quot. transposed* JP
66.25	defined] *bef. x'd-out* 'by'
66.26	an] *in ink w. caret ab. del.* 'a past, or'
66.26	future] *bef. x'd-out* ''or'
66.26	"into,"] *comma and quot. transposed* JP
66.26	truly] *aft. x'd-out* 'well'
66.28	Since . . . no] *ab. x'd-out* 'And without the future, or the 'into' there' 470
66.28–29	futurity] *alt. fr.* 'future'; *aft. x'd-out* 'a'
66.30	be said to have] 'be said' *intrl. in ink w. caret*
66.30	phase] *aft. del.* 'present'
66.30–31	of presentness.] *added aft. del. period*
♯66.32	on this basis] *intrl. in ink w. caret*
66.33	by] *aft. x'd-out* 'from'
66.35	named] *alt. in ink fr.* 'names'; *bef. del.* 'as'
♯66.35–36	presence,] *comma added*
66.36	specific] *ab. x'd-out* 'particular'
66.37	requires] *aft. x'd-out* 'involve'
66.39	Psychologically,] *comma added*
67.1	latter] *final* 's' *x'd-out; bef. solidus in ink*
67.1	can be said to] *intrl. in ink w. caret and guideline*
67.1	refer] *alt. in ink fr.* 'refers'
67.1	directly] *intrl. in ink w. caret*
67.2	can be said to] *intrl. in ink w. caret and guideline*
67.2	refer] *alt. in ink fr.* 'refers'
67.2	directly] *intrl. in ink w. caret*
67.2	In fact] *solidus in ink betw. words*

行末连字符列表

I. 范本表

以下是编辑给出的一些在范本的行末使用了连字符的可能的复合词：

19.5	neo-realism	213.16	re-educated
19.7	re-adaptation	218.32	intercommunication
20.40	today	219.24	buuheadedness
78.26	subject-matter	224.18	half-truths
102.18	today	252.13	non-political
107.18	deep-seated	264.35	non-political
109.37	overaccentuation	273.31	reenforced
122.1	upper-class	274.14	one-sided
122.11	hardware	275.4	safeguards
125.34	self-assured	279.14	narrow-minded
126.38 – 39	subconscious	286.11	sidetracked
158.26	cross-currents	286.12	stockholders
162.29	today	286.24	make-up
168.14	self-preservation	288.20	non-political
184.18	thoroughgoing	297.12	short-sighted
187.28 – 29	one-sided	299.5	full-fledged
189.8 – 9	close-by	306.2	schoolhouse
189.30	cocksure	306.24	non-political
190.30	hangover	307.4	piecemeal
202.17	school-road	311.9 – 10	"pork-barrel"
206.22 – 23	playgrounds	312.16	non-political
207.10	bookstores	315.29	non-political
208.34	semi-annual	316.1	Stockmarkets

326.28	one-sided	349.4	subject-matter
335.1	habit-forming	355.30	readjusting
343.40	well-being	370.20	reeestablished

II. 校勘文本表

在当前版本的副本中,被模棱两可断开的、可能的复合词中的行末连字符均未保留,除了以下这些:

20.7	re-commencing	209.19	anti-foreign
22.7	non-legal	215.14	omni-competent
51.35	so-called	217.7	non-political
61.22	co-adjacence	218.30	non-political
68.3	self-revealing	227.35	far-reaching
71.20	over-rationalizing	245.11	short-sighted
76.38	non-humanist	259.27	self-evident
100.21	well-being	299.12	above-board
104.18	pigeon-holing	301.9	ox-carts
121.13	lock-step	306.31	self-governing
126.3	anti-political	310.7	under-cover
138.20	Self-knowledge	310.13	to-day
138.24	self-knowledge	311.9	"pork-barrel"
147.3	non-essential	314.33	self-governing
183.22	third-rate	325.29	re-make
184.15	time-honored	348.31	To-day
187.28	one-sided	357.11	subject-matter
187.36	one-sided	357.37	non-historically
189.8	close-by	364.14	high-brows
202.7	sub-secretary	370.40	many-colored
209.5	half-way	383.12	epoch-making

引文勘误

杜威在引号中对实质用词的改变，被认为是非常重要的，足以保证这一特殊列表的可靠性。杜威以各种方法再现了资料来源，从记忆性的复述到逐字逐句的引证；有些地方完整地引用资料，有些地方只提到了作者姓名，还有些地方完全省略了文献资料。引号内所有的资料已经查到，已被明显强调或者重申的资料除外。杜威的引文已经过核对，必要时作了勘误。除了校勘表中注明的必要更正之外，所有引文均按它们在范本中的原貌——保留。

杜威像那个时期的许多学者那样不关心形式方面的精确性，引文里的许多变化很可能出现在印刷过程中。比如，将杜威的引文与原文对比，可以显示有些编辑和排字人员将所印材料和杜威本人的材料作了印刷方面的个性化处理。因此，这一部分使用的形式旨在帮助读者确定杜威究竟直接引用了原始资料，还是仅凭记忆引用这些资料。在本版中，原文的拼写和大写一仍其旧。假如会有排印方面的错误，恢复原文的实质用词或偶发拼读上的变化被作为著作(WS)勘误标注出来。此外，杜威常常改动或省去所引材料的标点符号。他的引文与包含在这些引文上下文的出处之间的差异，如数字或时态的变化，此处没有注明。当这种改动或省略有实质性含义的时候，我们便恢复原文的标点。在校勘表中，我们已经用 WS 标明了那些变化。

因此，目前的这个列表严格地限制在引用的实词变化上，因为对杜威所引用资料的完全重建，必须配合校勘表进行参详。

杜威常常并不表明他已省略他引用的材料。被省略的短语出现在本表中。省略一行以上，便用中括号注明[…]。原始材料中的斜体字被作为实质用词对待。杜威省略或补充的斜体字在这里已经注明。

杜威的引文与包含这些引文上下文的出处之间的差异，如数字或时态的变化，此处没有注明。

此外,还有一些是杜威翻译的来源。它们出现在杜威引用的检索表中,但此处并没有对这些引文进行更正。

本部分的标注方法遵循以下格式:本版行-页数后面是词条,然后是括号。括号后面是原文形式,然后是作者姓名、取自杜威参考书目的简化的原文标题,以及原始文献的页-行,全部加上了括号。

Differences between Dewey's quotations and the source attributable to the context in which the quotation appears, such as changes in number or tense, are not recorded.

In cases where Dewey translated the source, the reference appears in the Checklist of Dewey's References, but no correction of the quotation is included here.

Notations in this section follow the formula: page-line numbers from the present edition, followed by the lemma, then a bracket. After the bracket, the original form appears, followed by the author's surname, shortened source-title from the Checklist of Dewey's References, and the page-line reference to the source, all in parentheses.

《美国实用主义的发展》

4.8	experimental] experimentalist (Peirce, "Pragmatism," 163.9)
4.37	pragmatist] pragmaticist (Peirce, "Pragmatism," 174.2)
5.5	pragmatist] pragmaticist (Peirce, "Pragmatism," 178.25)
5.8	generals] those generals (Peirce, "Pragmatism," 178.28)
6.27	beliefs are] belief? ... involves (Peirce, "Ideas," 291.15 – 19)
6.27	really rules for action,] the establishment in our nature of a rule of action, (Peirce, "Ideas," 291.19)
6.27 – 29	and ... action,] or, say for short, a *habit.* (Peirce, "Ideas," 291.19 – 20)
6.36	prefer to] prefer for our purposes this evening to (James, *Collected Essays*, 412.7 – 8)
7.4	the particular] particular (James, *Meaning*, 209.22)
7.5 – 6	inert — 'Pragmata'] inert.[...] 'Pragmata' (James, *Meaning*, 209.23 – 210.2)
7.6	plurality — particular] plurality; [...] But particular (James, *Meaning*, 210.3 – 13)
7n.5	It is] Man, [...] is (James, *Meaning*, 210n.4 – 10)
7n.6	philosophy without words] [*ital.*] (James, *Meaning*, 210n.10)
7n.6	gestures and of acts] [*ital.*] (James, *Meaning*, 210n.11)
7n.7	particular] [*ital.*] (James, *Meaning*, 210n.12)
9.13 – 14	find ... at] find out what definite difference it will make to you and me, at (James, *Collected Essays*, 413.31 – 414.1)
9.14 – 15	a determinate moment of our lives] definite instants of our life (James, *Collected Essays*, 414.1 – 2)

《法人人格》

《事件和未来》

67.25 – 26   involve ... assertion] makes certain assertions of a quite peculiar and
              not further analysable kind (Broad, *Thought*, 77.15 – 16)

《价值的含义》

69.27   Value] [*ital.*] (Prall, "Value," 119.30)
70.17   they] that they (Prall, "Value," 118.16)
70.19   Mr.] of Mr. (Prall, "Value," 118.18)
74.21   existence] existences (Santayana, *Life*, 5:167.15)
74n.10   embodying] embodies (Dewey, "Values, Liking, and Thought,"
          622.16) [*Middle Works* 15:26.7]
74n.10   results] [*rom.*] (Dewey, "Values, Liking, and Thought," 622.16)
          [*Middle Works* 15:26.8]

《价值、客观指称和批评》

79.21   to what] what (Ogden and Richards, *Meaning*, 217.34)
79.21   refers] refers to (Ogden and Richards, *Meaning*, 218.1)
79.25   general. This] general; [...] This (Ogden and Richards, *Meaning*,
          218.17 – 19)
79.26   relationships] relations (Ogden and Richards, *Meaning*, 218.22)
79.27 – 28   respect to] respect of (Ogden and Richards, *Meaning*, 218.24)
82.26   an] the (Prall, "Value," 122.19)
82.27   all] [*rom.*] (Prall, "Value," 122.19)
83.28   out] forth (Prall, "Present Status," 100.30)
83.29   evaluations] evaluation (Prall, "Present Status," 100.30 – 31)
83.36   the word] this word (Ogden and Richards, *Meaning*, 227.29)
84.1   have heard] heard (Ogden and Richards, *Meaning*, 227.32)
84.9   no addition] no difference (Ogden and Richards, *Meaning*, 228.13)
87.1   toward] towards (Perry, "Definition," 151.10)   *477*
87.1   interest] the interest (Perry, "Definition," 151.10)
87.12   appears] appears to be (Perry, "Definition," 150.34)
87.15   purely] merely (Perry, "Definition," 150.37)
90.10   qualia] [*ital.*] (Perry, "Definition," 153.20)
92.19   or] and (Perry, "Definition," 160.22)
93.2   all of them] them all (Santayana, *Life*, 5:201.15)
93.17   work] work, life is in active operation, (Santayana, *Life*, 5:215.22)
93.18   situation] the situation (Santayana, *Life*, 5:215.23 – 24)

《教育中的艺术——和艺术中的教育》

111.12   practical] mere practical (Whitehead, *Science*, 279.10)
112.21   divorced] which is divorced (Whitehead, *Science*, 276.3 – 4)

《柏拉图的"苏格拉底的对话"》

135.2 – 3   of men ... savages who] of those who have been brought up in laws and humanities, would appear to be a just man and a master of justice if he were to be compared with men who (Plato, *Dialogues*, 1:127.12 – 14)

135.3   have] had (Plato, *Dialogues*, 1:127.14)

135.3   nor courts and] or courts of justice, or (Plato, *Dialogues*, 1:127.14 – 15)

《约翰·洛克哲学中的实体、力量和属性》

143n.2   Conceived ... disbelieved] [*ital.*] (James, *Psychology*, 2:301.26 – 27)

143n.5   upon] on (James, *Psychology*, 2:301.29)

144.6   such] and such (Locke, *Essay*, 169.14)

145.20   a body upon] that body, on (Locke, *Essay*, 57.20 – 21)

145.23   the real] that real (Locke, *Essay*, 61.17)

145.24   properties which] properties that (Locke, *Essay*, 61.19)

145.24 – 25   found constantly] constantly found (Locke, *Essay*, 61.19)

146.6   its essence] the essence (Locke, *Essay*, 116.29)

146.8   all being] being all (Locke, *Essay*, 116.30)

146.8   *depending on its real constitution*] [*rom.*] (Locke, *Essay*, 116.31)

146.9   relation] reference (Locke, *Essay*, 116.32)

146.12   as found] to be found (Locke, *Essay*, 116.35)

146.15   the real] real (Locke, *Essay*, 236.19)

146.15   of] it is of (Locke, *Essay*, 236.19)

146.17   with one] one with (Locke, *Essay*, 236.21)

146n.5   which] whence (Locke, *Works*, 4:82.10)

146n.5   is] to be (Locke, *Works*, 4:82.34)

146n.8   gives it] gives (Locke, *Works*, 4:82.38)

147.9   relation] [*ital.*] (Locke, *Essay*, 427.4)

147.10   respect] [*ital.*] (Locke, *Essay*, 427.4)

147.11   thought] thoughts (Locke, *Essay*, 427.6)

147.13   relatives] [*ital.*] (Locke, *Essay*, 427.7)

147.14   related] [*ital.*] (Locke, *Essay*, 427.8)

147.17   subject] things related (Locke, *Essay*, 428.22 – 23)

147.34   of relation] of *relation* (Locke, *Essay*, 310.13)

148.1   whatever] what (Locke, *Essay*, 310.15)

148.8   upon] on (Locke, *Essay*, 311.2)

148.9   All of] All (Locke, *Essay*, 311.3)

148.11   simple ideas] [*ital.*] (Locke, *Essay*, 311.5)

148.11   considered] considered as (Locke, *Essay*, 311.5 – 6)

478

148.12	makes] make (Locke, *Essay*, 311.6)
148.13	substance] substances (Locke, *Essay*, 311.7)
148.37	jargon becomes sense] This gives sense to jargon (Locke, *Essay*, 534.35 – 36)
148.37	is given to absurdity] to absurdities (Locke, *Essay*, 534.36)
148.38	It is] is (Locke, *Essay*, 534.37)
148.38 – 149.1	greatest errors] greatest, I had almost said of all the errors (Locke, *Essay* 534.37 – 535.1)
148n.2	nothing] nothing else (Locke, *Essay*, 423.4)
149.4	of *reason*] of our reason (Locke, *Essay*, 529.6 – 7)
149.6	being] beings (Locke, *Essay*, 529.9)
149.14	seeing what] seeing those objects which (Locke, *Essay*, 455.27)
149.14	upon] on (Locke, *Essay*, 455.28)
149.16 – 17	by stopping our inquiry] [*ital.*] (Locke, *Essay*, 455.33 – 34)
149n.1 – 2	mind puts] mind, in making its complex ideas of substances, only follows nature; and puts (Locke, *Essay*, 79.5 – 6)
150.21	powers] *Powers* therefore (Locke, *Essay*, 400.14)
150.21 – 22	substance] substances (Locke, *Essay*, 400.15)
150.24	qualities] qualities, which, depending on these, (Locke, *Essay*, 399.18)
150.27	*otherwise . . . cause*] [*rom.*] (Locke, *Essay*, 399.21)
150.30	cohesion of solid] [*ital.*] (Locke, *Essay*, 407.16)
150.30 – 31	and separable parts] *and consequently separable, parts* (Locke, *Essay*, 407.16 – 17)
150.31 – 32	of . . . impulse] [*ital.*] (Locke, *Essay*, 407.17 – 18)
151.9	their] this their (Locke, *Essay*, 433.6)
151.11	thing] thing, either simple idea, substance, or mode, (Locke, *Essay*, 434.19)
152.18	properties] qualities (Locke, *Essay*, 401.5)
152.19	that they] but they (Locke, *Essay*, 401.5)
153.16	those] the (Locke, *Works*, 4:81.36)
153.22	a hundred] an hundred (Locke, *Works*, 4:82.4)
153.25	upon] on (Locke, *Works*, 4:82.7)
153n.6	the necessary] a necessary (Locke, *Essay*, 259.25)
153n.10	all gold is malleable] [*ital.*] (Locke, *Essay*, 259.30)
153n.10 – 11	three . . . ones] [*ital.*] (Locke, *Essay*, 259.31 – 32)
154.2	*Connexion between most*]Connexion between (Locke, *Essay*, 200.4 – 6)
154.2 – 3	*simple Ideas*] simple Ideas in substances (Locke, *Essay*, 200.7 – 10)
154.3	is] is for the most part (Locke, *Essay*, 200.10 – 12)
154.7	visible necessary] [*ital.*] (Locke, *Essay*, 200.10)
154.11	that we] we (Locke, *Essay*, 201.5)
154.12	other] [*ital.*] (Locke, *Essay*, 201.5)
154.14	so] so consequently (Locke, *Essay*, 201.7)

479

154.14   the complex] that complex (Locke, *Essay*, 201.8)

154.28   *without trial*] [*rom.*] (Locke, *Essay*, 216.20)

154.29   now know] now (Locke, *Essay*, 216.21)

154.30 – 31   *beforehand*] [*rom.*] (Locke, *Essay*, 216.27)

155.9   all] aught (Locke, *Essay*, 260.26)

156.30   cause] [*ital.*] (Berkeley, *Principles*, 67.29)

156.30   effect] [*ital.*] (Berkeley, *Principles*, 67.30)

156.31   sign] [*ital.*] (Berkeley, *Principles*, 67.30)

156.31   things] thing (Berkeley, *Principles*, 67.30)

156.31   signified] [*ital.*] (Berkeley, *Principles*, 67.31)

《威廉·詹姆斯在 1926 年》

159.25   at] in (James, *Philosophy*, 32.15)

159.29   all are] are all (James, *Philosophy*, 32.20)

159.31   coincide] so coincide (James, *Philosophy*, 34.2)

161.33   system,] system," as Henry Ford (certainly not an enemy of business) declares, (Otto, *Natural Laws*, 87.12 – 14)

162.1   worse,] worse, from the cultural and humanitarian point of view, (Otto, *Natural Laws*, 88.6 – 7)

《我们应该像国家对国家那样对待中国》

185.8   frankly] frankly that (Gannett, "Looking," 181.25)

《实践的民主》

215.29   a general] one general (Lippmann, *Phantom Public*, 47.13)

215.30   a Hegelian] an Hegelian (Lippmann, *Phantom Public*, 47.14)

215.30   mystery,] mystery, as so many social philosophers have imagined, (Lippmann, *Phantom Public*, 47.15 – 16)

《变化着的理智气氛》

222.8   the *union*] this union (Whitehead, *Science*, 3.33)

222.11   has] had (Whitehead, *Science*, 4.3)

222.30   opportunity. In] opportunity. [...] In (Whitehead, *Science*, 259.4 – 260.22)

222.31   defeat] a defeat (Whitehead, *Science*, 260.22 – 23)

222.35 – 36   proclaims] proclaim (Whitehead, *Science*, 263.13)

222.37   there] that there (Whitehead, *Science*, 263.15)

223.33   sciences] science (Whitehead, *Science*, 150.14)

225.5 　　　　has aped] apes (Whitehead, *Science*, 144.33)

《打开新世界的钥匙》

226.25 　　　　now tried] tried (Russell, *Education*, 316.24)
229.39 　　　　bad] these bad (Russell, *Education*, 83.20)

《公众及其问题》

261.11 　　　　Each house has] Each had (Hudson, *Traveller*, 110.19)
261.22 　　　　each villager] every individual (Hudson, *Traveller*, 111.10)
261.28 　　　　though] although (Hudson, *Traveller*, 111.18) *481*
294.4 　　　　art] to art (Mill, *Essays on Government*, 32.17)
294.4 　　　　legislation] to legislation (Mill, *Essays on Government*, 32.17)
294.4 　　　　its] their (Mill, *Essays on Government*, 32.18)
294.5 　　　　and which is the] the (Mill, *Essays on Government*, 32.18)
294.5 　　　　that is] that has (Mill, *Essays on Government*, 32.18)
294.6 　　　　refined and exalted] exalted and refined (Mill, *Essays on Government*, 32.19)
294.6 　　　　in human] human (Mill, *Essays on Government*, 32.19)
294.7 　　　　which the] which, if the basis of Representation were ever so far extended, the (Mill, *Essays on Government*, 32.20)
294.7 　　　　influence] opinion (Mill, *Essays on Government*, 32.21)
295.14 　　　　individuals] individual men (Wallas, *Society*, 3.4)
295.15 　　　　new age] new era (Wallas, *Society*, 3.7)
304.9 　　　　the printing press and] writing, (Carlyle, *Works*, 1:156.10)
335.5 　　　　is] is thus (James, *Psychology*, 1:121.12)
335.6 　　　　influence] agent (James, *Psychology*, 1:121.13)
335.6 　　　　us] us all (James, *Psychology*, 1:121.13)
335.8 　　　　uprisings] envious uprisings (James, *Psychology*, 1:121.15)

杜威的参考书目

482　这个部分提供了杜威引用每本著作的完整的出版信息。当杜威提供一本参考书的页码时，他所使用的版本可以通过确认引文的位置而得到确切的辨识。相似地，杜威个人图书馆的藏书已被用于核实他对某个特殊版本的使用。此处列举的其他参考书的版本出自他可能用到的各种版本之一，或者根据出版的地点或时间，或者根据往来通信和其他材料，以及那个时候通常可以得到的图书，而那个版本很有可能是他用过的版本。

Antisthenes. *Socratis, Antisthenis, et aliorum Socraticorum epistolae.* Translated by Leone Allacci. Paris, 1637.

Ayres, Clarence Edwin. *Science: The False Messiah.* Indianapolis: Bobbs-Merrill Co., 1927.

Barker, Ernest. "The 'Rule of Law.'" *Political Quarterly* 2(1914):117 - 140.

Barnes, Albert C. *The Art of Painting.* 2d ed., rev. New York: Harcourt, Brace and Co., 1928.

Barnes, Harry Elmer. *Sociology and Political Theory.* New York: Alfred A. Knopf, 1924.

Berkeley, George. *A Treatise concerning the Principles of Human Knowledge.* Chicago: Open Court Publishing Co., 1920.

Borchard, Edwin M. "Government Liability in Tort." *Yale Law Journal* 34 (November 1924): 1 - 45; (December 1924): 129 - 143; (January 1925): 229 - 258.

Broad, Charlie Dunbar. *Scientific Thought.* New York: Harcourt, Brace and Co., 1923.

Brown, Harold Chapman. "Value and Potentiality." *Journal of Philosophy, Psychology and Scientific Methods* 11(1914):29 - 37.

Brown, William Montgomery. *My Heresy.* New York: John Day Co., 1926.

483　Bush, Wendell T. "Value and Causality." *Journal of Philosophy, Psychology and*

Scientific Methods 15(1918):85 – 96. [*The Middle Works of John Dewey, 1899 – 1924*, ed. Jo Ann Boydston, 11: 375 – 387. Carbondale: Southern Illinois University Press, 1982.]

Carlyle, Thomas. *The Works of Thomas Carlyle.* Vols. 1 and 8. New York: John B. Alden, 1885.

Cooley, Charles Horton. *Social Organization: A Study of the Larger Mind.* New York: Charles Scribner's Sons, 1909.

Craies, William Feilden. *A Treatise on Statute Law, with Appendices Containing Words and Expressions Used in Statutes Which Have Been Judicially or Statutably Construed, the Popular and Short Titles of Certain Statutes, and the Interpretation Act, 1889.* London: Stevens and Haynes, 1907.

Dewey, John. *Studies in Logical Theory.* University of Chicago, The Decennial Publications, second series, vol. 11. Chicago: University of Chicago Press, 1903. [*Middle Works* 2:292 – 375.]

——. "The Logic of Judgments of Practice." In *Essays in Experimental Logic*, pp. 335 – 442. Chicago: University of Chicago Press, 1916. [*Middle Works* 8:14 – 82.]

——. "Valuation and Experimental Knowledge." *Philosophical Review* 31 (1922):325 – 351. [*Middle Works* 13:3 – 28.]

——. "Values, Liking, and Thought." *Journal of Philosophy* 20(1923):617 – 622. [*Middle Works* 15:20 – 26.]

Dicey, Albert V. "The Combination Laws as Illustrating the Relation between Law and Opinion in England during the Nineteenth Century." *Harvard Law Review* 17(1904):511 – 532.

Drake, Durant. "What Kind of Realism?" *Journal of Philosophy, Psychology and Scientific Methods* 9(1912):149 – 154. [*Middle Works* 10:431 – 438.]

Duguit, Leon. *Law in the Modern State.* Translated by Frida and Harold Laski. New York: B. W. Huebsch, 1919.

Dunning, William Archibald. *A History of Political Theories, Ancient and Mediaeval.* New York: Macmillan Co., 1923.

Durant, William James. *The Story of Philosophy: The Lives and Opinions of the Greater Philosophers.* New York: Simon and Schuster, 1926.

Freund, Ernst. *Standards of American Legislation: An Estimate of Restrictive and Constructive Factors.* Chicago: University of Chicago Press, 1917.

Gaius. *The Institutes of Gaius.* Translated by John Graham Trapnell. New York: Macmillan Co., 1908.

Gannett, Lewis Stiles. "Looking at America-in China." *Survey* 56(1926):181 – 182, 216.

Geldart, W. M. "Legal Personality." *Law Quarterly Review* 27(1911):90 – 108.

Gierke, Otto Friedrich von. *Das deutsche genossenschaftsrecht.* Vol. 3. Berlin: Weidmann, 1881.

——. *Die genossenschaftstheorie und die deutsche rechtsprechung.* Vol. 2.

Berlin: Weidmann, 1887.

Great Britain, *Law Reports* (Lords). "Amalgamated Society of Railway Servants *v.* Osborne," 1910, pp. 87 – 116.

Great Britain, *Law Reports* (Lords). "Free Church of Scotland *v.* Overtoun," 1904, pp. 515 – 764.

Great Britain, *Law Reports* (Lords). "Taff Vale Railway Company *v.* Amalgamated Society of Railway Servants," 1901, pp. 426 – 445.

Great Britain, *Statutes* (1833). 3 & 4 Will. 4, c. 74, pp. 691 – 722.

Green, Thomas Hill. *Works of Thomas Hill Green.* 2d ed. Vol. 1. Edited by R. L. Nettleship. New York: Longmans, Green, and Co. , 1890.

Hayes, Carlton J. H. *Essays on Nationalism.* New York: Macmillan Co. , 1926.

Henderson, Gerard Carl. *The Position of Foreign Corporations in American Constitutional Law.* Cambridge: Harvard University Press, 1918.

Hocking, William Ernest. *Man and the State.* New Haven: Yale University Press, 1926.

Höffding, Harald. *A History of Modern Philosophy: A Sketch of the History of Philosophy from the Close of the Renaissance to Our Own Day.* Vol. 1. Translated by B. E. Meyer. New York: Humanities Press, 1900.

Hudson, William Henry. *A Traveller in Little Things.* New York: E. P. Dutton and Co. , 1921.

Hume, David. *A Treatise of Human Nature: Being an Attempt to Introduce the Experimental Method of Reasoning into Moral Subjects.* London: John Noon, 1739.

James, William. *Collected Essays and Reviews.* New York: Longmans, Green, and Co. , 1920.

——. *The Letters of William James.* Vol. 2. Edited by Henry James. Boston: Atlantic Monthly Press, 1920.

——. *The Meaning of Truth: A Sequel to Pragmatism.* New York: Longmans, Green, and Co. , 1909.

——. *The Philosophy of William James.* Introduction by Horace M. Kallen. New York: Modern Library, 1925.

——. *Pragmatism: A New Name for Some Old Ways of Thinking.* New York: Longmans, Green, and Co. , 1907.

——. *The Principles of Psychology.* 2 vols. New York: Henry Holt and Co. , 1893.

Joël, Karl. "Der λόγος Σωχρατιχός." *Archiv für Geschichte der Philosophie* 8 (1895):466 – 483; 9(1896):50 – 66.

Jowett, Benjamin. Introductions to *The Dialogues of Plato* Vol. 1. New York: Jefferson Press, 1871.

Kallen, Horace M. "Value and Existence in Art and in Religion." *Journal of Philosophy, Psychology and Scientific Methods* 11(1914):264 – 276.

——. "Value and Existence in Philosophy, Art, and Religion." In *Creative*

485

Intelligence: *Essays in the Pragmatic Attitude,* pp. 409 – 467. New York: Henry Holt and Co. , 1917.

Kant, Immanuel. *The Metaphysic of Morals.* London: William Richardson, 1799.

Laski, Harold J. *The Foundations of Sovereignty and Other Essays.* New York: Harcourt, Brace and Co. , 1921.

——. "The Personality of Associations." *Harvard Law Review* 29(1916):404 – 426.

Lindsay, Alexander Dunlop. "The State in Recent Political Theory." *Political Quarterly* 1(1914):128 – 145.

Lippmann, Walter. *The Phantom Public.* New York: Harcourt, Brace and Co. , 1925.

——. *Public Opinion.* New York: Harcourt, Brace and Co. , 1922.

Locke, John. *An Essay concerning Human Understanding.* 2 vols. Oxford: At the Clarendon Press, 1894.

——. *The Works of John Locke.* Vol. 4. London: Thomas Tegg, 1823.

Lovejoy, Arthur Oncken. "Pragmatism *versus* the Pragmatist." In *Essays in Critical Realism*: *A Co-operative Study of the Problem of Knowledge,* by Durant Drake et al. , pp. 35 – 81. London: Macmillan and Co. , 1920. [*Middle Works* 13:443 – 481.]

Macaulay, Thomas Babington. *Essays, Critical and Miscellaneous.* New York: D. Appleton and Co. , 1879.

Machen, Arthur W. "Corporate Personality." *Harvard Law Review* 24 (February 1911):253 – 267; (March 1911):347 – 365.

Maitland, Frederic William. *The Collected Papers of Frederic William Maitland.* Vol. 3. Cambridge: At the University Press, 1911.

——. Introduction to *Political Theories of the Middle Age,* by Otto Gierke. Cambridge: At the University Press, 1900.

Marden, Orison Swett. *Peace, Power and Plenty.* New York: Thomas Y. Crowell Co. , 1909.

Michoud, L. "La Notion de personnalité morale." *Revue du droit public* 11(1899):5 – 32.

Mill, James. *Essays on Government, Jurisprudence, Liberty of the Press, and Law of Nations.* London: J. Innes, 1825.

Mill, John Stuart. *A System of Logic, Ratiocinative and Inductive*; *Being a Connected View of the Principles of Evidence, and the Methods of Scientific Investigation.* New York: Harper and Bros. , 1850.

Munro, Thomas. "Franz Cizek and the Free Expression Method." *Journal of the Barnes Foundation* 1(1925):36 – 40.

Ogden, Charles K. , and Richards, Ivor Armstrong. *The Meaning of Meaning*: *A Study of the Influence of Language upon Thought and of the Science of Symbolism.* New York: Harcourt, Brace and Co. , 1923.

Otto, Max Carl. *Natural Laws and Human Hopes.* New York: Henry Holt and Co. , 1926.

486

Peirce, Charles S. *Chance, Love, and Logic.* New York: Harcourt, Brace and Co., 1923.

——. "How to Make Our Ideas Clear." *Popular Science Monthly* 12(1878):286 – 302.

——. "What Pragmatism Is." *Monist* 15(1905):161 – 181.

Perry, Ralph Barton. "The Definition of Value." *Journal of Philosophy, Psychology and Scientific Methods* 11(1914):141 – 162.

Picard, Maurice. *Values, Immediate and Contributory, and Their Interrelation.* New York: New York University Press, 1920.

——. "The Psychological Basis of Values." *Journal of Philosophy, Psychology and Scientific Methods* 17(1920):11 – 20.

Plato. *The Dialogues of Plato.* 4 vols. Translated by Benjamin Jowett. New York: Jefferson Press, 1871.

Pollock, Frederick. *Essays in the Law.* London: Macmillan and Co., 1922.

——. "Has the Common Law Received the Fiction Theory of Corporations?" *Law Quarterly Review* 27(1911):219 – 235.

Prall, David Wight. "In Defense of a *Worthless* Theory of Value." *Journal of Philosophy* 20(1923):128 – 137. [*Middle Works* 15:338 – 348.]

——. "The Present Status of the Theory of Value." *University of California Publications in Philosophy* 4(1923):77 – 103.

——. "A Study in the Theory of Value." *University of California Publications in Philosophy* 3(1918 – 1921):179 – 290.

——. "Value and Thought-Process." *Journal of Philosophy* 21(1924):117 – 125. [*The Later Works of John Dewey, 1925 – 1953*, edited by Jo Ann Boydston, 2: 393 – 402. Carbondale: Southern Illinois University Press, 1983.]

Richards, Ivor Armstrong, and Ogden, Charles K. *The Meaning of Meaning: A Study of the Influence of Language upon Thought and of the Science of Symbolism.* New York: Harcourt, Brace and Co., 1923.

Rignano, Eugenio. *The Psychology of Reasoning.* Translated by Winifred A. Holl. New York: Harcourt, Brace and Co., 1923.

Russell, Bertrand. *Education and the Good Life.* New York: Boni and Liveright, 1926.

Saleilles, Raymond. *De la personnalité juridique: histoire et théories.* Paris: Arthur Rousseau, 1910.

Santayana, George. *The Life of Reason; or, The Phases of Human Progress.* Vol. 5. New York: Charles Scribner's Sons, 1905.

——. *Winds of Doctrine: Studies in Contemporary Opinion.* New York: Charles Scribner's Sons, 1913.

Sheldon, Wilmon H. "An Empirical Definition of Value." *Journal of Philosophy, Psychology and Scientific Methods* 11(1914):113 – 124.

Smith, Adam. *The Wealth of Nations.* New York: P.F. Collier, 1902.

Smith, Thomas Vernor. *The Democratic Way of Life.* Chicago: University of Chicago Press, 1926.

Stein, Leo. "The Art in Painting." *New Republic* 45(2 December 1925):56 – 57.

487

Tocqueville, Alexis de. *Democracy in America*. Translated by Henry Reeve. New York: Adlard and Saunders, 1838.

U.S., *Reports of Cases Argued and Adjudged in the Supreme Court of the United States in February Term, 1809*. Bank of the U.S. *v.* Deveaux, 5 U. S. 61 – 92(1809).

Vinogradoff, Paul. "Juridical Persons." *Columbia Law Review* 24(1924):594 – 604.

Wallas, Graham. *The Art of Thought*. New York: Harcourt, Brace and Co., 1926.

——. *The Great Society: A Psychological Analysis*. New York: Macmillan Co., 1914.

Weeks, Raymond. *Boys' Own Arithmetic*. New York: E. P. Dutton and Co., 1924.

Whitehead, Alfred North. *An Enquiry concerning the Principles of Natural Knowledge*. Cambridge: At the University Press, 1919.

——. *Science and the Modern World*. New York: Macmillan Co., 1925.

Wilson, Woodrow. *The New Freedom: A Call for the Emancipation of the Generous Energies of a People*. New York: Doubleday, Page and Co., 1913.

索 引①

---

① 本索引中每个条目后所附的页码为英文原版书页码，即本书边码。——译者

231-234,《思想的艺术》(华莱士)

Association:协会

　　and democracy，325 协会和民主；distinguished from community，330-331，与共同体的区别；domination of one form of，356，协会的一种主导的形式；economic，300-302，经济的；revolt against，290,296-297，反叛；territorial and functional，468，范围和功能；traits of，250-251，协会的特征；as universal fact，249-250,257,330,348，作为普遍的事实；*See also* Community；Groups；Society，也可参见：共同体、集团、社会

Athens，Greece，125,126，希腊雅典

Atomists，139，原子主义者

Attachment:附属物

　　political need of，322,368-369，政治的需求

Authority:权威

　　and tradition，58,59，权威和传统

Ayres，Clarence Edwin，272*n* 克拉伦斯·埃德温·埃尔斯

Bacon，Francis，20,389，弗朗西斯·培根

Bain，Alexander，7*n*，亚历山大·贝恩

Bank of the United States v. 美国银行 *Deveaux*，36*n*. 德沃；*See also* "Person"，也参见：人格

Barker，Ernest，40,42 and *n*,恩斯特·巴克

Barnes，Albert C，114,115，阿尔伯特·C·巴恩斯；on the historic development of painting，109,论绘画的历史发展；on the plastic arts as integration，108-110,论作为整体的造型艺术

Barnes，Harry Elmer，40 *n*，42,哈利·埃尔默·巴恩斯

Barnes Foundation，114,115,382-385,巴恩斯基金会；*See also* Art，Education，也参见：艺术、教育

Beck，James Montgomery，179,403,詹姆斯·蒙哥马利·贝克

Becoming:生成

　　and the future，65-66,生成和未来

Behaviorism，15,19,行为主义

Being:存在

　　insight into，131,洞见

Benn，Gottfried，124*n*,戈特弗里德·本

Bentham，Jeremy，213,293,杰里米·边沁

Bias，80,81,94,偏见

Biology:生物学

　　and the social，243,330-331,357,和社会的

Bolshevism，117,177,199,210,布尔什维主义

Borah，William Edgar 171,威廉·埃德加·博拉

Borchard，Edwin M.，42*n*,埃德温·M·博查德

Bosanquet，Bernard，14,77,伯纳德·鲍桑奎

Bourdeau，M.，7*n*,M·布尔多

Boxer indemnity，174,庚子赔款 *See also* China 也参见:中国

Boyle，Robert，142,罗伯特·波义耳

Boys' Own Arithmetic（Weeks），386,《男孩的算术》(威克斯)

Bradley，Francis Herbert，14,弗朗西斯·赫伯特·布拉德利

Broad，Charlie Dunbar，29*n*,查理·邓巴·布罗德；on event，62-68,论事件

Brown，William Montgomery,威廉·蒙哥马利·布朗；spiritual development of，163-166,精神的发展

Burlingame，Anson，174,安森·伯林盖姆

Business，161-162,商业

　　political control by，349,政治控制；private action in，214-15;私人行动；as rival to political interest，321,作为政治利益的竞争对手；*See also* Economics,也参见:经济

Caird，Edward，6，爱德华·凯尔德

Calles，Plutarco Elias，194,196,199，普罗塔克·艾利阿斯·卡利斯

Capitalism，161，资本主义

Carlyle，Thomas，217,298,304，托马斯·卡莱尔

Carranza，Venustiano，195，贝努斯蒂亚诺·卡兰萨

Cartesian thinking，142，笛卡尔式的沉思

Catholics，Roman 罗马天主教；*See* Church 参见：教会

Causal forces：因果性
　　vs. the causal order，361，对比因果秩序；and state，242,246 - 249,251,258,259,265,269,276，国家

Causation，50，原因；as affected by relational theory of knowledge，142 - 143,146，受到知识的关联理论的影响；Hume's theory of，154，休谟的理论

Chamber of Commerce，161 商会

Chance，Love，and Logic（Peirce），28*n*，《运气、爱和逻辑》（皮尔士）

Charmides（Plato），124,127,134,138，《卡尔米德篇》（柏拉图）；discussion of sophrosyne in，131，在《卡尔米德斯》篇中讨论节制；and knowledge of knowledge，135，关于知识的知识

Child Labor amendment，310，儿童劳动修正案

China：中国
　　Bolshevism in，177，布尔什维主义；compared with Turkey，193，中国与土耳其相比较；fears Japan and Russia，176 - 178，害怕日本和俄国；interference of democratic nations with，181 - 184，民主国家的干预；moves toward tariff autonomy，181 - 184，走向关税自主；seeks break with own past，182 - 183，寻求与过去的决裂；and U. S.，173 - 175,176 - 180,171 - 184，中国和美国

Church：教会
　　autonomy of，40 - 41，教会自治；conflict between empire and，32 - 33,35，帝国和教会之间的冲突；future of Christian，163 - 166，基督教的未来；in Mexico，194 - 198,200 - 202,208，在墨西哥

Cizek，Franz，55,58，弗朗茨·奇泽克

Cohen，Morris R.，28*n* 莫里斯·R·科恩

Collected Essays and Reviews（James），6 - 7，《论文和评论集》，詹姆斯

Collected Papers of Frederic William Maitland，The，42*n* 弗雷德里克·威廉·梅特兰的论文集

Collectivism：集体主义
　　and individualism，351 - 356，集体主义和个人主义

Common interest：共同利益
　　nature of，246,256 - 257，共同利益的本质；*See also* Consequences；Public，也参见：结果、公众

Common law：普通法
　　and *filius nullius* 23 - 25，私生子

Common sence：常识
　　enlightened，empirical，49,53,54,228，启蒙的、经验的

Communication：交流
　　as art，348 - 350，作为艺术的交流；and knowledge，345 - 346，作为知识的交流；as public function，253,273，作为公共功能的交流；social necessity of，330,370 - 372，交流的社会必要性；*See also* Symbols，也参见：象征

Community：共同体
　　communication in，259 - 260，交流；conditioning of，300 - 301，共同体的条件；effect of organization of，214 - 216，共同体组织的产生；importance of local，367 - 372，当地组织的重要性；and society，296,333 - 334，共同体和社会；*See also* Great Society，The，也参见：伟

大的共同体

Comparative method，265，比较的方法

Conjoint behavior 共同的行为；*See* Association 参见：协会

Conscience：良心

origin of private，266 - 267，私人的起源

Consequences：结果

effect of，271 - 274，效果；expansion of，314,333,358，扩张；importance of，for politics，243 - 244,245,246 - 247,250 - 251,255,260,262,265,276,313,333,358，在政治上的影响；individual and social，356，个体和社会；irreparable，274 - 275，无可挽回的；and relation to state and government，276 - 278，国家和政府的关系；and rules of law，270 - 271，法律的规定

Constantinople，Turkey，191，土耳其的君士坦丁堡

Continental law，27*n*，28，大陆法

Control：控制

of human nature，358 - 360，人性的控制；political，243,246，政治的

Cooley，Charles Horton，295，查尔斯·霍顿·库利

Corporate legal personality：公司法人人格

concession theory of，34 - 36,37 and *n*，特许权理论；defined by non-legal theories，22,24 - 25,31 - 34，非法律理论的界定；fiction theory of，34 - 36,37*n*,41*n*,43，公司法人人格的虚构的理论；nature of，22 - 43，公司法律人格

"Corporate Personality"，viii，公司人格

Corporations：公司

illustrate relation of individual and social，354，表明个人和社会的关系；legal personality of，22 - 43，法律人格

Courage：勇敢

connected with wisdom，130，与智慧相连

Critias：克里底亚

as affiliated with Cyrenaic humanism，136 - 137,138,139，从属于居勒尼学派的人文主义；compared with Nicias，140，和尼西亚相比较；and *sophrosyne in Charmides*，131 - 133，和《查尔米德斯》篇中的节制

Criticism：批评

and objective reference，78,87,88 - 89,90 - 91，客观的引用；related to value，78,94 - 97，与价值相联系

Culture：文化

human，32，人类

Cynics，134，犬儒主义；as related to Plato，125,128 - 129,130,133，和柏拉图相关；as represented by Laches，130，在《拉凯斯》篇中表现出来的；as school of philosophy，124,135,136，作为哲学流派

Cyrenaics，133,138 - 139，昔兰尼学派；as represented by Nicias，131，以尼西亚作为代表；as school of philosophy，124,125,134 - 35,136 - 137，作为哲学流派

Darwin，Charles，222，查尔斯·达尔文

De la personnalite juridique（Saleilles），30*n*《法律人格》(萨莱)

Democracy：民主

alleged unity in，286 - 287，声称的团结；American，304 - 307，美国的民主；and experts，362 - 65；民主和专家；historic genesis of，287 - 290，民主的历史的起源；inchoate，303，未完成的；and individualism，289 - 295，个人主义；intelligence and，xxix，465 - 466，理智和民主；Lippmann on，213 - 220，李普曼论民主；and local community，367 - 368，民主和地方共同体；machinery of political，283,325 - 327，政治的机制；as moral idea，325 - 326，作为道德观念的民主；nature of ideal，xxviii - xxix，327 - 329，理想的本质；pessimism about，xxviii，304，悲观主义；pure，293，纯粹的；significance of，

dynastic，285－286，王朝政府；economic control of，301－302；政府对经济的控制；fear of，289,291,292－293，对政府的恐惧；and opinion，355－356；政府和意见；and the public，216－220,252－253,255,256,259,275－279，政府和公众；as representative，283－283　作为代议制的政府；*See also* State，也参见：国家

"Government Liability in Tort"（Borchard），42*n*，《政府在侵权行为中的责任》（博查德）

Great Society，The：伟大的共同体

　　and lack of community，296,314－315,324,327,333,350，共同体的缺乏；Lippmann on，218,219,404　李普曼论伟大的共同体

Great Society，*The*（Wallas），295，《伟大的社会》（华莱士）

Greece，191，希腊

Green，Thomas Hill，6,15,147*n*，托马斯·希尔·格林

Groups：团体

　　local，261，当地团体；and the state，238－239,252,279－281，团体和国家；*See also* Community，也参见：共同体

Guadalajara，Mexico，209　墨西哥的瓜达拉哈拉

Habit：习惯

　　and individualism，334－336，习惯和个人主义；political effects of，273,341，习惯的政治效果

Hay，John，174，约翰·海

Hayes，Carlton J. H.，341*n*，卡尔顿·J·H·海耶斯

Hedonists，139，享乐主义者

Hegel，Georg Wilhelm Friedrich，279，格奥尔格·威廉·弗里德里希·黑格尔

Henderson，Gerard Carl，31*n*，36*n*，杰勒德·卡尔·亨德森

Hippias，128,129，希庇亚斯

History：历史

　　contemporaneous，347，同时发生的历史；continuity of，336，历史的持续性

Hobbes，Thomas，40*n*，托马斯·霍布斯

Hocking，William Ernest，271，威廉·欧内斯特·霍金

Hodgson，Shadworth，7*n*，沙德沃思·霍奇森

Homer，128,129，荷马

"How to Make Our Ideas Clear"（Peirce），4，"如何使我们的观念清晰"（皮尔士）

Hudson，William Henry，261－262，威廉·亨利·哈德森

Hume，David，7*n*，154,270，大卫·休谟

Idealism：理想主义

　　practical，167,171,172，实践的

Ideas：观念

　　in experience，156，经验中的观念

　　knowledge as related to，152,154，和观念相关联的知识

　　Locke on，141－142，洛克论观念

India，177,179　印度

Indians　印第安人

　　in Mexico：201－202,205，在墨西哥的印第安人

　　education among，200－205，印第安人中的教育

Individual：个人

　　and acts，247,249，个人和行动；defined，351－353，界定；distinction between social and，xxx－xxxi，244－245,250,274,290,327－328,330,351－355，个人和社会的区别；economic，292，经济的个体；as fiction，299,333－334，作为虚构的个体；and invention，271－272，个体和发明；and officials，282,286,309，个体和官员；*See also* State，也参见：国家

Individualism：个人主义

论问题；of the good，92 - 94，善的知识；of knowledge，132,133,135 - 136,137 - 138,139,141 - 142,146，知识的知识；as perception of a relation，141 - 142,156，作为关联的知觉；political，336 - 337，政治的知识；as related to temperance and courage，128 - 131,134，与节制和勇敢相关的知识

Labor legislation，277 劳工立法

Laches（Plato），124,134,139*n*，《拉凯斯篇》（柏拉图）；illustrates divisive philosophies，130,132*n*，表明分裂的哲学；Jowett on，127，乔伊特论《拉凯斯》；*See also* Socratic Dialogues 也参见：苏格拉底对话

Laissez-faire，281,292，自由放任主义

Language：语言

　　effect of，47 - 49,50，语言的效果

" La Notion de personnalité morale "（Michoud），26*n* 《道德人格的概念》（米修德）

Laski, Harold J.，39,41*n*，哈罗德 · J · 拉斯基；on groups within the state，40 and *n*，拉斯基论国家内的团体

Lausanne，洛桑

　　second conference of，190，洛桑的第二次会议

Law：法律

　　"natural"，291,294,299,332，自然法；nature of，268 - 271，法律的本质；Roman，31*n*，35 and *n*，41 and *n*，罗马法；social and physical，357 - 358，社会的和物体的法则

Law in the Modern State（Duguit），41*n* 《现代国家的法律》（狄骥）

League of Nations，177,375，国际联盟

　　court of，170，国际联盟法庭

Learning：学习

　　two principles of，56，学习的两条原则

Legal institutions，246,265，法律制度

history and status of，32，法律制度的历史和现状

"Legal Personality"，22，《法人人格》

Leibniz, Gottfried Wilhelm，70，哥特弗里德 · 威廉 · 莱布尼茨

Lesser Hippias（Plato），124,127，《小希庇亚斯篇》（柏拉图）

Levinson, Salmon O.，171，萨蒙 · O · 列文森

Liberalism，319，自由主义

Liberty：自由

　　as end in itself，289，自由作为目的；and "individualism,"，296 - 297,355 - 357，自由和个人主义；nature of，329，自由的本质；of thought，277 - 279，思想自由；and uniformity，369 - 370，自由和同一

Liking：喜好

　　thoughtful and impulsive，74 - 76,77，深思的和冲动的喜好

Lindsay, Alexander Dunlop，32，亚历山大 · 邓禄普 · 林德赛

Lippmann, Walter，308*n*，沃尔特 · 李普曼；on methods for practical democracy，xxii，213 - 220，李普曼论实践的民主的方法；and the "omnicompetent" individual，334，"有全权的"个人

Locarno, Switzerland，169 瑞士的洛迦诺

Location：地点

　　relation of, to event，53 和事件有关的地点

Locke, John，ix，xvii，7*n*，15,48*n*，51,228，约翰 · 洛克；and contrast between idea and object，142，对比观念和对象；on knowledge，141 - 142,146 - 147,149,151,153 - 157；洛克论知识；on natural rights，289，洛克论自然权利；on power，141,146,147 - 148,150 - 152，洛克论权力；and threefold distinction of qualities，143 - 145，洛克和性质的三重区分

的统治问题

war-psychology in，190，土耳其的战争心理

译后记

《杜威晚期著作》(1925—1927)第二卷汇集了杜威在 1925 年至 1927 年间，除了《经验和自然》(收入在《杜威晚期著作》第一卷)之外的全部著述，包括 24 篇论文、4 篇书评和 5 篇杂记，以及在 1927 年发表的著作《公众及其问题》。

本卷内容是比较庞杂的，但大体上可以分成以下几类：哲学史和认识论问题、实用主义、伦理学和价值哲学、艺术和艺术教育、政治哲学和时评。其中对哲学史、认识论和实用主义的讨论，开始将实验主义或工具主义应用到对哲学史的梳理和研究之中，体现了杜威对哲学的独特理解；对艺术和艺术教育的思考，则更多地来自杜威长期的好友巴恩斯的刺激和交流；他对时事的评论，一方面延续了对远东，特别是对中国之行的思考，另一方面则集中在墨西哥问题上。在政治哲学方面，杜威将注意力集中在政府的运作和公众问题方面，这虽然由于受到与李普特辩论的刺激，但也是他尝试将自己的哲学运用到政治领域的结果。杜威非常强调民主对共同体生活的必要性。简言之，本卷中最值得重视的篇章是《美国实用主义的发展》一文和专著《公众及其问题》，它们共同体现了杜威对自己哲学观的应用。

本卷的翻译工作由王巧贞和张奇峰两个人共同承担。具体分工如下：导言和论文部分由王巧贞翻译；书评部分、《公众及其问题》、杂记和附录部分，以及文本研究资料部分由张奇峰翻译。张奇峰还初校了译稿。在翻译过程中，承蒙华东师范大学出版社的编辑们不断的鞭策和帮助，并提出富有建设性的修改意见，在此表示由衷的感谢。同时，由于译者的学识和中英文水平均有限，也不具有杜威式的广博视野，译文中恐有不当乃至错误之处，祈望读者和方家指正。

张奇峰　谨识

2015 年 9 月 28 日

图书在版编目(CIP)数据

杜威全集.晚期著作:1925～1953.第2卷:1925～1927/(美)
杜威著;张奇峰,王巧贞译.—上海:华东师范大学出版社,
2015.4
ISBN 978-7-5675-3376-9

Ⅰ.①杜⋯ Ⅱ.①杜⋯②张⋯③王⋯ Ⅲ.①杜威,J.(1859～
1952)—全集 Ⅳ.①B712.51-52

中国版本图书馆 CIP 数据核字(2015)第 075239 号

国家社科基金重大项目资助(项目批准号:12&ZD123)

杜威全集·晚期著作(1925—1953)
第二卷(1925—1927)

著　　者　(美)约翰·杜威
译　　者　张奇峰　王巧贞
策划编辑　朱杰人
项目编辑　王　焰　朱华华
审读编辑　曹利群
责任校对　邱红穗
装帧设计　高　山

出版发行　华东师范大学出版社
社　　址　上海市中山北路 3663 号　邮编 200062
网　　址　www.ecnupress.com.cn
电　　话　021-60821666　行政传真 021-62572105
客服电话　021-62865537　门市(邮购)电话 021-62869887
地　　址　上海市中山北路 3663 号华东师范大学校内先锋路口
网　　店　http://hdsdcbs.tmall.com

印 刷 者　上海中华商务联合印刷公司
开　　本　787×1092　16 开
印　　张　29.25
字　　数　489 千字
版　　次　2015 年 4 月第 1 版
印　　次　2015 年 4 月第 1 次
印　　数　1—2100
书　　号　ISBN 978-7-5675-3376-9/B·926
定　　价　98.00 元

出 版 人　王　焰

(如发现本版图书有印订质量问题,请寄回本社客服中心调换或电话 021-62865537 联系)